Jens Ivo Engels

Die Geschichte der Korruption

Von der Frühen Neuzeit
bis ins 20. Jahrhundert

S. FISCHER

Erschienen bei S. FISCHER

© S. Fischer Verlag GmbH,
Frankfurt am Main 2014

Satz: Fotosatz Amann, Memmingen
Druck und Bindung: CPI books GmbH, Leck
Printed in Germany
ISBN 978-3-10-002225-7

Inhalt

Einleitung 9

1. Was ist Korruption? Was ist Mikropolitik? 21

2. Patronage und Korruptionskritik in der
   Frühen Neuzeit 37
   Von Günstlingen, Höflingen und manipulierten Wahlen: Mikropolitik als große Politik – Die Kultur der Patronage, oder: Klientelismus als gesellschaftliche Ordnung – Unsichere Arrangements: Patronage und Bereicherung im öffentlichen Amt – Warum Mikropolitik fallweise geboten oder korrupt sein konnte – Korruptionskritik reguliert Patronage

3. Unverzichtbar im Wandel:
   Mikropolitik in der Moderne 83
   Kann Mikropolitik modern sein? – Die Mikropolitik der Bürokraten – Parlamentswahlen als Herausforderung – Aufstieg und Fall der politischen Begünstigungssysteme zwischen 1850 und 1940 – Lobbyismus und Gabentausch der neuen Mächtigen in Politik und Wirtschaft – Neue Loyalitäten, neue Strukturen: Gesinnungs- und Organisationspatronage – Mikropolitik in Diktaturen – Fazit: Die moderne Mikropolitik

4. Die Entstehung des modernen Korruptionsbegriffs 163
   Missstände auf den Begriff gebracht: Begriffsgeschichte der politischen Korruption – Korruption in der Staatstheorie: Aufklärung, Republikanismus, Liberalismus

5. Korruption, ein Ordnungsmodell für die
   politische Moderne 181
   Von der notwendigen Vergeblichkeit der Korruptionsbekämpfung – Unbedingte Korruptionskritik, Mikropolitik ohne Rechtfertigung – Das Politische bleibt politisch, das Private wird privat, oder: Sphärentrennung und Normenkonkurrenz – Korruptes Ancien Régime, gefährdete Moderne: Korruptionskritik und Geschichtsbild – Korrupt sind immer die anderen? Nationale und ethnische Abgrenzungen

6. Revolution:
   Der Abschied vom Ancien Régime um 1800 215
   Unerbittliche Radikalisierung: Frankreich 1789 bis 1799 – Kabale und Diebe: Niederlande 1770 bis 1798 – Der neue Staat: Preußen und Bayern 1790 bis 1813 – Befreiung von *Old Corruption*: England 1780 bis 1832 – Monarchie unter Verdacht und das Versprechen der Demokratie: Liberale Korruptionskritik

7. Ernüchterung:
   Von Zumutungen und Defekten moderner Politik
   in der zweiten Hälfte des 19. Jahrhunderts 253
   Debatten über Wahlkorruption: Beispiel Großbritannien – Kapitalismus als Korruption: Beispiel Deutschland – Die Korruption der Parlamente: Beispiel Italien – Reformbewegungen um 1900: Das Beispiel der spanischen Regenerationisten

8. Empörung:
   Die Zeit der großen Korruptionsskandale zwischen
   1880 und 1935 291
   Transparenz und Verschwörung – Skandale im Überfluss: Ein westeuropäischer Überblick – Akteure und Folgen der Skandale

9. Zerstörung:
Von der Korruptionskritik zur Diktatur 323

Europäischer Antisemitismus und die Entstehung des britischen Faschismus – Spaniens »Eiserner Chirurg« tritt auf – Der *Duce* und die Hebung öffentlicher Moral – Erosion der Republik in Deutschland und Frankreich

Schluss 353

Anhang
Dank 377
Anmerkungen 379
Literatur 399
Personenregister 424
Ortsregister 430

Einleitung

Der 14. November 2013 war ein bemerkenswerter Tag. Erstmals stand ein ehemaliger deutscher Bundespräsident vor dem Strafrichter. Christian Wulff, der Nachfolger von Amtsvorgängern wie Theodor Heuss und Richard von Weizsäcker, hatte sich vor dem Landgericht Hannover zu verantworten. Dabei ging es um das vielleicht sensibelste politisch-moralische Vergehen unserer Tage, um Korruption. Niemand hätte nach seiner Wahl erwartet, dass Wulff das Schloss Bellevue nicht einmal zwei Jahre später in Schimpf und Schande verlassen müsste. Doch dafür sorgte eine kurze, aber heftige Affäre, die im Februar 2012 mit dem Antrag der Staatsanwaltschaft Hannover endete, Wulffs Immunität aufzuheben. Der Bundespräsident zog die Konsequenzen und trat zurück. Die Ermittler sahen ausreichend Hinweise für Bestechlichkeit in rund 20 Fällen während seiner Amtszeit als Ministerpräsident von Niedersachsen.

War das deutsche Staatsoberhaupt ein Serientäter vom Schlage afrikanischer Potentaten? Ganz so dramatisch war die Lage nicht, schließlich ging es nicht um Blutdiamanten oder märchenhafte Reichtümer. Die durchgesickerten Informationen boten aber das unschöne Bild eines Mannes, der sich mit reichen Bekannten umgab und ständig kleine Vergünstigungen absahnte, von einem günstigen Darlehen über kostenlose Urlaubsreisen und Essenseinladungen bis hin zu Kleidern für seine Frau. Der Bundespräsident galt als halbseidener Schnäppchenjäger, und das böse Wort vom »wulffen« machte die Runde. Außerdem bestand der Verdacht, Wulff habe sich für die Gefälligkeiten politisch erkenntlich gezeigt.

Im Verlauf der Untersuchungen fiel die Ausbeute der Ermittler indes immer magerer aus. Am Ende konnte sich der Staatsanwalt lediglich dazu durchringen, Wulff wegen Bestechlichkeit und Annahme von rund 750 Euro anzuklagen. Das Landgericht folgte ihm nicht einmal hierin und ließ ausschließlich die Anklage wegen Vorteilsannahme zu: Somit ging es im Prozess nur noch darum, ob Wulff den Anschein erweckt hatte, käuflich zu sein. Am Ende sprachen die Richter den Altbundespräsidenten von allen Vorwürfen frei.

Der Wulff-Prozess erscheint im Nachhinein als Posse, inszeniert von übereifrigen Staatsanwälten mit Profilierungssucht. Doch eines darf man nicht vergessen: Anfang 2012 gab es kaum Journalisten und nur wenige Politiker, die nicht offen oder verdeckt den Rücktritt des Präsidenten verlangten. Wulff hatte zuvor versucht, eine kritische Berichterstattung über sein Privatleben zu verhindern, hatte bei Chefredakteuren und Spitzenmanagern des Springer-Verlags interveniert, ihnen sogar »Krieg« angedroht. Anschließend verheddert er sich in peinliche Widersprüche bei den Angaben über private Geldgeschäfte und Vergünstigungen für seine Familie. Als moralisches Vorbild taugte er da schon nicht mehr. Die Hannoveraner Staatsanwaltschaft führte schließlich aus, was sowieso in der Luft lag, und entging damit dem Vorwurf, sie schone Prominente. Die Ermittlungen waren kein Zufall und kein Unfall, sondern sie folgten der öffentlichen und rechtspolitischen Stimmung im Lande. Nun sind die Gründe für das Karriereende des Christian Wulff sicher vielfältig, dazu gehören mangelnde Hausmacht auf Bundesebene und ein verheerendes Krisenmanagement. Entscheidend aber war letztlich der öffentliche Eindruck, Wulff habe seine politischen Ämter zum privaten Vorteil ausgenutzt. Ein auch nur dem Anschein nach korrupter Bundespräsident war schlicht unhaltbar.

Korruption ist keine Randnotiz auf den bunten Seiten der Tageszeitungen. Korruption wird einhellig als gravierendes, strukturelles Problem in den politischen Gemeinwesen unserer Zeit angesehen, in Europa wie in der ganzen Welt. Heerscharen von Journalisten, Experten und Wissenschaftlern suchen nach Korruptionsvergehen, nach den Ursachen und nach Gegenstrategien. Weil man sich dabei weitgehend einig ist, gerät eine Frage aber meist in den Hintergrund: Was ist Korruption – und warum empört sie uns so sehr?

Korruption ist eben nicht nur ein rechtliches Problem. Sie ist ein großer politischer Mythos. Der französische Philosoph Roland Barthes hat sich intensiv mit unseren Alltagsmythen beschäftigt.[1] Mit Mythos ist nicht gemeint, dass es das Phänomen nicht gebe; ein Mythos ist keine Illusion. Barthes wollte auf etwas anderes hinweisen: Mythen sind unhinterfragte Erzählungen, die unsere Deutung von der Welt wiedergeben. Wir orientieren uns oft an Vorstellungen, die tief verwurzelte kollektive Überzeugungen zum Ausdruck bringen, ohne dass sie uns im Einzelnen bewusst sind. Korruption ist ein politischer Mythos, weil sich in der Empörung über Korruption zentrale Annahmen über gute und schlechte Politik, über Moral und Unmoral, über Moderne und Vormoderne verbergen. Wie jeder Mythos hat Korruption eine lange und episodenreiche Geschichte. Und die behandelt dieses Buch.

Anlass für den Blick in die Geschichte sind einige Merkwürdigkeiten unserer Korruptionsvorstellungen. Dazu gehört die Annahme, Korruption sei ein Relikt der Vergangenheit, das man schon längst hätte überwinden müssen.[2] Korruption ist in unseren Augen Merkmal archaischer, vormoderner Gesellschaften; sie passt nicht zu unserer Identität. Daher vermuten wir Korruption meist an anderen Orten: in Afrika, Russland und neuerdings in Griechenland. Wer diese Annahme Lügen straft, der ist ein öffentliches Ärgernis. Das erklärt auch den tiefen Fall des Bundespräsidenten.

Wenn das nun so ist: Warum gibt es selbst in Ländern Korruption, die sich als modern verstehen? Hier herrschen strikte Gesetze, eine funktionierende Justiz und eine aufmerksame Öffentlichkeit, seit einigen Jahren zudem umfangreiche Selbstverpflichtungen und *Compliance*-Abteilungen in Privatunternehmen. Der Kampf gegen Korruption wird seit Jahrzehnten, wenn nicht seit Jahrhunderten, in vielen Ländern des Westens mit großem Aufwand geführt. Dennoch ist er nicht von durchgreifendem Erfolg gekrönt. Im Alltag erklären wir uns das mit der menschlichen Natur: Der Mensch sei eben habgierig und gebe schnell der Versuchung nach. Doch dieses Argument ist wenig erhellend – im Kern ist es eher ein Appell als eine Erklärung.

Ein wichtiges Anliegen dieses Buches ist zu erklären, warum der Kampf gegen Korruption nicht gewonnen werden kann: Nicht weil der Mensch schwach ist, sondern weil unsere Vorstellung von Korruption keine Überwindung der Korruption zulässt. Korruptionskritik ist ein Modus, in dem europäische Gesellschaften seit etwa dem Jahr 1800 über sich selbst und über ihre politischen Ideale nachdenken.

Korruption ist nicht skalierbar, ist keine Frage des Ausmaßes. In vielen Kommentaren zum Wulff-Prozess wurde betont, die Höhe der Vergünstigungen sei zweitrangig. Entscheidend sei allein die Tatsache, *dass* der frühere Ministerpräsident Geld oder Geschenke angenommen habe. Es gilt also das Prinzip von null Toleranz; wer korrupt handelt, der überschreitet unwiderruflich eine Grenze. Das ist nicht bei allen Vergehen so. Selbst bei Tötungsdelikten unterscheidet man je nach Motiv zwischen Totschlag und Mord. Von Mord sprechen Juristen nur dann, wenn den Täter »niedere Motive« wie Habgier oder Rache antrieben. Solche Differenzierungen gibt es im Fall der Korruption nicht; »ein bisschen korrupt« ist ebenso wenig vorgesehen wie »ein bisschen schwanger«. Stets unterstellen wir, dass Korruption aus niederen Motiven begangen wird: Persönliche Bereicherung, Pflege von Seilschaften, Geschäfte auf Gegenseitigkeit in öffentlichen Ämtern sind uns zuwider. So stellt sich die Frage: Warum, und vor allem seit wann gibt es die simple Alternative »korrupt« versus »sauber«?

Das ist keine rein intellektuelle Gedankenspielerei. Es steht die Frage im Raum, ob unser so absolutes, scheinbar glasklares Korruptionsverständnis angemessen ist, ob der Furor der Korruptionsbekämpfung nicht auch Risiken birgt, Folgen, die dem Gemeinwesen mehr schaden als die kritisierten Handlungen. Wer in die Geschichte schaut, erkennt schnell, dass Korruptionskritik nicht nur gutartige Ursachen und Folgen hatte. Er sieht, wie produktiv, aber auch wie verheerend der Korruptionsvorwurf schon vor Jahrhunderten wirken konnte. Er erkennt zudem, dass es ein eindeutiges Verbot von Begünstigung im Amt erst seit rund 200 Jahren gibt.

Korruption als Mythos zu betrachten heißt, Abstand von ihrem Alltagsverständnis zu gewinnen. Dies verlangt, sich von der spontanen Empörung über sie freizumachen. Dazu gehört es auch, den Mythos von den Handlungen zu trennen. Korruption ist kein beschreibender, sondern ein wertender Begriff; er beinhaltet ein moralisches Urteil. Moralische Maßstäbe verändern sich: Bestechungsgelder im Ausland, die internationale Konzerne noch vor wenigen Jahren von der Steuer absetzen konnten, sind heute strafbar.[3] Es gilt unbedingt zu unterscheiden zwischen zwei Geschichten: jener des gesellschaftlichen Urteils und jener der Handlungen, auf die das Urteil sich bezieht. Auf der einen Seite steht also die Geschichte der Korruptionskritik. Auf der anderen Seite steht die Geschichte jener Praktiken, die von dieser Kritik betroffen waren. Eine vollständige Geschichte der Korruption ergibt sich nur, wenn man beides sowohl auseinanderhält als auch kombiniert.[4]

Ich verfolge in diesem Buch die These, dass unser heutiges Korruptionsverständnis in einer bestimmten historischen Situation entstanden ist, konkret in den Jahrzehnten um die Französische Revolution, auch »Sattelzeit« genannt. In dieser Phase formte sich das politische Denken neu aus – und zwar über alle ideologischen Grenzen hinweg. Das Reden über Korruption war und bleibt bis heute eine zentrale Arena, in der über Zweck und Inhalt des politischen Gemeinwesens gestritten wurde, allerdings nur *ex negativo*. Korruptionskritik ist eine Art politische Pathologie; sie sagt, was nicht sein darf. Worin demgegenüber gutes politisches Handeln besteht, bleibt unbestimmt. Über das Unerwünschte ließ sich leichter Konsens herstellen als über das Erwünschte. Und genau dieser Umstand machte die Korruptionsdebatte so wichtig. Wenngleich Korruption die Ränder des politisch Erlaubten beschrieb, ein Randthema moderner Politik war sie keineswegs.

Erstaunlich ist, wie viele Merkmale des modernen Korruptionsverständnisses sich bis heute erhielten, obwohl viele Beobachter ja meinen, wir hätten die Epoche der Moderne schon hinter uns gelassen. Die Moderne, so vermuten die meisten Historiker heute, hat sich zu einem Gutteil selbst erfunden. Modern ist eine Gesellschaft, sofern sie sich und andere in dieser Kategorie beschreibt, sofern sie eine Vorstellung von Fortschritt und Zurückbleiben hat. Zu dieser Diskussion kann die Korruptionsgeschichte eine interessante Facette beitragen. Denn ausgerechnet in der Sattelzeit entstand eine Korruptionsauffassung, die unserem Denken bis heute zugrunde liegt: Korruption ist ein Zeichen für vorsintflutliche, finstere, zu überwindende Zustände, während ein erfolgreicher Kampf gegen die Korruption Ausweis und Vorbedingung für politischen Fortschritt, für Zivilisation und gegebenenfalls auch für Demokratie ist. Dieses Credo beherrscht die entwicklungspolitischen Debatten. Was Reformer im Grundsatz bereits um 1800 formulierten, inspiriert noch heute unsere Diagnosen über Entwicklungs- und Schwellenländer.[5]

Ein Stück weit hat die politische Moderne sich durch Korruptionskritik selbst erzeugt. Dies zu erkennen ist nicht trivial. Denn das herrschende Korruptionsverständnis nach Art der Moderne hat den Blick auf die Praktiken lange Zeit verdunkelt. Patronage und Klientelismus sind die Kernbestandteile dessen, was als politische Korruption galt und gilt. Sie können dieser Logik zufolge nur vormodern, archaisch und rückwärtsgewandt sein. Nur sehr zögerlich akzeptierten Sozial- und Geschichtswissenschaften die Vorstellung, dass solche Praktiken ihren

Teil zur Geschichte politischer Modernisierung beigetragen haben. Genau das zeigt sich aber überdeutlich, wenn man in der Korruptionsgeschichte zwischen Debatten und Praktiken trennt.

Dieses Buch handelt von Debatten und von Praktiken. Dargestellt werden Inhalte, Nutzen und Kosten der Korruptionskritik in der neueren Geschichte Europas, vom frühen 17. Jahrhundert bis zum Zweiten Weltkrieg. Außerdem geht es um die Formen politischer Begünstigung und Vorteilsgewährung, um Netzwerke und Patronage, die beständig Anlass für diese Kritik gaben. Ein Blick zurück bis in die Frühe Neuzeit, die Vormoderne, ist notwendig, wenn man die Veränderungen hin zur Moderne herauspräparieren will. Die Darstellung endet am Vorabend des Zweiten Weltkriegs. Denn die öffentlichen Diskussionen über Korruption klangen in den Jahrzehnten nach 1945 merklich ab, zuvor bestehende langjährige Debattenfäden rissen in vielen Ländern – vor allem jenen, in denen es zu Diktaturen kam. Erst in den letzten 20 Jahren haben Korruptionsdebatten wieder annähernd die Aufmerksamkeit erhalten, die sie im frühen 20. Jahrhundert besaßen.

Erzählt wird eine Beziehungsgeschichte zwischen Korruptionskritik und politischer Modernisierung, vom Abschied aus dem Ancien Régime über den Parlamentarismus hin zur Diktatur, von der Emanzipation bis hin zur Aufgabe gesellschaftlicher Selbstermächtigung. Wie in vielen anderen Bereichen der politischen Moderne steuerte die Korruptionsgeschichte in der ersten Hälfte des 20. Jahrhunderts in ein Extrem, das den Schlusspunkt dieses Buches markiert. Schließlich gibt es einen ganz pragmatischen Grund für das Ende: Geschichtswissenschaftliche Arbeiten zur Korruption sind noch nicht sehr häufig, und für die zweite Hälfte des 20. Jahrhunderts ist die Lage besonders dürftig.

Dieses Buch beschäftigt sich mit der europäischen Geschichte, oder vielmehr: mit einem Ausschnitt daraus. Es widmet sich der Entwicklung in den ›großen‹ politischen Gemeinwesen West- und Mitteleuropas, vor allem in Deutschland, Frankreich, Großbritannien, Italien und Spanien sowie in den Niederlanden, wobei die drei erstgenannten Länder privilegiert werden. Hierfür sprechen vor allem pragmatische Gründe: Die Forschungen zu diesen Ländern sind vergleichsweise zahlreich und die Quellen leicht zugänglich. Auch wenn es in letzter Zeit aus der Mode gekommen ist, bestimmten Gesellschaften eine führende Rolle in der

Geschichte zuzubilligen: In den Korruptionsdebatten des 19. und frühen 20. Jahrhunderts zeigt sich die Neigung kleinerer Länder, auf die Debatten bei ihren größeren Nachbarn zu reagieren – und nicht umgekehrt. Das leuchtet ein, da die Anzahl der Beteiligten, der Geschädigten, der Publikationen und der Zeitungen in großen Ländern schlicht höher ausfällt.

Seriöse Forschungen zur Geschichte der Korruption sind noch recht rar, obwohl die Entwicklungen der letzten zehn Jahre einen kleinen korruptionsgeschichtlichen Boom erwarten lassen. Noch vor einer Dekade hätte dieses Buch nur unter großen Schwierigkeiten geschrieben werden können, schlicht wegen Mangels an Forschungsmasse. In ganz Europa entstehen derzeit zahlreiche detaillierte Einzelstudien, die unser Bild der Korruptionsgeschichte erheblich erweitern werden. Erstaunlicherweise gibt es bislang aber noch keine Gesamtdarstellung der Korruptionsgeschichte in der Neuzeit, weder für einzelne Länder noch für den Kontinent oder sonst eine Weltregion.

Ältere Arbeiten zur Korruptionsgeschichte blieben in der Regel isoliert oder fanden nur eingeschränktes Echo – mit wenigen Ausnahmen. In der angelsächsischen Ideengeschichte ist Korruption als Motiv der politischen Theorie des 18. Jahrhunderts durchaus seit längerem präsent. Auch über die Korruptionsprozesse vor dem Parlament in der Frühen Neuzeit sowie über die Wahlkorruption auf den Britischen Inseln wurden viele Arbeiten verfasst – von den großen Reformdebatten bis hin zu unzähligen Lokalstudien über einzelne Wahlkreise. Der öffentlich stark diskutierte Kampf gegen *Old Corruption* von 1800 bis zu den Reformen des Jahres 1832 bildet einen weiteren Untersuchungsstrang in der englischsprachigen Literatur. Wahlmanipulationen und Debatten darüber machen schon seit langem einen Untersuchungsschwerpunkt in den USA aus, ebenso wie die reichhaltige Forschung über städtische Begünstigungssysteme, den sogenannten Bossismus. Britische Beiträge sind in den letzten Jahren aber seltener geworden. In der deutschen Forschung gab es einige Arbeiten zur Korruption in der Antike sowie mehrere umfangreiche Studien zur Korruption im Nationalsozialismus, ohne dass daraus eigene Forschungszweige geworden wären. In Frankreich wiederum erschienen nicht wenige Arbeiten über Korruptions- und Finanzskandale in der Dritten Republik. Die meisten waren aber weniger daran interessiert, das Phänomen Korruption zu erklären.[6]

Die ältere Forschung litt unter dem Problem, dass sie zwischen Praktiken und Bewertungen nicht unterschied. Damit geriet sie in ein Dilemma: Entweder musste sie konstatieren, dass Korruption in bestimmten Epochen wie der Vormoderne nicht existierte, oder aber vermuten, Korruption sei akzeptiert gewesen. Beides trifft die Sache nur schlecht, denn Korruptionskritik gab es auch in der Vormoderne. Die normative Aufladung des Begriffs machte stets Probleme, gerade mit Blick auf die Zeitgeschichte: Konnte man denn von Korruption sprechen, wenn ein KZ-Wächter sich dafür bezahlen ließ, jüdische Häftlinge in die Freiheit entkommen zu lassen?[7]

Diese Probleme vermeidet die jüngste Forschung, die sich in ihrer Mehrheit an einem konstruktivistischen Korruptionsbegriff orientiert. Sie begreift Korruption als Bewertungsphänomen, als historisch wandelbares Urteil. In den Niederlanden untersuchte eine Forschergruppe in diesem Sinn das Zusammenspiel von Korruptionsdebatten und öffentlichen Normen in einem langen Zeitabschnitt zwischen dem 17. und dem 20. Jahrhundert. Generell ist zu erwarten, dass die Verwaltungsgeschichte um einen korruptionshistorischen Zweig erweitert wird – entsprechende Studien zu Dänemark und Norwegen sind abgeschlossen oder in Arbeit. In Deutschland und Frankreich konzentrieren sich zwei miteinander verbundene Forschergruppen auf politische Begünstigung und Korruptionskritik im 19. und 20. Jahrhundert.[8]

Ziel dieses Buches ist es also, das recht verstreute historische Wissen über Korruption zusammenzutragen und erstmals eine Länder und mehrere Jahrhunderte übergreifende Geschichte der politischen Korruption vorzulegen. Korruptionskritik und die Praktiken der Begünstigung interpretiere ich dabei als charakteristische Phänomene der europäischen Moderne.

Wie die Dinge liegen, ist ein einfacher chronologischer Aufbau für das Buch nicht sinnvoll. Stattdessen finden Leserinnen und Leser eine Kombination aus Systematik und Verlaufsgeschichte. Das erste Kapitel erläutert an einem Beispiel die epochenübergreifenden Grundmechanismen politischer Patronage und Begünstigung, also die Merkmale der »Mikropolitik«. Kapitel 2 beschreibt Mikropolitik und Korruptionskritik in der Vormoderne – eine Epoche, in der beide eine enge Symbiose eingingen. Erst ab dem dritten Kapitel wenden wir uns der Moderne zu. In einem ersten Schritt erläutere ich die Modernisierung der Mikropolitik, in einem zweiten Schritt geht es um die Entstehung des modernen Korruptionsbegriffs (Kapitel 4 und 5). Kapitel 6 bis 8 schildern schließlich die dynamischen Verläufe von Korruptionsdebatten zwischen circa 1800 und 1940; sie zeigen die Modernisierungseffekte wie auch die Gefahren und die moralische Selbstüberforderungen, die vom modernen Ideal der Korruptionsbekämpfung ausgingen.

1.
Was ist Korruption?
Was ist Mikropolitik?

Am 2. Dezember 1887 jagten die französischen Parlamentarier einen ihrer Helden aus dem Amt. Unter schimpflichen Umständen verließ Jules Grévy, Präsident der Französischen Republik, der erste wirkliche Republikaner in dieser Position, den Elysée-Palast. Nach der Niederlage Frankreichs gegen deutsche Truppen und dem Untergang des Zweiten Kaiserreiches war 1870 eine Republik entstanden. Ungewöhnlich und ungeheuerlich für viele Zeitgenossen, denn Frankreich war zu jener Zeit die einzige europäische Großmacht ohne Monarch. Tatsächlich war die Republik lange umstritten geblieben. Doch mit Grévy hatten die Abgeordneten 1879 einen Mann zum Präsidenten gewählt, der sich bereits seit der Revolution von 1848 für die politischen Rechte des Volkes stark gemacht hatte. Auf ihm ruhten alle Hoffnungen der demokratisch gesinnten Franzosen, und sie wurden nicht enttäuscht. Grévy verzichtete freiwillig auf eine Reihe politischer Vorrechte des Staatsoberhaupts und stärkte die Macht des Parlaments. Bis heute gilt er als zweiter Gründungsvater der Dritten Republik nach Adolphe Thiers.

Der Sturz Grévys war ebenso tief wie die Enttäuschung seiner Weggefährten. Stein des Anstoßes war der sogenannte »Skandal der Dekorationen«, eine Affäre, die auch international Aufsehen erregte. Im Zentrum standen Vorwürfe gegen Grévys Schwiegersohn Daniel Wilson, der dutzendweise Orden der Ehrenlegion an unterschiedliche Interessenten verkauft hatte. Seine eigenen politischen Freunde zwangen Grévy zum Rücktritt, als bekanntwurde, dass der Präsident selbst von den Vorgängen gewusst, sie gebilligt und von ihnen profitiert hatte. Der aufrechte Republikaner war mit Vorwürfen konfrontiert, die seine politischen Freunde normalerweise an die Adresse von Monarchen richteten: Vetternwirtschaft, Bereicherung, Amtsmissbrauch; kurz: Korruption.

Die Affäre Grévy war im 19. Jahrhundert ein berühmter Skandal. Für die Konservativen lieferte sie den Beweis, dass auch die häufig moralisierend auftretenden Demokraten keine weiße Weste hatten. Die Republikaner bauten auf die Selbstheilungskräfte der Republik und waren überzeugt, im Gegensatz zur Monarchie sei nur diese Staatsform in der Lage, derlei Missstände aufzuklären. Für uns ist die Affäre zunächst deshalb interessant, weil sie zeigt, um welche Praktiken die Korruptionskritik kreiste und bis heute kreist. Die Geschichte von Grévy und Wilson ist die eines gemeinsamen Aufstiegs, einer Symbiose von Politik und Kapital, in welcher der Handel mit Ordensverleihungen nur eine untergeordnete Episode war.[1] Die Verbindung zwischen beiden Männern ging auf die 1860er Jahre zurück. Damals sahen sich Wilson und seine Schwester Marguerite Pelouze von den besseren Kreisen des Zweiten Kaiserreichs bitter enttäuscht. Sie ließen sich zu dieser Zeit in Tours nieder und kauften das nahe gelegene Loire-Schloss Chenonceau. Die Geschwister waren Erben eines phantastischen Vermögens. Ihr Vater, ein schottischer Immigrant, hatte es vor allem in der Stahlindustrie und mit der Gasversorgung von Paris gemacht. Offenbar wollten sich die beiden Erben in der lokalen Elite etablieren. Sie gaben Bälle und richteten Feste aus. Marguerite führte auf Chenonceau einen Salon, wie es bei den französischen Damen der Oberschicht schon seit dem 17. Jahrhundert üblich war. Allerdings rümpften die alteingesessenen Familien ihre Nasen über die Neureichen und verweigerten ihnen die soziale Anerkennung.

So begannen die Wilsons, sich andere Verbündete zu suchen. Die fanden sie in der republikanisch gesinnten Opposition gegen das Kaiserreich Napoleons III. In der Spätphase des Zweiten Kaiserreichs wurden die Polizeimaßnahmen gelockert, und das Regime leistete sich den Luxus, bei den Wahlen zur Legislativversammlung eine größere Zahl kritischer Kandidaten zu akzeptieren, auch wenn die Mehrheit der Abgeordneten weiterhin sogenannte »offizielle Kandidaten« der Regierung waren. Die Wilson-Geschwister scharten nun ehrgeizige Provinzbürger um sich, Rechtsanwälte, Journalisten, freiheitlich gesinnte Richter und Beamte, und knüpften Kontakte zu einer Reihe von aufstrebenden Politikern. Sie verwandelten Marguerites Salon nach und nach in einen republikanischen Treffpunkt. So kamen sie in Kontakt mit den Führern der Opposition. Darunter waren Schwergewichte wie Adolphe Thiers, der bereits in den 1830er Jahren unter Bürgerkönig Louis-Philippe Regierungschef gewesen war und 1871 der erste Präsident der neuen Republik werden sollte. Im Salon erschien obendrein Léon Gambetta, charismatischer Führer der radikalen Republikaner, der ebenfalls ab 1870 eine politische Schlüsselposition erreichte. Auch der weitgehend mittellose Rechtsanwalt Jules Grévy gehörte zu diesem Kreis. Der Revolutionär von 1848 war nach der Machtergreifung Napoleons III. zunächst verfolgt worden und wartete nun auf ein politisches Comeback. Derweil nutzte er seine Arbeit als Anwalt in Paris, um Verbindungen in Justiz und Verwaltung aufzubauen.

Ende der 1860er Jahre entschloss sich Wilson wie viele seiner republikanischen Mitstreiter zur Kandidatur um ein Parlamentsmandat. Zur Vorbereitung des Wahlkampfs gründete er gemeinsam mit seiner Schwester eine politische Zeitung, die *Union libérale*. Zum Wahlkampf auf dem Lande gehörte es, die Wähler mit allerlei Angeboten zu umwerben, etwa Festen und Banketten, die Wilson für sie ausrichtete. Mit Erfolg – neben vielen anderen Republikanern zog er 1869 ins Parlament ein und nahm seinen Sitz in der Gruppe der radikalen Republikaner.

Nach dem Regimewechsel 1870 bauten Wilson und Grévy ihre politische Zusammenarbeit aus. Grévy wurde Parlamentspräsident; der berühmte Parlamentarier öffnete dem Erben im politischen Paris die Türen, während Wilson sich um die Geschäftsverbindungen Grévys kümmerte. Nach seiner Wahl zum Staatspräsidenten machte Grévy Wilson zu einer Art politischem Generalagenten. Wilson und Grévy verband neben der politischen nun eine persönliche Freundschaft. Das hätten beide kaum besser zum Ausdruck bringen können als dadurch, dass bei dem feierlichen Einzug des Staatsoberhauptes in den Elysée Wilson direkt hinter der Präsidentenkutsche fahren durfte. Bei Freundschaft blieb es indes nicht, man band sich auch familiär: 1881 heiratete Wilson in der Kapelle des Elysée-Palastes Alice Grévy, die Tochter des Präsidenten. *Tout Paris* jubelte; Trauzeugen waren Regierungschef Jules Ferry und Finanzminister Pierre Magnin. Der Schwiegersohn wohnte zeitweilig mit der Präsidentenfamilie unter einem Dach und spann von hier aus seine politischen Fäden. Gern hätte Grévy Wilson zum Minister gemacht, doch reichte seine Macht nach der erwähnten Selbstbeschränkung des Präsidentenamts hierfür nicht mehr aus. Immerhin war sein Schwiegersohn Unterstaatssekretär im Finanzministerium, was ihm (und dem Präsidenten) wichtige Einblicke in die Staatsfinanzen erlaubte.

Grévy schätzte die Bedeutung familiärer Bindungen hoch ein. Nach seinem Amtsantritt nutzte er seine Zuständigkeiten als Chef der öffentlichen Verwaltung nicht nur, um antirepublikanisches Personal zu verdrängen, sondern auch, um die Interessen seiner Familie zu fördern. So ernannte er seinen Bruder Albert zum Senator auf Lebenszeit und zum Gouverneur von Algerien, offenbar vor allem deshalb, weil dieser in Eisenbahn- und Minenbetriebe der nordafrikanischen Kolonie investiert hatte. Freilich musste Grévy seinen Bruder nach zwei Jahren wegen offensichtlicher Unfähigkeit zum Rücktritt drängen. Auch persönlich profitierte Präsident Grévy von den Netzwerken. Am Ende seines Lebens verfügte der einst mittellos aus den Tälern des Jura nach Paris gekommene Mann über ein Vermögen von rund 7,5 Millionen Francs. Er selbst behauptete, über Jahre seine Amtsbezüge angespart zu haben, was rechnerisch denkbar ist. Wahrscheinlicher ist jedoch, dass er sein politisches Wissen und seine Kontakte in die Bankenwelt genutzt hatte, um Insidergeschäfte zu machen.

Wilson organisierte unterdessen im Elysée ein dichtes Patronagenetz. Im Dienst der guten Sache des Republikanismus errichtete er ein Presseimperium, das ganz Frankreich umfasste und dem bis zu 20 Blätter angehörten. Aufmerksamkeit bekamen sie durch exklusive Informationen aus dem Elysée, die teilweise über eine eigene Telegraphenverbindung zu den Redaktionen gelangten. Finanziell trugen sich derartige Unternehmungen nicht. Wilson verband sie daher in der Regel mit Druckereien, die von öffentlichen Aufträgen lebten. Der Elysée übte Druck auf die lokalen Verwaltungen aus, damit sie ihre Aufträge an die ausgewählten Druckhäuser vergaben. Zudem verlangte Wilson sehr häufig von seinen Geschäftspartnern im Gegenzug für politische Gefälligkeiten, dass sie Abonnements der Präsidentenzeitungen erwarben.

Neben diesem politischen Netz knüpfte Wilson vielfältige individuelle Verbindungen zu Abgeordneten und Repräsentanten der wirtschaftlichen Elite. Hierbei ging es zum einen um politische Loyalität gegenüber dem Präsidenten, zum anderen schlicht um Finanztransaktionen. Zu dem, was Wilson seinen Partnern bieten konnte, gehörten staatliche Vergünstigungen, etwa Steuererleichterungen, oder öffentliche Aufträge. Außerdem ermöglichte Wilson seinen Partnern Zugang zu immateriellen Gütern: die Aufmerksamkeit des Präsidenten, ein Wort, eine Einladung in den Elysée oder gar auf das Landgut des Staatsoberhauptes.

Dies konnte entscheidend sein bei einer Geschäftsanbahnung oder ein wichtiger Schritt zur Anerkennung in der Pariser Gesellschaft für einen aufstrebenden Abgeordneten. Solche Empfehlungen und Abmachungen beruhten in der Regel auf langfristigen persönlichen Bindungen. Zu den Geschäftspartnern Wilsons gehörte auch ein Bankier, Baron Jacques de Reinach, der später als Mittelsmann im Panama-Skandal zweifelhafte Berühmtheit erlangen sollte. De Reinach machte Geschäfte mit Wilson und bemühte sich, über ihn als Kandidat für die Parlamentswahlen aufgestellt zu werden.[2]

Der Elysée-Palast verfügte darüber hinaus über eine symbolische Ressource, die breiteren Kreisen offenstand und zunehmend anonym ›vermarktet‹ wurde, nämlich den Orden der Ehrenlegion. Wilson trat dabei nicht selbst in Erscheinung, organisierte aber im Hintergrund ab 1884 einen regelrechten Ordenshandel. Je nach Stufe des Ehrenzeichens wurden Preise festgelegt, die ein Interessent an einen Mittelsmann zu zahlen hatte, damit der Elysée ihn anschließend dem eigentlich zuständigen Ordenskanzler vorschlug. In einigen Fällen zahlten die Interessenten zwischen 80000 und 100000 Francs für ein Kreuz der Ehrenlegion. Die Vermittler strichen Provisionen ein, machten die Arbeit aber auch um der Nähe zur Macht willen. In der Regel gingen die Zahlungen allerdings nicht direkt an Wilson, sondern flossen in das Zeitungsimperium – die Begünstigten kauften beispielsweise Anteile an einem der Blätter. Das hatte den zusätzlichen Vorteil, die frischgebackenen Träger der Ehrenlegion langfristig an die Unternehmungen des Teams Wilson-Grévy zu binden. Beiden war im Übrigen klar, dass diese Transaktionen nicht ruchbar werden durften und obendrein ihren politischen Idealen widersprachen. Darum bemühten sie sich um strikte Geheimhaltung.

Dies ging mehrere Jahre gut. Warum genau das Duo zu Fall gebracht wurde, lässt sich nicht eindeutig rekonstruieren. Am Ende löste entweder ein enttäuschter ›Kunde‹ mit einer gezielten Denunziation den Skandal aus, oder aber ein wegen anderer Vergehen unter Druck geratener Polizeikommissar wollte für Unruhe sorgen und von seinen eigenen Verfehlungen ablenken.[3]

Auf den ersten Blick wirkt es merkwürdig, dass die beiden Politprofis auf dem Höhepunkt ihrer Karrieren das Risiko eines Skandals eingingen. Man wird ihnen wohl kaum gerecht, wenn man ausschließlich Geldgier dafür verantwortlich macht. Ihr dichtes Netzwerk deutet darauf hin, dass beide eine weitverbreitete Machttechnik verwendeten. Ohne ihre Verbindungen wären sie kaum bis in den Elysée gekommen. Bei genauerer Betrachtung stellt man fest, dass so gut wie alle politischen Karrieren *auch* auf derartigen Praktiken beruhten – und das gilt nicht nur für Frankreich nach 1870. Wir können in allen Ländern, die Gegenstand dieses Buches sind, verwandte Formen der Politik entdecken. Und all diese Formen galten als korrupt, waren potentielle Skandale.

Um zu verstehen, was im 19. Jahrhundert ein Skandal war und bis heute als Korruption gilt, muss man sauber zwischen zwei Dingen trennen: zwischen den Handlungen und ihrer Bewertung als Korruption. Nur so ist man in der Lage festzustellen, unter welchen Umständen ähnliche Praktiken einmal kritisiert und ein anderes Mal geduldet wurden. Beide, die Verhaltensweisen wie auch die Kritik an ihnen, waren Machttechniken.

Debatten über den Zustand politischer Systeme, der politischen Elite oder wichtiger Teile davon stehen im Mittelpunkt dieses Buches. Weil es um diese Debatten geht, kann keine feste Definition von Korruption am Beginn stehen – schließlich geht es mir ja um die Wandelbarkeit der Inhalte von Korruptionskritik. Ohnehin sind die Definitionen von Korruption in der wissenschaftlichen Literatur sehr zahlreich und unterschiedlich. Freilich braucht es Leitlinien, weil die untersuchten Kontroversen ja nach bestimmten Kriterien ausgewählt werden müssen. Ein Kriterium ist die Verwendung des Wortes Korruption/*corruption*/ *corruzione*. Doch dies ist aus zwei Gründen nicht hinreichend. Zum einen werden wir noch sehen, dass mit diesem Wort auch Debatten geführt wurden, die uns hier nur am Rande interessieren, etwa über den Verfall der Sexualmoral. Zum anderen gab es viele Auseinandersetzungen über politisches Fehlverhalten, in denen die Vokabel kaum oder gar nicht auftauchte, vor allem in der Frühen Neuzeit. Im Zentrum des Buches stehen also Debatten über Missbräuche von politischer sowie gelegentlich wirtschaftlicher Macht zum Zweck individueller oder gruppenspezifischer Vorteile. Im Hintergrund stand in der Regel das Spannungsfeld zwischen Gemeinnutz und Eigennutz.

Das kommt dem sehr nah, was in der neueren Korruptionsforschung »neoklassisches« oder »konstruktivistisches« Korruptionsmodell heißt. Dies wurde von dem amerikanischen Politikwissenschaftler Michael Johnston formuliert. Ihm zufolge muss man Korruption immer im Kontext betrachten. Korruption markiert für ihn den Missbrauch einer öffentlichen Rolle zum privaten Nutzen, und zwar gemäß den rechtlichen oder sozialen Standards der jeweiligen öffentlichen Ordnung.[4] Obwohl diese Definition historische und kulturelle Unterschiede berücksichtigt, bleibt sie problematisch. Denn auch Johnston nimmt eine klare Gegenüberstellung von öffentlich und privat an – genau dies, so werden wir sehen, war in der Vormoderne aber alles andere als eindeutig, und dennoch gab es schon damals eine Korruptionsdebatte. Freilich betont Johnston, dass die Geschichte der Korruption auch eine Geschichte von Konflikten über den Grenzverlauf zwischen öffentlich und privat darstellt. In Korruptionsdebatten, so muss man wohl noch viel allgemeiner formulieren, verhandelte man politische Interessengegensätze zwischen Großkollektiven einerseits und Kleingruppen bis hin zur Einzelperson andererseits und leitete daraus Verhaltenserwartungen an die Träger öffentlicher oder politischer Ämter ab.

Praktisch standen Bestechung, Begünstigung, politische Patronage und Netzwerkbildung am Pranger. Entsprechende Debatten entzündeten sich häufig am Verhalten einzelner Personen. Besondere Wirkung entfalteten solche Diskussionen vor allem dann, wenn die Beobachter vermuteten, sie hätten es mit verbreiteten Verfehlungen zu tun, mit einem ›System‹.

Daraus ergibt sich für die Seite der Praktiken, dass in diesem Buch vor allem auf Patronage- oder Begünstigungsnetze geschaut wird. Diese konnten allerdings unterschiedliche Formen annehmen. Die Begünstigungssysteme in der Kommunalpolitik um 1900 hatten wenig gemein mit königlicher Patronage am französischen Hof des 17. Jahrhunderts. In der Forschung findet sich eine Handvoll Begriffe für solche Praktiken: Klientelismus, Patronage, Netzwerkbildung, Verflechtung, Begünstigungspolitik, Gabentausch. Unterformen werden bezeichnet als Geschäftemacherei, Nepotismus, Favoritentum, Plutokratie, Maschinenpolitik. In allen Fällen handelt es sich um Machttechniken, bei denen einzelne Personen oder Gruppen gegenüber einem abstrakt verstandenen Gemeinwohl Vorteile erlangen. Bislang hat sich dafür noch kein allgemeingültiger Oberbegriff etablieren können.

Der Frühneuzeithistoriker Wolfgang Reinhard hat dazu gleichwohl einen Vorschlag gemacht. Er spricht von »Mikropolitik«.[5] Er geht von folgender Beobachtung aus: Viele politische Ämter wurden und werden nach Gesichtspunkten besetzt, für die fachliche Fähigkeit der Kandidaten nicht ausschlaggebend seien, mindestens ebenso wichtig seien persönliche Bindungen. Dabei gewichteten die Entscheider häufig persönliche Loyalität und Netzwerke höher als Sachkompetenz. Im Zentrum stehen also Beziehungen von Personen als Grundlage von Machtausübung. Reinhard nennt drei Merkmale von Mikropolitik: Erstens diene sie partikularen Interessen, zweitens sei sie netzwerkartig organisiert, und drittens vollziehe sie sich unterhalb der institutionalisierten Ebene geregelter Verfahren, sei also informell. Mikropolitik wäre also ein Sammelbegriff für all jene Machttechniken, die auf personenbezogenen, netzwerkartigen Strukturen beruhen, in denen Einzelinteressen vorherrschen, und die formalisierte Verfahren unterlaufen oder ergänzen.

Das Beispiel Grévy und Wilson zeigt diese Techniken in unterschiedlicher Form. Zunächst dominierte das individuelle Interesse am Aufstieg in die politische Elite, später überwog das Ziel, Gelder und Unterstützer für Presseberichte im Dienst einer politischen Strömung zu organisieren. Der Fall zeigt sehr plastisch, wie persönliche Freundschaft, Vertrauen und Verwandtschaft einerseits mit eher anonymen Beziehungen (›Kauf‹ eines Ordens über Mittelsmänner) kombiniert werden konnten. Er führt vor, dass formale Verfahren unterlaufen werden können, jedoch zeigt der Fall des unfähigen Grévy-Bruders Albert zugleich die Grenzen von Mikropolitik. Reinhards Ansatz beruht auf dem Credo, dass es keine Politik gebe, die nicht auch mikropolitische Aspekte enthalte, denn »streng sachlich am Gemeinwohl orientierte« Politik sei eine Fiktion. Diese Bewertung muss man nicht teilen. Ihm ist in einem aber sicher zuzustimmen: Es gibt wohl kein politisches System, das man ohne Sensibilität für mikropolitische Machttechniken verstehen kann. Nur zeigt der Fall Grévy eben genauso, dass Mikropolitik langfristiges, gemeinwohlorientiertes, uneigennütziges Handeln nicht ausschließt. Schließlich gehörte es zu Grévys bleibenden Leistungen, dass er die in der Verfassung vorgesehene Stellung des Präsidenten erheblich schwächte, ohne daraus mikropolitischen Nutzen zu ziehen. In den mikropolitischen Aktivitäten selbst waren übergeordnete Ziele nicht unmöglich – das Wilson'sche Zeitungsimperium diente auch den gemeinsamen politischen Anliegen der Republikaner. Man tut also gut daran, den historischen Akteuren nicht pauschal kurzsichtigen Egoismus zu unterstellen.

»Mikropolitik« ist keine Wortschöpfung von Historikern. Der Begriff wird in der Organisationssoziologie seit den 1960er Jahren verwendet. Der britische Soziologe Tom Burns bezeichnete mit diesem Konzept in einem berühmten Artikel alle Auseinandersetzungen innerhalb von scheinbar unpolitischen Organisationen wie Wirtschaftsunternehmen oder Universitäten.[6] Mikropolitik, das ist bei ihm die Welt der informellen Absprachen und Konflikte, bei denen es um die Karrieren Einzelner, aber auch um die Ressourcen einer Abteilung oder um die Ausrichtung eines ganzen Konzerns geht. Um all dies werde zwar mit sachorientierten Argumenten gekämpft. Am Ende entscheidend sei aber oft, wer mit wem gemeinsame Sache mache. Mikropolitik, das ist ebenso die Herstellung von Einfluss, indem Personen Allianzen eingehen. Ohne soziale Beziehungen zwischen Menschen, so Burns' Botschaft, funktioniert keine Organisation. Ähnlich argumentieren die französischen Organisationssoziologen Michel Crozier und Erhard Friedberg. Sie behaupten, dass die Mitglieder jeder Organisation nach Spielräumen suchen, um Macht auszuüben. Sie nutzen Lücken in den Regeln oder schaffen eigene, informelle Handlungsweisen zu ihrem Vorteil.[7] Im politischen Bereich ist die entsprechende Organisation in der Regel das Gemeinwesen, der Staat.

Der Begriff Mikropolitik hat den unschätzbaren Vorteil, die genannten Machttechniken wertneutral zu benennen. Außerdem deckt Mikropolitik ein breites Feld von Handlungsweisen ab, von denen viele nicht zu beanstanden sind – weder nach heutigen noch nach historischen Maßstäben. Mikropolitik und Korruption sind also nicht gleichbedeutend, man kann daher mit dem Begriff der Mikropolitik Handlungen beschreiben, ohne sie in den Bereich der Korruption einzuordnen. Umgekehrt ist aber auch richtig: Wenn Korruption kritisiert wurde, handelte es sich stets um mikropolitisches Handeln. Ein Vorteil liegt überdies darin, dass der Begriff sich prinzipiell auf alle Gesellschaften und Kulturen beziehen lässt.

Dies sind Gründe genug, um mit diesem Konzept zu arbeiten. Doch hat es auch Nachteile. Dazu gehört zum einen das Wort selbst. Mikropolitik weckt die Erwartung, es gehe um kleinteilige Vorgänge. Das ist zwar häufig der Fall, aber beileibe nicht immer. Von mikroskopischen Strukturen kann man kaum sprechen, wenn damit ganze Nationalstaaten überzogen werden – siehe Wilsons Zeitungsimperium. Mikroskopisch ist die Mikropolitik aber in einem Punkt immer: Ihre Knotenpunkte sind einzelne Menschen. Es ergibt außerdem wenig Sinn, von »Makropolitik« als Gegenstück zur Mikropolitik zu sprechen. Mikropolitik ist eine Machttechnik, bezeichnet aber kein politisches Handlungsfeld. Außerdem muss die personenbezogene Komponente der Mikropolitik ergänzt werden um das, was ich in diesem Buch als Organisationspatronage bezeichne. Vertrauen in Personen kann ebenso durch Zugehörigkeit zu einer Organisation hergestellt werden. Das beste Beispiel hierfür ist in der heutigen Demokratie die Parteizugehörigkeit. Bei vielen Personalentscheidungen in der öffentlichen Verwaltung ist das Parteibuch eines Kandidaten eine entscheidende Grundlage für die Bildung von Vertrauen.

Schließlich muss noch ein weiteres Merkmal der Mikropolitik geklärt werden. Reinhard schließt die historische Veränderbarkeit von Mikropolitik aus. Mikropolitik ist für ihn eine anthropologische Konstante, die menschheitsgeschichtlich-evolutionär bedingt sei. Der Mensch handele gewissermaßen von Natur aus mikropolitisch.[8] Diese Auffassung kann man mit historischen Methoden wohl weder beweisen noch widerlegen. Allerdings kann man sehr wohl darstellen, dass und wie sich die mikropolitischen Techniken im Lauf der Geschichte veränderten. So wird sich zeigen, dass Grévys Machttechniken nicht mit denen an der Römischen Kurie des 17. Jahrhunderts identisch waren und dass Daniel Wilson etwas anderes war als die aus der Zeit gefallene Version eines frühneuzeitlichen Günstlingsministers; kurzum: Auch Mikropolitik machte Modernisierungsprozesse durch.

Mikropolitik ist durch eine Reihe von wiederkehrenden Merkmalen gekennzeichnet. Ein Grundmuster mikropolitischen Handelns ist das Prinzip des Gabentauschs. Es wurde erstmals von dem französischen Ethnologen Marcel Mauss zu Beginn des 20. Jahrhunderts beschrieben.[9] Im Kern ging es ihm darum, die Bindungswirkung von Geschenken zu erklären. Geschenke sind nur scheinbar zweckfreie Freundschaftsbeweise. Tatsächlich schaffen sie unausgesprochene dauerhafte Beziehungen zwischen Personen. Jedes Geschenk verlangt danach, erwidert zu werden, allerdings nicht sofort, da die Fiktion der Freiwilligkeit besteht. Der Empfänger eines Geschenks bleibt so lange moralisch in der Schuld des Gebers, bis er es mit einem möglichst wertvolleren Gegengeschenk erwidert hat. Ab diesem Augenblick kehrt sich das Verhältnis um; der ursprüngliche Geber findet sich in der Rolle des Empfängers wieder und steht nunmehr in der Schuld des anderen. Im Unterschied zum Warenkauf gibt es keinen Vertrag und nie die Möglichkeit, die eigene Schuld zu tilgen (was ein Käufer durch Begleichung des Preises erreicht) – daher ist diese Beziehung tendenziell unabgeschlossen. Allerdings lässt sich ein Geschenk nicht einklagen, weshalb solche Beziehungen stets in hohem Maß auf Vertrauen angewiesen sind.

Fast alle politischen Netzwerke und Patronagebeziehungen beruhen auf einem solchen Modell, freilich meist in komplexerer Form. So können in politischen Netzwerken ›Geschenke‹ auch gegenüber Dritten entgolten werden, nämlich gegenüber ›Freunden‹ des Schenkenden. In der Regel geht es nicht um Präsente im herkömmlichen Sinn. Vielmehr werden Ressourcen unterschiedlicher Natur getauscht. Der Fall Grévy zeigt es: Informationen, Aufmerksamkeit, prominente Trauzeugen, Orden, Geld, Wählerstimmen, Aufträge öffentlicher Verwaltungen und so fort.

Wenn es um Einzelpersonen geht, wird man häufig mit dem Motiv des sozialen Aufstiegs konfrontiert oder mit dem der Integration in eine politische oder soziale Elite. So wandte sich Wilson zunächst an die regionale konservative Elite der Touraine. Als er erfolglos blieb, knüpfte er Kontakte zu den aufstrebenden liberalen Republikanern. Große politische Patronagenetze wirken integrierend. Sie können randständige soziale Gruppen oder abgelegene Gebiete eines Landes mit den Machtzentren verbinden. Unser Beispiel Wilson/Grévy kann auch mit diesen Kategorien ›gelesen‹ werden – einmal als Geschichte des Aufstiegs von der Peripherie ins Zentrum der Macht und zugleich mit Blick auf das Zeitungsimperium als Beispiel für die Machttechniken des Zentrums gegenüber der Provinz.

Insgesamt bezeichnet der Begriff Mikropolitik Machttechniken, die auf Gewalt oder Zwang verzichten und stattdessen mit Anreizen arbeiten. Das heißt natürlich nicht, die Akteure der Mikropolitik seien ausnahmslos friedliebende Menschen. Vielmehr können andere Machttechniken wie Polizeistaatsmethoden und Unterdrückung gleichzeitig und von denselben Personen eingesetzt werden. Auch ist Mikropolitik nicht unbedingt gerecht oder inklusiv. Im Gegenteil: Mikropolitik beruht auf Exklusivität oder zumindest auf dem Anschein davon.

In eine Krise kommen mikropolitische Systeme häufig dann, wenn die Zugangsregulierung außer Kontrolle gerät. Das galt auch für das

System Wilson/Grévy: Als die Möglichkeit, Orden zu erwerben, gewissermaßen jedem zugänglich wurde, wuchs zugleich die Zahl der Unzufriedenen und damit die Motivation, die Vorgänge zu skandalisieren. In diesem Fall kam hinzu, dass sich die Aktionen tendenziell vom Stil des Gabentauschs zum Stil eines (ungesetzlichen) Warenkaufs entwickelten, was die sozialen Bindekräfte unter den Beteiligten schwächte oder gar nicht erst entstehen ließ.

Die Krise ist für sich ausdehnende Systeme von Mikropolitik auch deshalb vorprogrammiert, weil die Ressourcen begrenzt sind. Überdehnt sich ein Netzwerk, indem es eine Nachfrage zu befriedigen vorgibt, die seine Möglichkeiten übersteigt, kommt es in der Regel zum Zusammenbruch. Angesichts von Begriffen wie »Konkurrenz« um (knappe) »Ressourcen« drängt sich möglicherweise der Eindruck auf, Mikropolitik verlaufe rational oder sei ausschließlich instrumentell. Doch Mikropolitik lässt sich nicht auf ein einziges Motiv reduzieren; sie ist häufig eingebettet in eine Kultur des Gebens und Nehmens. Die ›Mechanik‹ von Mikropolitik ist eng an die jeweils gültigen Umgangsformen und Werte angelehnt. Vor allem in der Frühen Neuzeit waren Patronagekultur und gesellschaftliche Ordnungsvorstellungen eng aufeinander bezogen.

Mit Patronage ist ein Schlüsselbegriff der Mikropolitik angesprochen. Ist ein politisches Netzwerk hierarchisch aufgebaut, so spricht man in der Regel von Patronage oder Klientelismus: Ein mächtiger oder reicher Patron schart eine Gruppe von Klienten um sich.[10] Auch Patronagebeziehungen sind auf Gegenseitigkeit angelegt, wenngleich mit der Besonderheit, dass von den Klienten keine Gegengabe ›auf Augenhöhe‹ verlangt wird. Dennoch verpflichten sich beide Seiten: Der Patron gewährt den Klienten Hilfe, Schutz und Zugang zu seinen Ressourcen. Dafür schulden die Klienten dem Patron Dankbarkeit und Unterstützung. Allerdings muss dieses Konzept dynamisch gedacht werden. Die Rollen können sich vertauschen, beispielsweise durch Aufstieg eines Klienten in den Rang des Patrons oder durch Abstieg. Seit dem 19. Jahrhundert wurde die Situation komplizierter: Die Gesellschaft differenzierte sich. Wer in einem Bereich wie der Geschäftswelt Einfluss und Ansehen hatte, war nicht automatisch in der Politik mächtig. So war Wilson innerhalb der Finanzbourgeoisie vor 1879 Grévys Patron und Grévy gleichzeitig der politische Patron Wilsons.

Neben hierarchischen Systemen gibt es in der Mikropolitik also Formen der Verflechtung auf Augenhöhe. Das gilt immer dann, wenn die Beteiligten annähernd den gleichen sozialen Rang haben oder einen ähnlich guten Zugang zu Ressourcen besitzen. Denkbar ist auch, dass sie in unterschiedlichen Bereichen über gleichwertige Ressourcen verfügen, wie etwa in der frühen Phase von Wilson und Grévy. Im Einzelnen sind die Grenzen wiederum fließend, und entscheidend ist vermutlich weniger der ›objektive‹ Ressourcenzugang als vielmehr die Vorstellungen der Beteiligten darüber.[11]

Schließlich ist es sinnvoll, zwischen kurzfristigen oder sogar einmaligen Geschäften und längerfristiger Bindung zu unterscheiden. Die möglichen Extreme liegen weit auseinander. Der Fall Grévy bietet auch hier Anschauungsmaterial: Einige ›Kunden‹ für einen Orden beschränkten ihre Kontakte auf diese einmalige Transaktion, andere engagierten sich mittelfristig durch Aktienkäufe im Wilson'schen Zeitungsgeflecht. Die dauerhafteste Bindung gingen indes die Hauptpersonen miteinander ein, als Wilson in die Präsidentenfamilie einheiratete.

2.
Patronage und Korruptionskritik in der Frühen Neuzeit

Von Günstlingen, Höflingen und manipulierten Wahlen: Mikropolitik als große Politik

In der Frühen Neuzeit war Patronage normal und zugleich prekär. Darin besteht die Besonderheit frühneuzeitlicher Korruptionsgeschichte. Normal heißt: Sie war verbreitet, alltäglich, gehörte zu den wichtigsten politischen Machttechniken dieser Zeit. Normal heißt aber auch: Sie war die Norm. Patronage fand nicht etwa in dunklen Hinterzimmern statt, sondern sie wurde öffentlich zelebriert und gehörte zu den Pflichten der Mächtigen. Prekär heißt: Sie war nicht die einzige Norm. Patronage und Begünstigung konnten auch in schiefem Licht erscheinen, konnten korrupt sein.

Schon beim oberflächlichen Blick auf die Epoche zwischen Reformation und Französischer Revolution drängen sich eine ganze Reihe von Gestalten auf, die ihre Bedeutung der Mikropolitik verdankten: Nepoten, Günstlingminister, Mätressen. In der Geschichtswissenschaft des 19. Jahrhunderts galten sie noch als Beweis für die Korrumpierbarkeit frühneuzeitlicher Politik. Mittlerweile ist die Forschung mit derlei Urteilen vorsichtiger und interessiert sich dafür, wie Patronage funktionierte.

Zu den bekanntesten Günstlingministern gehören die französischen Kardinäle Richelieu, Mazarin und Fleury, die spanischen Herzöge von Lerma und von Olivares, der englische Herzog von Buckingham und sein Landsmann Francis Bacon. In deutschen Territorien gab es unzählige von ihnen, auch wenn heute nur noch Spezialisten ihre Namen kennen: Ferdinand Graf von Plettenberg im Kurfürstentum Köln, Heinrich von Brühl in Sachsen, Otto von Schwerin unter dem »Großen Kurfürsten« von Brandenburg und viele weitere.

Die Hochphase der Günstlingminister war das 17. Jahrhundert, mit Vorläufern im 16. und Nachzüglern im 18. Jahrhundert. Sie waren allesamt Personen, die einen engen persönlichen Umgang mit ihrem Herrscher pflegten (Günstling, Favorit). Zugleich waren sie informelle Regierungschefs. Informell, weil das Amt noch nicht existierte und weil die

Günstlingminister meist nicht auf klare Amtshierarchien zurückgreifen konnten. Sie regierten in einem unsicheren Umfeld: Die Machtverteilung zwischen den Fürsten und den großen Adelsfamilien oder den Ständen war vielfach umstritten und eine schlagkräftige Verwaltung erst im Entstehen begriffen.[1]

Für einen Günstlingminister war Patronage die zentrale Herrschaftstechnik, und zwar nach zwei Seiten hin. Einerseits übte er seine Herrschaft durch ein weitverzweigtes System von Gefolgsleuten und Klienten aus. Andererseits verdankte er seine Stellung weitgehend dem Wohlwollen des Herrschers. Selbst wenn er Adelstitel, Hofämter, Landgüter, Orden und andere Gunstbeweise erhielt, die ihn natürlich auch absichern sollten – seine politische und gesellschaftliche Stellung blieb allein von der fürstlichen Protektion abhängig. Fiel er in Ungnade, endete die fürstliche Patronage. Er war von einem Tag auf den anderen entmachtet und drohte alles zu verlieren, oft sogar seine Freiheit.

Der fürstlichen Gnade konnte der Günstlingminister sich unter anderem dadurch versichern, dass er Konkurrenz vermied oder besänftigte. Praktisch hieß das, die wichtigsten Gruppen am Hof und im Lande ständig einzubinden – unter anderem durch Patronage und weitsichtige Verteilung von Ressourcen auch an potentielle Gegner.

Patronage war häufig auch ein wirksames Mittel, um das Land zu regieren. Regierungen standen in der Frühen Neuzeit vor erheblichen Problemen. So benötigten sie in den einzelnen Teilen des Herrschaftsgebiets verlässliche Ansprechpartner. Das war wichtig, weil die Kommunikation noch sehr langsam verlief und weil ›vor Ort‹ meist lokale Adelsgrößen herrschten. Diese Lokalmächte verfolgten eigene Interessen und waren nicht immer daran interessiert, den Fürsten zu unterstützen. Man konnte versuchen, eine von der Zentrale gesteuerte Lokalverwaltung aufzubauen, wie es die französische Krone im 17. Jahrhundert mit den sogenannten Intendanten begann. Freilich dauerte dieser Prozess sehr lange. Und: Es widersprach häufig dem Rechtsempfinden der Menschen, denn in der Frühen Neuzeit galt in der Regel das Bestehende als legitim; Neues war nur schwer begründbar. Da war es meist zielführender, regionale Magnaten durch Patronage persönlich an den Günstlingminister zu binden oder aber seitens des Günstlingministers Gefolgsleute mit politischem Auftrag in die Provinz zu schicken.

Günstlingminister werden in der Forschung daher auch als Patronagemanager ihres jeweiligen Fürsten beschrieben. Ihre Aufgabe bestand darin zu regeln, wer dem König eine Bitte vortragen durfte, häufig sogar, wen der Herrscher überhaupt empfing. Graf Heinrich von Brühl, der spätere Regierungschef Augusts des Starken, begann seine Karriere mit einem wichtigen höfischen Amt: Er war Kammerjunker des sächsischen Kurfürsten und Königs von Polen. Er sortierte Bittschreiben, die an seinen Herrn gerichtet waren, bewertete sie, trug sie dem Herrscher vor und schlug ihm Entscheidungen vor. Damit entlastete er den König bei der Arbeit und bildete das entscheidende Nadelöhr für die Untertanen. So konnte er sich eine eigene Klientel aufbauen und den Grundstock für seine politische Karriere legen. In der Regel erhielten die Günstlinge im Lauf der Zeit eigene Ressourcen. Bei Graf Brühl gehörte dazu die Oberaufsicht über zwei der wichtigsten Wohlstandsquellen des Landes: die Bergwerke und vor allem die Porzellanfabrik in Meißen. Das »weiße Gold« war prestigeträchtig und sehr wertvoll. Porzellangeschenke hatten gegenüber Bargeld außerdem den unschätzbaren Vorteil, dass Brühls Klienten oder ›Tauschpartner‹ den Anschein von Käuflichkeit vermeiden konnten.[2]

Günstlinge wurden im Laufe der Zeit generell zu mächtigen und reichen Patronen. Häufig stammten sie aus weniger bedeutenden Familien und waren Aufsteiger, meist aus dem niederen Adel. Buckingham beispielsweise, Günstling der englischen Könige Jakob I. und Karl I., wurde 1592 unter dem Namen George Villiers als Spross eines kleinen Landadelsgeschlechts in Leicestershire geboren. 1628, am Ende seines Lebens, zählte er zu den ranghöchsten Aristokraten des Königreichs, war Herzog, Träger des Hosenbandordens, Chef der Admiralität und Master of the Horses, bekleidete also eines der drei höchsten Hofämter mit Ministerrang. Seine Schlösser und Paläste gehörten zu den prächtigsten ihrer Art – der heutige Buckingham-Palast geht auf eine seiner Residenzen zurück.

Die Aufgaben der Günstlingminister waren äußerst vielfältig, weshalb ihre Funktion nicht pauschal zu bewerten ist: Weder waren sie selbstvergessene Diener ihrer Herrn, noch beuteten sie die öffentlichen Kassen schamlos zum eigenen Nutzen aus. Eine Trennung zwischen privatem und öffentlich-politischem Handeln ginge an der Realität vorbei. Je mehr Reichtum, Einfluss und Prestige ein Günstlingminister hatte, umso mehr nützte dies in der Regel auch der Regierung und dem entstehenden Staat.

In ihrer Funktion eng verwandt mit den Günstlingministern war eine andere Gestalt frühneuzeitlicher Höfe, auch wenn das auf den ersten Blick überraschen mag: die Mätresse. Besondere Berühmtheit erlangten französische Mätressen wie Diane de Poitiers, Madame de Maintenon und Madame de Pompadour. Doch auch in deutschen Fürstentümern gab es entsprechende Persönlichkeiten, so etwa die Gräfin Cosel unter August dem Starken in Sachsen oder Wilhelmina von Grävenitz im Herzogtum Württemberg des 18. Jahrhunderts. Nicht alle Mätressen hatten politische Ambitionen oder bekamen die Gelegenheit, sie zu verfolgen – in diesen Fällen beschränkte sich ihre Rolle tatsächlich darauf, dem Hof Glanz zu verleihen und den Herrscher in sein Bett zu begleiten. Potentiell standen der Mätresse als einer intimen Vertrauten des Fürsten jedoch ähnliche Möglichkeiten offen wie einem männlichen Günstling. Sie hatte Einfluss darauf, wer Zugang zum Herrscher erhielt oder Gunstbeweise. Häufig war sie Patronin einer Hofpartei – oder deren Kreatur. Oft stellten Gruppen bei Hofe dem Herrscher eine junge Frau vor, in der Hoffnung, er würde ein Auge auf sie werfen. Dahinter stand natürlich die Absicht, der eigenen Gruppe Zugang zum Zentrum der Macht zu verschaffen. Dabei ging es um soziale, symbolische und wirtschaftliche Vorteile, und immer auch um Politik.

Madame de Pompadour war beispielsweise die Kandidatin einer Gruppe von aufstrebenden, aber nicht hochadligen Finanzinvestoren und Steuerpächtern. Sie ging zudem gegen eine Partei ins Rennen, die sich durch ihre Nähe zur französischen Kirche auszeichnete – eine ganz typische Konstellation auch in anderen Staaten. Pompadour gelang es allerdings im Lauf der Jahre, sich von ihren Unterstützern zu emanzipieren. Sie hielt sich dauerhaft als politische Ratgeberin, selbst als König Ludwig XV. sich bereits anderen Liebschaften zuwandte. Vor allem in der Außenpolitik war sie in der Mitte des 18. Jahrhunderts wohl die entscheidende Figur am französischen Hof – auch und gerade dank ihrer Begabung für Mikropolitik, mit der sie sich auch ausländische Gesandte persönlich verpflichtete. Eine geschickte Mätresse konnte ihre Weiblichkeit in eine politische Stärke verwandeln. Zwar waren ihr öffentliche Ämter verschlossen. Dafür konnte sie, anders als Amtsträger, vertrauliche Konsultationen führen und ›Klartext‹ sprechen. Gerade in der Außenpolitik machte sich das bezahlt. Als Frau konnte die Pompadour sich den Konventionen von Ehre und Rangordnung entziehen, welche Männer häufig daran hinderten, auf Verhandlungspartner zuzugehen oder auch Kompromisse zu schließen. Die mikropolitisch erfolgreiche Mätresse überwand Verkrustungen und Berührungsängste in der offiziellen Staatspolitik.[3]

Das Beispiel Mätresse zeigt, dass die höfische Mikropolitik nicht unbedingt in der Hand nur *eines* Ministers gebündelt wurde. Meistens gab es mehrere, miteinander konkurrierende Patronagesysteme an den Höfen der Frühen Neuzeit. Diese Konkurrenz wurde von manchem Herrscher nach dem Prinzip »teile und herrsche« gefördert. Elisabeth I. von England und Philipp II. von Spanien etwa achteten sehr darauf, dass an ihren Höfen mindestens zwei Faktionen um die Herrschergunst wetteiferten. Berühmt ist die Entscheidung des jungen Ludwig XIV. nach dem Tod von Jules Mazarin 1661, den er als Günstlingminister von seiner Mutter übernommen hatte, fortan ohne Großpatron zu regieren. Freilich bedeutete das nicht, auf Klientelismus zu verzichten – Politik machte auch Ludwig XIV. via Patronage. Wichtige höfische Gruppen wurden nun von einzelnen Ministern angeführt, von Vertretern der großen Adelsfamilien, dem königlichen Beichtvater oder der jeweiligen Mätresse.[4] Der Zugang zum König konnte ganz unterschiedlich zustande kommen – im Beichtstuhl ebenso wie im Bett, durch die Funktion innerhalb der Regierung ebenso wie durch den Rang eines Prinzen von Geblüt.

Ein Sonderfall frühneuzeitlicher Mikropolitik war der päpstliche Nepotismus, vor allem im 16. und frühen 17. Jahrhundert. Er war nur denkbar auf der Grundlage eines eher untypischen politischen Systems. Der Kirchenstaat kannte keine dynastische Erbfolge, und es gab in Rom eine eigentümliche Verschränkung lokaler und europäischer Interessen. Das Amt des Papstes beinhaltete bis 1870 zwei Funktionen, nämlich die des Oberhaupts der Katholischen Kirche und die eines weltlichen Fürsten als Chef des Kirchenstaates. Die Papstwürde wurde und wird durch Wahl im Kardinalskollegium verliehen. Als Kandidaten kamen in der Frühen Neuzeit meist nur Angehörige des römischen Stadtadels in Frage, also Lokalmatadoren. Dies stand im Gegensatz zur universalen Bedeutung des Amtes, weshalb die katholischen europäischen Großmächte stets versuchten, die Wahl zu beeinflussen. Der Papst verfügte über immense Ressourcen, darunter Hunderte Kirchenämter wie Bischofsstühle und Abteien in Europa und Übersee mit zum Teil millionenschweren Einkünften. Diese Ämter hatten auch politische Bedeutung, da sie häufig mit weltlichen Aufgaben und Rechten versehen waren. Als Staatschef verfügte der Papst über eine Armee, weltliche Einkünfte und ein Netz von Diplomaten auf dem gesamten Kontinent. Instabil war das System, weil es beim Tod eines Amtsinhabers keinen Erbgang vorsah. Die Kardinäle traten zusammen und wählten einen neuen Pontifex – meist einen Gegner seines Vorgängers, so dass die mikropolitischen Arrangements wild durcheinandergewirbelt wurden. Und es gab eine weitere Besonderheit: Die alten römischen Familien standen einander in herzlicher Feindschaft gegenüber. Folgerichtig wählten sie häufig als Kompromisskandidaten Mitglieder aus neuen, aufsteigenden Familien. Der neue Papst hatte aber tatsächlich noch eine dritte, wenngleich eine leicht verdeckte Rolle – zu seinem geistlich-weltlichen Doppelamt kam die Funktion als Familienoberhaupt hinzu. Die Familie eines Papstes wusste, dass sie in der kurzen Zeit bis zu dessen Tod die einmalige Chance hatte, in den Kreis der wirklich Mächtigen und Reichen Roms aufzusteigen. Für diese Aufgabe bestimmte der Pontifex in der Regel einen Neffen, um moralisch von der direkten Förderung seiner Familie entlastet zu sein.

Dieser »Nepot« erhielt eine ähnliche Stellung wie ein Günstlingsminister: Er war Kardinal, Staatssekretär des Kirchenstaates und Chef einer Behörde, die unter anderem die Patronageressourcen des Heiligen Stuhls verwaltete. Der Nepot hatte dafür zu sorgen, dass die Papstfamilie ein Maximum an Titeln, Einkünften und dankbarer Gefolgschaft erhielt. Dazu gehörte auch die Verflechtung mit den Interessen auswärtiger Mächte. Die römischen Familien waren in der Regel entweder dem französischen, dem spanischen oder dem Wiener Hof verpflichtet, also einer der drei großen katholischen Mächte Europas. So bemühten sich die Papstfamilien um internationale Absicherung, etwa in Gestalt eines spanischen Adelstitels. Umgekehrt profitierte aber auch der Kirchenstaat von guten Beziehungen zu den europäischen Mächten. Das war umso bedeutsamer, weil das militärische Gewicht Roms im 17. Jahrhundert bereits deutlich abnahm. Auch wenn die Familieninteressen im Fall der Kardinalnepoten im Vordergrund standen und obwohl diese Praktiken schon bei den Zeitgenossen extrem umstritten waren – eine Trennung zwischen privaten, staatlichen und kirchlichen Interessen lässt sich auch hier kaum konstruieren.

Neben dem Papsttum gab es weitere Wahlmonarchien, in denen es regelmäßig Anlässe für mikropolitische Aktivitäten gab. Das politisch wichtigste Beispiel war die römisch-deutsche Kaiserwürde. Zwar verblieb die Kaiserkrone zwischen 1500 und 1800 mit kurzzeitigen Ausnahmen im Haus Habsburg bzw. Lothringen. Dieser langfristige Erfolg war in wesentlichen Teilen ein Ergebnis weitsichtiger Klientelpolitik. Neben politisch eher schwachen Gegenkandidaten wie dem 1742 gewählten Wittelsbacher Karl VII. bewarben sich mehrfach auch so starke Figuren wie der französische König um die ranghöchste weltliche Würde des Abendlandes. Ein Sieg für ›landesfremde‹ Kandidaten war im vornationalen Zeitalter nicht ausgeschlossen. Das zeigte sich in der polnischen Wahlmonarchie 1573 mit der Wahl Heinrichs von Valois und wieder 1697, als der sächsische Kurfürst August der Starke den polnischen Thron bestieg.

Im Reich setzten oft schon vor dem Tod eines Kaisers umfangreiche Bemühungen um die Stimmen der Kurfürsten ein, die den Nachfolger zu bestimmen hatten. Wie jede Form frühneuzeitlicher Außenpolitik fand auch diese hauptsächlich auf der Ebene mikropolitischen Austausches statt. Sowohl die Habsburger wie ihre Konkurrenten boten Wahlgeschenke an, sahen sich aber auch konkreten Forderungen gegenüber. Geldzahlungen im engeren Sinn spielten wohl eine Rolle, wichtiger waren jedoch strukturelle Weichenstellungen: Infolge von Wahlversprechen verpfändeten die Kaiser schon seit dem späten Mittelalter stückweise das Reichsgut an die Kurfürsten. Damit verflüchtigte sich die finanzielle Basis des Kaisertums, während die Territorialstaatsbildung der Fürsten davon profitierte.[5]

Letztlich konnten sich die Habsburger auch deshalb halten, weil sie den mittleren Reichsadel über Generationen fest an ihre Dynastie banden. Zwar war dieser Reichsadel in der Kaiserwahl nicht direkt wahlberechtigt. Doch besetzten seine Mitglieder strategisch wichtige Positionen. Aus seinen Reihen stammte ein Großteil des diplomatischen Personals, das die Wahlen vorbereitete und begleitete. Er bevölkerte die wichtigsten Reichsinstitutionen von den Reichstagsgesandtschaften bis hin zum Reichskammergericht. Aus dem Reichsadel stammten schließlich die Mitglieder der großen Domkapitel, die nicht übergangen werden konnten, wenn wichtige Bischofssitze zu vergeben waren. Darunter befanden sich auch die Erzbischofsstühle von Trier, Köln und Mainz, zugleich Sitze der drei geistlichen Kurfürsten.

Hierzu ein Beispiel: Im 17. und frühen 18. Jahrhundert profilierte sich die Familie Schönborn als Führerin eines Netzes aus Verwandten und Klienten. Sie verfügte über gute Beziehungen zum Kaiserhof, vor allem aber beherrschte sie mehrere süddeutsche Bistumskapitel. So gelang es der Familie, eine große Zahl kirchlicher und politisch einflussreicher Ämter zu besetzen. Schönborns saßen teilweise zeitgleich auf den Bischofsstühlen von Mainz, Trier, Bamberg, Würzburg, Worms und Konstanz. Diese Ämterhäufung in einer Familie war nur möglich, weil ihre Mitglieder immer auch in der Kategorie ›Familie‹ dachten und planten, obwohl die Geistlichen ja keine eigenen Nachkommen hatten.

Der Einfluss der Familie Schönborn reichte um 1700 gewissermaßen nach oben und nach unten: Als Kurfürsten waren sie potentielle Königsmacher, als geistliche Landesherren verfügten sie über mittelgroße Territorien mit beachtlichem politischem Gewicht. Als Inhaber einer Vielzahl weltlicher wie kirchlicher Ämter und Würden standen ihnen unzählige Pfründen zur Verfügung, mit denen sie sich kleinere Adelsgeschlechter verpflichten konnten. Zudem entwickelten sie ein politisches Programm und traten als Führer des sogenannten »Dritten Deutschland« auf: Sie formulierten den Anspruch der mittleren und kleineren Reichsstände, die Geschicke des Reiches zu bestimmen, ohne dabei allzu großen Einfluss des Kaisers oder reichsfremder Kräfte zuzulassen. Dieses politische Programm fand auch seinen Niederschlag in den unzähligen Bauten der Schönborn wie der Residenz in Würzburg und Schloss Pommersfelden.[6]

Die Macht der in den Erzstiften sitzenden und untereinander vielfach verflochtenen Familien war derart groß, dass sie sich in wichtigen Fragen auch über Rom hinwegsetzen konnten. So gelang es den Mainzer Kapitularen im 16. Jahrhundert dank ihrer ausgezeichneten Verbindungen, mit Hartmut von Kronberg einen protestantischen Hofmeister durchzusetzen; damit gehörte der faktische Regierungschef des Bistums der gegnerischen Konfession an. Das wurde in Rom mit finsterem Misstrauen und hellem Entsetzen quittiert – aber letztlich zähneknirschend akzeptiert.[7]

Politische Wahlen waren im frühneuzeitlichen Europa durchaus verbreitet. Das gilt für kirchliche Organisationen, Ständeversammlungen, Gemeinden und Körperschaften wie Gilden und Zünfte. Typisch war eine Gleichzeitigkeit von kaum kaschierten Wahlmanipulationen und dem Unbehagen daran. Vielerorts wurden Wahlakte deshalb aufwändig überwacht, oder man verlegte sich gar darauf, durch Losen zu einer Entscheidung zu gelangen. Letzteres gilt für die aristokratisch verfasste Seemacht Venedig. Hier versuchten die Gesetzgeber, das mikropolitische Manipulationssystem auszuhebeln, indem sie die Regeln für Wahlen immer komplizierter gestalteten. Die Lösung bestand also aus dem Gegenteil von Transparenz. Neben dem gewählten Dogen, dem Stadtoberhaupt, gab es eine Vielzahl von Ratsversammlungen und städtischen Gremien mit unterschiedlichen Zuständigkeiten. Da es so viele von ihnen gab, wurde im Grunde ständig gewählt. Im Laufe der Frühen Neuzeit hatten die Stadtväter die Wahlen bewusst kompliziert gestaltet und Rotationssysteme eingeführt. In vielen Fällen liefen die Verfahren darauf hinaus, wichtige politische Ämter in einer Mischung aus Wahl- und Losverfahren zu vergeben. Dazu passte es, dass Wahlversprechen und Wahlkämpfe verboten waren.

Freilich konnten die Wahlberechtigten mit diesem Ergebnis nicht zufrieden sein. Zwar wurde Manipulation sehr schwierig, doch zugleich hatten die Wähler bei Losverfahren kaum noch Einfluss auf die Ergebnisse. Hinzu kam ein weiteres Problem. Unter den Wahlberechtigten gab es viele verarmte Adelige, die nichts mehr fürchteten, als per Los in ein zeitaufwendiges und kostspieliges Amt zu kommen. Ihnen ging es also auch darum, die eigene Wahl in ein Amt zu verhindern. Das Ergebnis: Je dichter die Maßnahmen zur Manipulationsabwehr, umso stärker wuchs ein informelles System mikropolitischer Wahlbeherrschung.

Zu diesem System gehörten geschmierte Wahlhelfer und Wahlprotokollanten, manipulierte Wahlurnen, informelle Wahlabsprachen. Die Wahlberechtigten schlossen sich zu Gruppen zusammen, die ihre Stimmen an den Meistbietenden ›verkauften‹ – der Preis wurde von einem gemeinsamen Sprecher ausgehandelt und variierte je nach der Nachfrage für ein Amt. Das System wurde zwar nur halblaut betrieben, war aber in hohem Maß konsensstiftend. Es förderte das Vertrauen zwischen allen Beteiligten, sofern sie sich an die Absprachen hielten. Es ermöglichte politische Interessenvertretungen, obwohl dies dem Geist der Kommunalverfassung widersprach. Es erlaubte den weniger mächtigen Adelsfamilien, am politischen Geschehen teilzunehmen, ohne ein Amt übernehmen zu müssen, und es machte den Wahlausgang kalkulierbar. Die Parallelstrukturen vergrößerten also die Komplexität der venezianischen Politik, erhöhten den Einfluss von Absprachen und Geschäften auf Gegenseitigkeit und verringerten den Einfluss des Zufalls.[8]

Eine kurze Betrachtung verdient auch das britische Regierungssystem im 18. Jahrhundert, das ohne mikropolitische Aktivitäten nicht denkbar war. Britische Regierungen hatten mit einem strukturellen Problem zu kämpfen: Nach den Revolutionen und Verfassungsreformen im 17. Jahrhundert war das Parlament zu einer ständigen politischen Größe geworden. Zwar konnten Regierungen von den Abgeordneten nicht abgesetzt werden, da diese bis weit ins 19. Jahrhundert hinein ausschließlich vom Vertrauen des Königs abhängig waren. Doch Politik, vor allem Haushaltspolitik, war ohne Mehrheiten im Parlament kaum denkbar. Der neuen Macht des Parlaments entsprach oft kein eindeutiger politischer Wille. Zwar gab es unterschiedliche politische Strömungen, die *Tories* und die *Whigs*. Doch waren dies keine politischen Parteien im modernen Sinn. Es handelte sich eher um lockere Clubs, zusammengehalten durch recht vage Ideen über das Verhältnis zwischen Krone und Parlament. Zahlreiche Unterhausmitglieder bekannten sich zu keiner der beiden Gruppen, viele wechselten gelegentlich ihre Mitgliedschaft. Und vor allem: Auf einen Parlamentssitz gelangte man im 18. Jahrhundert noch nicht über ein ›Parteiticket‹.

Wie also konnte sich ein englischer Regierungschef im 18. Jahrhundert einigermaßen stabile Mehrheiten organisieren? Angesichts des selbstbewussten Parlaments führte der Weg über individuelle Absprachen mit Parlamentariern. Einer der aktivsten war der heftig umstrittene Minister Robert Walpole, zwischen 1721 und 1742 der starke Mann der englischen Regierung.[9] Walpole wirkte über zwei Ebenen auf das Parlament ein. Zum einen versuchte er, einmal gewählte Abgeordnete zu Gefolgsleuten der Regierung zu machen. Er verwendete hierzu systematisch die Ressourcen der Krone, insbesondere Ämter und Geldzahlungen in Form von Pensionen. Walpole setzte aber auch schon im Vorfeld der Wahlen an und bemühte sich darum, eigene Kandidaten ins Rennen zu schicken. Er ermutigte Aufsteiger zum politischen Engagement, etwa Bankiers oder schwerreiche Händler, die im boomenden Indiengeschäft ihr Vermögen gemacht hatten. Sie zogen nicht selten gegen den alteingesessenen Landadel in den Wahlkampf, der sich gegen seinen Bedeutungsverlust stemmte und meist regierungskritischer eingestellt war.

Walpoles Kandidaten setzten neben ihrem eigenen Geld häufig auch Mittel der Regierung ein und machten den Wählern konkrete Versprechungen, gründeten karitative Einrichtungen oder kauften schlicht die nötigen Stimmen zusammen. Die Wahlberechtigten waren in der Regel nicht sehr zahlreich, ließen sich also gut erreichen. Mit der Zeit begannen die Wähler ihrerseits Forderungen an die Kandidaten zu stellen. Bisweilen nahmen die Wahlkämpfe bizarre Formen an: Der Kandidat Francis Delaval plante bei der Wahl von 1754 in Andover, mit einer Kanone 500 Guineen unter die versammelte Wählerschaft zu schießen.[10]

Das Wahlrecht zum Unterhaus war zu dieser Zeit denkbar komplex und mit heutigen Wahlverfahren nicht vergleichbar. Das Wahlrecht galt als Privileg, das zum Beispiel bestimmten Gruppen in einer Stadt zukam. Aus der Kultur der Privilegierung folgten Kuriositäten wie die sogenannten »verrotteten Wahlkreise« (*rotten boroughs*), die nur noch dem Namen nach bestanden. Häufig stammten sie aus dem späten Mittelalter, als kleinere Städte oder Siedlungen mit einem Parlamentssitz ausgestattet worden waren. In den folgenden Jahrhunderten wurden manche dieser Siedlungen aufgegeben, so dass es schlicht keine Bevölkerung mehr gab. Ein berüchtigtes Beispiel war Old Sarum bei Salisbury, das bis ins 19. Jahrhundert über zwei Unterhaussitze verfügte, obwohl der Ort schon seit dem späten Mittelalter keine Einwohner mehr hatte. Das Wahlrecht übten in solchen Fällen meist adlige Magnaten aus, die quasi Abgeordnete ernennen konnten.

Häufig besaßen Familien des Hochadels als lokale Patrone die Macht, den Abgeordneten zu bestimmen. In Tiverton in der Grafschaft Devon hielt die Familie Ryder, Barone bzw. Earls of Harrowby, zwischen 1743 und 1832 faktisch die beiden Unterhaussitze. Es gelang dieser Familie, die 25 Wähler und deren Familien dauerhaft zu politischen Klienten zu machen, indem sie sie mit Regierungsressourcen wie Ämtern, Pensionen oder Aufträgen versorgte.[11] Nicht selten waren auch Fälle wie der des Viscount Montagu. In Geldnot geraten, verkaufte er die Nominierung der zwei Unterhausabgeordneten für ›seinen‹ Wahlkreis Midhurst an die Regierung: Im Gegenzug für eine regelmäßig ausgezahlte Regierungspension sorgte er dafür, dass jene Personen gewählt wurden, die der Minister zuvor ausgesucht hatte.[12] Gegen Ende der Frühen Neuzeit erhob sich schließlich massive Kritik an diesen »Westentaschenwahlkreisen« (*pocket boroughs*), und der Angriff auf die sogenannte *Old Corruption* begann.

Die Kultur der Patronage, oder: Klientelismus als gesellschaftliche Ordnung

Patronage hat eine eigene Ethik, Symbolik und Semantik, folgt bestimmten Normen und Werten. Sie verlangt von den Beteiligten ein bestimmtes Verhalten, Empfinden und Denken. Alle diese Elemente sind historisch variabel. Sie werden beeinflusst von den Vorstellungen, Verhaltensstilen und Mentalitäten ihrer Epoche. Um die frühneuzeitliche Patronagekultur zu verstehen, müssen wir einen Blick auf allgemeine Merkmale vormoderner Gesellschaften richten. Auf den folgenden Seiten werde ich beschreiben, wie sehr die Kultur der Patronage in der Frühen Neuzeit verwoben war mit allgemeinen gesellschaftlichen Vorstellungen und Werten. Patronage durchzog nicht nur die gesamte Gesellschaft dieser Epoche, sie entsprach auch ihren Idealen und Leitprinzipien. Dazu gehörten persönliche Unmittelbarkeit, ausgeprägtes Hierarchiedenken, Vertrauen in die Verantwortung Ranghöherer, Wertschätzung des Alten und eine Neigung zur symbolischen Repräsentation von sozialen Beziehungen. Das erklärt, warum die Mikropolitik in der Frühen Neuzeit bestimmte Formen annahm und so selbstverständlich war.

Die Menschen der Frühen Neuzeit lebten in einer Face-to-face-Gesellschaft. Direkte Kontakte zwischen Personen waren viel wichtiger als anonymisierte Rechts- und Sozialbeziehungen, wie wir sie heute kennen. Vertrauen hatte man zu einzelnen Menschen wie den Fürsten und weniger in Institutionen wie ›die Justiz‹ oder ›den Staat‹. Die soziale Welt, in der man lebte, bestand aus persönlichen Begegnungen. Die meisten Zeitgenossen wohnten in ländlich-dörflicher Umgebung und kannten fast alle Menschen, die für ihr Leben wichtig waren. In den Eliten waren länderumspannende Kontakte zwar zunehmend wichtig. Doch auch sie dachten vor allem in Kategorien persönlicher Beziehungen. Grundlage für Solidarität und Vertrauen waren Merkmale aus der Face-to-face-Gesellschaft: Verwandtschaft, Landsmannschaft, Konfessionszugehörigkeit.[13]

In den großen Reichen hielten Orte der Begegnung die Herrschaft zusammen. Daher waren die Fürstenhöfe so wichtig, wo sich Adelige und Staatsdiener aus allen Landesteilen einfanden. Hier wirkten auch die einflussreichsten Patrone, die ihre Klientele in den Städten und Residenzen der Landesteile wussten. Im Idealfall schufen sie ein mehrstufiges System von Unterpatronen über mehrere Ebenen bis hinunter in die Randgebiete der Herrschaft. Der frühneuzeitliche Klientelismus organisierte das Vertrauen in Personen so, dass es größere Distanzen in Raum und Zeit überbrücken konnte.

Grundsätzlich dominierte die hierarchische Variante von Mikropolitik, also Patronage und Klientelismus. Horizontale Verflechtung unter Gleichberechtigten existierte kaum. Die hierarchische Variante entsprach dem gesellschaftlichen Ideal: Die Menschheit galt nicht als Gesamtheit gleichberechtigter Individuen. Vielmehr verstanden sich die Menschen als Mitglieder eines Verbandes von Ungleichen. Über- und Unterordnung waren positiv besetzt, schließlich war die Obrigkeit gottgewollt. Selbst Freundschaft bedeutete nicht, dass Rangunterschiede keine Rolle spielten. Jemandem seine Freundschaft anzubieten war das Mittel von Ranghöheren zur Aufwertung von Rangniederen, also eine Art gewährte Gnade. Daher folgten auch Freundschaftsgesten in der Frühen Neuzeit der Logik von Patronage und Klientelismus.[14]

Die Hierarchie hatte benennbare Funktionen. So war der Ranghöhere den ihm anvertrauten Rangniederen verantwortlich. Spiegelbildlich gehört dazu auch, dass der Untergebene dem Ranghöheren Gefolgschaft leistete. So gut wie alle gesellschaftlichen Bereiche waren von dieser Auffassung durchzogen: Es war die Blaupause für das Verhältnis zwischen Fürst und Untertanen, für die Beziehungen zwischen Geistlichen und den ihnen anvertrauten Gläubigen, für die Arbeits- und Lebensverhältnisse zwischen Meistern und Gesellen sowie für die Familie. Dieses Idealbild beschäftigte eine ganze Literaturgattung, die sogenannte »Hausväterliteratur«. Sie erklärte den sorgenden und unumschränkt gebietenden Familienvater zum Vorbild für alle denkbaren Bereiche in Staat und Lebenswelt.[15] Zwar waren die Machtverhältnisse in Wirklichkeit oft viel komplizierter. Doch entscheidend ist, dass die Patronagebeziehungen diesem *Leitbild* entsprachen. Patronage und Klientelismus funktionierten in weiten Teilen also so, wie sich die Zeitgenossen eine ideale Gesellschaft vorstellten.

Die sozialen Umgangsformen der Menschen in der Frühen Neuzeit waren in vielerlei Hinsicht demonstrativ und repräsentativ. Soziale Stellung, zwischenmenschliche Beziehungen, aber auch politische Bünde und Feindschaften kamen oft überhaupt erst durch Symbole und öffentliche Handlungen zustande. Das zeigt ein Beispiel aus dem Bereich der Rangordnungen. Der höchste spanische Adelsrang im 17. Jahrhundert war die sogenannte *Grandeza*. Diesen Rang erhielt man nicht durch ein Dekret oder eine Urkunde, sondern allein durch ein paar Worte und Kleidungsstücke. Die ›Ernennung‹ beschränkte sich darauf, dass der König die betreffende Person vor versammeltem Hof aufforderte, in seiner Gegenwart den Hut aufzubehalten. Das hieß freilich nicht, solche Ehrungen seien leichtfertig erfolgt, der König habe nach Lust und Laune diesen oder jenen mit dem Rang bedacht. Vielmehr musste er seine Worte gut wählen – es handelte sich um eine Form der Rechtssetzung.[16]

Dieses Beispiel zeigt: So wie die gesamte Kultur des sozialen Miteinanders war auch die Patronage geprägt von einem repräsentativ-zeigenden Charakter. Wenn Gelegenheiten sich boten, inszenierten sich Klienten und Patrone in ihrer jeweiligen Rolle mit hohem Aufwand. Dazu gehörte, dass Gefolgsleute das Wappen ihres Patrons an ihrem Haus anbrachten. Patronage geschah also nicht im Verborgenen, sondern in aller Öffentlichkeit. Beispielsweise kam es in Rom alljährlich zu einer Heerschau der Klienten der spanischen Krone. Einmal im Jahr fand ein feierlicher Reiterzug des spanischen Botschafters zum Papstpalast statt, um den Lehnszins für die spanischen Besitzungen im Königreich Neapel an den Heiligen Vater zu entrichten. Dieser Anlass diente dazu, die schiere Größe und den Reichtum der spanischen Klientel in der Ewigen Stadt zu demonstrieren. Das war wichtig, weil sich daran der politische Einfluss Madrids am Tiber ablesen ließ und weil die Chance bestand, in der Rivalität mit der französischen Partei einen Punkt gutzumachen. Je zahlreicher und aufwendiger gekleidet die Klienten aus dem römischen Stadtadel sich beteiligten, umso größer waren auch Ansehen und Macht der spanischen Krone, denn ihre Klienten bewiesen augenfällig ihre Zufriedenheit mit dem fernen Patron. Allerdings war auch das Gegenteil denkbar. Waren sie unzufrieden, erschienen die Gefolgsleute Madrids einfach nicht – und das konnte den Botschafter empfindlich treffen. Daher tat der Patron gut daran, die Seinigen zu pflegen.[17]

Patronage war nicht nur die *Folge* von Rangunterschieden, sondern konnte sie selbst hervorbringen. Die Größe seiner Klientel ließ auf die Macht des Patrons schließen. Umgekehrt durfte ein Klient sich ebenfalls im Rang erhöht sehen, wenn sein Patron sozial aufstieg. Wie selbstverständlich dieses Denken war, zeigen die bombastische höfische Rhetorik und Gelegenheitslyrik, aber auch nüchterne Verwaltungspapiere. Die Kanzlei der französischen Könige sortierte alle an den Monarchen gerichteten Bittschreiben nach dem jeweiligen Patron, also der Person, die den Bittsteller unterstützte. Die Patrone wurden dem Rang nach geordnet. An der Spitze der Liste standen die Prinzen von Geblüt und ganz oben – der König, so als müsse er bei sich selbst ein gutes Wort für einen Teil der Bittsteller einlegen.[18]

Zu den sozialen Mythen der Frühen Neuzeit gehörte die Idee der Unveränderlichkeit und langen Dauer. Etwas vereinfachend galt die Faustregel, dass Altes und Bestehendes gut, Neuerungen aber prinzipiell illegitim waren. In den Wahlkapitulationen der römisch-deutschen Kaiser ebenso wie in den Eiden der französischen Könige schworen die Herrscher, sie würden *bestehendes* Recht bewahren, nicht aber Recht erschaffen. Je älter eine Adelsfamilie, je weiter sie ihren Stammbaum in die Vergangenheit zurückverfolgen konnte, desto sicherer war ihr ein angemessener Rang.

Die Bedeutung langer Dauer in frühneuzeitlichen Sozialbeziehungen hat Hillard von Thiessen auf eine griffige Formel gebracht: »Vertrauen aus Vergangenheit«.[19] Auch in der Patronage orientierten sich die Menschen am Ideal des alten Herkommens oder der »Anciennität«. Eine Beziehung zwischen Klient und Patron war umso wertvoller, je länger sie bestand. Im Laufe der langjährigen Beziehungen erwarben die Partner einen stetig anwachsenden Vertrauensschatz, der sich vor allem in Krisenzeiten bewähren sollte. Je länger und je unverbrüchlicher sich seine Treue erwiesen hatte, desto mehr Unterstützung konnte ein Klient von seinem Patron fordern. Eine lange Patronagebeziehung hatte einen weiteren Vorteil: Stand die Treue zu einem Patron in der Kontinuität von Jahrzehnten, so war sie Teil einer Tradition. Damit war sie keine schnöde Nutzenmaximierungsstrategie, war keine einsame Entscheidung einer Person, sondern folgte aus altem Herkommen und aus der Zugehörigkeit zu einer Gruppe.

Aus alledem folgt: Patronage war nicht einfach geduldet, sie war kein notwendiges Übel, sondern moralische Pflicht. Wer Zugang zu nützlichen

Ressourcen erhielt, musste etwas für ›seine‹ Leute tun. Dazu zählten Verwandte, aber auch die nicht verwandten »Kreaturen«, also alle Mitglieder der Klientel eines Patrons. Wenn dieser sich in einer fremden Umgebung befand, war er zudem gehalten, seine Landsleute wie Verwandte oder Klienten zu behandeln. Dieses Verhalten erwarteten nicht nur jene, die davon einen Vorteil hatten, sondern auch alle anderen. Es war schlicht Teil der gesellschaftlichen Regeln.

Auch das Armenwesen lebte von der Mildtätigkeit der Patrone. Sie unterstützten mittellose Verwandte, trugen unter Umständen aber auch große Teile des Sozialwesens ganzer Regionen. Der Erfolg Walpoles hatte auch damit zu tun, dass die traditionellen Patrone im ländlichen England, die Landadeligen, immer weniger in der Lage waren, die Bedürftigen zu unterstützen. In diese Lücke stießen die finanzstarken Gefolgsleute Walpoles. Auch wenn die Armen selbst an den Wahlen zum Unterhaus nicht teilnehmen konnten – der Prestigegewinn, den Walpoles Leute als Wohltäter erzielten, war eine wichtige Voraussetzung dafür, dass die Wahlberechtigten sie als Kandidaten akzeptierten.

Ein anrührendes Zeugnis für den Glauben an die Gottgefälligkeit von Patronage liefert ein Brief des römischen Kardinals Ascanio Colonna von 1608. Auf dem Sterbebett bat er den König von Spanien, Philipp III., um Verzeihung für alle Versäumnisse, die er als dessen Klient auf sich geladen hatte. Wie den meisten seiner Zeitgenossen ging es ihm darum, ungelöste irdische Konflikte vor seinem Ableben zu regeln, denn nur so konnte er mit reinem Gewissen vor den himmlischen Richter treten. Der Brief des Sterbenden zeigt also, dass Patrone und Klienten keine Zyniker waren. Zum Leben eines guten Christen gehörte es, sich an die Regeln der Patronage zu halten. Wie selbstverständlich ging Colonna übrigens davon aus, dass die Kultur der Patronage auch im Jenseits gelte. Er versprach seinem irdischen Patron nämlich im Gegenzug für dessen Verzeihen, sich für ihn einzusetzen, sobald er vor den Thron des Herrn trete.[20]

Viele Katholiken stellten sich das Verhältnis zwischen Gläubigen und Heiligen ohnehin so vor wie das zwischen Klienten und Patronen. Heilige sollten die ihnen ergebenen Gläubigen an den nie versiegenden Gnadenquell des Herrn vermitteln. Nur vor diesem Hintergrund sind die Gelübde gegenüber Heiligen zu verstehen. Gläubige versprachen beispielsweise einem Heiligen, ihn durch eine Wallfahrt zu ehren, wenn er sie durch Fürbitte bei Gott aus akuter Gefahr rette oder ihnen gegen eine Krankheit helfe: Wallfahrt gegen Heilung, so funktionierte die katholische Gabentauschlogik. Auf einer höheren Ebene spielten die Autoritäten der katholischen Welt ein ähnliches Spiel. Der spanische König setzte sich zu Beginn des 17. Jahrhunderts unter Aufbietung aller üblichen Patronagetechniken bei der Kurie dafür ein, Teresa von Ávila und den Madrider Lokalheiligen Isidro Labrador heiligzusprechen. Das verschaffte ihm einerseits das Wohlwollen der spanischen Gläubigen, die beide bereits auf lokaler Ebene verehrten. Vor allem aber durfte der König erwarten, dass die künftigen Heiligen sich im Jenseits ihm gegenüber erkenntlich zeigen würden.[21] Interessanterweise reichte die Analogie zwischen weltlicher und himmlischer Patronage über die Grenzen des Katholizismus hinaus, obwohl die protestantische Gnadenlehre dies nun gerade nicht nahelegte. Auch im protestantisch geprägten England betrachtete man nämlich im frühen 17. Jahrhundert die Patronagemakler am Hof der (katholischen) Stuarts als Abbild jener seligen Fürbitter, die bei Gott um Ausschüttung der Gnaden an die Gläubigen baten. Dies setzte einmal mehr die Freigebigkeit des Königs mit derjenigen des himmlischen Herrschers gleich.[22]

Eine Diskrepanz zwischen Ideal und Praxis gab es allerdings auch in der Patronagekultur. Die Beteiligten waren keine Automaten; sie testeten ihre Spielräume und nutzten sie aus. In vielen Situationen besaßen Klienten trotz aller untertänigen Rhetorik erhebliches Erpressungspotential. In Bittschriften, die französische Untertanen im frühen 18. Jahrhundert an ihren König richteten, finden sich explizite Forderungen, oft nur mühsam vom Firnis unterwürfiger Sprache kaschiert. Die Schreiber erbaten scheinbar eine Gnade, sahen sich aber eigentlich als Träger von Rechten, denen der König etwas schuldete.[23]

Auch konnte es vorkommen, dass ein Günstling gezielt den Schaden seines Patrons in Kauf nahm. Das geschah etwa 1616, als der päpstliche Nuntius in Spanien, Antonio Caetani, selbstherrlich und ohne Absprache mit seinem Herrn Verhandlungen am Madrider Hof aufnahm. Ihm gelang ein Husarenstück, das den Papst im Spiel der ständigen Rangstreitigkeiten beschämte. Philipp III. erhob einen Neffen des Nuntius zum *Grande de España*. Das Pikante an der Geschichte: Nicht nur Caetani hatte sich um diese Würde bemüht, sondern auch die Familie des Papstes, die Borghese, doch sie gingen leer aus. Selbstverständlich wusste Caetani von dieser Konkurrenz, ja es gehörte zu seinen Aufgaben als Diplomat und Klient des Heiligen Vaters, in erster Linie die Sache der Papstfamilie zu fördern. Gleich mehrfach verstieß er gegen die Regeln der Patronagekultur: Zum einen konkurrierte er mit seinem Patron um das gleiche Ziel, zum anderen tat er dies heimlich und hinterrücks. Schließlich hatte er die Borghese zum Gespött Roms gemacht. Der Papst war als Patron beschädigt, wenn einer seiner Gefolgsleute sich derart unverfroren aufführte.

Zwar wahrte die Kurie zunächst die Form und gratulierte dem Diplomaten. Nach seiner Rückkehr fiel er allerdings in tiefe Ungnade. Der Pontifex verweigerte ihm die üblichen Belohnungen nach seiner Mission in Madrid. Das war deshalb eine harte Strafe, weil die Ausgaben auf diesem Posten enorm waren und der ehemalige Nuntius nun auf horrenden Schulden sitzenblieb. Wäre Papst Paul V. nicht bereits 1621 gestorben, wäre die Geschichte vermutlich schlecht für die Familie Caetani ausgegangen. Aber der Wechsel auf dem Stuhl Petri sorgte dafür, dass Caetani schließlich doch seine Belohnungen erhielt. Caetani hat vermutlich die Chancen und Risiken angesichts eines alternden Papstes kühl berechnet. Die Menschen in der Frühneuzeit waren auf dem Feld der Patronage nicht etwa Gefangene archaischer Mentalitäten. Vielmehr waren sie bereit und in der Lage, Grenzen zu überschreiten, wenn es opportun schien.[24]

Unsichere Arrangements:
Patronage und Bereicherung im öffentlichen Amt

Ende der 1740er Jahre erlebte die Republik der Vereinigten Provinzen der Niederlande eine Krise. Das Goldene Zeitalter Hollands lag lange zurück. Französische Soldaten waren 1747 ins Land einmarschiert; nach dem Rückzug der Truppen erschütterten soziale und politische Unruhen das Land. Um die Staatskrise zu lösen, beriefen die Provinzen nach über vier Jahrzehnten ohne Staatsoberhaupt einmal mehr einen Prinzen von Oranien zum Statthalter. Krisenzeiten sind Zeiten für Reformdebatten, und so kam es in jenen Jahren zu einer Diskussion über die Qualität der öffentlichen Verwaltung. Publizisten und viele Angehörige der im Entstehen begriffenen Mittelschicht hofften, der neue Statthalter werde hier mit eisernem Besen kehren. Die wichtigste Forderung der Reformer, der sogenannten *Doelisten*, lautete, alle Ämter sollten versteigert werden und der erzielte Preis den öffentlichen Kassen zugutekommen. Immerhin nahmen Amtsträger wie die Amsterdamer Bürgermeister nicht weniger als 70 000 Gulden pro Jahr ein. Zwar ließ sich der Prinz von Oranien nicht darauf ein, und die niederländischen Verwaltungsstrukturen blieben bis in die 1780er Jahre im Wesentlichen unangetastet. Dennoch waren die kritischen Stimmen Teil einer europaweiten Bewegung, die ab der Mitte des 18. Jahrhunderts damit begann, die moderne bürokratische Verwaltung zu entwerfen. Freilich wirkt die Forderung nach Versteigerung der Ämter aus heutiger Sicht immer noch sehr vormodern. Für die Zeitgenossen war dies allerdings ein Versuch, für mehr Transparenz zu sorgen und dem Gemeinwohl gegenüber den Einzelinteressen der Amtsträger wenigstens punktuell Geltung zu verschaffen. Wogegen aber wandten sich die Reformer im Einzelnen?[25]

Seit der Unabhängigkeit von Spanien im späten 16. Jahrhundert hatte sich in den nördlichen Niederlanden ein ganz eigenes System der Selbstverwaltung auf mehreren Ebenen entwickelt. Auf der Ebene der Städte gab es eine Reihe öffentlicher Ämter mit guten Verdienstmöglichkeiten.

Dazu gehörten Posten wie Bürgermeister, Deichwart und verschiedene Spitzenämter im Bereich der lokalen Justiz und Polizei (etwa *drossaard* und *schout*). Vergeben wurden diese Posten durch eine Wahl in den Stadträten. In fast allen Städten gab es fein austarierte Systeme, um die interessanten Posten zu verteilen. Grundsätzlich wurden die Posten unter den im Stadtrat vertretenen Personen im Sinne der Rotation und nach dem Senioritätsprinzip vergeben. So blieb bei den anstehenden Wahlen in der Regel nichts dem Zufall überlassen. Dieses Verfahren war zwar in den Verfassungen der Städte nicht vorgesehen, dennoch war es mehr als ein ungeschriebenes Gesetz. Denn in den meisten Fällen gab es schriftliche Abkommen der Ratsmitglieder (*contracten van correspondentie*) und Rotationstabellen, die auf Jahre hinaus die Namen der künftigen Amtsinhaber festlegten. Diese Regeln waren Meisterwerke des Interessenausgleichs zwischen den sogenannten Regenten, den in den Städten herrschenden Familien. Solange sich alle daran hielten, blieben größere Konflikte aus; die Beteiligten empfanden die Spielregeln als gerecht.

Doch nicht alle hielten sich daran. Wenn das Gleichgewicht bei der Ressourcenverteilung in Gefahr geriet, kam es zur Krise. Ein Beispiel: 1725 hatten Cornelis Schrevelius und Johan van den Bergh, zwei Ratsherren aus Leiden, eine heftige Auseinandersetzung. Bergh gehörte der Mehrheitsfraktion im Rat der Stadt an, und es gelang ihm, durch eine neuausgehandelte Rotationstabelle Schrevelius' Minderheitsfraktion komplett von der Ämtervergabe auszuschließen. Wenig später kandidierte Bergh für die Deichkommission von Rijnland. Da diese Position von den Provinzständen Hollands besetzt wurde, brauchte er die Stimmen anderer Städte. Deshalb tourte er auf der Suche nach Unterstützung durch das Land. In Haarlem traf er auf Bürgermeister Hendrik Witte. Witte hatte Kontakte nach Leiden, und zwar zur Minderheitsfraktion. Er versprach Bergh seine Stimme, wofür dieser ihm im Gegenzug zusichern musste, dass in Leiden Schrevelius' Fraktion wieder für die Stadtämter zugelassen werde und ihr Führer das Amt des Schultheißen (*schout*) erhalte. Nach erfolgter Wahl vergaß Bergh geflissentlich diese Zusage. Das sorgte für anhaltende Irritationen. Noch 20 Jahre später warf Schrevelius seinem Gegner Wortbruch und Verstöße gegen den Konsens bei der Ämtervergabe vor. Bergh verteidigte sich mit dem Hinweis, er habe sich strikt an die geltenden Tabellen und an das Senioritätsprinzip gehalten.

Die zu dieser Zeit bereits heftig entbrannte Reformdebatte nahmen beide kaum zur Kenntnis.[26] Was zunächst anmutet wie eine Auflistung von Misswirtschaft, Ämterschacher und Veruntreuung, war durchaus üblich. Und dennoch taugten all diese Vorgänge als Argument, den jeweiligen Gegner in der öffentlichen Auseinandersetzung zu beschädigen. Das führt uns zum Kern des Korruptionsproblems in der Frühen Neuzeit: eine unauflösbare Spannung zwischen den Idealen der guten Amtsführung im Interesse des Gemeinwohls einerseits und dem Ethos der Patronage andererseits.

Die Frühe Neuzeit ist jene Epoche, in der die Grundlagen für den modernen europäischen Staat geschaffen wurden. Zunächst zaghaft, dann mit wachsendem Erfolg richteten die Obrigkeiten zentrale Verwaltungsstäbe ein. Zugleich konnten die Regierungen ihre Reformen meist nur mit Hilfe von Mikropolitik durchsetzen. Einerseits förderten sie also das Ideal einer sachorientierten, neutralen Verwaltung, andererseits unterliefen sie es.

Das öffentliche Amt war davon gekennzeichnet, dass die Amtsinhaber über große Autonomie verfügten. Meist herrschte die Vorstellung, dass der Amtsinhaber zwar im Namen der Obrigkeit tätig sei, zugleich aber weitgehend auf eigenes Risiko und damit auch auf eigene Rechnung arbeite. Dies hatte zum einen Konsequenzen für die Amtsführung wie für die Zugangsregeln. Zum anderen war der Status von Ämtern und Amtsträgern hochgradig ambivalent. Denn permanent überschnitten sich hier Anforderungen und Interessen aus zwei Sphären, die man nach modernem Verständnis trennen würde: Privates und Öffentliches. Anhand der Günstlingminister wurde schon erläutert, weshalb diese Trennung für die Frühe Neuzeit nicht sinnvoll ist.

Wie eng öffentliche und ›betriebliche‹ Interessen miteinander verknüpft waren, mag ein einfaches Beispiel aus der englischen Geschichte des 17. Jahrhunderts belegen. Mit dem Ausbau der englischen Flotte wuchs auch ihr Bedarf an Ausrüstung. Ihre Kriegstauglichkeit hing vor allem von *zuverlässiger* Belieferung ab, was in Zeiten allgemeiner Ressourcenknappheit alles andere als selbstverständlich war. Die englische Krone schuf zu dieser Zeit eine Reihe von Flottenämtern, die genau dieses Problem lösen sollten. Die Inhaber dieser äußerst lukrativen Ämter waren nicht nur für die Auftragsvergabe und -abwicklung zuständig. Vielmehr betätigten sie sich zugleich als Lieferanten, Händler und Schiffsbauunternehmer. Sie schlossen, mit anderen Worten, Verträge mit sich selbst ab und kassierten doppelt: die Gewinne aus ihrer unternehmerischen Tätigkeit und dazu die Abschlussprovisionen, die ihnen von Amts wegen zustanden. Was in modernem Verständnis als skandalöser Interessenkonflikt erscheint, schadete freilich dem Ausbau der englischen Marine nicht, sondern erhöhte offenbar die Effizienz des Beschaffungswesens. Daher wurden diese Zustände von der Krone bewusst in Kauf genommen, obwohl sie zugleich Anlass für wachsende Kritik boten.[27]

Öffentliche Amtsträger erhielten in der Regel kein Gehalt, sondern bestritten ihren Lebensunterhalt mit unterschiedlichen Methoden. In oberdeutschen Städten des Spätmittelalters gab es grundsätzlich drei nebeneinander bestehende Einnahmequellen für Stadtwachen, Schreiber und weitere kleine städtische Amtsinhaber: Zunächst waren die Ämter mit feststehenden Bezügen in Geld oder Naturalien versehen, die freilich nicht immer regelmäßig ausgezahlt wurden und in der Regel den Lebensunterhalt nicht deckten. Zum zweiten erhielten die Amtsträger eine Art leistungsabhängige Besoldung, da ihnen ein Anteil an den Gebühren zustand, die sie im Namen der Stadt für konkrete Leistungen bei ihren ›Kunden‹ einzogen. Schließlich erhoben sie als dritte Einnahmequelle weitere Gebühren im eigenen Namen, die ihnen vollständig zustanden. Diese waren häufig nicht eindeutig geregelt und oftmals informeller Natur, so dass der Begriff »Gebühr« etwas missverständlich ist. Es konnte sich zum Beispiel auch um Geschenke handeln, wie Neujahrsgaben, also Zuwendungen, die auf informellen Aushandlungen zwischen Amtsträgern und Untertanen beruhten.[28]

Auf der Grundlage einer wieder anderen rechtlichen Konstruktion funktionierte die Steuerpacht, die vor allem in Frankreich verbreitet war: Die Krone schrieb eine bestimmte Steuerart für ein bestimmtes Gebiet des Königreichs in einem festgelegten Zeitraum aus und forderte potentielle Pächter zu Geboten auf. Der Pächter bezahlte dann im Voraus die gesamten zu erwartenden Steuereinnahmen an die Staatskasse, vermindert um einen Betrag, der seinen Gewinn darstellen sollte. Im Anschluss erhielt er das Recht, die gepachtete Steuer bei den Steuerpflichtigen einzutreiben. Nach modernem Verständnis war er ein Zwitter – einerseits privatwirtschaftlicher Finanzier des Staates, andererseits Träger hoheitlicher Aufgaben. Tatsächlich handelten die Mitarbeiter der Generalpächter vor Ort im Namen und Kraft der Autorität des Königs.

Viele öffentliche Ämter waren dem Zugriff des Landesherrn entzogen, das heißt, die Amtsinhaber erwarben eine Art Recht am Amt. Das konnte informell geregelt sein – etwa in Form ungeschriebener Regeln, ein bestimmtes Amt immer an Mitglieder einer Familie zu vergeben. In Frankreich entstammten beispielsweise die *Grands sénéchaux* der Provence Ende des 16. und zu Beginn des 17. Jahrhunderts alle der Familie der Pontevès. Besitzverhältnisse konnten aber auch stark formalisiert sein. Besonders ausgeprägt war das im Fall der Kaufämter. Diese gab es in nahezu allen europäischen Ländern und in allen Zweigen öffentlicher Verwaltung, vor allem in der Justiz und im Bereich der Streitkräfte. Hier war der öffentliche Amtsträger zugleich vom Fürsten eingesetzt *und* Eigentümer des Amtes. Seine Autorität war zwar vom Landesherrn abgeleitet, doch der Zugriff des Fürsten auf das Amt war, je nach Ausgestaltung des Ämterhandels, eingeschränkt. Im Extremfall entstand ein Markt für öffentliche Ämter, auf dem neben dem Landesherrn auch die Inhaber von Ämtern als Verkäufer auftraten und auf dem es zu konjunkturabhängigen Preisentwicklungen kam.

Zielscheibe frühneuzeitlicher Verwaltungskritik waren vor allem die sogenannten Sinekuren, also Ämter, die mit einem Titel, häufig auch mit Einnahmen, aber nicht mit Arbeit verbunden waren. Sinekuren waren aus Sicht ihrer Inhaber deshalb von unschätzbarem Vorteil, weil sie die Akkumulation von Ressourcen erlaubten. Dazu gehörten die Einnahmen, aber auch symbolische Ressourcen wie Titel und Würden, die im täglichen Kampf um die Rangordnung zählten. Zu den Sinekuren gehörten etwa Hofämter, welche aus dem Mittelalter stammten, aber keine Funktion mehr besaßen. Insbesondere in der Church of England gab es Ämter, die zwar eine konkrete Funktion hatten, bei denen es jedoch üblich war, dass der ranghohe Inhaber die Arbeit gegen ein bescheidenes Gehalt einem Rangniederen übertrug. Ähnlich waren die Verhältnisse auch in anderen Ländern. Als »Hofbischöfe« bezeichnete man in Frankreich eine Gruppe meist hochadeliger Prälaten, die nominell einem Bistum vorstanden. Sie bezogen die damit verbundenen Pfründen und übten ihre kirchenpolitischen Rechte aus, lebten aber am Versailler Hof und überließen Seelsorge und Bistumsverwaltung Klerikern mittleren Ranges. Nur so konnten sie wie die Kardinäle Richelieu und Fleury leitende Minister werden oder Prinzenerzieher wie François de Salignac de La Mothe-Fénelon, Erzbischof von Cambrai. Sozial war es für die geistlichen Angehörigen des französischen Hochadels unumgänglich, dauerhaft in der Nähe des Königs zu sein. Nicht alle agierten dabei so unglücklich wie jener Kardinal aus der Familie Rohan, der in der Halsbandaffäre um Marie Antoinette als lüsterner Soutanenträger traurige Berühmtheit erlangte – und in der Revolution zum Sinnbild für einen scheinbar völlig degenerierten Klerus avancierte.

Kaufämter, Umsatzbeteiligungen, Sinekuren, Steuerpacht und ähnliche Elemente haben den Historiker Jacob van Klaveren dazu veranlasst, für die Frühe Neuzeit vom »Amt als Betrieb« zu sprechen. Gemeint ist damit, frühneuzeitliche Amtsinhaber als Unternehmer zu betrachten. Ihr Handeln sei vor allem geprägt gewesen von Investment und Dividende. Das Amt habe eine Art Monopol dargestellt, seine Einnahmen hätten die Inhaber nach Marktlage gestalten können.[29] Diese Sicht beschreibt gewiss einen Teil der Wirklichkeit. Allerdings scheint mir das Schlagwort vom Betrieb doch zu eindimensional, zu ökonomisch. Es unterschlägt nämlich, dass es *neben* der quasi privatwirtschaftlichen Dimension viele weitere Motive gab. Dazu gehörte das besondere Verhältnis zum Dienstherrn, von dem jegliche Amtsautorität abgeleitet war. Es gab zudem eine klare Erwartung seitens der Untertanen und des Dienstherrn, dass ein Amt *auch* eine Verpflichtung gegenüber der Sache beinhaltete (im Fall der Richter: Gerechtigkeit). Zu berücksichtigen sind Motive, die sich aus der Kultur der Face-to-face-Gesellschaft und der hierarchischen Gesellschaftsauffassung ergaben. So konnte einfach das Amt selbst die ›Dividende‹ sein, wenn es dem Inhaber oder seiner Familie einen bestimmten Rang verlieh.

Selbstverständlich konnte gewissenhafte und uneigennützige Amtsführung durchaus belohnt werden, wie folgendes Beispiel zeigt. Carlo Borromeo, Erzbischof von Mailand (1560–1584), war zunächst Kurienkardinal, gab seine römische Karriere aber zugunsten Mailands auf. Er erlangte enorme Popularität, großen politischen Einfluss und nach seinem Tod auch den Status eines Heiligen, weil er seinen Bischofsstuhl *nicht* als Sinekure betrachtete, sondern seinen Amtsgeschäften vor Ort mit großem Einsatz nachging – wobei er im Stillen zugleich seine Familie umfassend förderte.

Der Amtsinhaber spielte also stets mehrere Rollen, an die unterschiedliche Erwartungen geknüpft waren. Das zeigte sich in unterschiedlichen Kommunikationsstilen: Der Verwalter der päpstlichen Provinz Ferrara,

Spinola, führte zu Beginn des 17. Jahrhunderts mit seinem Dienstherrn in Rom, dem Kardinalstaatssekretär, eine doppelte Korrespondenz. In einem Teil der Briefe tauschten beide rein sachliche Informationen und Anweisungen zur Verwaltung aus. In der zweiten Korrespondenzlinie pflegten sie die Sprache der Patronage – hier ging es um Dankbarkeit, Treue, Ehrerbietung und Ressourcentausch.[30] Auch wenn die Rollen sich nicht immer so klar differenzieren lassen wie in der Korrespondenz Spinolas: Statt Eindeutigkeit zu suggerieren, muss man sich darauf einlassen, die Rollenvielfalt der Amtsinhaber zu akzeptieren.

Wenn Patronage und Klientelismus zentrale, nicht gewaltförmige Herrschaftstechniken der Frühen Neuzeit waren, ist natürlich zu klären, welche langfristigen Auswirkungen sie auf den Staatsbildungsprozess hatten. Hier gibt es im Wesentlichen zwei Positionen. Ein Teil der Historiker sieht im Patronagewesen einen Hemmschuh für die bürokratische Modernisierung und vor allem für die Zentralisierung von Macht. Sie gehen davon aus, dass die Patronagekultur eine leistungsfähige, kostengünstige und effiziente Verwaltung verhinderte, schlicht weil die handelnden Personen daran kaum Interesse hatten. Außerdem stellen diese Autoren heraus, dass die Patronage oftmals den Hochadel stärkte. Damit verfestigte sie horizontale Strukturen und Gegengewichte zur Staatsspitze. Jean-Claude Waquet spricht mit Blick auf die von adeligen Netzwerken beherrschte Verwaltung des Großherzogtums Toskana gar von einem permanenten Staatsstreich gegen die Autorität des Herzogs.[31] Für diese Interpretation scheint auch der Kirchenstaat als Oligarchie römischer Kardinalsfamilien ein besonders ausgeprägtes Beispiel zu sein.

Auf der anderen Seite steht mittlerweile die Mehrheit der Historiker, die sich mit dem Thema beschäftigen. Sie können zeigen, dass die Patronagekultur keineswegs der Entwicklung bürokratischer Techniken entgegenstand: Schriftlichkeit, Archiv und Registratur, klare Zuständigkeiten und innerbehördliche Hierarchien, Berichtstätigkeiten sowie schlicht das Anwachsen des Verwaltungsapparates wurden durch Patronage nicht behindert, im Gegenteil: Am Beispiel des Kardinalstaatssekretariats konnte gezeigt werden, wie die immer komplexeren Patronagetätigkeiten ihrerseits einen bürokratischen Apparat benötigten und hervorbrachten, eine regelrechte Patronagebürokratie.[32]

Auf subtile Weise stärkte die allgegenwärtige Patronage die Ausnahmestellung des Fürsten und damit die Herausbildung starker Landesherrschaften. Bis ins 17. Jahrhundert hatten viele hochadelige Familien die Tendenz, den König oder Fürsten sozial als Ihresgleichen zu betrachten, stammte er doch aus einer vielfach mit ihnen verschwägerten und verwandten Familie. Die Grenzen zwischen Hochadel und regierender Dynastie konnten nie klar gezogen werden. Indem der Fürst sich als Patron, und stets als oberster Patron, betätigte, aktivierte er das schon angesprochene Hierarchiedenken und stellte auch auf diesem Wege die Rangfolge klar. Doch obschon Patronage immer ein Geschäft auf Gegenseitigkeit war und die Klienten gegenüber dem Patron Forderungen stellen konnten, zementierte die Patronagekultur zugleich die herausgehobene Rolle des Fürsten. Opposition war dann nicht nur Ungehorsam und Abkehr von der göttlich gewollten Ordnung, sondern obendrein persönliche Undankbarkeit und Treulosigkeit.[33]

Schließlich konnte Patronage auch die Entstehung größerer Staatsverbände unterstützen. Das mag zunächst verwunderlich klingen: Das Beispiel der Wahlen zum Römischen Kaiser machte deutlich, wie Patronage Grenzen überschritt, Loyalitäten streute und den Einfluss auswärtiger Mächte steigerte. Patronagebeziehungen konnten also territoriale Integration und politischen Zusammenhalt schwächen. In vielen Fällen erleichterte Patronage aber genau dies. Dazu muss man wissen, dass fast alle größeren Mächte in der Frühen Neuzeit »zusammengesetzte Monarchien« waren. Sie bildeten kein homogenes Territorium, besaßen kein gemeinsames Rechtssystem und hatten erst recht keine einheitlich-zentralisierte Verwaltungsstruktur. Der Grund dafür lag in der Rechtskultur der Frühen Neuzeit. Ein Herrschaftsgebiet wuchs in der Regel entweder durch Erbgang oder militärische Eroberung neuer Territorien. In beiden Fällen tasteten die neuen Herren das Rechtssystem des jüngsten Teilstaates so wenig wie möglich an. Wegen des bereits erwähnten Traditionsdenkens war jede rechtliche Neuerung mit Risiken verbunden. Um die Eliten des neuen Teilstaates nicht zu verprellen, wurden also in vielen Fällen bestehende Verwaltungsstrukturen, Rechtssysteme, auch Wirtschaftsräume und Währungssysteme beibehalten.

Selbst in den zentralisiertesten Monarchien der Frühen Neuzeit (wie Frankreich seit dem mittleren 17. Jahrhundert oder Preußen im 18. Jahrhundert) gab es zwar nur einen einzigen Staatschef, er hatte aber in den unterschiedlichen Landesteilen höchst unterschiedliche Eingriffsrechte. König war etwa Friedrich der Große streng genommen nur im heutigen

Ostpreußen; in Brandenburg war er Markgraf und Kurfürst, in seinen rheinischen Territorien hingegen Herzog. Formal war er hier auch Vasall des Kaisers, während das Königreich Preußen außerhalb der Reichsgrenzen lag. Neben die rechtlichen Unterschiede trat in vielen Fällen auch territoriale Zerrissenheit. Die preußischen Könige hatten nicht nur im nord- und ostdeutschen Raum Besitzungen, sondern auch in der heutigen Westschweiz. Um solche komplexe Gebilde zusammenzuhalten, boten sich personale Verflechtungen und das Mittel der Patronage geradezu an, da auf diesem Wege formale Strukturen nicht angetastet wurden, aber Loyalitätsketten entstanden. Nach ein oder zwei Generationen der Elitenverflechtung konnten dann auch behutsame rechtliche und organisatorische Angleichungen folgen.[34]

Warum Mikropolitik fallweise geboten oder korrupt sein konnte

Deutschland im Jahr 1999: Rund ein Jahr nach dem Ende der 16 Jahre dauernden Ära Kohl erschütterte ein heftiger Skandal die ehemalige Regierungspartei CDU. Es wurde bekannt, dass die Partei geheime Spendengelder in erheblicher Höhe eingenommen hatte. Das Problem: Nach dem deutschen Parteiengesetz hätten die Zuwendungen und die Namen der Spender veröffentlicht werden müssen. Ein Skandal brach aus, weil die Parteispitze um Helmut Kohl systematisch versucht hatte, diese Vorgänge zu vertuschen. Nun standen Korruptionsvorwürfe im Raum. Welchen Einfluss hatten Spender und Auftragsvermittler wie der Waffenlobbyist Karlheinz Schreiber auf die CDU? War die Regierung des größten mitteleuropäischen Landes käuflich? Um Schaden von der Partei abzuwenden, übte die neue Führungsriege der Partei um Wolfgang Schäuble und Angela Merkel Druck auf den Altkanzler aus. Sie forderte Aufklärung, Kohl sollte Ross und Reiter nennen und den Vorwurf der Bestechlichkeit entkräften. Doch der eigenwillige Parteipatriarch entschloss sich zu einem anderen Schritt. Im Zweiten Deutschen Fernsehen gab er zu, bis zu zwei Millionen D-Mark Spenden angenommen zu haben. Er kenne auch die Spender, werde ihre Namen aber nicht nennen, denn er habe sein Ehrenwort gegeben, die Angelegenheit vertraulich zu behandeln. Im Übrigen wies er den Vorwurf von sich, er sei käuflich gewesen.

Was Kohl für einen Befreiungsschlag hielt, erwies sich als schwerer Fehler. Die Öffentlichkeit sah den eigentlichen Skandal in diesem Interview. Darin erschien der Altkanzler selbstgerecht, seine private Moral stellte er über das Gebot der Transparenz und über das Parteiengesetz. Bis auf den heutigen Tag liegen diese Äußerungen wie ein schwarzer Schatten auf dem Bild des Kanzlers der Einheit. Seitdem wird die Spendenaffäre in der Regel mit dem »System Kohl« in Verbindung gebracht: eine ausgeklügelte Herrschaftstechnik von personenorientierter Patronage und Überwachung innerhalb der Partei, mit deren Hilfe Helmut Kohl die CDU mehr als 20 Jahre fest im Griff hatte. Das System Kohl gilt als mikropolitische Meisterleistung, die seine Regierung allerdings mit dem üblen Geruch der Hinterzimmerpolitik behaftete.

England im Jahr 1626. Die Macht des Günstlingministers Buckingham befand sich auf ihrem Scheitelpunkt. Seit mehr als zehn Jahren war der Herzog der mächtigste Patron am Hof der Könige Jakob I. und Karl I. Er bestimmte die Richtlinien der Politik, und durch seine Hände flossen die wichtigsten Patronageressourcen der Krone: Ländereien, Pensionen, Hofämter, Adelstitel, Regierungsaufträge. In letzter Zeit hatten sich allerdings seine Gegner in Stellung gebracht. Vor allem das Parlament übte zunehmend Kritik an der Politik der Krone. Um ihre Opposition zum Ausdruck zu bringen, ohne den König selbst angreifen zu müssen, bedienten sich die Unterhausmitglieder eines juristischen Kniffs. Sie begannen, königliche Amtsträger und Berater anzuklagen. 1626 war die Reihe an Buckingham. Der Vorwurf lautete auf Korruption. In nicht weniger als 14 Anklagepunkten listete Berichterstatter John Pym aus dem Unterhaus die Vergehen auf: Amtsmissbrauch und Missbrauch der königlichen Autorität, Verkauf von Adelstiteln, Unterschlagung und widerrechtliche Aneignung von Einkünften des Königs, Bereicherung und Begünstigung seiner Familie. Buckingham habe stets nur sich selbst genutzt und den Dienst am Gemeinwohl vernachlässigt.[35]

Der Beklagte reagierte mit einer selbstbewussten Verteidigungsrede. Er bestritt keineswegs die ihm zur Last gelegten Handlungen, sondern forderte eine andere Bewertung. So seien alle Gelder auf ausdrücklichen Wunsch des Königs geflossen, alle Posten zu dessen Nutzen verkauft worden. Vor allem habe er sich in allen Handlungen von Werten leiten lassen, die jedermann teile, auch seine Ankläger. Niemand könne ernsthaft kritisieren, dass er Geschenke erhalten und verteilt habe. Hingabe an die Sache des Königs und Unterstützung der eigenen Verwandtschaft entsprechen den Pflichten, die jedermann habe. Verurteilen könne man ihn nur, so Buckingham, falls er seine persönliche Karriere über die seiner Nächsten gestellt habe, aber das sei nicht der Fall gewesen.

Tatsächlich hatte Pym einige Verrenkungen machen müssen, um darzulegen, warum Buckinghams Ämter, Würden und Einnahmen nicht königliche Gaben gewesen sein sollten. Die Anklage geriet argumentativ in die Defensive, weil Buckingham auch in Bezug auf die geteilten Werte recht hatte. Tagebuchaufzeichnungen eines anderen Parlamentsmitglieds legen davon Zeugnis ab. Dem König war Buckinghams Erwiderung Erklärung genug. Er löste das Parlament auf, um den Prozess zu stoppen.

Welten trennen die knapp 400 Jahre auseinanderliegenden Vorgänge um Kohl und Buckingham. Dabei lässt sich ein interessanter Kontrast an ihnen beobachten. In beiden Fällen setzten sich Politiker zur Wehr, die der Korruption beschuldigt wurden. In beiden Fällen bestritten sie die Sache selbst nicht, verlangten aber nach einer alternativen Bewertung. Dabei beriefen beide sich auf Wertesysteme, die von den meisten Zeitgenossen in ihrer jeweiligen Epoche geteilt wurden: Kohl nahm für sich die Regeln der Worttreue und Geradlinigkeit in Anspruch. Buckingham bezog sich auf Werte wie Treue zum König und Verantwortung gegenüber seiner Familie wie auch seinen Schutzbefohlenen, also seinen Klienten. Beide beschrieben ihr Handeln als selbstlos. Isoliert betrachtet, beriefen sich beide auf gesellschaftlich akzeptierte Normen. Die Umwelt reagierte allerdings sehr unterschiedlich: Während Buckingham sich einstweilen aus der Affäre zog, hat Kohl mit dem Interview vermutlich den politischen Fehler seines Lebens begangen – zumindest fallen die Bewertungen seiner politischen Lebensleistung seitdem in der Regel kritisch aus.

Die Fälle Kohl und Buckingham werfen zwei Probleme auf: Nach allem, was wir über die Bedeutung von Günstlingministern, die Selbstverständlichkeit von Mikropolitik und die Einbettung der Patronagekultur in das Selbstbild frühneuzeitlicher Gesellschaften wissen, überrascht es, dass Korruption als Vorwurf gegen genau diese Praktiken erhoben wurde. Wenn dem aber so war, worin liegt der Grund für Buckinghams Erfolg, während Kohls Ehrlichkeit seine Gegner nicht etwa entwaffnete, sondern erst zu Empörungsstürmen trieb?

Auch die Vormoderne kannte Antikorruptionsregeln und -gesetze. Also befanden sich beide Akteure, Kohl und Buckingham, in einem Rollen- und Normenkonflikt. Doch der Umgang mit konkurrierenden Normen hat sich zwischen dem 17. und dem 21. Jahrhundert wesentlich gewandelt. Buckingham handelte als Vertrauter des Königs, Minister, Patron und Familienoberhaupt in einer Vielzahl unterschiedlicher Rollen gleichzeitig. Von Kohl, dem Parteivorsitzenden und Staatsmann der Gegenwart, erwarteten die Beobachter Eindeutigkeit. Er sollte der Rolle des gesetzestreuen Amtsinhabers den Vorrang geben, für den persönliche Verpflichtungen oder Worttreue keine Handlungsgründe sein dürfen. Die moderne Auffassung verlangt, sich für das Handeln in einer einzigen Rolle zu entscheiden – und damit auch für ein einziges Normensystem. Dies war in der Frühen Neuzeit noch anders.

Von solcher Normenkonkurrenz und der Rolle der Korruptionskritik in einem normativ sehr unsicheren Umfeld handelt dieses Kapitel. Es geht zunächst um die Frage nach dem Umgang frühneuzeitlicher Akteure mit Rechtsnormen und Gesetzen. Hier sind fundamentale Unterschiede zur Gegenwart auszumachen – ein paar Beispiele: Geschenkannahme im Amt und die Rechtfertigung von Mikropolitik waren in bestimmten Fällen durchaus umstritten. Seit 1651 verbot ein Gesetz der Generalstaaten der Niederlande, Geschenke für die Wahl in ein öffentliches Amt anzunehmen oder anzubieten. Auf diese Regelung schworen alle Betroffenen einen heiligen Eid, davon überzeugt, dass Bestechung den Untergang ihres Staates herbeiführen könne. Ähnliche Regeln galten auch in der Reichsstadt Hamburg: Die Mitglieder des Senats schworen, dass sie bei der Zuwahl neuer Mitglieder keine Geschenke annehmen, niemanden begünstigen und sich nicht durch Freundschaft, Verwandtschaft oder andere Zusammengehörigkeit leiten lassen würden. Dies änderte freilich nichts daran, dass in beiden Staaten genau diese Faktoren entscheidend für politische Wahlen waren.[36]

Auch dem Richteramt galt in nahezu allen Ländern besondere Aufmerksamkeit. Wohl in kaum einem anderen öffentlichen Amt gab es derart vielfältige Regelungen gegen die Geschenkannahme. In England hatten Richter seit dem Mittelalter zu beschwören, keine Gaben anzunehmen. Zugleich war es allgemeine Praxis, dass Richter Geschenke erwarteten und selbstverständlich auch von den Parteien erhielten. Die Reichskammergerichtsordnung von 1495 verpflichtete die Richter des höchsten Gerichtshofes im Alten Reich, »gleich zu richten und [durch] kain Sach sich dagegen bewegen zu lassen [...] kain Gab, Schenck oder ainichen Nutz [...] tzu nehmen«.[37] Dessen ungeachtet wurde kaum ein Richter je tätig, wenn er nicht mit Gaben bedacht wurde. Denn Geschenke waren nicht eindeutig unmoralisch, sondern normale, ja notwendige Zeichen sozialer Gepflogenheiten. Sie brachten zum Ausdruck, dass die Beteiligten den Richter in seiner herausgehobenen Position akzeptierten. Das war nicht unwichtig in Zeiten, in denen es häufig umstritten war, ob ein

Gericht überhaupt die Zuständigkeit für einen Fall besaß. Geschenkannahme musste nicht bedeuten, dass ein Richter parteiisch handelte. In den Wiener Zentralbehörden des Reiches (Taxamt, Hofkammer, Reichshofrat, Hofkanzleien) gab es einerseits eine ausgedehnte Praxis der Geschenkannahme und Klientelpolitik, zum anderen aber auch unzählige Regularien, die genau dies verboten. Kenner der Materie wussten, dass die unterfinanzierten Behörden ohne Geschenke kaum überlebensfähig waren. Bis weit ins 18. Jahrhundert galten diese Praktiken auch nicht als Ausweis von schlechter Verwaltung. Allein öffentliche Debatten über Käuflichkeit der Reichsbehörden schienen problematisch, weil sie das Ansehen der Behörden und damit indirekt das des Kaisers beschädigten.[38]

Ist das Ausdruck einer Kultur der institutionalisierten Heuchelei oder tolerierten Scheinheiligkeit? So ist das Verhalten des britischen Gelehrten und Politikers Francis Bacon beschrieben worden, der in öffentlichen Reden nicht müde wurde, Geschenke an Richter zu geißeln, sie in seiner Funktion als Richter aber selbst annahm.[39] Wir haben es tatsächlich mit einer nach heutigen Maßstäben verstörenden Situation zu tun. Scheinbar gab es klare Regelungen und Verbote, doch wurden sie kaum befolgt. Man könnte dies mit einem Hinweis auf die vormoderne Inkonsequenz in der Strafverfolgung abtun und als Rohzustand beschreiben, der nur darauf wartete, im Verlauf der Moderne endlich durch eine systematische Befolgung von schon lang als rechtens erkannten Regeln perfektioniert zu werden. Doch dies greift zu kurz.

Deutlich wird dies durch ein in den letzten Jahren diskutiertes Konzept, für das vor allem der Frühneuzeithistoriker Hillard von Thiessen steht, nämlich das der »Normenkonkurrenz«.[40] Es geht von einer einfachen Beobachtung aus, die für sämtliche historische Epochen gilt. Jede und jeder muss im Alltag unterschiedliche Rollen einnehmen – etwa die des Amtsinhabers, des guten Christen, des Familienvaters. In jeder Rolle sieht er oder sie sich unterschiedlichen Anforderungen an sein oder ihr Verhalten ausgesetzt. Dies ist so lange unproblematisch, wie sich die Rollen nicht überschneiden. Nun lässt sich das in der Realität aber kaum vermeiden – wir haben mehrfach gesehen, wie sich die Rollen des Günstlingministers als Vertrauter des Fürsten, Patronagemanager, Führer einer Klientel, Inhaber von staatlichen Ämtern oder Investor überlagerten. Von Thiessen identifiziert für die Frühe Neuzeit drei große Normensysteme, aus denen die Menschen Anweisungen für ›gutes Handeln‹ ableiten konnten: soziale Normen, religiöse Normen, gemeinwohl- oder amtsorientierte Normen. Die Inhalte dieser Normensysteme konnten je nach Epoche, Land und Schicht unterschiedlich ausfallen.

Der wichtigste Punkt hierbei: Diese Systeme bestanden nebeneinander, waren sowohl in sich widersprüchlich als auch in Konflikt miteinander. Dennoch erschienen sie grundsätzlich gleichberechtigt. In konkreten Situationen musste der Einzelne auswählen und entscheiden, nach welchem Normenkreis er sich richtete. Nehmen wir an, ein adeliger Richter wurde von einer Prozesspartei beleidigt, dann gab es drei Handlungsmöglichkeiten: Religiöse Normen geboten ihm, die Erniedrigung demütig zu ertragen. Die sozialen Normen seines Standes geboten ihm, seine Ehre wiederherzustellen, beispielsweise in einem Duell. Das wiederum verboten ihm amtsorientierte Normen, die ihn zur unparteiischen Amtsführung verpflichteten.

Dies ist, wie bereits dargestellt, grundsätzlich keine Besonderheit frühneuzeitlicher Gesellschaften. Doch gab es einen wesentlichen Unterschied zur Moderne: Moderne Gesellschaften sind funktional differenziert. Sie versuchen, bestimmten Situationen und Rollen eindeutige Normvorgaben zuzuordnen. Der beleidigte Richter muss, sobald er den Gerichtssaal betritt, entweder die Beleidigung vergessen oder sich der Amtsrolle entziehen, indem er sich für befangen erklärt und den Prozess abgibt. Der Inhaber eines öffentlichen Amtes, ob Beamter oder Bundeskanzler, muss sich bei seiner Ausübung von amtsorientierten Normen leiten lassen. So ist zumindest die ideale Auffassung. Der Fall Kohl zeigt, wie schwierig hier eine Trennung ist. Soziale Normen, wie in diesem Fall Ehrenwort und Freundschaft, sind auch für amtierende Politiker handlungsleitend. Nur wird dies von der Umwelt kaum noch akzeptiert. Sich an diese situationsfremden Normen zu halten geschieht möglicherweise, ist aber nicht mehr sagbar, oder allenfalls hinter vorgehaltener Hand.

Um die eindeutige Zuordnung von Situation, Rolle und Norm zu ermöglichen, haben die modernen Gesellschaften verschiedene Vorkehrungen getroffen. So ist die Religion zunehmend in die Sphäre der privaten, individuellen Überzeugungen gerückt. Das hat erhebliche politische Folgen. Frühneuzeitliche Fürsten waren nach eigener Auffassung durch Gott legitimiert, und sie hatten gerade in ihrem Amt Verantwortung für das Seelenheil ihrer Untertanen zu übernehmen – damit wurde beispielsweise Glaubenszwang begründet. In der Gegenwart liegen die Dinge anders. Der belgische König Baudouin etwa geriet 1990 in einen religiösen Gewissenskonflikt. Das Parlament hatte beschlossen, Abtreibungen weitgehend zu liberalisieren, was der König wegen seines Glaubens nicht akzeptieren konnte. Als Christ sah er sich außerstande, das Gesetz zu unterzeichnen. Was ihn in der Vormoderne genötigt hätte, die Reform dauerhaft zu verhindern, war nun Anlass für eine konstitutionelle Krise. Denn der Demokrat Baudouin hatte keine rechtlichen Bedenken und sah durchaus ein, dass ein mehrheitlich verabschiedetes Gesetz auch in Kraft treten müsse. Die Lösung für Baudouin lag nun darin, eine der beiden Rollen für kurze Zeit aufzugeben. Die Regierung erklärte, der Monarch sei zeitweilig regierungsunfähig, und so konnte das Gesetz mit alleiniger Zustimmung des Ministerrats in Kraft treten. Zwei Tage später nahm der König seine Regierungsgeschäfte wieder auf.[41]

Baudouin ist nur ein Beispiel für die Anforderungen, die seit dem 19. Jahrhundert an Inhaber staatlicher Ämter gestellt werden. Öffentliche Bedienstete sollten sich allein auf ihre Rolle als Staatsdiener konzentrieren – dafür boten ihnen die Staaten im Gegenzug einen neuen Status an, den des Beamten. Der sieht ein exklusives Treueverhältnis zwischen Staat und Beamten vor. Die staatliche Entlohnung ermöglicht es den Dienern des Staates, das »Amt als Betrieb« aufzugeben, auf private Erwägungen zu verzichten und sich ohne Rücksicht auf die eigene Person den Amtsaufgaben zu widmen. So zumindest die Theorie.

Anders lagen die Dinge, wie wir sahen, in der Frühen Neuzeit mit der Vielzahl zunächst gleichberechtigter Normensysteme und Handlungserwartungen. Ob Korruptionskritik *wirksam* wurde, hing daher weniger von den Handlungen des Kritisierten ab. Vielmehr waren die jeweiligen Rahmenbedingungen entscheidend: Frühneuzeitliche Gesellschaften pflegten einen kasuistischen, einen fallweisen Umgang mit dem Vorwurf der Korruption. Ein Beispiel hierfür liefert wieder das Phänomen Geschenke.

In den oberdeutschen Städten waren Gaben an Amtsträger alltäglich und selbstverständlich. Sie galten auch nicht per se als korrumpierend, vorausgesetzt, sie wurden öffentlich übergeben. Wurden sie aber *heim-*

lich überreicht, standen Gebende und Nehmende unter dem Verdacht der Korruption.[42] Bisweilen findet sich auch der Vorwurf, ein Amtsträger habe das Amt allein aus Gewinninteresse angenommen, so geschehen im Fall des Hamburger Gerichtsvogts August Wygand, dem der Senat im Jahr 1694 Bereicherungsabsichten im Amt vorwarf.[43] Das verwundert angesichts der verbreiteten Praxis, das Amt als »Betrieb« zu verstehen. Der Fall Wygand ist gewissermaßen ein Gegenstück zu Buckingham. Während der Günstlingminister sich für seine Verteidigung auf eine Alternativnorm berufen konnte, warf der Hamburgische Senat dem Vogt etwas vor, was im Normalfall selbstverständlich war. Dies zeigt, dass der Betriebscharakter eben nur *eine* Facette öffentlicher Amtsführung war.

Worauf beriefen sich nun die Korruptionskritiker? Korruptionskritik war eine Möglichkeit, um von Amtsträgern und anderen Mächtigen zu fordern, die gemeinwohlorientierten Normen einzuhalten. Das allgemeine Wohl war den Zeitgenossen durchaus wichtig, und es gab ein klares Bewusstsein für Widersprüche zwischen Gemeinwohl und Einzelinteressen. Eigennutz als Gegenbegriff zum Gemeinnutz und als moralischer Kern des Korruptionsvorwurfs war der Inbegriff gemeinschaftsschädigenden Verhaltens. Spätestens im Verlauf des 16. Jahrhunderts entwickelten Regimentslehren, Fürstenspiegel und andere politische Lehrbücher eine Vorstellung vom Gegensatz zwischen öffentlichem und privatem Interesse. Etwas älter sind sogar noch die Gemeinwohlkonzepte aus den Städten und Stadtrepubliken. Diese ›fürstenlosen‹ Gemeinwesen hatten offenbar schon im späten Mittelalter Bedarf daran, das Gemeinwohl zum Kern ihrer politischen Theorie weiterzuentwickeln.[44]

Wie auch heute war jedoch der Inhalt des Gemeinwohls meist nicht klar definiert. Die Herrschenden bemühten sich allerdings darum, sich den Gemeinwohlgedanken zunutze zu machen: Gemeinnutz umfasse alles, was Herrschaft rechtfertigte. Er war daher ein zentraler Begriff im Staatsdenken, legitimierte etablierte Autoritäten. Umgekehrt beriefen sich Aufständische auf das Gemeinwohl, wenn sie Forderungen gegen die Obrigkeiten formulierten – so taten es etwa die Führer des Bauernkriegs im 16. Jahrhundert.[45] In den meisten Fürstenstaaten gelang es den Herrschern aber im Verlauf der Frühen Neuzeit, ihre eigenen politischen Interessen mit dem allgemeinen Wohl gleichzusetzen. Treuer Fürstendienst wurde mehr und mehr gleichbedeutend mit Dienst am Gemeinwohl, Verrat am Fürsten dagegen galt als Korruption. Dies hatte den großen Vorteil, öffentliche Amtsträger auf ihren Dienstherren und die fürstliche Politik verpflichten zu können.[46] Oppositionelle waren folglich nicht nur Verräter, sondern auch korrupt. In den frühneuzeitlichen Republiken stand an der Stelle der Fürsten meist ein abstrakteres Gemeinwohlkonzept, das die Interessen der Provinz oder der Stadt umfasste – so wurde es zumindest in den Niederlanden formuliert. Gelegentlich versuchten auch ständische Obrigkeiten, ihre eigenen Interessen im Konflikt mit den Fürsten damit zu begründen, dass sie das Gemeinwohl repräsentierten, während die Fürsten dazu neigten, nur dem Wohl ihrer Dynastie zu dienen.[47]

Mit den Stichworten Käuflichkeit, Eigennutz, Gewinnstreben und Parteilichkeit im Amt sind wesentliche Inhalte frühneuzeitlicher Korruptionsvorwürfe benannt. Bleibt die Frage, wann sie angesichts der Normenkonkurrenz überhaupt zum Tragen kamen. Leichtfertig könnte man meinen, Kasuistik und fallweise Entscheidung hätten Beliebigkeit bedeutet. Doch das Gegenteil war der Fall.

Korruptionskritik reguliert Patronage

Korruptionskritik entzündete sich dann, wenn Erwartungen in Patronage unerfüllt blieben. Korruptionskritik tauchte auf, wenn Klienten oder Patrone massiv gegen die Kultur der Patronage verstießen oder wenn es Ungleichgewichte innerhalb eines Patronagesystems gab. Schließlich sind in vielen Fällen weitreichende Machtverschiebungen Ursachen für Korruptionsklagen gewesen – und Machtfragen entschieden über Erfolg und Misserfolg der Anklagen. Die frühneuzeitliche Patronage brachte unweigerlich Momente bitterer Enttäuschung mit sich, denn in ihr wurden große Werte bewegt, Karrieren gemacht, aber auch hochfliegende Hoffnungen vernichtet. Um Einzelschicksale soll es hier freilich nicht gehen, sondern um strukturelle Enttäuschungsfaktoren: Korruptionsklagen waren Anzeichen für eine Art Systemversagen der Patronage.

Die wichtigsten beiden Formen von Systemversagen waren wohl Überdehnung und dauerhafter Ausschluss relevanter Gruppen, was zum Teil auf ähnliche Folgen hinauslief. König Jakob I. von England erlebte eine Flut von Korruptionsvorwürfen gegen seine Regierungsweise. Ämterhandel, Titelverkauf, Herrschaft von Günstlingen, aber auch die Gewährung von Handelsmonopolen standen vor allem deshalb in der Kritik, weil es eine Schieflage gab. Die Krone bevorzugte in auffälligem Maß schottische Gefolgsleute des Königs, der vor der Thronbesteigung in England 1603 schon mehr als drei Jahrzehnte die schottische Krone getragen hatte. So sicherte sich der Stuart-König mit Hilfe einer treuen Klientel gegen mögliche Widerstände in England ab, gefährdete aber auch seinen Ruf als gerechter Herrscher. Daher gelang es ihm nicht, die englischen Eliten an sich zu binden; stattdessen kam es zu einer zunehmenden Entfremdung zwischen den Eliten und der Krone.[48]

Die zahlreichen Korruptionsdebatten in den Vereinigten Provinzen der Niederlande hatten fast immer den gleichen Hintergrund: Wichtige Gruppen innerhalb der jeweiligen Ratsoligarchie waren von der Ämterrotation ausgeschlossen worden und wehrten sich mit dem Vorwurf der Korruption gegen die herrschende Faktion. Ganz typisch ist ein Konflikt aus dem Jahr 1676 in Amsterdam: Anlässlich des Entwurfs für ein neues Verteilungssystem der städtischen Ämter warf eine offenbar benachteiligte Gruppe der anderen Korruption und Verwandtenbegünstigung vor. Sie stellte sogar das hergebrachte System der Ämterverteilung in Frage. Allerdings einigten sich beide Seiten 1677 auf ein modifiziertes System, und der Korruptionsvorwurf war vergessen.[49]

In den meisten Patronagesystemen gab es ein Bewusstsein dafür, dass man die eigene Klientel nur bis zu einem gewissen Maße bevorzugen durfte, denn sonst setzte man sich dem Vorwurf der Parteilichkeit aus. Birgit Emich hat dies für den Kirchenstaat herausgearbeitet. Die Papstfamilie durfte ihre Verpflichtungen gegenüber der eigenen Gefolgschaft nicht ungehemmt erfüllen, sondern sie musste den Zugang zu Ämtern und Ressourcen für alle anderen prinzipiell offenhalten. Die Kosten der Patronage durften überdies nicht zu hoch erscheinen, sonst drohte der Vorwurf der Korruption. Wo genau die Grenzen lagen, war natürlich an keiner Stelle geregelt.[50]

Etwas andere Folgen hatte die Überdehnung des Patronagesystems, das Günstlingminister Lerma in Spanien aufbaute – er war gewissermaßen zu erfolgreich. Nach einigen Jahren als Günstling Philipps III. hatte Lerma die wichtigsten Ressourcen und Gnaden der Krone monopolisiert. Er hatte kaum noch Gegner, fast jedermann am Hofe bemühte sich, in seine Klientel aufgenommen zu werden. Dies aber schuf Probleme, denn auch die Vergünstigungen und Pensionen der Krone waren endlich. Unter Lermas Gefolgsleuten brach zwischen 1611 und 1618 ein Verteilungskampf um diese Ressourcen aus. Lermas Klientelsystem zerfiel in verfeindete Untergruppen, was dem Ruf und der Macht des Patrons enorm schadete. Der Streit endete mit der Entmachtung Lermas in einem permanenten Konflikt unter den zersplitterten Resten seines Gefolges. Korruptions- und Bereicherungsvorwürfe trafen insbesondere Lerma selbst und seine engsten noch verbliebenen Vertrauten.[51]

Auch einzelne Verstöße gegen die Grundsätze der Patronagekultur gaben Anlass zu entsprechenden Anklagen. Ein treuer Klient und ein gutsorgender Patron galten üblicherweise nicht als käuflich. Käuflichkeit und damit Korruption standen aber im Raum, wenn der Grundsatz der Treue und Beständigkeit verletzt wurde. So mussten sich im päpstlichen Rom vor allem diejenigen Familien Korruptionsvorwürfe gefallen lassen, die das Patronagegeschäft zu beschleunigen versuchten und mehrfach in kurzer Zeit den Patron wechselten.[52]

Korruptionsvorwürfe lagen auch dann nahe, wenn Geld statt anderer Gaben ins Spiel kam – monetarisierte Beziehungen standen unter verschärfter Beobachtung, wohl auch, weil sie meist im Gegensatz zum Prinzip des »Vertrauens aus Vergangenheit« standen. Die Kritiker Jakobs I. geißelten vor allem den Verkauf von Titeln und Pensionen, welche die Krone auszahlte. Deutsche Fürstenspiegel des 16. und 17. Jahrhunderts warnten vor Amtsträgern, die sich »mit Gelt stechen vnnd corrumpieren lassen«,[53] während Patronage und Klientele mit stabilen persönlichen Bindungen ausdrücklich nicht in der Kritik standen. Geld barg die Gefahr, solche Beziehungen zwischen den Handelnden auf den Aspekt des eigenen Vorteils zu reduzieren. Es verlangte letztlich keine dauerhafte und treue Verbindung. Geld konnte die Grundsätze der schenkenden Gesellschaft unterlaufen, indem es das Prinzip der langen Ketten von Gabe und Gegengabe verkürzte – auch dies tendenziell ein Vergehen gegen zentrale Grundsätze frühneuzeitlichen Verhaltensstils. Geld erlaubte es auch, die demonstrativ-öffentliche Kultur der Frühen Neuzeit zu unterlaufen: Es ließ sich einfacher im Geheimen überreichen als etwa ein Pferd. Kurz gesagt: Geld korrumpierte, weil es zentrale Grundsätze der Patronagekultur obsolet machen konnte.

Patronage ermöglichte in vielen Fällen etwas, das im herrschenden Gesellschaftsmodell eigentlich nicht vorgesehen war: gesellschaftlichen Aufstieg. Auch wenn die Patronagekultur eng mit der Adelskultur verbunden war, profitierten soziale Aufsteiger überproportional von deren Möglichkeiten. Solche Aufsteiger aber galten gewissermaßen qua Geburt als korruptionsanfällig. Sie waren Fremdkörper in einer Elite, die sich nicht durch Leistung definierte, sondern durch Herkunft. Kardinal Mazarin bekam diese Haltung während des Fronde-Aufstandes 1648 bis 1653 zu spüren. Die satirische Pamphletliteratur jener Zeit, die sogenannten Mazarinaden, wetterte gegen die Politik des Günstlingsministers und machte ihn lächerlich. Viele Autoren warfen ihm Korruption und unlautere Bereicherung vor. Als Beleg galt der Umfang seiner Reichtümer: Er bezog am Ende seines Lebens immerhin Einnahmen aus über 20 Abteien, von kleineren Pfründen und erheblichen weltlichen Einkünften einmal abgesehen. Der Skandal lag für seine Kritiker im Kontrast zwischen Reichtum und einfacher Herkunft des Kardinals, der außerdem noch Ausländer war. Das Unbehagen über Aufsteiger beherrschte indes nicht nur die vormodernen Adelsgesellschaften. Selbst in der vom Bürgertum geprägten Stadt Hamburg konnte Misstrauen gegen Amtsträger mit dem Argument gesät werden, sie stammten aus allzu einfachen Verhältnissen.[54]

Die politischen Machtverhältnisse entschieden darüber, ob Korruptionsvorwürfe zum Erfolg führten. Dabei konnte Korruptionskritik ein Mittel der Mächtigen sein, um unliebsame Untertanen loszuwerden, sie konnte aber auch den Machtkampf zwischen zwei nahezu gleich mächtigen Gruppen entscheiden oder als Argument ›von unten‹ gegen die Herrschenden ins Feld geführt werden. Dazu ein paar Beispiele.

Der ›Normalfall‹ lässt sich bei Eberhard von Danckelman beobachten, 1688 bis 1697 brandenburgisch-preußischer Oberpräsident und Günstlingminister des Kurfürsten Friedrich III. Sein politisches Ende wurde begleitet von Vorwürfen der Bereicherung, der Patronage und des Machtmissbrauchs. Zwar kam ein Prozess gegen ihn nie zustande, doch die Anklagen dienten dem Fürsten als Begründung dafür, Danckelman jahrelang in Haft zu nehmen und ihm sämtliche Ämter, Titel und Güter zu entziehen.[55]

Keinerlei Beißhemmung kannte Ludwig XIV., als er 1661 die Überbleibsel des Patronagesystems seines verstorbenen Ministers Mazarin beseitigte. Die Geschichte um den *surintendant* der königlichen Finanzen, Nicolas Fouquet, wird üblicherweise als eine Art Beschämung des Königs und als Intrige seines Gegners Colbert erzählt. Der junge Monarch besuchte den Minister in dessen neuem Schloss Vaux-le-Vicomte und erlebte ein prachtvolles Fest, das selbst die königlichen Bälle in den Schatten stellte. In seiner Ehre verletzt, habe der König den Gastgeber verhaften lassen. Es folgte ein Prozess wegen Unterschlagung und Bereicherung. Fouquet verlor seine Ämter und Reichtümer und blieb auf Befehl des Königs bis an sein Lebensende in Haft. Die symbolische Kränkung des Königs ist freilich nur die Hälfte der Geschichte. Ludwigs Entscheidung war vermutlich schon vor der Einladung gefallen. Tatsächlich arbeitete Fouquet systematisch daran, Nachfolger Mazarins als Günstlingminister zu werden. Nun hatte der König aber andere Pläne. Er wollte auf einen starken Minister verzichten und selbst die Rolle des wichtigsten Patrons spielen. Also zerschlug er Fouquets Netzwerk und entfernte dessen Gefolgsleute aus ihren Ämtern. Mit dem Korruptionsprozess gegen Fouquet demonstrierte der König seine absolute politische Unabhängigkeit.[56]

Im späten 18. Jahrhundert wurden in Preußen mehrfach Fürstendiener wegen Bestechung und Geschenkannahme verurteilt – beispielsweise der Finanzrat Ursinus oder der Direktor der königlichen Bank, Friedrich Christoph von Görne. Ausschlaggebend war nicht, dass sie sich im Amt beschenken ließen oder gelegentlich Gelder veruntreuten, so wie das viele ihrer Kollegen auch taten. Entscheidend war, dass sie das übliche Maß überschritten, der Krone Geld in größerem Umfang vorenthielten und vor allem, dass ihre Loyalität gegenüber dem König als unsicher galt. Sie erschienen damit eben auch als unzuverlässige Klienten des Herrschers.[57]

Freilich konnte der Korruptionsdiskurs auch *gegen* Zentralisierungsbestrebungen vorgebracht werden. Hierfür liefert eine Begebenheit aus dem Herzogtum Württemberg im frühen 17. Jahrhundert einen interessanten Befund. Herzog Friedrich I. begann schon vor der Jahrhundertwende traditionelle ständische Eliten durch eine auf den Fürsten ausgerichtete Verwaltung zu entmachten. Die etablierte Elite war durch Patronagebeziehungen und strategische Hochzeiten vielfach untereinander verflochten. Bei dem Versuch, diese Netzwerke aufzubrechen, dienten nun Vorwürfe aus dem Bereich der Korruption als leicht zu beweisende Anklagepunkte: Geschenkannahme, Bereicherung, Bestechlichkeit, Parteilichkeit. So konnten widerständige Amtsinhaber auf dem Gerichtsweg aus der Verwaltung entfernt werden. Eigens dafür ernannte Herzog Friedrich einen Landprokurator namens Georg Eßlinger, der unermüdlich Prozesse führte. Zugleich bauten die Vertrauten des Herzogs neue Klientelnetzwerke auf, um die entstehenden Verwaltungsstrukturen gesellschaftlich abzusichern.

Nach dem Tod des Herzogs änderten sich aber die politischen Vorzeichen. Sein Nachfolger suchte den Ausgleich mit den Ständen, und die traditionellen Eliten gewannen an Macht zurück. Nun kehrte sich die Spitze der Korruptionsvorwürfe gegen ihre alten Urheber, gegen die Exponenten der Zentralisierungspolitik, darunter auch Eßlinger. Die Stände warfen nun Eßlinger ihrerseits Geschenkannahme, Bestechlichkeit und Untreue vor. Wie nicht anders zu erwarten, konnten auch diese

Vorwürfe erhärtet werden, und Eßlinger musste das Land verlassen. Einer seiner Mitstreiter, Matthäus Enzlin, endete gar auf dem Schafott. Die Stände hatten damit erfolgreich gegen die Zentralisierung der württembergischen Verwaltung gekämpft. Die Frage nach ›richtiger‹ und ›falscher‹ Patronage war auch hier entscheidend: Im Zentrum der Vorwürfe standen immer Geschenke, nicht die Förderung von Verwandten. Wichtig war im Übrigen, das Gesicht der Dynastie zu wahren. Das Andenken des verstorbenen Herzogs blieb unbeschädigt, es waren seine ehemaligen Diener, die unlauterer Machenschaften überführt worden waren. Friedrich war getäuscht worden, sein politisches Programm musste nicht weiter erwähnt werden. Korruptionsprozesse ermöglichten und kaschierten also Politikwechsel und Übergänge zwischen Patronagesystemen. Dies war auch deshalb so wichtig, weil Neuerungen in der Frühen Neuzeit wie beschrieben generell ein Legitimitätsproblem hatten.[58]

Im England des 18. Jahrhunderts bildete ein Konflikt zwischen Parlament und Krone den Hintergrund der Debatten um Robert Walpole. Walpoles Parlamentspatronage kritisierte vor allem Henry St. John, 1st Viscount Bolingbroke. Bolingbroke, ursprünglich ein prominenter Gegner der Hannoveraner Dynastie auf dem englischen Thron, wurde Anfang der 1720er Jahre begnadigt und betätigte sich seitdem als Sprachrohr des Landadels. Mit spitzer Feder attackierte er Walpoles Politik unter dem Stichwort Korruption und erklärte, nur ein ohne Patronage und Bestechung gewähltes Parlament könne frei entscheiden. Korruption seitens der Regierung laufe Gefahr, die gesamte Gesellschaft moralisch zu verderben.[59] Hinter diesem Konflikt zwischen Walpole und Bolingbroke standen zwei unterschiedliche verfassungspolitische Modelle. Walpole sah das Parlament als eine potentielle Stütze der Regierung; Bolingbroke begriff es als ein Korrektiv. Auch dieser Konflikt kann im Übrigen damit erklärt werden, dass Walpole die Grenzen der ›üblichen‹ Patronage überschritt. Er setzte sich durch Übertreibungen in den Augen seiner Gegner ins Unrecht, nicht durch die Patronage selbst.[60]

Die Konkurrenz von sozialen und gemeinwohlorientierten Normen erlaubte es, mikropolitische Handlungen im einen Fall als geboten, im anderen dagegen als verboten anzusehen. Das sollte man nicht als Doppelmoral kritisieren. Sinnvoller ist es anzuerkennen, dass die frühneuzeitlichen Menschen die Eigenschaft besaßen, Ambivalenzen zum

Ausdruck zu bringen, ohne sie auflösen zu müssen. Doch wozu diente die Korruptionskritik: dazu, Machtverhältnisse zu zementieren, oder dazu, sie aufzubrechen? Prinzipiell erlaubte das Korruptionsnarrativ beides. Herrschaftsverhältnisse konnten bestätigt oder aber in Frage gestellt werden. Tiefreichende Konflikte konnten bisweilen personalisiert und damit auch entpolitisiert oder kaschiert werden, wie der Fall Enzlin zeigt. Bis zur Mitte des 18. Jahrhunderts führte das kritische Potential der Korruptionskritik kaum zu einem Generalangriff auf Patronage und Klientelismus. Vielmehr brachten die Menschen der Vormoderne mit ihrer Korruptionskritik Funktionsfehler *innerhalb* der Patronage zum Ausdruck, meist Übertreibungen, Verstöße oder Gewichtsverschiebungen. Korruption war das dunkle Spiegelbild der oftmals zelebrierten Patronagekultur.

Somit finden wir Korruptionskritik als Reformmotor oder, vorsichtiger formuliert, als Feld, in dem bestehende Machtverhältnisse in Frage gestellt wurden (mehrfach in England, in Württemberg), aber ebenso als ein Machtmittel etablierter Herrscher. In den allermeisten Fällen justierte die Korruptionskritik schlichtweg Machtverschiebungen, regulierte die strukturellen Mängel politischer Patronage und half dabei, aus dem Ruder gelaufene Akteure (wieder) auf die Grundsätze der Patronagekultur zu verpflichten. Damit war Korruptionskritik ein unverzichtbarer Bestandteil frühneuzeitlicher Mikropolitik, war symbiotisch mit der Patronage verwachsen. Sie brachte graduelle Übertretungen auf den Begriff, nicht aber absolute Verbote.

Das sollte sich mit dem Beginn der Sattelzeit im 18. Jahrhundert allerdings dramatisch ändern. Zu diesem Zeitpunkt wurde Korruptionskritik zum Symbol für ein zentrales Reformanliegen: Mikropolitik sollte aus der politischen Kultur und aus den öffentlichen Institutionen verschwinden. Spätestens mit den staatspolitischen Schriften der Aufklärer bekam Korruptionskritik einen reformistischen, ja einen revolutionären Zug.

3.
Unverzichtbar im Wandel: Mikropolitik in der Moderne

Vormoderne Politik war durchzogen von Patronage und Klientelismus. Die Menschen der Frühen Neuzeit erwarteten sie, zelebrierten sie öffentlich, forderten sie von den Mächtigen ganz offen ein. Dies änderte sich allerdings zwischen dem 18. und dem 19. Jahrhundert, wie drei Beispiele aus unterschiedlichen Ländern und Zeiträumen illustrieren.

Die Freie und Hansestadt Hamburg gehörte wahrlich niemals zu den großen europäischen Mächten, schon gar nicht um 1800. Aber die Stadt war damals außenpolitisch selbstständig und verfügte über einen eigenen diplomatischen Dienst. In einer Zeit, da das revolutionäre Frankreich von einem militärischen Sieg zum nächsten eilte und wenig später Napoleon Bonaparte Mitteleuropa neu ordnete, sollte die hamburgische Außenpolitik den Fortbestand der Hansestadt sichern. In solch bewegten Zeiten kam es entscheidend auf eine kluge Diplomatie an. Darum bemühten sich die Hamburger Stadtväter auch redlich. Allerdings mussten sie feststellen, dass sich die diplomatischen Gepflogenheiten rasant änderten.

1793 taten die Hamburger etwas, das über Generationen eine Selbstverständlichkeit gewesen war. Der vormalige französische Gesandte in Hamburg, Lehoc, war gerade wieder in seine Heimat zurückgekehrt. Er hatte sich bei seiner Regierung mehrfach für die Hansestadt eingesetzt, und der Hamburgische Senat wollte ihm seine Dankbarkeit ausdrücken. Er richtete nicht nur ein offizielles Dankschreiben an den ehemaligen Gesandten, sondern überwies ihm 50 000 *Livres* als Anerkennung für seinen Einsatz. Der Diplomat jedoch wies solche Geschenke von sich. Das entsprach ganz dem neuen Ideal des Staatsdieners, der Amt und Privatleben sauber trennte. Auf Umwegen erreichte das Präsent aber doch noch seinen Adressaten: Die Töchter des Geehrten erklärten sich schließlich bereit, das Geld anzunehmen, um es als Alterssicherung für den Vater anzulegen. Letztendlich mochte Familie Lehoc nicht auf die mikropolitischen Früchte der diplomatischen Mission verzichten.

Hundert Jahre später kam es unter irischen Nationalisten zum Streit. Am Ende des 19. Jahrhunderts gab es viele katholische Iren, die ihr Heimatland aus der seit 1800 bestehenden Union mit dem protestantischen England herauslösen wollten. Zur politischen Strategie ihrer Irish Parliamentary Party gehörte ein Marsch durch die Institutionen. Die Partei bemühte sich um Sitze im britischen Unterhaus, um die Interessen ihres Heimatlandes im Zentrum der Macht vertreten zu können. Ihre Vertreter hofften, durch Kooperation Verbesserungen für die katholische Bevölkerung zu erreichen. Ihr langfristiges Ziel war eine *Home Rule*, also eine von London unabhängige Selbstverwaltung, denn die Iren kritisierten Londons Einfluss als illegitime Fremdherrschaft. Außerdem waren sie der Ansicht, über eine höhere Moral zu verfügen als die Engländer. So gehörte es zum Selbstverständnis der irischen Nationalisten, die britische Regierungspatronage abzulehnen. Die irische Nationalbewegung gebe sich nicht mit dem englischen Postengeschacher ab, so das Credo der Opposition von der grünen Insel. Auch in ihren Wahlkämpfen empfahlen sich die Nationalisten regelmäßig mit einem doppelten Argument. Ihr Verzicht auf Regierungspatronage garantiere, dass sie sich politisch nicht von Westminster abhängig machten. Außerdem seien sie persönlich integer, da sie Politik aus Selbstlosigkeit und ausschließlich für die gute Sache betrieben. In der Parteizeitung *Wicklow People* konnte man 1914 lesen: »Die Irische Partei ist durch und durch ehrlich und selbstlos; die Art, in der ihre Mitglieder sich von Regierungspatronage und Regierungsämtern aller Art fernhalten, ist schlicht großartig.«[1] Die Nationalisten beriefen sich auf eine Anti-Patronage-Formel im Partei-Eid, den alle Mitglieder leisteten, wenn sie ein Mandat übernahmen. Selbst die profilierten englischen Korruptionskritiker Hilaire Belloc und Cecil Chesterton waren 1911 überzeugt, die Iren würden sich am allgemeinen Postenschacher in der britischen Politik nicht beteiligten.[2]

Diese Haltung war so lange unproblematisch, wie die Chancen der unbequemen Iren auf Patronage schlecht standen. Das änderte sich aber kurzzeitig bereits in den 1890er Jahren und schließlich dauerhaft mit dem Wahlsieg der Liberalen Partei von 1906 auf der Hauptinsel. Bedeutende Teile der Liberalen unterstützten nämlich die Forderungen der Iren und boten sich als Gesprächspartner an. Damit bekamen die irischen Parlamentsmitglieder Zugang zu den Ressourcen der Regierung. Und tatsächlich nutzten sie ihre neuen Möglichkeiten; sie versuchten,

Einfluss auf Regierung und Verwaltung zu nehmen, so wie es ihre englischen und schottischen Kollegen taten. Auch die Iren unterhielten nun Korrespondenznetze mit ihren Wählern, versorgten ihre Vertrauten im Wahlkreis mit Informationen und baten ihre liberalen Bundesgenossen um staatliche Posten für die Anhänger in der Heimat. Umgekehrt erwarteten die irischen Wähler von ihren Abgeordneten, dass sie sich für sie einsetzten, wenn die Regierung Posten in Irland zu vergeben hatte, etwa als Richter, Kronanwalt, Fabrikinspektor, Fischereiinspektor, Postmeister oder Steuerbeamter. Politisch ergab dies aus zweierlei Gründen Sinn: Die irischen Abgeordneten erfüllten mit ihrer Unterstützung für Landsleute einerseits individuelle Wählererwartungen. Andererseits konnten sie katholische Gefolgsleute in Justiz und Verwaltung unterbringen und die Vorherrschaft der protestantischen Minderheit im öffentlichen Dienst brechen. Dabei blieb die eigene Verwandtschaft selbstverständlich nicht unberücksichtigt.

Doch die irischen Politiker wurden nun moralisch angreifbar. Radikale irische Nationalisten um William O'Brien und aus der 1905 gegründeten Sinn Féin erkannten ihre Chance und machten Stimmung auf Kosten der traditionellen Nationalpartei. Sie warfen ihren Abgeordneten Eidbruch, Eigennutz und Käuflichkeit vor. Das Ende vom Lied: Die Irish Parliamentary Party geriet in den Geruch der Korruption. Spätestens nach dem Osteraufstand von 1916 wurde sie diesen Ruf in der Öffentlichkeit nicht mehr los und verlor viele Anhänger.[3]

Das dritte Beispiel stammt aus der Stadt Köln in den 1920er Jahren. Die Domstadt war und ist als Heimat des kommunalen Filzes verschrien, in der man sich verschmitzt zum Klüngeln bekennt. Am 18. Juli 1927 schrieb der Rechtsanwalt August Adenauer an seinen Bruder Konrad – jenen Konrad Adenauer, der damals Oberbürgermeister von Köln war und später der erste Bundeskanzler der Bundesrepublik Deutschland werden sollte. August hatte ein spezielles, wenn auch etwas verhalten vorgetragenes Anliegen. Sein Partner in der Anwaltskanzlei sei mit einem Geheimrat Haase befreundet. Der wiederum habe einen Schwiegersohn namens Weber, welcher eine Anstellung suche. Weber hatte sich auf die ausgeschriebene Stelle eines Kölner Stadtbaumeisters beworben und war ausweislich behördeninterner Mitteilungen die »lfde. Nr. 75« von über 90 Bewerbungen. August schrieb einen höchst ambivalent formulierten Brief. So bat er zwar seinen Bruder ganz deutlich um Hilfe, distanzierte sich aber zugleich von dem Anliegen, das er aus »Anstandspflicht« gegenüber seinem Partner vortrage. Allerdings »würde es mich sehr freuen«, so der Anwalt, wenn »die Interessen der Stadt mit diesem Wunsch übereinstimmen«. Wichtig war ihm denn auch vor allem Diskretion: »Ich bitte aber meine Zuschrift nicht im offiziellen Geschäftsgang behandeln zu wollen, damit ich nicht in einen entsprechenden Ruf komme.«[4]

Konrad kam beiden Bitten nicht nach, weder erhielt Weber die Stelle, noch wurde das Schreiben vernichtet. Folgenlos blieb die Intervention aber nicht: Der Oberbürgermeister teilte seinem Bruder mindestens zweimal schriftlich den Stand der Dinge mit. Er ließ seinen Stab und die städtische Baubehörde eine umfangreiche Stellungnahme zu diesem Vorgang erarbeiten. Darin gab es auch eine Übersicht weiterer vakanter, zum Teil noch nicht ausgeschriebener Stellen. Warum Weber letztlich nicht berücksichtigt wurde, ist unklar. Die Akten belegen aber, dass die Stadtverwaltung ernsthaft nach einem Posten für ihn suchte. Generell regierte das Kölner Stadtoberhaupt durchaus mit Hilfe eines mikropolitischen Netzwerks, dessen Kern Verwandte und Angehörige des rheinischen katholischen Milieus bildeten.

Die Beispiele aus Hamburg, London und Köln machen eine wichtige Veränderung in der Mikropolitik der Moderne deutlich. Nicht mehr das Ausmaß von Begünstigung entschied darüber, ob sie geboten oder »korrupt« war. Die Sache als solche stand nun immer unter Verdacht – selbst bei den vergleichsweise harmlosen Adenauer-Schreiben schien konspiratives Verhalten nötig. Die Handelnden wussten sich nicht mehr von gesellschaftlichen Regeln getragen, sondern agierten im Halbdunkel. Ihre Aktionen schienen notwendig, aber doch unsauber. Gleichzeitig aber blieb die Mikropolitik in der Praxis wichtig, ja unverzichtbar. Das Verhalten der irischen Nationalisten zeigt, dass selbst Idealisten sich der Logik des Systems kaum entziehen konnten. Ähnliches gilt für Lehoc, dessen Töchter schließlich das Geschenk für ihn entgegennahmen. Alle wussten von mikropolitischen Praktiken, viele hatten daran teil, es wurde aber kaum noch offen darüber kommuniziert. So entstand eine Dunkelzone, in die man wie die Sinn Féin nur einen hellen Scheinwerfer zu richten brauchte, um Empörung zu schüren und die handelnden Personen in ernste Bedrängnis zu bringen. Dieser Mechanismus ist der Kern moderner Korruptionskritik.

Auf den folgenden Seiten stelle ich jene Praktiken genauer vor, die in den großen Korruptionsdebatten des 19. und frühen 20. Jahrhunderts kritisiert wurden. Dabei werden wir sehen, dass auch die schärfsten Kritiker der Mikropolitik in vielen Fällen selbst mikropolitische Akteure waren. Mikropolitik war kein Überbleibsel aus vormodernen Zeiten. Es entstanden neue Formen von Mikropolitik, die sich durch die moderne Verwaltung und die parlamentarischen Verfassungen ergaben. Bis 1900 haben sich in fast allen Ländern charakteristische nationale Begünstigungssysteme entwickelt, die das jeweilige politische System durchzogen; ihnen ist ein eigener Abschnitt gewidmet. Auch die Industrialisierung hatte Folgen für die Mikropolitik, insbesondere führte sie zu einer wachsenden Verflechtung zwischen Industriellen und Politikern. Mikropolitische Beziehungen erhielten außerdem neue Strukturen, indem politische Gesinnung und die Mitgliedschaft in politischen Organisationen wichtige Kriterien für Patronage und Begünstigung wurden – dies werde ich unter dem Stichwort Organisationspatronage erläutern. Den Abschluss bildet eine Passage zur Bedeutung der Mikropolitik für die rechten Diktaturen im frühen 20. Jahrhundert: Sie waren mit dem Anspruch angetreten, der Herrschaft von Mikropolitik ein Ende zu bereiten, und wurden doch allesamt maßgeblich von mikropolitischen Strukturen getragen.

Kann Mikropolitik modern sein?

Die Rolle von Mikropolitik in der Moderne ist in der Fachliteratur umstritten. Einfach gesagt, finden sich drei unterschiedliche Annahmen. Die klassische Variante sieht Patronage und Mikropolitik als Merkmale der Vormoderne, die durch Modernisierungsprozesse wie Verrechtlichung und Staatsbildung zunehmend überwunden wurden. Wenn es zu Patronage komme, dann nur in Form von vormodernen Restbeständen.[5] Ansonsten sei in den letzten 200 Jahren die Begünstigung von Verwandten verschwunden und der Zugang zu öffentlichen Ämtern zunehmend nach Leistung erfolgt. Eine zweite Position sieht in der Patronage eine defensive Strategie traditioneller Eliten, eine gegen Modernisierung gerichtete Praxis.[6] Hier stehen vor allem Adelige mit ihrer Klientel und ländliche Führungsgruppen im Fokus. Sie hätten an überkommenen Werten und Handlungsformen festgehalten, um den Gang der Modernisierung so lange als möglich aufzuhalten. Eine dritte Position sieht Patronage und Klientelismus dagegen als integralen Bestandteil politischer und gesellschaftlicher Modernisierung an. Zwar widersprächen Klientelstrukturen und personale Bindungen den Grundsätzen moderner Rechtssysteme und den neuen Idealen guter Politik. Dennoch seien Patronage und Klientel in der Praxis Teil dieser neuen Systeme. Nur weil er durch personale Vertrauensnetzwerke vermittelt worden sei, hätte sich etwa der Parlamentarismus durchsetzen können.

Ein Paradox: Ohne Mikropolitik wäre die moderne, auf rechtlicher Gleichbehandlung und politischer Gleichheit beruhende Staatsidee nicht realisierbar gewesen. Als klassische Beispiele für diese Annahme gelten vor allem die romanischen Länder mit ihren Kaziken und Notabeln, die sogenannte »liberale Patronage« in Spanien, Frankreich und Italien.[7] Ganz ähnliche Mechanismen wurden aber auch in der Patronage preußischer Verwaltungsbeamter des späten 19. Jahrhunderts entdeckt.[8] Ebenso wurde für die britische Gesellschaft des 19. Jahrhunderts die

These vertreten, dass Patronage soziale Spannungen abbauen half. Indem sie die Eliten zwang, sich mit den konkreten Nöten der Mittel- und Unterschichten zu beschäftigen, habe Patronage außerdem die Humanität in der britischen Gesellschaft befördert.[9]

Diese Auffassung wird in einer noch zugespitzteren Variante für die USA vertreten, nämlich in Bezug auf den sogenannten Bossismus. Dabei handelt es sich um eine spezielle Form des politischen Klientelismus in den nordamerikanischen Metropolen um 1900. Die »Bosse« waren Berufspolitiker, die sich ihre Wählerschaft vor allem unter den Einwanderern suchten – amerikanischen Neubürgern, denen sie dabei halfen, im Land Fuß zu fassen. Im Gegenzug für Unterstützung im Alltag leisteten die Wähler dem Boss politische Gefolgschaft. Der Bossismus, so beispielsweise James Connolly, habe geholfen, moderne politische Werte und Normen durchzusetzen. Die Patronagekultur des Bossismus habe die Vorstellung vermittelt, dass Politik als Brotberuf legitim, Interessenvertretung sinnvoll und die Integration von Minderheiten notwendig seien.[10]

Sehr viel spricht aus meiner Sicht für die dritte Auffassung. Ohne Zweifel lassen sich Beispiele finden, in denen Mikropolitik eingesetzt wurde, um Veränderungen zu verhindern. Doch gibt es auch viele Gegenbeispiele. Es reicht nicht, sich ausschließlich mit ländlicher Patronage zu beschäftigen, wo Familien des Provinzadels oder Latifundienbesitzer noch lange als Stimmführer und Ressourcenmanager wirkten, wobei auch sie ihre Klientelpolitik an Veränderungen anzupassen suchten. Denn zugleich entstanden neue Formen der Mikropolitik, die so nur unter den Bedingungen der europäischen Moderne möglich waren. Dazu gehören etwa die Aktivitäten des eingangs erwähnten Duos Wilson und Grévy, das mit seinen Ordensverkäufen auf einem anonymisierten Markt agierte und außerdem vom Lobbyismus und von Insidergeschäften profitierte. Das Ziel von Wilson und Grévy war keineswegs die Abwehr der neuen politischen oder wirtschaftlichen Verhältnisse. Ganz im Gegenteil, das Duo verkörperte eine gesellschaftlich und politisch avancierte Strömung innerhalb einer industrialisierten europäischen Großmacht.

Bevor wir uns im nächsten Abschnitt den gewandelten Praktiken der Mikropolitik selbst zuwenden, ist ein kurzer Blick auf die neuen Rahmenbedingungen seit etwa 1800 nötig. Erst allmählich entstand ›die Politik‹

als eigenständiger, von der Wirtschaft und vom Privatleben in gleichem Maße abgegrenzter Handlungsbereich. Seit dem späten 18. Jahrhundert hatte Politik nicht mehr nur die Aufgabe, Bestehendes zu bewahren oder rechtmäßige Zustände wiederherzustellen. Politik sollte nun die Zukunft aktiv gestalten, und sie gestaltete sich als Wahl zwischen fundamentalen Alternativen, zwischen politischen Programmen oder gar Ideologien. Die Aufklärer hatten dafür die theoretische Grundlage geschaffen. In der Französischen Revolution von 1789 folgte der Praxistest. Sie zeigte, teilweise auf brutale Weise, dass politische Entscheidungen die Verhältnisse in einem Land binnen weniger Jahre von Grund auf verändern konnten. Die Revolution spaltete die europäische Öffentlichkeit in jene, die ihr nachstreben wollten, und jene, die diese ganze Richtung für gefährlich hielten. Damit entstand der Grundkonflikt zwischen Konservativen und Fortschrittsorientierten, der die folgenden zwei Jahrhunderte politischer Auseinandersetzung prägen sollte. Ungefähr bis zur Mitte des 19. Jahrhunderts standen vor allem bürgerliche Ansprüche auf politische Teilhabe, rechtliche Gleichheit und Gewissensfreiheit auf der Tagesordnung, und zwar in Abgrenzung von obrigkeitlichen und sozial konservativen Entwürfen.

Ab der zweiten Hälfte des 19. Jahrhunderts trat eine weitere Alternative auf den Plan, nämlich in Gestalt des Sozialismus und Kommunismus, getragen von der Forderung, Kapitalisten und Bourgeoisie auf dem Weg des Klassenkampfes zu entmachten. Teilweise mit sozialen Forderungen, aber auch mit dem Ruf nach Bewahrung christlicher Werte meldeten sich wenig später in vielen Ländern konfessionell gebundene Gruppen zu Wort – auch der Glaube wurde politische Partei. An der Wende zum 20. Jahrhundert entwickelten sich schließlich zahlreiche autoritär-rechte Ansätze, die zwar nicht konservativ waren, aber den Weg von Aufklärung und Liberalismus ablehnten und in der Regel auf einen aggressiven Nationalismus setzten. In der Zeit zwischen den Weltkriegen konkurrierten dann drei existierende politische Modelle: Neben die liberal und parlamentarisch verfassten Demokratien und den seit der Oktoberrevolution von 1917 real existierenden Sowjetkommunismus traten rechtsautoritäre Systeme wie der italienische Faschismus, das spanische Franco-Regime und der deutsche Nationalsozialismus.

Vor dem Hintergrund dieser klar benennbaren Programmalternativen wurde Politik seit 1789 zunehmend eine Gesinnungsfrage. Politisches

Handeln war nun häufig verbunden mit einem Bekenntnis zu bestimmten Werten und dem Verfolgen des einen oder des anderen Zukunftsentwurfs. Politik als Selbstzweck oder reiner Machterwerb hatte nun noch weniger Berechtigung als zuvor. Im Bereich der Mikropolitik führte dies zu Veränderungen. Es entstand die mikropolitische Begünstigung von Parteigängern. Die ›richtige‹ politische Gesinnung und später auch die Zugehörigkeit zur gleichen politischen Strömung, zur eigenen Partei oder politischen Organisation traten in einem längeren Prozess an die Stelle von Anciennität oder Verwandtschaft. Gesinnungs- und Organisationspatronage kamen auf die Tagesordnung.

Hinzu kam die Verselbstständigung des Politischen, weil sich nun spezialisierte Organisationen mit Politik beschäftigten. In den Worten der Modernisierungstheorie spricht man von funktionaler Differenzierung. Verwaltung, Regierung, Parlament, zunehmend auch Parteien und politische Medien, hatten ihrem Anspruch nach nur eine Aufgabe: Sie sollten den Staat optimal regieren und über den richtigen Weg debattieren. Ausgangspunkt hierfür war ein Verrechtlichungsprozess eigener Art. Schon ein Teil der Aufklärer hatte Verfassungen gefordert, Gewaltenteilung und klare Zuständigkeiten in der politischen Organisation.

Hohe Regierungsämter nahmen schon immer einen Großteil der Zeit ihrer Inhaber in Anspruch. Dennoch kannte die Frühe Neuzeit die Figur des ›Politikers‹ nicht. Weder gab es eine klare Abgrenzung von Politik und anderen Aktivitäten eines adeligen Magnaten, noch existierte Politik als Brotberuf. Im Verlauf des 19. Jahrhunderts änderte sich dies, und professionelle Politiker betraten die Bühne, auch wenn man von der Politik allein nur in Einzelfällen leben konnte.

Im Unterschied zur Frühen Neuzeit traten die Handelnden jetzt in umgrenzten Einzelrollen auf. Dies unterschied sie von den Günstlingministern, die zwischen ihren Aufgaben in Politik, Gesellschaft und Wirtschaft kaum einen Unterschied machten. Auch wenn Daniel Wilson viele unterschiedliche Aufgaben erfüllte: Seine Zeitgenossen und er selbst nahmen ihn doch vor allem als Unternehmer und Investor wahr, während Grévy seinem Selbstverständnis nach Anwalt und Politiker blieb. Auch Otto von Bismarck verstand sich trotz einiger Unternehmensbeteiligungen als Staatsdiener. Bismarcks Bankier Gerson von Bleichröder dagegen begriff seine Rolle unternehmerisch und gab im Zweifel wirtschaftlichen Zielen den Vorrang.[11] Ähnliches kann man auch für die

Unternehmer feststellen, die zur Zeit des Zweiten französischen Kaiserreichs im Parlament saßen: Sie interessierten sich fast ausschließlich für Wirtschaftspolitik.[12] Diese Rollenmodelle hatten vor allem zur Folge, dass politischer Einfluss von ›Unternehmern‹ anders als der von ›Politikern‹ für illegitim gehalten wurde. Im Gegenzug machten sich Politiker verdächtig, wenn sie erfolgreich Geschäfte betrieben.

Der Parlamentarismus erhob die Wähler in den Rang politischer Mitspieler. Teilhabe war indes nicht allein eine Sache des Wahlrechts, man musste sich auch intensiv mit dem Politischen beschäftigen. So entstand eine medial vermittelte Öffentlichkeit, die das politische Geschehen von wirtschaftlichen oder kulturellen Ereignissen unterschied. Debatten über Politik wurden zwar gerade in der ersten Jahrhunderthälfte noch stark durch staatliche Zensur eingeschränkt. Doch anders als in der Frühen Neuzeit galt Regierungshandeln nicht mehr als Geheimnis des Fürsten, sondern war prinzipiell diskutierbar. Am Beginn des 19. Jahrhunderts war die politische Öffentlichkeit noch sehr kleinen, meist bildungsbürgerlich geprägten Gruppen vorbehalten, doch diese Exklusivität nahm schrittweise ab. Ab dem letzten Drittel des Jahrhunderts sickerte das Politische endgültig in breite Bevölkerungsschichten ein. Preisgünstige Zeitungen und Pamphlete, das sich langsam durchsetzende Allgemeine Wahlrecht, aber auch Vereine, Gewerkschaften, Parteien und andere Massenorganisationen konfrontierten die Menschen im Alltag mit Politik.

Der Teilhabeanspruch immer größerer Bevölkerungsgruppen stand in einem Konflikt mit den Prinzipien der Mikropolitik, ebenso wie der Gleichheitsgrundsatz in Recht und Verwaltung. Wenn jeder Teilhabe beanspruchen kann, wenn Politik nur im Dienst einer großen Idee gerechtfertigt ist, dann gibt es auch keine gute Begründung für die exklusiven Mechanismen der Verflechtung.

Die Mikropolitik der Bürokraten

Der moderne Staat wird oft gleichgesetzt mit dem bürokratischen Staat. Das setzt ein bestimmtes Verständnis vom Staat als einer abstrakten ›Anstalt‹ voraus. Schon im Verlauf der Frühen Neuzeit führten Staatstheoretiker ›den Staat‹ als abstrakte Größe ein. Allmählich ersetzte er die Vorstellung, Herrscher und Untertanen seien allein durch individuelle Treue miteinander verknüpft. Doch erst mit den großen Verwaltungsreformen seit dem Ende des 18. Jahrhunderts machte sich dies auch in der Ausgestaltung der Dienstverhältnisse und öffentlichen Ämter bemerkbar. Bürokratisierung meint drei wichtige Veränderungen: zum Ersten schlicht den quantitativen Ausbau der staatlichen Verwaltung. Zum Zweiten ist damit der Bedeutungszuwachs, der Machtgewinn von Verwaltungen gemeint. Drittens bezeichnet Bürokratisierung fundamentale Veränderungen in der Auffassung von staatlichem Handeln und im Selbstbild der Staatsdiener. Tatsächlich trugen die Verwaltungsreformen des späten 18. Jahrhunderts entscheidend dazu bei, dass sich ein neues Ideal von Amtsführung entwickelte: eine strikte Trennung zwischen öffentlichem Handeln und den privaten Belangen der Beamten. Zugleich orientierte sich das Ideal der modernen Verwaltung an dem Grundsatz, neutral zu bleiben und alle Staatsbürger gleich zu behandeln. Moderne Verwaltung bedeutete auch, die Beziehungen zwischen dem Staat und den Staatsbürgern zu verrechtlichen, also durch Gesetze und Verordnungen immer kleinteiliger zu regeln. Die Kommunikation zwischen Verwaltung und Bürgern wurde formalisierter und fand zunehmend schriftlich statt. Zugleich nahm die Bedeutung von Face-to-face-Kommunikation kontinuierlich ab, auch wenn sie nie vollständig verschwand.

Die Bürokratisierung erlaubte es den Staaten des 19. und vor allem des frühen 20. Jahrhunderts, ihre Territorien intensiver zu durchdringen. Gemeinsam mit anderen Faktoren wie der Industrialisierung, neuen Kommunikationsmitteln und Verkehrswegen verband die Bürokratisierung Zentren und Peripherien enger miteinander. Ab dem Ende des 19. Jahrhunderts verwandelte sich nochmals das Gesicht der Administration. Auf den schlanken Staat folgte der Interventionsstaat mit einer wachsenden Leistungsverwaltung. Sie eröffnete neue Möglichkeiten, die Bevölkerung mit mikropolitischen Wohltaten zu bedenken.

Das neue Staatsverständnis schloss Mikropolitik der Idee nach aus, dennoch blieb sie das tägliche Brot der Staatsdiener. Das gilt für die internen Verwaltungsabläufe ebenso wie für die Herrschaft über die Bevölkerung. Wir beobachten einen doppelten Trend: Einerseits gab es tatsächlich in vielen Staaten das Bemühen, die öffentliche Verwaltung von alten mikropolitischen Aufgaben zu entlasten. Andererseits führten neue Aufgaben der Verwaltung dazu, dass die Anlässe und Möglichkeiten für mikropolitisches Handeln zunahmen.

Zu den Grundsätzen der bürokratischen Verwaltung gehörte die Abschaffung des Amtes als Eigentum seines Inhabers. Kaufämter und Erbämter wurden sukzessive gestrichen. Auch das Amt als Betrieb gehörte seit dem frühen 19. Jahrhundert zunehmend der Vergangenheit an: Amtsinhaber waren keine Unternehmer mehr, die in den Erwerb oder die Pacht eines öffentlichen Postens investierten, um Gewinne zu erwirtschaften, sondern sie waren Angestellte des Staates, handelten ausschließlich auf dessen Rechnung und in dessen Namen. Zugleich schloss das neue Verwaltungsideal einen allzu offenen Gabentausch zwischen Amtsträgern und ihren Schutzbefohlenen aus. Die bislang üblichen Geschenke gerieten in Misskredit. Dazu ein Beispiel: Der bayerische Kanzleidirektor Franz von Gropper erhielt 1815, kurz nach den Verwaltungsreformen des Grafen Montgelas, eine goldene Tabaksdose überreicht. Sie war ein Geschenk der Gräfin Waldbott-Bassenheim als Dank dafür, dass Gropper sich in einem Rechtsstreit für ihren Ehemann eingesetzt hatte. Gropper bat nun Minister Montgelas um Auskunft, ob er dieses angeblich allein auf persönlicher Wertschätzung beruhende Präsent behalten dürfe – der Minister lehnte ab, denn ein Amtsträger dürfe keine Geschenke annehmen.[13]

Ein wichtiges Kennzeichen der Verwaltung des 19. Jahrhunderts war ihre Tendenz, Macht und Einfluss in den Händen einzelner Amtspersonen zu konzentrieren. Dafür sorgten beispielsweise steile Hierarchien. Besonders ausgeprägt waren diese in den Ländern, die dem napoleonisch-französischen Modell folgten. In Frankreich und im seit 1861 vereinigten Italien erhielten die Präfekten als Chefs der Bezirksverwaltungen enorme, fast diktatorische Kompetenzen. Als Karrierebeamte waren sie zugleich abhängige Befehlsempfänger ihrer jeweiligen Regierung. Demgegenüber scheinen all jene Verwaltungsstrukturen größere Eigenständigkeit bewahrt zu haben, die sich auf lokale Eliten stützten, etwa das System der Friedensrichter in Großbritannien oder das der Landräte in Preußen. Was die Mikropolitik betrifft, gibt es bei genauerem Hinsehen allerdings eine Reihe von unerwarteten Gemeinsamkeiten und Unterschieden.[14]

Grundsätzlich können die Provinzverwalter in Preußen, Italien und Frankreich als Patronagemanager ihrer jeweiligen Regierungen betrachtet werden. Selbstverständlich fielen ihre mikropolitischen Aufgaben je nach Zeitpunkt und politischem System unterschiedlich aus. In Frankreich wechselte die Staatsform im Lauf des 19. Jahrhunderts besonders häufig (1814/15, 1830, 1848, 1852, 1870). Nach jedem Umsturz verlangten die neuen Machthaber von den Präfekten, dass sie das neue Regime in den Departements machtpolitisch verankerten. Neben inhaltlicher Überzeugungsarbeit und Propaganda war dabei mikropolitisches Geschick gefragt. Im Fall des Zweiten Kaiserreichs von Napoleon III. (1852–1870) bekamen die Präfekten noch die besondere Aufgabe, eine Art politische Partei des Kaisers in der Provinz zu etablieren. Napoleon war zunächst durch Wahlen und schließlich durch einen Putsch mit anschließendem Referendum an die Macht gekommen. Hinter ihm stand jedoch keine breitere politische Bewegung und vor allem kein Netzwerk in den Provinzen. Nachdem er viele Präfekten ausgetauscht hatte, wies der kaiserliche Innenminister Victor de Persigny 1852 die Verwaltungschefs an, eine bonapartistische Bewegung zu etablieren und so die lokalen Eliten an das neue Regime zu binden. Die Präfekten hatten dafür unterschiedliche Mittel zur Verfügung, etwa im Vorfeld der Parlamentswahlen. Sie waren angewiesen, dem Innenminister sogenannte offizielle Regierungskandidaten für die Wahlkreise vorzuschlagen und dafür zu sorgen, dass sie ausreichend Stimmen erhielten. Dafür nutzten die Präfekten ihre umfassenden Kompetenzen: Sie konnten weitgehend die Finanzen der Gemeinden bestimmen und ernannten die Bürgermeister. So kam es, dass die Gemeindevorsteher, aber auch Lehrer und andere Staatsbedienstete, vor Ort als Multiplikatoren zur Verfügung standen – freilich nicht ohne Gegengeschäfte. Beispielsweise ließ sich der Bürgermeister von Beaumont in der Corrèze vor den Wahlen von 1863 eine konkrete Summe für die Gemeindekasse versprechen, bevor er die Werbetrommel für den Regierungskandidaten rührte.[15]

Die Präfekten im Zweiten Kaiserreich befanden sich in einem mikropolitischen Verdrängungskampf, den man auch als Modernisierungskonflikt deuten kann. Ihre Aufgabe lautete, die alteingesessenen Notabeln als lokale Patrone zu ersetzen, um den politischen Einfluss der Zentralregierung auszuweiten. In bewusster Konkurrenz zu den etablierten Mächten bauten die Präfekten neue Formen der Wohltätigkeit auf, vor allem für die Unterschichten, etwa durch Kooperativen und staatlich geförderte Vereine.[16] Intensiv dachte man in Paris darüber nach, wie die Verdrängung der alten lokalen Eliten am besten gelingen könnte. Der ehemalige Innenminister Persigny forderte 1866 in einem internen, an den Kaiser gerichteten Memorandum, die Präfekten sollten die enormen Ressourcen der »Regierungspatronage« konsequenter im Interesse der Regierung einsetzen. Persigny sprach von rund 80 000 Posten, die Regierung und Verwaltung in Frankreich insgesamt vergeben könnten. Um die Regierung gegenüber den traditionellen Eliten zu stärken, müssten diese Ressourcen aber unbedingt durch die Präfekten verteilt werden. Persigny sah eine Gefahr darin, wenn ländliche Notabeln mit guten Verbindungen nach Paris persönlich in den Ministerien vorsprachen und für Begünstigungen ihrer Klienten sorgten. Das fördere die Opposition und schwäche die Regierung, weil der Dank für die Patronage an die Notabeln gehe, nicht aber an den eigentlichen Wohltäter, die kaiserliche Regierung. Das liege gewiss nicht im Interesse des Gemeinwohls. Es ging dem ehemaligen Minister also darum, die Regierungspatronage beherrschbar und effizient zu gestalten. Obwohl sie ein informelles Instrument war, sollte sie dem bürokratischen Staatsaufbau entsprechen.[17]

Ganz ähnlich agierten die italienischen Präfekten zwischen den 1860er Jahren und dem Ersten Weltkrieg. Auch sie hatten die Aufgabe, bei den Wahlen zur Abgeordnetenkammer für loyale Mehrheiten für die Regierung zu sorgen. Dazu übten auch sie Einfluss auf die lokalen Amtsträger aus und versprachen Wahlgeschenke. In Preußen oblag es den Landräten seit der Verfassung von 1848 ebenfalls, die Wahlen zur Abgeordnetenkammer zu beeinflussen. Sie drohten einerseits mit Repressalien und boten den Bürgern andererseits Gefälligkeiten auf unterschiedlichen Ebenen an, von der Steuerveranlagung über die Bewilligung von

Rentenanträgen bis hin zur Aussicht auf staatlich finanzierte Großprojekte, öffentliche Bauten und Eisenbahnlinien oder die Ansiedlung von Behörden. Auch in Preußen sahen die Beteiligten die Stimmabgabe als Teil eines Tauschgeschäfts, jedenfalls bis zum Vorabend des Ersten Weltkriegs.[18]

In der Praxis waren die italienischen und französischen Präfekten ebenso wie die preußischen Landräte und britischen Friedensrichter Vermittler zwischen den Interessen der jeweiligen lokalen Elite einerseits und staatlichen Interessen und Ressourcen andererseits. Selbst in Frankreich mussten die Präfekten den lokalen Eliten immer wieder entgegenkommen. Das zeigte sich schon in der Frühzeit dieser Institution unter Napoleon Bonaparte. Als großer Erfolg der Präfekten und Beweis ihrer Macht gilt die Durchsetzung der allgemeinen Wehrpflicht. Freilich stellt man bei genauerem Hinsehen fest, dass diese Macht nicht allein ›von oben‹ kam, sondern lokal ausgehandelt wurde. So konnten die Präfekten die Wehrpflicht hauptsächlich gegenüber den unteren Bevölkerungsschichten durchsetzen, gegenüber der Oberschicht gelang dies jedoch kaum. In Rouen beispielsweise etablierte sich ein Netzwerk aus Offizieren und Verwaltungsbeamten, das durch Manipulation und Bestechung für betuchte junge Männer Möglichkeiten schuf, vom Armeedienst befreit zu werden. Der Präfekt duldete dieses Netzwerk, möglicherweise unterstützte er es sogar, um sich so die Honoratioren der Region persönlich zu verpflichten. Tatsächlich waren die Departementsverwalter auf gute Zusammenarbeit mit der besseren Gesellschaft ihres Sprengels angewiesen, denn aus ihren Reihen rekrutierten sie die eigenen Mitarbeiter und auf ihre Angehörigen musste sich ein Präfekt im Krisenfall verlassen können. Ohne die Händler von Rouen etwa konnte der Präfekt im Fall von Hungersnöten kaum die notwendigen Nahrungsmittel auftreiben, um Unruhen zu verhindern. Das erwähnte Netzwerk in Rouen war also ein präzise eingesetztes mikropolitisches Instrument und nicht das Ergebnis eines allgemeinen, frühbürokratischen Schlendrians.[19]

Bis hierher konnte der Eindruck entstehen, Mikropolitik in der Verwaltung habe ausschließlich die Oberschichten miteinander verbunden. Dies änderte sich im letzten Drittel des 19. Jahrhunderts, als die neuen Leistungsverwaltungen entstanden. Dazu gehörte zum einen das große Feld der Sozialpolitik, vielerorts zunächst in Form der Alters- und Erwerbsunfähigkeitsabsicherung. Hinzu kamen Schulbildung und Ausbildung. Öffentliche Bibliotheken, Museen und Theater waren das Ergebnis öffentlicher Zuständigkeiten für Kultur. Vor allem auf kommunaler Ebene traten weitere Aufgaben der Daseinsvorsorge hinzu, vor allem technische Infrastruktur wie die Wasser- und Energieversorgung, Straßen und öffentliche Verkehrsmittel, außerdem Post und Telekommunikation.

Die staatliche Leistungsverwaltung schuf mikropolitische Ressourcen auf zweierlei Weise. Zum einen konnten die neuen Leistungen selbst im mikropolitischen Gabentausch eingesetzt werden. Zum anderen waren die Posten, die in den einschlägigen Verwaltungen geschaffen werden mussten, eine mikropolitische Währung. Das führten uns beispielsweise die irischen Nationalisten und Adenauers Bruder vor Augen. So blieb die öffentliche Verwaltung eine Drehscheibe mikropolitischer Aktivitäten.

Die preußischen Landräte sahen sich ab den 1870er Jahren als Patrone mit mächtig anwachsenden Ressourcen. Vor allem in den ländlichen Kreisen konnten sie von sich behaupten, den technischen und sozialen Fortschritt zu bringen: Auf ihr Konto ging der Bau von Straßen, Kleinbahnen, die Kultivierung von Brachflächen und nach 1900 auch die Elektrifizierung. Außerdem sorgten sie dafür, dass etwa Bibliotheken, Krankenhäuser, Gefängnisse, Landwirtschaftsschulen und Zuchtstationen errichtet wurden. Sie übernahmen Aufsichtsratsposten in Eisenbahngesellschaften, Sparkassen, Meliorationsgesellschaften, Hospitälern und ähnlichen Organisationen. Als der Staat in den 1880er Jahren die Unfallversicherung für Landarbeiter öffnete, übernahmen die Landratsämter die Verwaltung. All dies verschaffte den Landräten handfeste Zusatzressourcen, mit denen sie die unteren Schichten an sich binden konnten. Da die genannten Einrichtungen dem Wohl größerer Bevölkerungsgruppen dienten, waren sie überdies meist nicht umstritten.[20]

Auch die italienischen Präfekten wurden ab den späten 1890er Jahren von Ministerpräsident Giovanni Giolitti eingesetzt, um via Sozialpolitik die Arbeiter- und die Landarbeiterbewegung in das politische System zu integrieren. Diese unruhigen Volksbewegungen bereiteten dem bürgerlichen Establishment in ganz Europa Sorgen. Giolittis Vorgänger hatten noch mit Verfolgung und Polizeimaßnahmen reagiert. Unter der neuen Regierung aber fiel den Präfekten die Aufgabe zu, die Arbeiterführer vor Ort mit konkreten sozialpolitischen Maßnahmen einzubinden. Diese Maßnahmen folgten zwar keinem großangelegten Entwurf, sie stellten keine umfassende Sozialreform dar. Doch vielerorts änderte sich die politische Stimmung, weil die Belange der Arbeiter ganz offensichtlich ernst genommen wurden und weil die handelnden Personen in eine Form von Gabentausch eintraten.[21]

Anders lagen die Dinge in Großbritannien, wo die kommunalen Verwaltungen große Unabhängigkeit vom Staat genossen. Zwar besaßen die Städte ab 1835 landesweit einen einheitlichen politischen Aufbau, wobei der gewählte City Council die zentrale Instanz bildete. Doch die Verwaltung von Gaswerken, öffentlichem Wohnungsbau oder Unterstützungskassen lag in den Händen von spezialisierten »Komitees«, die ihre Arbeit weitgehend autonom in nichtöffentlichen Sitzungen gestalteten. In diesen Komitees gaben anfangs ehrenamtliche Kommunalpolitiker den Ton an. Mit den Jahren nahmen jedoch die Aufgaben zu. Allein von Mitte der 1880er Jahre bis zum Ersten Weltkrieg vervierfachten sich die Verwaltungsausgaben der britischen Städte. Um den Aufwand zu bewältigen, stellten die Städte zunehmend Fachleute ein. Während also in den ersten Jahrzehnten die politischen Vorsitzenden (*chairmen*) der Komitees dominiert hatten, saßen nun die sogenannten »permanenten Amtspersonen« (*permanent officials*) an den Schalthebeln der lokalen Leistungsverwaltung. Als die Macht auf diese Spezialbeamten überging, änderten sich auch die Begünstigungsstrukturen. Nun kamen die Begünstigten zunehmend ›von außerhalb‹ und pflegten keine engen persönlichen Beziehungen zu den Entscheidungsträgern mehr. So kam es, dass an die Stelle langjähriger Verflechtung nunmehr Bestechungsgelder traten, um die städtischen Bediensteten zu beeinflussen.[22]

Mit der Zeit bildeten die Fachleute allerdings ihre eigenen Netzwerke aus. Deren Grundlage war oft die gemeinsame Ausbildung. So hatten nahezu alle Gesundheitsbeamten der größeren Städte entweder in Edinburgh, Glasgow oder London studiert und hielten über wissenschaftliche Gesellschaften weiterhin Kontakt. Diese Netzwerke hatten konkrete inhaltliche Auswirkungen auf ihre Arbeit: Obwohl es in der Gesundheitspolitik keine nationalen Strukturen oder Vorgaben gab, orientierten sich fast alle Fachleute an ähnlichen Prinzipien. Faktisch gab es so etwas wie eine Konvergenz der Gesundheitspolitik im ganzen Land. Sie kam aber nicht durch eine Verwaltungshierarchie oder ›Befehlsstrukturen‹ zustande, sondern allein durch die professionelle Vernetzung der einschlägigen Fachleute.

Solche Befunde gelten nicht nur für britische Gesundheitsfachleute. In den letzten Jahren hat die historische Forschung sich vielfach mit Expertennetzwerken beschäftigt. In Frankreich beispielsweise bildeten die Ingenieure ein solches Netzwerk. Ihre Kontakte knüpften die künftigen Techniker im Dienst von Staat und Wirtschaft während ihrer Ausbildung auf der Ecole des Ponts et Chaussées. Ab der Wende zum 20. Jahrhundert wurden darüber hinaus internationale Kontakte immer wichtiger. Ein Beispiel sind Verkehrs- und Infrastrukturexperten. Sie trieben auf diesem Weg schon lange vor dem Beginn der politischen Einigung die technische Integration Europas voran. Interessanterweise wurden Netzwerke von Experten und Ingenieuren in der Korruptionskritik des 19. und frühen 20. Jahrhunderts fast gar nicht thematisiert. Es scheint so, als hätte erst die technikkritische Wende in den 1970er Jahren entsprechendes Misstrauen in der Öffentlichkeit gesät.[23]

Um ein kurzes Fazit zu ziehen: Die Bürokratisierung der Verwaltung bedeutete keineswegs das Ende der Mikropolitik. Stattdessen brachte die moderne Verwaltung neue mikropolitische Phänomene hervor, nicht zuletzt, weil die Regierungen neben dem bürokratischen auch einen politischen Zugriff auf die Bevölkerung anstrebten. So entstand in Gestalt der Karrierebeamten ein neuer Typus von Patronen, die unter anderem mit den Waffen der Mikropolitik einen Kampf um lokale Vorherrschaft führten. Spätestens mit der Leistungsverwaltung der Jahrhundertwende dehnte sich die Mikropolitik auf Mittel- und Unterschichten aus. Dies ist allerdings nicht das einzige Beispiel dafür, wie Mikropolitik sich sozial nach unten ausweitete. Schrittmacher dieser Entwicklung waren politische Wahlen.

Parlamentswahlen als Herausforderung

Kurz vor den Wahlen 1880 schrieb ein Geistlicher aus Mid-Surrey an den konservativen Abgeordneten seines Wahlkreises im Londoner Unterhaus einen Brief, der deutlicher kaum hätte ausfallen können. Der Abgeordnete solle seine Spenden für den Kirchenfonds erhöhen, und zwar mindestens auf das Niveau seines liberalen Gegenkandidaten, sonst sei seine Wiederwahl gefährdet. Der Schreiber erläuterte seine Forderung: Der beste Freund der Gemeinde sei der, welcher am meisten dazu beitrage, dass ihr Gotteshaus nicht mit Schulden belastet sei. »Wir interessieren uns nicht für Politik. Es scheint uns, dass es wenige Unterschiede zwischen Konservativen und Liberalen gibt. Aber wir interessieren uns sehr genau für den Ort unseres Gottesdienstes.« Und weiter: »Jene, die uns am meisten helfen [...], sind unsere besten Freunde und bekommen unsere Stimmen.«[24]

Dieses Zitat führt eine Haltung gegenüber politischen Wahlen vor Augen, die im 19. Jahrhundert durchaus verbreitet war: Wahlentscheidungen hingen von sehr konkreten Einzelanliegen ab. Wähler erwarteten in vielen Fällen Gegenleistungen für ihre Stimme. Allerdings entsprach diese Haltung in keiner Weise dem politischen Ideal. Das sah nämlich Wähler vor, die ausschließlich das große Ganze des Staatswesens im Blick haben sollten. So waren die Aktivitäten von Wählern wie von Wahlkämpfern im 19. und frühen 20. Jahrhundert regelmäßig Anlass für Korruptionskritik.

Im Lauf des 19. Jahrhunderts erhielten alle hier untersuchten Länder nationale und zum Teil auch regionale Parlamente. Die Parlamente hatten sehr unterschiedliche Befugnisse – in der französischen Dritten Republik ab 1870 war die Regierung vom Vertrauen der Deputiertenkammer abhängig. Gab es bei einer Abstimmung für die Regierung keine Mehrheit, trat sie zurück, selbst wenn es sich um eine zweitrangige Detailfrage handelte. Ähnlich verhielt es sich im Italien der liberalen

Ära zwischen 1861 und 1922. Dagegen war die Regierung im deutschen Kaiserreich weniger abhängig von der Volksvertretung, da sie sich auf das Vertrauen des Kaisers stützte. Dennoch war es kaum möglich, dauerhaft gegen eine Parlamentsmehrheit zu regieren. Generell lässt sich ein deutlicher Trend zwischen dem frühen 19. und frühen 20. Jahrhundert ausmachen: Die Volksvertretungen gewannen unaufhaltsam an Bedeutung – sowohl hinsichtlich ihrer verfassungsmäßigen Rolle als auch im Sinne mikropolitischer Marktplätze. Dies zeigte sich bereits während der Wahlkämpfe.

In der ersten Hälfte des 19. Jahrhunderts wurde das Wahlrecht in Europa restriktiv behandelt, in der Regel orientierte es sich am Einkommen (Zensuswahlrecht). So durften zunächst nur kleine Gruppen begüterter Bürger zur Wahl gehen. In manchen Staaten, wie etwa Italien, waren diese Einschränkungen extrem. Zwischen Alpen und Sizilien hatten nach dem Wahlgesetz von 1865 nur rund zwei Prozent der Bevölkerung Zugang zu den Urnen. In Spanien lag der Anteil der Wahlberechtigten zwischen den 1830er und 1850er Jahren bei zwei bis fünf Prozent, das waren nicht mehr als 260000 bis 700000 Personen.[25]

Doch setzte sich seit der Mitte des 19. Jahrhunderts mit Macht die Forderung nach einem Allgemeinen Wahlrecht durch: In Frankreich wählten seit 1848 alle erwachsenen Männer. Im 1871 gegründeten deutschen Kaiserreich wurde der Reichstag von Beginn an durch alle Männer gewählt, so wie ab 1867 schon die Volksvertretung des Norddeutschen Bundes und die Cortes in Spanien ab 1890. Italien gewährte 1912 der männlichen Bevölkerung über dreißig den Zugang zu den Urnen; 1918 sank das Wahlalter auf 21 Jahre. Großbritannien mit seiner Tradition der behutsamen Modernisierung erweiterte das Wahlrecht zum Unterhaus schrittweise. Vor der ersten Wahlrechtsreform von 1832 konnten rund drei Prozent der Bevölkerung wählen. Nach mehreren Reformschritten bestimmten im Jahr 1886 etwa 15 Prozent der Bevölkerung über die Mitglieder des Unterhauses, das waren immerhin 62 Prozent der erwachsenen Männer.[26] Das Frauenwahlrecht dagegen ist eine erstaunlich späte Errungenschaft: In der Weimarer Republik durften die Frauen ab 1919 abstimmen, in Großbritannien in einigen Fällen seit 1918, ohne Einschränkung erst ab 1928. Die Verfassung der Zweiten Republik gewährte den Spanierinnen ab 1931 das Wahlrecht, die italienischen und französischen Frauen genossen es erst seit Ende des Zweiten Weltkriegs (1944 und 1946).

Bis zum Ende des 19. Jahrhunderts waren Wahlen öffentliche oder halböffentliche Angelegenheiten. Entweder gaben die Wähler ihre Stimmen sichtbar ab, nicht selten auch in Gruppen, oder sie stimmten auf selbst mitgebrachten Wahlzetteln, die von den Kandidaten zur Verfügung gestellt wurden. Neutrale amtliche Stimmzettel waren nicht bekannt. So war es nicht schwer zu kontrollieren, wer wem seine Stimme gab. Dahinter stand die Vorstellung, der Wähler müsse sich für seine Entscheidung vor der Gemeinschaft verantworten, insbesondere vor der Gruppe der Nichtwahlberechtigten. Gegen Ende des 19. Jahrhunderts wandelte sich die Wahlkultur in den meisten Ländern hin zur Individualisierung des Wahlakts. Erst jetzt galt die Maxime, dass die Wähler unabhängig von familiären, klientelären oder traditionellen Bindungen entscheiden sollten. Nach langen Diskussionen entschieden die britischen Abgeordneten 1872 im Ballot Act, die Stimmabgabe geheim zu halten. Die geheime Wahl führte Italien in den 1880er Jahren ein, Deutschland, Finnland und Dänemark Anfang des 20. Jahrhunderts. Frankreich schrieb 1913 Wahlumschläge und Wahlkabine vor; 1918 folgten amtliche Stimmzettel.[27]

Diese Veränderungen im Wahlrecht sind zentral für die Geschichte der Mikropolitik. Denn je weiter das Wahlrecht in die Gesellschaft vordrang, desto breitere soziale Schichten erfasste die Mikropolitik. Auf dem Weg vom winzigen Kreis schwerreicher Großwähler bis zum massenhaft an die Urnen strömenden Wahlvolk mussten sich die Formen der Mikropolitik verändern. Bevor die modernen Massenparteien um 1900 aufkamen, traten die Kandidaten meist als Einzelpersönlichkeiten auf. Zwar bekannten sie sich in der Regel zu einer politischen Strömung, etwa als Konservative, Liberale oder Radikale. Entscheidender war in aller Regel aber das Vertrauen in die Person, nicht in ihre ›politische Familie‹. Die Kandidaten mussten also versuchen, die Wähler an sich persönlich zu binden. Das änderte sich, als gut organisierte, in sozialen Milieus verankerte Parteien auftraten. Schrittmacher dieser Entwicklung waren vielerorts sozialistische Parteien, etwa die Sozialdemokratische Partei in Deutschland. Sie erhielt vor allem nach dem Ende der Sozialistengesetze im Jahr 1890 großen Zuspruch. Ähnliches gilt für die französische SFIO (Parti socialiste, section de l'Internationale ouvrière) ab 1905. Die Massenparteien änderten schrittweise die Spielregeln der Wahlbeeinflussung. Zum einen stellten sie politische Argumente ins Zentrum ihrer

Kampagnen. Zum anderen verlagerten sie ihre mikropolitischen Aktivitäten. Sie nahmen weniger einzelne Wahlentscheidungen in den Blick, sondern versuchten, die von ihnen angesprochenen Milieus langfristig an sich zu binden.

In die Phase von der Einführung des Wahlrechts bis zur endgültigen Herausbildung von Massenparteien fällt die große Zeit der mikropolitisch beeinflussten Wahlkämpfe. Betrug und Wahlfälschung sollen uns hier nicht interessieren. Auch Zwang, Gewalt und Druck auf Wähler möchte ich nicht thematisieren, obwohl sie häufig die Kehrseite des mikropolitischen Anreizsystems bildeten. Hier soll es nur um den Einfluss der Mikropolitik gehen. In der Literatur liegen die Meinungen in der Frage, wie viele Parlamentarier ihren Erfolg der Mikropolitik verdankten, weit auseinander. Dies wird aber kaum je zu klären sein, weil in der Regel mehrere Gründe zu den individuellen Wahlentscheidungen beitrugen. Wir dürfen nicht vergessen, dass vor allem in ländlichen Gebieten die traditionellen Obrigkeiten kraft ihrer gesellschaftlichen Autorität lange Zeit großen Einfluss ausübten. Doch auch im städtischen Arbeitermilieu ließen sich viele Wähler von der Entscheidung ihres Umfelds leiten. Die Motive für die Stimmabgabe gehorchten oftmals den vor Ort herrschenden gesellschaftlichen, kulturellen und familiären Verhältnissen.[28] In rund einem Viertel aller Wahlkreise für das britische Unterhaus trat bis kurz vor dem Ersten Weltkrieg jeweils lediglich ein Kandidat an – ein sicheres Zeichen dafür, dass hier traditionell gefestigte Mehrheiten herrschten.[29]

Der Kauf von Stimmen gegen Bargeld war vermutlich eher selten und in Großbritannien am stärksten verbreitet, jedenfalls legen das die vielen parlamentarischen Untersuchungen zu diesem Thema nahe, vor allem in der Zeit zwischen den Reformen von 1832 und 1883. Viele Wähler glaubten, sie hätten das Recht, ihre Stimme meistbietend zu verkaufen. Das Verständnis vom Wahlakt war teilweise stark ökonomisiert; gelegentlich handelten einige Wähler regelrecht mit ihrer Stimme. Das zeigt folgendes Beispiel. 1833 musste sich ein Wähler aus Newry in Irland den Fragen einer parlamentarischen Untersuchungskommission stellen: »Sie sind ein ehrlicher Mann; und Sie haben Ihre Stimme für 10 Pfund verkauft, hätten aber lieber 30 Pfund erhalten?« – »Selbstverständlich.«[30] Längerfristige Bindungen sind bei diesem geschäftsmäßigen Vorgang nicht auszumachen, und der meistbietende Kandidat konnte auf die

Stimmen der Anbieter hoffen. Die Kosten für den Stimmenkauf konnten sehr hoch ausfallen. Darüber informieren die Berichte von Untersuchungskommissionen des Unterhauses, die regelmäßig eingesetzt wurden, um Korruptionsvorwürfe zu klären. Im städtischen Wahlkreis St. Albans mit rund 600 Wählern flossen in den Jahren 1832 bis 1850 offenbar mindestens 38 000 Pfund an Bestechungsgeldern. In Hull bezahlten die Kandidaten bei den Wahlen von 1852 vermutlich ein Drittel der Wähler mit mindestens 9200 Pfund.[31]

Ein solcher ›Ankauf‹ von Stimmen war allerdings nicht die Regel. In Großbritannien geschah das meist in städtischen Wahlkreisen. Verbreiteter waren Praktiken des indirekten Stimmenkaufs. Sie ähnelten sich in Großbritannien, Frankreich, Italien und Spanien. Beliebt waren Verköstigungen und Festveranstaltungen, um das Wahlvolk rund um den Wahltag positiv zu stimmen – in Großbritannien als *treating* bezeichnet. Die Kandidaten mieteten Wirtshäuser oder andere Schankstätten und versorgten die Wähler mit kostenlosen Getränken und Mahlzeiten. Nicht selten kamen Musik und Unterhaltung hinzu. Häufig kam es auch vor, dass Wähler von zu Hause abgeholt und zum Wahllokal gefahren oder begleitet wurden. Dies alles verlieh den Wahlen im mittleren und späten 19. Jahrhundert in vielen europäischen Ländern Volksfestcharakter.[32]

Es ist schwer auszumachen, ob Wähler tatsächlich ihre Stimme für ein Bier hergaben, wie Korruptionskritiker gerne klagten. In vielen Fällen gehörte das *treating* wohl schlicht zu dem, was man von einem Wahlkreiskandidaten oder dessen Unterstützern als Gesten der Höflichkeit erwartete. Die Festlichkeiten hatten vor allem die Funktion, bestehende Sympathien zu festigen und Wähler zu mobilisieren. Dafür spricht, dass häufig auch solche Kandidaten ein *treating* veranstalteten, die das scheinbar nicht nötig hatten.[33] Ähnliches gilt für viele preußische Landräte, die gelegentlich auf Staatskosten die Wahlen in ein feuchtfröhliches Event verwandelten. Es war üblich, die Wähler zudem mit kleinen Aufmerksamkeiten zu bedenken. Der Vorsitzende der Sektion Pferdezucht im Landwirtschaftlichen Zentralverein für Ostpreußen und Masuren, Gutsbesitzer Frentzel-Norutschatschen, nutzte sein Amt im dritten Viertel des 19. Jahrhunderts offenbar zugunsten der Anhänger seiner Partei (der Fortschrittspartei): Sie gewannen stets bei den jährlichen Pferdeprämierungen – so lautete jedenfalls ein Vorwurf seiner Gegner.[34]

Daneben gab es weitere Methoden, potentielle Wähler und vor allem lokale Multiplikatoren an einen Kandidaten oder dessen Partei zu binden, und zwar über Jobs. Überall in Europa wurden Wahlen durch lokale Komitees vorbereitet, die öffentliche Veranstaltungen, Plakate oder andere Wahlwerbung vorbereiteten und Stimmzettel ausgaben. Diese Komitees bestanden im frühen 19. Jahrhundert noch aus Ehrenamtlichen. Ab der Jahrhundertmitte professionalisierten sie sich, zunächst vor allem in Großbritannien und Frankreich. Nun wurden rund um den Wahltermin bezahlte Stellen für Wahlhelfer angeboten, teilweise für echte Arbeit, teilweise auch wie Sinekuren ohne Aufgabe. Sie banden die Wähler aus Unter- und Mittelschicht dauerhafter an den Kandidaten, zumal die Hoffnung bestand, bei der nächsten Wahl wieder eingestellt zu werden.

Viele Wähler erwarteten von ihren Abgeordneten aber auch zwischen den Wahlen dauerhaftes mikropolitisches Engagement. In diese Richtung zielten die Vorstellungen der bereits erwähnten Kirchengemeinde aus Surrey: Parlamentsabgeordnete fanden sich dort in der Rolle lokaler Patrone wieder. Von ihnen wurde nicht nur erwartet, dass sie die Interessen ihres Wahlkreises und die persönlichen Anliegen ihrer Wähler gegenüber der Regierung vertraten. Sie sollten auch als Wohltäter ihres Wahlsprengels auftreten, etwa als Mitglieder oder Förderer von Vereinen, Kirchengemeinden, Waisenhäusern, wohltätigen Gesellschaften, Sportvereinen – was die Briten als *nursing* bezeichneten.

Angesichts steigender Kosten für Wahlwerbung und -manipulation boten sich in einigen Fällen Industrielle als Kandidaten an. Sie verfügten häufig über ausreichende Mittel und über eigene Möglichkeiten der Begünstigung. Charles Russell, Chef der britischen Eisenbahngesellschaft Great Western Railway, kaufte im Wahlkampf 1841 in Reading nicht nur Stimmen, sondern er versprach seinen Wählern auch Beschäftigung im eigenen Unternehmen. Andere Eisenbahnunternehmer wie George Hudson sagten zu, in ihren Wahlkreisen kräftig zu investieren. Dem französischen Eisenbahndirektor Charles Laffitte warf ein Konkurrent 1844 vor, er habe seinen Parlamentssitz in Louvier für das Versprechen erhalten, den Ort ans Eisenbahnnetz anzuschließen. Wie auch im Fall anderer Großbetriebe gab es ganze Orte, die von einem einzigen Eisenbahnunternehmer abhängig waren. In diesen »Eisenbahnorten« beeinflusste der Unternehmer die Wahlentscheidungen der Bevölkerung.[35]

In ihrer Rolle als Arbeitgeber übten Unternehmer schon bald eine politische Patronage aus, die derjenigen traditioneller Notabeln in nichts nachstand. Freilich täuscht der Eindruck, die Industriellen hätten über das Land ziehen und sich mit ihrem Geld Abgeordnetensitze kaufen können. Dies legen zwar spektakuläre Einzelfälle nahe, wie der Wahlkampf des französischen Bankiers Maurice de Rothschild, der sich im Jahr 1923 in einer bitterarmen Gegend in den Alpen offenbar die nötigen Stimmen zusammenkaufte. Die Regel war dies freilich nicht. Vielmehr mussten gerade ›von außen‹ kommende Industrielle über längere Zeit lokale Netzwerke aufbauen, Vertrauen gewinnen und konkretes Engagement für den jeweiligen Ort vorweisen. Ein Umstand allerdings ist bemerkenswert und bestätigt die schon erwähnte Rollendifferenzierung von Wirtschaft und Politik: Kam es zu solchen Annäherungsprozessen, ging es schwerpunktmäßig um wirtschaftliche Fragen, und politische Inhalte waren kaum gefragt. Dies gilt zumindest für Frankreich und Großbritannien um die Mitte des 19. Jahrhunderts.[36]

Für Großbritannien ist die Geschichte der kostenintensiven Wahlmanipulationen wohl am besten untersucht worden.[37] Hier zeigte sich im zeitlichen Verlauf ein typisches Muster. Nachdem 1832 die vormodernen Wahlrechtsbestimmungen gefallen waren, galten landesweit vergleichbare Zugangsvoraussetzungen zum Wahlakt, und die Zahl der Wähler stieg. Bis in die 1880er Jahre mussten Kandidaten und Parteien ganz enorme Kostensteigerungen schultern. In den Wahlkampagnen des Jahres 1880 gaben *Tories* wie Liberale im nationalen Durchschnitt rund zwei Pfund pro Wählerstimme aus. Grund hierfür waren die Kosten für Wahlwerbung und für mikropolitische Aktivitäten. Ähnliche Beobachtungen sind auch für Frankreich gemacht worden.[38] Vor allem diese Kostensteigerungen zwangen das Parlament zum Handeln. Nach mehreren gescheiterten Versuchen, die Wahlbestechung einzudämmen – so durch den Corrupt Practices Act 1854 und die Einführung der geheimen Wahl 1872 –, schob der Corrupt and Illegal Practices Prevention Act von 1883 den Ausgabensteigerungen einen Riegel vor. Nun deckelte das Gesetz die Ausgaben der Kandidaten und Parteien im Wahlkampf. Lange Zeit glaubte man, damit sei sehr schnell und effektiv der Stimmenkauf an sein Ende gekommen. Allerdings konnte man im Jahr 1900 auf der Isle of White immer noch 20 Wählerstimmen für 20 Pfund erwerben. Mittlerweile geht die Forschung eher davon aus, dass sich vor allem die Wahlkampfkultur veränderte. Sie wurde, da es zunehmend an Geldern fehlte, unspektakulärer – insbesondere das *treating* ging deutlich zurück. Die Leistungen der Kandidaten verlagerten sich in die Zeit zwischen den Wahlgängen, das *nursing* und eine dauerhafte ›Betreuung‹ der Wähler durch ihren Abgeordneten lösten einmalige Leistungen ab. Ein liberaler Abgeordneter brachte die Neuerungen Anfang des 20. Jahrhunderts auf den Punkt: »Wir bestechen nicht mehr, wir spenden.« Damit leistete die Reform von 1883 der Institutionalisierung der Parteien Vorschub, die auch zwischen den Wahljahren mikropolitisch präsent blieben.[39]

Mikropolitisch unterstützte Wahlkämpfe trugen durch die Ausweitung des Wahlrechts auch zur Integration breiterer Bevölkerungsschichten in die Mikropolitik der Eliten bei. Allerdings brachte diese Ausweitung zumindest im britischen Fall das System an die Grenzen der finanziellen Leistungsfähigkeit von Einzelkandidaten und leistete so einen Beitrag zur Entstehung moderner Parteistrukturen und zur gesetzlichen Ahndung von Wahlbestechung. Im Wahlkampf scheinen modernere und traditionellere Formen, kurze und lange Gabentauschketten, bares Geld und immaterielle Aufmerksamkeiten kombiniert worden zu sein. Italienische Großgrundbesitzer in der Epoche des allgemeinen Wahlrechts köderten die Wähler mit Geldzahlungen, drohten mit Entlassung und warben auf Straßen und Plätzen mit politischen Reden und Agitation für ihre Kandidaten – dies zeigt, dass auch traditionelle Patrone ihre Machttechniken den neuen Verhältnissen anzupassen wussten.[40]

Man muss die hier geschilderten mikropolitischen Aktivitäten im Zusammenhang mit den im vorigen Kapitel dargestellten Patronageleistungen der Provinzverwalter betrachten, da auch diese auf Wählerstimmen zielten. Was hier zunächst wie ein genuin unpolitisches Verhalten der Wahlbürger erscheint, nämlich das eigene Stimmverhalten von mikropolitischen Einzelleistungen abhängig zu machen, erweist sich bei systematischer Betrachtung als ein Hinweis auf Politisierung der Bevölkerung. Ich möchte nicht behaupten, dass die Mikropolitik dabei größeren Einfluss hatte als die bekannten Faktoren wie Massenmedialisierung, Siegeszug der Ideologien oder steigender Organisationsgrad. Doch der wahlbezogene Gabentausch war in vielen Fällen nicht unpolitisch und trug zur Politisierung der europäischen Gesellschaften bei. Ein häufiges Gegenargument zur Politisierungsthese besagt, der Gabentausch sei kurzfristig und allein auf individuellen Vorteil ausgelegt. Das trifft zwar vielfach zu, doch darf man die Kontexte nicht vergessen.

Letztlich machte die Mikropolitik der Wahlen deutlich, dass Abgeordnete und Verwaltungsspitzen Geld und öffentliche Maßnahmen in den jeweiligen Wahlkreis lenken konnten, also Zukunftschancen eröffneten. Dies wiederum schuf ein Bewusstsein dafür, dass Wahlen politische Weichenstellungen bewirken konnten.

Aufstieg und Fall der politischen Begünstigungssysteme zwischen 1850 und 1940

Auch wenn in diesem Buch die grenzüberschreitende Perspektive im Mittelpunkt steht, sollte nicht vergessen werden, dass die staatlichen und sozialen Unterschiede in den verschiedenen Ländern Auswirkungen auf die Gestalt der Mikropolitik hatten. Politische Patronage und Klientelismus bildeten nationale Formen aus. In diesem Abschnitt möchte ich jene Praktiken vorstellen, auf die sich die nationalen Korruptionsdebatten bezogen. Die länderspezifischen Patronageformen spiegelten das jeweilige politische System und entwickelten sich in dem Maße, wie die Parlamente an Bedeutung gewannen. Zugleich lassen sich daran auch die sozialen Verhältnisse und regionale Machtverteilungen ablesen.

Historiker haben die nationalen Patronagestile zum Teil sehr intensiv untersucht, vor allem für Spanien, Italien, Frankreich und Großbritannien. Allein für Deutschland gibt es bislang keine ähnlich dichte Forschung. Nun war Deutschland um 1900 definitiv keine Insel der Seligen inmitten des europäischen Ozeans der Mikropolitik. Vermutlich liegt der Grund für das bislang geringe Interesse in der nationalen Debattentradition. Im Unterschied zu den genannten Ländern gab es hierzulande vor 1918 nur eine sehr verhaltene Diskussion über mikropolitische Webfehler im politischen System. Die heutige Forschungslandschaft ist also auch ein fernes Echo der Debatten um 1900.

Im Einzelnen möchte ich folgende Phänomene vorstellen: das spanische System der Kaziken in der Restaurationsepoche (1875–1923/1931), *Trasformismo* und lokale Klientelsysteme im liberalen Italien zwischen nationaler Einigung und Faschismus (1861–1922), die sogenannte »liberale« oder »radikale« Patronage der französischen gemäßigten Republikaner während der Dritten Republik (1870–1940) sowie die britische Regierungspatronage im Zeitraum von den Reformen 1832 bis in die Zwischenkriegszeit.

In allen Fällen verankerten personale Verflechtung und Begünstigungen ein neues oder reformiertes politisches System mit liberaler Ausrichtung. Mikropolitik trug dazu bei, veränderte politische Verfahren einzuüben. Klientelpolitik war nicht einfach ein Überbleibsel vormoderner lokaler Kultur. Vielmehr spricht viel für die Einschätzung von Jean-Louis Briquet, der in der Mikropolitik dieser Zeit einen »besonderen Modus der Einführung« politischer Modernität erkennt.[41] Beginnen wir mit den Patronagesystemen des europäischen Südens, einer Region, die bis heute in dem Ruf steht, eine Hochburg verkrusteter klientelärer Strukturen zu sein.

Turno pacífico und Kaziken in Spanien

Spanien galt um 1900 im In- und Ausland als Beute der Kaziken. Für den überwiegenden Teil der spanischen Öffentlichkeit waren die Kaziken ein Sinnbild vormoderner Staatlichkeit, von Stillstand und politischer Korruption. Die Kaziken waren Patrone und politische Führer eines Dorfes, eines Stadtviertels oder einer Region. Die politische Funktion der Kaziken kann man plastisch anhand des *Turno pacífico* erklären. Gemeint ist damit ein eigentümliches System, in dem die politische Klasse Spaniens zwischen 1875 und den frühen 1920er Jahren Regierungswechsel nach dem britischen Vorbild simulierte. Die Betonung liegt auf Simulation, denn tatsächlich waren die Ergebnisse der Parlamentswahlen nicht offen. Zunächst ernannte der König die Regierung, und zwar immer im Wechsel zwischen den beiden regimetreuen Strömungen, den Konservativen und den Liberalen. Anschließend schrieb die neue Regierung Wahlen aus, die sie kaum verlieren konnte: Mit Hilfe der Verwaltung und vor allem dank der Kaziken gewann die neue Regierung die Wahl auf jeden Fall. Denn die Kaziken wiesen ihre Klienten je nach Absprache an, den liberalen oder konservativen Kandidaten zu wählen. So entstand die Illusion eines reifen Systems politischer Machtwechsel mit *checks and balances*, während die politische Klasse in der Realität weitgehend konsensual Posten und Ressourcen aufteilte.[42]

Ab etwa 1900 kamen zwar neue politische Strömungen hinzu, doch bis zum Militärputsch von Miguel Primo de Rivera 1923 blieb das System prinzipiell unangetastet. Das ist nur zu verstehen vor dem Hintergrund der extrem unruhigen politischen Geschichte Spaniens in der ersten Jahrhunderthälfte, als in rascher Folge Revolutionen, Umstürze und Militärputsche die politische Landschaft durcheinanderwirbelten. In der Epoche des *Turno pacífico* tauschten die Spanier Gewalt und Unruhen gegen ein stabiles, wenn auch kaum demokratisch zu nennendes Herrschaftsgefüge. Bis in die 1920er Jahre gelang es, die wichtigsten Bevölkerungsgruppen und Interessen ins Restaurationsregime einzubinden. Die Konservativen und Liberalen waren indes keine modernen Parteien, sondern eher klienteläre Zusammenschlüsse von Abgeordneten. Eine wirkliche Opposition mit eigenen Inhalten boten die konservativen Karlisten, seit 1879 zudem die sozialistische Arbeiterpartei PSOE und um 1900 die Reformbewegung der Regenerationisten, die sich mit Korruptionsvorwürfen gegen das Kazikensystem profilierten (Kapitel 7).

Die zentralen Techniker der Macht in diesem System waren die sogenannten Kaziken – ein umgangssprachlicher Begriff, der ursprünglich indigene Häuptlinge in Südamerika bezeichnete. Kaziken bildeten wichtige Knotenpunkte im mikropolitischen Leben Spaniens im 19. und frühen 20. Jahrhundert. Sie waren lokale Stimmführer und Ressourcenmakler. Konkret sorgten sie dafür, dass die vom König ja bereits ernannte Partei in den Wahlkreisen reüssierte. Doch ihre Rolle ging weit über die von Wahlkampfmanagern hinaus – Kaziken betrieben umfassende Begünstigungssysteme zwischen Staat und Bevölkerung, politischem Zentrum und Peripherie. Sie repräsentierten die Staatsmacht und hatten entscheidenden Einfluss in der Lokalverwaltung, ohne ein offizielles Amt innehaben zu müssen. Zugleich verstanden sie sich als Sachwalter lokaler und regionaler Interessen – im Kazikentum herrschte das Territorialprinzip.[43] In dieser Rolle ähnelten sie den französischen Präfekten und den preußischen Landräten. So kämpften sie bei Provinzverwaltungen und Zentralregierungen um öffentliche Investitionen in Krankenhäuser, Schulen, Straßen, Eisenbahnlinien oder für eine Reduktion der Steuerlast. Schließlich kümmerten sie sich auch um individuelle Anliegen und Belange ihrer Schutzbefohlenen.

Die Autorität des Kaziken speiste sich aus unterschiedlichen Quellen – es gab kein formelles Kazikenamt, und so variierten Herkunft und Position der Kaziken stark. In der Jahrhundertmitte entstammten viele Kaziken noch dem landbesitzenden Kleinadel, was ihnen eine traditionelle Legitimation verschaffte. In einigen Fällen gelangten Kaziken mit Gewalt in ihre Position. Doch in aller Regel war Ressourcenverteilung die eigentliche Grundlage ihrer Stellung. Je zahlreicher die staatlichen Leistungen wurden, umso mehr mussten sich die Kaziken professionalisieren. So kam es, dass gebildete Aufsteiger in die Kazikenrolle hineinwuchsen – etwa Händler, Bankiers, Industrielle, Rechtsanwälte, Notare, Ärzte und andere Vertreter der freien Berufe. Die Zugangsschwelle zum Kazikentum war unterschiedlich hoch. In kleinen Dörfern konnten auch mal der Pfarrer oder der Apotheker diese Position einnehmen.[44]

Da die Abgeordneten ihre Mandate den Kaziken verdankten (und häufig auch selbst welche waren), war das Parlament ein Marktplatz regionaler Interessen. Dennoch vermittelte das System des *Turno pacífico* zumindest rudimentär die Grundlagen liberaler Werte. Dazu gehörten der Wirtschaftsliberalismus als Grundidee des Restaurationsregimes, aber auch bürgerliche Werte. In diesem Punkt hatten die Kaziken allerdings ein massives Problem: Die Kazikenstruktur widersprach zentralen liberalen Grundsätzen wie dem freien Wettbewerb, der Rechtsgleichheit für die Bürger, dem Leistungsprinzip und der Chancengleichheit. Dieser zentrale Widerspruch war ein wichtiges Motiv für die Kritiker des Kazikentums.[45]

In der älteren Forschung galt es als ausgemacht, dass Kaziken durch und durch konservativ waren und den geringen Bildungsgrad der spanischen Landbevölkerung für ihre Zwecke ausnutzten. Mittlerweile sind die Bewertungen differenzierter geworden. Denn Kaziken gab es nicht nur auf dem Land. In den großen Städten und den Industrieregionen Nordspaniens entwickelten sich um 1900 kazikenartige Strukturen. Dieses ›industrielle Kazikentum‹ funktionierte zwar im Prinzip ähnlich wie sein traditionsreiches Pendant. Allerdings scheinen die Industriekaziken andere Schwerpunkte gesetzt zu haben und orientierten sich an sozial- und wirtschaftspolitischen Fragen. Anfang der 1920er Jahre baute der Harzproduzent Calixto Rodríguez García eine Kazikenstruktur im Landesteil Aragón auf. Neu war, dass er sich auch auf Lobbygruppen stützte, darunter den nationalen Wirtschaftsverband Unión Resinera Española.[46] Immer häufiger übten Großunternehmen oder ihre Manager die Rolle von Kaziken aus, so geschehen im Fall der britischen Minengesellschaft Rio Tinto, die die gleichnamigen Kupferlagerstätten in Andalusien ausbeutete.[47]

Auch in den großen Städten entwickelten die Kaziken neue Formen der Herrschaft. Traditionell geht man davon aus, dass das Kazikentum politisch demobilisierend wirkte. Doch hat die neuere Forschung diesen

Eindruck korrigiert. Denn die städtischen und industriellen Kaziken scheuten sich nicht, ihre Anhänger auf die Straße zu bringen oder auf andere Weise politisch zu aktivieren. Ein Beispiel ist das Kazikennetzwerk in Valladolid, das zwischen der Jahrhundertwende und den 1920er Jahren bestand. Seine Stärke basierte auf einem Geflecht lokaler Verwaltungsangehöriger und der Fähigkeit, Teile der Bevölkerung zu gemeinschaftlichem Engagement zu bewegen, etwa in Abendschulen.[48] Als die Zahl der Anhänger solcher Gruppen in den Ballungszentren stieg, bildeten sich auch konkurrierende Kazikengruppen heraus. Mit der Entstehung von Konkurrenz und politischen Alternativen erodierte freilich das Territorialprinzip.

Das Kazikentum war also nicht ausschließlich sozial konservativ. Neuere Forschungen bestätigen, dass die Kaziken durchaus in der Lage waren, kollektive soziale Interessen zu vermitteln, wenn auch in der Regel verbunden mit regionalen oder individuellen Sonderinteressen.[49] Das ließ sich in der Provinz Asturien gut beobachten. Bis in das zweite Jahrzehnt des 20. Jahrhunderts dominierte hier die konservative Kazikenstruktur des Marqués de Pidal. Sie wurde entmachtet und ersetzt durch eine modernere Struktur unter Melquíades Álvares. Dieser kümmerte sich in Madrid erfolgreich um die asturischen Wirtschaftsinteressen in Bergbau und Industrie (Wirtschaftsprotektionismus, Bau von Straßen, Schulen, Eisenbahnlinien).[50] Mit solchen Schwerpunkten näherte sich das Kazikentum moderner Lobbyarbeit an. Diese Entwicklung destabilisierte freilich langsam das politische System, das ja offene Konkurrenz hatte verhindern sollen. Allerdings muss man beachten, dass die Verhältnisse sich von Region zu Region stark unterschieden. Im spanischen Süden dominierten die traditionellen Strukturen, im Norden öffneten sich die Kaziken neuen Einflüssen.[51]

Italien unter dem Regiment des *Trasformismo*

Auch in Italien gab es ein über viele Jahrzehnte funktionierendes System politischer Patronage, das Regierungsmehrheiten stabilisierte und den neuen Nationalstaat in den Provinzen verankern half – ein System, das häufig mit den spanischen Verhältnissen verglichen wird.[52]

Die nationale Einigung Italiens im Jahr 1861 war im Kern ein norditalienisches Projekt: militärisch erzwungen von Giuseppe Garibaldi und seinen Truppen, organisiert vom Königreich Piemont unter Minister Camillo Cavour und symbolisiert von der savoyischen Königsfamilie. Bis weit ins 20. Jahrhundert, wenn nicht gar bis in unsere Gegenwart, hatte der Nationalstaat in den südlichen Landesteilen ein Akzeptanzproblem. Dies hatte seinen Grund nicht nur darin, dass die norditalienischen Eliten ihr französisch geprägtes Staatsverständnis auf das gesamte Land übertrugen. Vielmehr unterschieden sich die sozialen und wirtschaftlichen Verhältnisse in Nord und Süd ganz erheblich. Im Norden hielt im Laufe des 19. Jahrhunderts die Industrie Einzug, und im Dreieck zwischen Mailand, Turin und Genua entstand nach 1900 ein hochmoderner Maschinenbau, der technologisch zur Weltspitze gehörte. Zugleich wuchsen im Norden die Städte enorm, und Fabrikarbeiter prägten das Straßenbild. Dagegen blieb der Süden landwirtschaftlich dominiert, und vielerorts gaben weiterhin Großgrundbesitzer finanziell, kulturell und politisch den Ton an.

Während das Trennende auf der Hand zu liegen schien, machten sich die Politiker daran, einen gemeinsamen Staat aufzubauen. Ähnlich wie in Spanien wurde dabei das Parlament Zentrum des mikropolitischen Interessenausgleichs. Anders als beim *Turno pacifico* simulierte die italienische Politik aber keine Machtwechsel. Zwar wechselten die Regierungschefs häufig, doch sie repräsentierten über Jahrzehnte die gleichen bürgerlich-liberalen Kräfte. Typischerweise wurden erfolgreiche Politiker immer wieder aufs Neue ins Kabinett berufen. Für diese im Grunde sehr stabilen Herrschaftsverhältnisse waren vor allem mikropolitische Vorkehrungen verantwortlich, nämlich der *Trasformismo*.

Es war der linksliberale Politiker und Ministerpräsident Agostino Depretis, der 1876 für die systematische »Umwandlung« von Oppositionellen in Regierungsanhänger die Bezeichnung *Trasformismo* prägte – es ist also ein zeitgenössischer Begriff, der anschließend von vielen politischen Kommentatoren aufgegriffen wurde.[53] *Trasformismo* im engeren Sinne meint Vorgänge innerhalb des Parlaments, vor allem innerhalb der Kammer der Deputierten. Die Parteistrukturen waren damals nicht so gefestigt wie heute. Daher gelang es den Regierungen recht gut, Abgeordnete für sich zu gewinnen, die ursprünglich als unabhängige oder gar oppositionelle Kandidaten angetreten waren. Dabei spielten einerseits politische Zugeständnisse an einzelne Parlamentariergruppen eine

Rolle. Vor allem aber wurde in mikropolitischer ›Währung‹ verhandelt. Die Regierung bot den potentiellen Unterstützern persönliche Vergünstigungen, politische Ressourcen oder beides. Sie persönlich, Freunde oder Verwandte erhielten Regierungsämter oder -aufträge. Die Regierung gewährte aber auch Einzelmaßnahmen, die den Abgeordneten in den Wahlkreisen Erfolge bescherten, zum Beispiel indem regionale Interessen bedient wurden. *Trasformismo* im weiteren Sinne bezeichnet diese unterschiedlichen Maßnahmen von Regierungen und Abgeordneten auf der lokalen Ebene, mit denen die Wähler zur ›richtigen‹ Stimmabgabe bewegt werden sollten.

Politische Inhalte, so unterstellten auch die Zeitgenossen, spielten dabei nur eine Nebenrolle. Diese Einschätzung greift freilich ebenso wie beim Kazikentum zu kurz. Denn die Elite des *Trasformismo* arbeitete durchaus an einem gemeinsamen Projekt, nämlich der inneren Einigung Italiens und der Konsolidierung eines parlamentarischen Regierungssystems. Außerdem orientierte sie sich an liberalen Grundsätzen wie der Meinungsfreiheit und dem Schutz des Eigentums und pflegte einen moderaten Antiklerikalismus. Hinzu kamen erste Ansätze in der Sozialpolitik, um die Folgen der Industrialisierung für die Industriearbeiterschaft zu lindern und sozialistischen Strömungen den Wind aus den Segeln zu nehmen. Zugleich wahrte der *Trasformismo* im Ergebnis die Interessen der wirtschaftlich tonangebenden Gruppen: der Industriebarone des Nordens und der Großgrundbesitzer Süditaliens.

In den ersten Jahrzehnten des Königreichs Italien richtete sich der *Trasformismo* vor allem auf Personen aus der recht zersplitterten Strömung des Liberalismus, die den neuen Staat maßgeblich trug. Dazu gehörten die »Historische Rechte« und die »Historische Linke« (Destra storica und Sinistra storica). Formell ausgeschlossen blieb die wirkliche Opposition: der politische Katholizismus und die Sozialisten. Allerdings waren diese Bewegungen lange Zeit unbedeutend. Seit 1868 verbot der Vatikan den Gläubigen, sich am politischen Leben Italiens zu beteiligen, da er den italienischen Staat nicht anerkannte. Erst zwischen 1904 und 1919 lockerten sich diese Bestimmungen. Ab den 1890er Jahren schließlich organisierten sich die Sozialisten im Partito Socialista Italiano. Zunächst politisch verfolgt, florierte der Partito in den Jahren vor dem Ersten Weltkrieg, vor allem dank der Wahlrechtsreform von 1912.

Wie in den meisten Volksvertretungen dieser Epoche existierten im

Parlament zwei politische Kulturen nebeneinander. Zum einen war die Camera dei Deputati selbstverständlich Schauplatz von Gesetzesberatungen und Generaldebatten über die Innen- und Außenpolitik des Königreichs. Daneben beschäftigten sich die Abgeordneten aber ebenso intensiv mit ihrer mikropolitischen Agenda. Sie schmiedeten informelle Allianzen und trafen Absprachen über die Vergabe von Posten und staatlichen Aufträgen. Viele Abgeordnete gingen in diesen mikropolitischen Aktivitäten geradezu auf, beteiligten sich kaum an Generaldebatten und widmeten sich nur solchen Fragen, die unmittelbar ihren Wahlkreis betrafen.[54]

Nicht Parteien beherrschten den *Trasformismo*, sondern einzelne Politiker – deren personale Bindungen und mikropolitisches Geschick bildeten den Kitt der römischen Politik. In den 1870er bis 1890er Jahren dominierten liberale Politiker wie Agostino Depretis und Francesco Crispi, jeweils mit mehrfachen Mandaten als Regierungschef. Einer der erfolgreichsten und mächtigsten Politiker des *Trasformismo* war Giovanni Giolitti. Giolitti gilt bis heute als Inkarnation der ›korrupten‹ liberalen Ära. Er beherrschte die politische Landschaft Italiens über zwei Jahrzehnte, von etwa 1900 bis zur Machtübernahme Mussolinis. Gehörte er einmal nicht der Regierung an, zog er weiterhin die Fäden im Hintergrund. Zu seinen Leistungen zählt sicherlich die Bereitschaft, auf gemäßigte Sozialisten und Katholiken zuzugehen. Seine größte Fehlleistung war wohl die Hoffnung, den Faschismus in das System des *Trasformismo* einbinden zu können.[55]

Während der *Trasformismo* bereits in der Zeit vor dem Ersten Weltkrieg erste Risse bekam, zerbrach er endgültig zu Beginn der 1920er Jahre – vor allem weil es nicht mehr gelang, alle Gruppen gleichermaßen zufriedenzustellen. Der Krieg, soziale Probleme und die Wahlrechtsänderung mobilisierten wachsende Teile der italienischen Bevölkerung. Im »roten Doppeljahr« 1919/1920 gab es beinahe eine sozialistische Revolution. Zugleich entstand eine katholische Partei, und schließlich etablierte sich die faschistische Bewegung mit einem ebenfalls revolutionären Anspruch und dank straffer Organisation. Anders als diese neuen Massenparteien hatten die Liberalen wie in den anderen europäischen Ländern nie schlagkräftige Parteistrukturen aufgebaut. Das liberale Italien hatte seinen Zenit überschritten – auch Giolitti stimmte schließlich für die Regierung Mussolini.[56]

Dennoch war der *Trasformismo* lange erfolgreich. Häufig gelang es, durch informelle Absprachen in den Wahlkreisen Kampfkandidaturen unter den diversen liberalen Strömungen zu verhindern. Mindestens ebenso wichtig wie die Präfekten waren die von einem Teil der Forschung so genannten »Großwähler«, die vor allem vor 1912 als Stimmführer in den Wahlversammlungen auftraten – also in der Zeit des restriktiven Wahlrechts. Die Großwähler ähnelten den Kaziken: Sie waren angesehene Honoratioren, verfügten über gute Kontakte zu den Behörden und den gewählten Politikern. Sie bildeten das organisatorische Rückgrat der Abgeordneten vor Ort, veranlassten die mikropolitischen Transaktionen, versorgten die Volksvertreter mit Informationen aus der Provinz und sorgten für deren Wiederwahl. Viele Großwähler hatten offenbar ein unideologisches, ja sogar unpolitisches Verständnis von ihrer Rolle. Die Bedeutung der Großwähler schwand in dem Augenblick, als sich neue kollektive Formen der Interessenvermittlung abzeichneten: Gewerkschaften, Berufsverbände, Kooperativen, Landwirtschaftskassen, katholische Jugendorganisationen und auch Parteien. Zugleich entzog das allgemeine Männerwahlrecht den Großwählern ihre zentrale Stellung.[57]

Sehen wir uns eine dieser politischen Symbiosen genauer an. Im Wahlkreis San Severo bei Foggia in Apulien arbeitete zwischen Mitte der 1860er und Mitte der 1870er Jahre der Schriftsteller, Journalist, Literaturhistoriker und mehrfache Minister Francesco de Sanctis mit dem Großwähler Vincenzo Gervasio zusammen. De Sanctis hatte eine politische Vergangenheit, die ihn für eine Rolle im neuen Königreich prädestinierte. Er hatte sich 1848 als Revolutionär engagiert und war anschließend immer wieder als Befürworter der nationalen Einheit aufgetreten. Nun baute er sich in der abgelegenen Region eine lokale Machtbasis auf, nicht weit entfernt von seiner Geburtsstadt Morra Irpina. Dabei half dem mittlerweile berühmten Aushängeschild des liberalen Italien ein junger Mann mit besten Verbindungen in die lokale Honoratiorenschicht aus Ärzten, Notaren, Anwälten und Großgrundbesitzern.

Gervasio brachte zunächst ein erhebliches Pfund in das politische Bündnis ein: Er bewegte den Fürsten von San Severo dazu, sich öffentlich für de Sanctis auszusprechen. Damit hatte er eine der wichtigsten gesellschaftlichen Autoritäten in der Region auf die Seite de Sanctis gebracht. Gervasio hatte publizistische Ambitionen und wurde Korrespondent für de Sanctis Zeitung *L'Italia*. Auf Anraten Gervasios schrieb de Sanctis gezielt die einflussreichsten Wähler in San Severo an. Nach seiner Wahl zum Abgeordneten ermutigte Gervasio alle Stimmberechtigten, sich an den Deputierten zu wenden und ihm fleißig ihre Anliegen vorzutragen. Die Bittsteller wiederum wählten häufig den Weg über Gervasio, um das Terrain zu sondieren. Gervasio managte also die Kommunikation zwischen den Bewohnern San Severos und ihrem Abgeordneten.

In der Hauptstadt bündelte de Sanctis die lokalen Anliegen und vermittelte die Ressourcen des Zentralstaats. So konferierte er mit Behördenleitern, Ministern und Eisenbahndirektoren über Infrastrukturprojekte für seinen Wahlkreis oder über Beförderungen für einzelne Wähler und ihre Verwandten. De Sanctis war ein erfolgreicher Mikropolitiker – erstaunlicherweise aber in seinen Schriften einer der größten Kritiker von Korruption und Patronage.[58]

Die Zeitgenossen glaubten, der politische Klientelismus sei hauptsächlich ein Problem des italienischen Südens, und auch die historische Forschung konzentriert sich auf die südlichen Landesteile. Doch sprechen gewichtige Anzeichen dafür, dass die Mitte und der Norden des Landes ähnliche Strukturen kannten, die noch ihrer Untersuchung harren.[59]

Radikale Patronage in der Dritten französischen Republik

Auch in der Dritten Republik in Frankreich gab es ein mikropolitisches Geflecht von Regierung, Abgeordneten und Verwaltung. Man muss auch hier einen genauen Blick auf die Gründungszeit werfen: Als die Republik nach der Niederlage bei Sedan 1870 auf den Trümmern des Zweiten Kaiserreichs entstand, schien sie fast wie eine Verlegenheitslösung. Hätten die Monarchisten damals beherzt nach der Macht gegriffen, wäre sie ähnlich schnell wieder verschwunden wie die Zweite Republik (1848–1852). Dennoch geschah das Unerwartete. Binnen zwei Jahrzehnten fasste die Republik Fuß, auch und gerade auf dem platten Land, so dass sie bis in die 1930er Jahre nicht mehr gefährdet schien. Neben anderen Faktoren erklärt diesen Erfolg eine politische Patronage, die die Bevölkerung materiell befriedigte und politisch erzog.

Im Unterschied zu Spanien und Italien besaßen alle französischen Männer seit der Mitte des 19. Jahrhunderts das Wahlrecht. So war der

Kreis der zu Begünstigenden viel größer. In Frankreich dominierte ein liberal gesinntes aufstrebendes Bürgertum das Parlament. Zwar waren auch hier die Regierungen meist nur wenige Monate im Amt, doch hinter dem fliegenden Wechsel der Ministerien verbargen sich ähnlich stabile Herrschaftsverhältnisse wie in Italien. So regierten zwischen Ende der 1870er Jahre und der Jahrhundertwende die gemäßigten Republikaner, auch Opportunisten genannt. Ab 1902 und fast bis zum Ende der Republik dominierte die radikale Partei, wenn auch nach dem Ersten Weltkrieg zunehmend mit Unterbrechungen.

Beide genannten Gruppen waren im Kern liberale Strömungen. Sie vertraten eine liberale Wirtschafts- und Eigentumspolitik, setzten die Trennung von Staat und Kirche durch, wahrten die Interessen der Landwirtschaft und sperrten sich lange gegen sozialpolitische Maßnahmen. Sie stützten sich auf kleinstädtische und ländliche Mittelschichten, vor allem auf Selbstständige: Händler, Gewerbetreibende, Angehörige der freien Berufe, Bauern und schließlich auch auf die Staatsbeamten inklusive der wachsenden Zahl der Lehrer. Mit der verpflichtenden und kostenlosen Grundschule führten die Opportunisten ab 1884 ein wirksames Instrument ein, um ihre Vorstellung eines egalitären und leistungsorientierten Gesellschaftsmodells in Frankreich durchzusetzen.[60]

Das System der republikanischen Patronage war völlig auf die Wahlkreisabgeordneten ausgerichtet. Sie erboten sich, ihren Wählern Hilfe in allen Angelegenheiten zu gewähren, die staatliche Entscheidungen oder Leistungen betrafen. Die Abgeordneten verstanden sich als Fürsprecher, im Idealfall als Garanten dafür, dass der Staat die Anliegen der Bürger zur Kenntnis nahm und ihnen so weit als möglich entgegenkam. Sie machten sowohl den traditionellen Notabeln als auch den Präfekten zunehmend Konkurrenz als mikropolitische Akteure. Die Bürger wandten sich folgerichtig mit ganz unterschiedlichen Problemen an ihre Vertreter. Häufig ging es um einen Posten in der Verwaltung, Reduktion der Steuerlast, Befreiung vom Militärdienst oder finanzielle Hilfen in sozialen Notlagen. Offiziell beschränkte sich die Rolle der Abgeordneten darauf, die jeweiligen Entscheider auf das Anliegen hinzuweisen – faktisch ging es häufig darum, es zum Erfolg zu bringen. Die Abgeordneten intervenierten meist in Ministerien und obersten Behörden. Häufig erhielten die regionalen und lokalen Verwaltungen auf diesem Umweg einschlägige Anweisungen.

Die republikanischen Abgeordneten konnten sich auf ein System stützen, das nach Innenminister Emile Combes den Spitznamen *Combisme* erhielt: Der Chef des Innenressorts wies 1902 die Präfekten an, den Interventionen der radikalen Abgeordneten nachzukommen. Er führte damit die von Persigny ein halbes Jahrhundert zuvor begründete Tradition fort, die lokale Verwaltung in den mikropolitischen Dienst der Regierung zu stellen, gab aber nun den regierungstreuen Abgeordneten die Schlüsselrolle.[61] Zudem unterhielten die meisten Mandatsträger informelle Zirkel, später auch Büros in den Wahlkreisen, um die Bitten vorzusortieren. Viele Abgeordnete hielten aber auch Sprechstunden ab, in denen sie den Bürgern gewissermaßen Audienz für den Vortrag ihrer Bitten gewährten.[62]

Auch bei der radikalen Patronage gab es einen heftigen Widerspruch zwischen der mikropolitischen Praxis und den Grundsätzen republikanischer Ideologie. Wie die herrschenden Parteien in Spanien und Italien bekannten sich auch die französischen Republikaner zum Versprechen der Gleichheit und des Leistungsprinzips. Dieser Widerspruch schlug sich in der Bittschriftenrhetorik nieder. Die Briefeschreiber bemühten sich nämlich darum, die von ihnen erbetenen Vergünstigungen mit eigenen Leistungen und Verdiensten zu begründen. Zumindest sprachlich versuchten sie, ihre Anliegen als Rechtsanspruch und nicht als Patronageleistung hinzustellen.[63] Letztlich befanden sich die Radikalen in einem unauflösbaren Dilemma: Einerseits verboten ihre politischen Überzeugungen die Mikropolitik, andererseits war dies eine erfolgreiche und wohl auch notwendige Methode, die Republik mitsamt ihrer liberalen und meritokratischen Kultur überhaupt erst zu etablieren.[64]

Diese Aussage mag zunächst überraschen. Doch hatte die republikanische Patronage in Frankreich eine stark politische Färbung. Dies gilt zumindest für die Zeit bis zum Ersten Weltkrieg, anschließend ließ dieser Anspruch nach. Ihr politischer Charakter kommt in der Kultur der Patronage zum Ausdruck, in ihrer Sprache und den Kriterien der Förderung. So konnte nur derjenige auf Unterstützung seines Abgeordneten hoffen, der überzeugter Anhänger der Republik war. Oft holten die Abgeordneten bei ihren Vertrauten vor Ort Informationen über die Bittsteller und deren politische Ansichten ein. In ihren Eingaben mussten sie sich klar zur Republik bekennen, sonst hatte ihr Anliegen keine Chance. In der Provinz bedeutete dies auch, sich von den etablierten, in der Regel monarchisch gesinnten adeligen oder grundbesitzenden Patronen abzuwenden und Vertrauen in die neue politische Klasse zu setzen, was aus Sicht der Bittsteller nicht ganz risikofrei war.[65]

Die republikanische Mikropolitik zielte auf lokale Strukturen, doch scheint hier im Vergleich zu Italien und Spanien der individuelle Faktor größer zu sein als kollektive lokale Interessen. Die politischen Parteien funktionierten als kaskadenartig aufgebaute mikropolitische Systeme. Daher waren auch die Bürgermeister der großen Städte Drehscheiben in der Parteipolitik: Sie konnten sich dank kommunaler Ressourcen als Wohltäter ihrer Parteifreunde hervortun.[66]

Ähnlich wie in Spanien und Italien bekam das Begünstigungssystem der Republikaner nach dem Ersten Weltkrieg tiefe Risse. Immer seltener konnten Minister und Abgeordnete durch Patronage echte politische Gefolgsleute an sich binden. Der Grund lag letztlich in einer Überdehnung des Bittschriftensystems: Einerseits kannten die Bürger bald keine Hemmungen mehr, und viele Menschen wandten sich mit Nebensächlichkeiten an den potentiellen Patron. Die Abgeordneten kämpften daher mit einer wachsenden Flut von Bitten, die sie immer weniger beherrschten. Zunehmend wandten sich an die radikalen Politiker Menschen, die ihnen politisch nichts nützten. Dazu gehörten Frauen, die in der Dritten Republik kein Wahlrecht besaßen. Gerade diese Personengruppe aber sah sich auf Interventionen durch politische Autoritäten angewiesen: Viele Kriegswitwen baten die Abgeordneten um finanzielle Unterstützung. Das System der Patronage geriet auch deshalb in eine Krise, weil der Staat kein funktionierendes Sozialsystem hatte und sein Versprechen nicht einlösen konnte, dass es allen nach dem Sieg bessergehen werde. Insofern ist die Krise der radikalen Patronage auch eine Folge der allgemeinen Krise gewesen.

Ein zweites Phänomen, das die politische Bindekraft der Patronage untergrub, war die Alternativlosigkeit der Republik. Bis 1914 kämpften die Republikaner mit dem Gespenst einer drohenden Monarchie, und es gab viele konservative Gegner des Systems. Doch in der Zwischenkriegszeit wurde das Bekenntnis zur republikanischen Staatsform wohlfeil. Vor allem auf der linken Seite des politischen Spektrums gab es Sozialisten und teilweise auch Kommunisten, die sich mit einem ernstgemeinten Bekenntnis zur Republik an Abgeordnete, Bürgermeister und Minister der herrschenden Radikalen wandten, ohne freilich jemals in

Erwägung zu ziehen, diese auch zu wählen. 1928 richtete der sozialistische Exbürgermeister der kleinen südfranzösischen Gemeinde Beaumes de Venise an den radikalen Abgeordneten und späteren Regierungschef Edouard Daladier die Bitte, seinem Neffen ein staatliches Schulstipendium zu verschaffen. Ohne auch nur politische Nähe zu Daladier zu behaupten, erinnerte er ihn an die Werte der Republik: Da der Junge begabt sei, müsse man ihm diese Chance geben – und auch Daladier habe als Sohn eines Bäckers durch ein Stipendium seinen Aufstieg geschafft.[67] Es war also letztlich der Erfolg der radikalen Patronage, der ihre Effektivität unterminierte. Freilich grub sich das Bittschriftenwesen der Abgeordneten tief in die politische Kultur Frankreichs ein; es überlebte bis weit in die Fünfte Republik.[68]

Posten und Adelstitel:
Die britische Regierungspatronage im Wandel

Auch die britische Geschichte des 19. und frühen 20. Jahrhunderts war geprägt durch eine Reihe nationaler Besonderheiten im Bereich der Mikropolitik. Dabei fällt neben der Wahlbestechung die Regierungspatronage ins Auge. Die britischen Regierungen nutzten zum einen Verwaltungsposten dafür, Unterstützer zu gewinnen oder verdiente Parteigänger zu belohnen. Zum anderen machten immaterielle Leistungen – hauptsächlich Orden und Adelstitel – ab dem Ende des 19. Jahrhunderts eine erstaunliche Karriere als Patronageressourcen.[69] Die britische Regierungspatronage dieser Zeit war eng mit der Entstehung moderner Parteiorganisationen verbunden. Die Parteiführungen übernahmen sukzessive die Hoheit über die Regierungspatronage, bauten dabei ihre Parteiapparate auf und lösten Behördenleiter und Minister als mikropolitische Zentralfiguren ab.

Das Spektrum der patronagefähigen Positionen in der Verwaltung war sehr breit und reichte vom Generalgouverneur Indiens über Magistratsposten und staatliche Fabrikinspektoren bis hinab zu den Lampenanzündern im Handelsministerium. Eine wichtige Institution war ab dem Ende des 19. Jahrhunderts das nationale Postwesen mit seinen Tausenden Stellen lokaler Postmeister. Entscheidend für die Begünstigten war das Gehalt der Amtsinhaber. Der Fokus richtete sich in vielen Fällen weniger auf die Oberschicht als darauf, Personen aus den Mittelschichten durch auskömmliche Einkommen zu begünstigen. Hintergrund dieser Entwicklung war der Ausbau der Leistungsverwaltung seit dem Armengesetz von 1834. Während die Regierung ungefähr zur gleichen Zeit ihre letzten noch aus der Frühneuzeit stammenden Sinekuren verlor, stieg die Zahl der Verwaltungsposten. Verfügte die Zentralverwaltung um 1815 über rund 24 000 Stellen, lag die Zahl 1851 bei 39 000, 1871 bei 54 000, 1901 bei 116 000 und erreichte vor dem Ersten Weltkrieg einen Stand von 280 000. Es gab also ein immenses Patronagepotential: Die Zahl der öffentlichen Stellen erhöhte sich um den Faktor 11,7. In der gleichen Zeit wuchs die Bevölkerung in Großbritannien nur um den Faktor vier.[70]

Die Fäden der britischen Regierungspatronage liefen in den Händen des sogenannten *Chief Whip* zusammen.[71] Er wurde halboffiziell auch Patronagesekretär genannt, weil er einen Platz am Kabinettstisch einnahm. Das Amt bildete sich im ersten Drittel des 19. Jahrhunderts heraus; der offizielle Titel lautete Parlamentssekretär beim Schatzamt (Parliamentary Secretary to the Treasury). Der *Chief Whip* war so etwas wie ein Fraktionschef: Er koordinierte die alltägliche Parlamentsarbeit der Regierungsfraktion, sorgte für das richtige Abstimmungsverhalten, teilte Redner ein, kommunizierte zwischen Hinterbänklern und Regierung. Außerdem war es seine Aufgabe, durch Patronage Parlamentsabgeordnete und einfache Wähler an die jeweilige Partei zu binden. Da lag es nahe, dass der Patronagesekretär zunehmend für die Aufstellung der Kandidaten in den Wahlkreisen und für die Wahlkämpfe verantwortlich zeichnete.

Im Zentrum stand die Aufgabe, durch Patronage stabile Parteiloyalitäten zu erreichen. Das zeigte sich etwa 1877 in dem kleinen Dorf Winslow in Buckinghamshire. Hier war die Funktion des Postmeisters frei geworden, und der *Chief Whip* der regierenden Konservativen beauftragte den örtlichen Abgeordneten, T. F. Fremantle, den Posten im Namen der Partei zu vergeben. In Winslow gab es einen stellvertretenden Postmeister, der die Stelle gerne gehabt hätte. Er war allerdings Liberaler, und so bot er Fremantle an, im Gegenzug bei der nächsten Wahl konservativ zu stimmen. Dies lehnte Fremantle jedoch ab und erklärte, er ziehe eine Person vor, die sich dauerhaft der konservativen Partei verschrieben habe.[72]

Noch zu Beginn des 19. Jahrhunderts befanden sich viele Posten in der ›Gewalt‹ von traditionellen Patronen, zumeist Angehörigen der großen Adelsfamilien. Im Lauf des Jahrhunderts dehnten die *Chief Whips* ihren Einfluss auf Verwaltungsposten systematisch aus. Auch die Leiter großer Behörden, wie etwa der Admiralität, wurden bei der Postenvergabe zugunsten der Patronagesekretäre entmachtet. Deren Einfluss wuchs parallel zur langsamen Etablierung der Parteiorganisationen – man könnte auch sagen, sie *waren* die eigentlichen Parteizentralen. Neben dieser Zentralisierung regierungsamtlicher Patronage kam es aber zunehmend auch zu Beschränkungen. Hintergrund war die Erkenntnis, dass Sachverstand, Kenntnisse und Befähigung der Beschäftigten unabdingbare Voraussetzung für eine schlagkräftige Verwaltung waren.

Ab 1855 wachte die sogenannte Civil Service Commission über den Zugang zu vielen Ämtern; nach 1870 galt der Grundsatz eines offenen Wettbewerbs um die Verwaltungsstellen. Vor allem liberal gesinnte Regierungen lehnten in ihren Sonntagsreden Regierungspatronage ohnehin eher ab. Der liberale *Chief Whip* Alexander Murray, genannt Master of Elibank, verzichtete 1912 auf eine große Zahl von Patronageressourcen – allein in der Postverwaltung gebot er bis dato über rund 17 000 Posten.[73] Der Grund für diesen Verzicht liegt allerdings kaum in vermeintlich moralisch begründeter Selbstbeschränkung. Vielmehr verlor das Instrument der Regierungspatronage ähnlich wie später in Frankreich seine Effizienz: Die Zahl der Anfragen und Bittbriefe stieg nach 1900 enorm an. Allein der Generalpostmeister empfing nach dem Sieg der Liberalen 1906 drei- bis vierhundert Bittbriefe im Monat, während es zuvor lediglich 60 bis 70 gewesen waren.[74] Solche Massen konnten die *Whips* kaum mehr bearbeiten, und vor allem stiegen die politischen Risiken, denn der Anteil erfolgreicher Bitten sank naturgemäß ab. Im Vergleich zeigt sich, dass das stärker dezentralisierte System der radikalen Patronage in Frankreich zunächst Vorteile hatte: Weil sich die Bittschriftenlast auf viel mehr Adressaten verteilte, reagierte das System vorläufig flexibler und hielt zwei oder drei Jahrzehnte länger.

Nach dem Ende der hohen Zeit der Postenpatronage dominierte ab dem frühen 20. Jahrhundert der Handel mit Adelstiteln in Großbritannien. Dieser richtete sich weniger an die Mittelschichten als an die wirtschaftliche Elite des Landes. Nachfrage und Angebot waren erheblich: Zum einen war der Adelsstand schrittweise für die neuen Eliten geöffnet worden. Seit Mitte des 19. Jahrhunderts konnten Industrielle und höhere Beamte darauf hoffen, dereinst für ihre Leistungen mit einem Titel als

Ritter oder Baron bedacht zu werden. Mit Arthur Guinness wurde 1880 der erste Bierbrauer in den Adelsstand erhoben; der erste Pressezar mit Adelsprädikat war 1895 Lord Glenesk von der *Morning Post*. Der zweite Faktor für den Titelhandel war der enorme Finanzbedarf der politischen Parteien, die sich um 1900 in Massenparteien verwandelten. Da war es von Nutzen, dass die jeweilige Regierung Nobilitierungen vorschlagen konnte. Zwar verlieh formell die Krone das Adelsprädikat, doch hatte Königin Victoria sich auch in dieser Hinsicht zunehmend zurückgenommen. Gegen Ende ihrer Herrschaft arbeitete der Palast die Vorschlagslisten der Regierung weitgehend ohne Änderungswünsche ab.

Ganz im Kontrast zu ihrer Zurückhaltung bei der Ämterpatronage forcierten die Liberalen den Titelverkauf. 1891 entwickelte der liberale *Chief Whip* Arnold Morley erstmals die Idee, reichen Parteigängern Adelstitel zu versprechen, wenn sie bereit waren, dafür hohe Summen an die Parteikasse zu zahlen – so geschehen im Fall des jüdischen Bankiers Sydney Stern und des Textilunternehmers James Williamson. Freilich konnte er sein Versprechen erst 1894 einlösen, weil die Liberalen bis dahin die Oppositionsbank drückten.[75]

Rund zwei Dekaden später war das System fest etabliert. Besonders freigebig zeigte sich der liberale Premierminister David Lloyd George (im Amt von 1916 bis 1922). Obwohl es naheliegend gewesen wäre, dass in Kriegszeiten vor allem Militärs oder Staatsdiener in den Genuss der höchsten Ehren kamen, sank deren Anteil. Im Gegenzug stieg die Zahl von Geschäftsleuten und Zeitungsunternehmern. Bei den Erhebungen in die höchste Adelsklasse, die Peerage, stieg deren Anteil von rund 20 auf 50 Prozent. Lloyd George professionalisierte den Titelhandel, der in der Regel über einen eigens angelegten »politischen Fonds« abgewickelt wurde, auf welchen der Premier persönlich Zugriff hatte. Windige Agenten und Makler mischten sich in das Geschäft. Dazu gehörte der berühmt-berüchtigte Maundy Gregory, der im Übrigen auch für die Konservativen arbeitete und davon lebte, für seine Vermittlungstätigkeit fürstliche Provisionen zu kassieren. Damit war in vielen Fällen kaum noch persönliche Bekanntschaft zwischen den Spitzen von Partei und Regierung und den künftigen Lords erforderlich. Folgerichtig kursierten Preislisten für die einzelnen Adelsstufen, etwa 15 000 Pfund für den Titel eines Ritters, ganz ähnlich wie im Fall der Orden der Ehrenlegion, die rund vier Jahrzehnte zuvor im Auftrag Daniel Wilsons verkauft worden waren.[76] Lloyd George trieb das System auf die Spitze und stürzte schließlich 1922 über eine Titelhandel-Affäre, den sogenannten *Honours*-Skandal (Kapitel 8).

Die britische Regierungspatronage stellt sich als eine recht zentralisierte Form der Mikropolitik dar, in der regionale Netzwerke und Interessen kaum eine Rolle spielten. Anders als in Frankreich, Italien und Spanien scheinen individuelle Einzelinteressen der Bittsteller dominiert zu haben, zumal eine ›Filterung‹ durch regionale Patrone kaum zu beobachten ist.

Mikropolitik entschied auch im 19. und 20. Jahrhundert mit darüber, wer die Macht in einem Staat übernehmen konnte. Sie war offenbar eine unverzichtbare Herrschaftstechnik in den parlamentarischen Systemen. Diese Strukturen wurden zum Teil neu entwickelt (Italien) oder entstanden auf Grundlage bestehender Systeme (Spanien). In Frankreich schufen die Radikalen eine Mikropolitik, die zwar auf älteren Mustern beruhte, etwa wenn man an die Rolle der Präfekten denkt. Doch hinsichtlich der sozialen Zusammensetzung von Begünstigten wie auch Patronen vollzogen die Franzosen in der Dritten Republik wohl den härtesten Schnitt im europäischen Vergleich: Sie ersetzten binnen weniger Jahrzehnte die lokalen, von Adeligen geprägten Klientelsysteme durch ein zunehmend anonymes, an den Werten der Republik orientiertes und von Berufspolitikern geführtes bürokratisiertes Begünstigungssystem, das zunächst vor allem den Mittelschichten nutzte. Die Briten setzten auch in der Mikropolitik auf Wandel und Kontinuität; die Regierungspatronage jedenfalls wandelte sich auch hier zu einem System, von dem die Mittelschichten profitierten. Kazikentum und *Trasformismo* waren lange Zeit getragen vom Prinzip der Überparteilichkeit, während britische Politiker die Bildung von rivalisierenden Parteistrukturen mikropolitisch stark unterstützten, wie es auch ihre französischen Kollegen in abgeschwächter Form taten. In allen Fällen ist aber klar, dass Mikropolitik weder politische Harmonie schuf noch dauerhaft die Politisierung der Bevölkerung verhinderte. Im Gegenteil.

Lobbyismus und Gabentausch der neuen Mächtigen in Politik und Wirtschaft

Im 19. Jahrhundert fand eine tiefgreifende »Verwandlung der Welt«[77] statt, zu einem guten Teil als Folge der Industrialisierung. Das hatte auch Konsequenzen in der Mikropolitik: Neben Beamten, Wählern und Parlamentariern traten Unternehmer auf den Plan. Ein enormes Wirtschaftswachstum, verbunden mit neuen Technologien, verwandelte die europäischen Gesellschaften von Grund auf. Anstelle von großem Grundbesitz wurde nun der Besitz von Unternehmen oder Wertpapieren die wichtigste Quelle des Reichtums. Banken, Börsen und Aktien sind zwar keine Erfindung aus dem 19. Jahrhundert. Durch die Industrialisierung nahmen sie jedoch einen enormen Aufschwung und entwickelten sich zu einem eigenen Sektor, der Finanzwirtschaft. Viele Korruptionsskandale entzündeten sich an Finanzgeschäften.

Im 19. Jahrhundert übernahmen Unternehmer und Manager wichtige Rollen in der politischen Patronage. Wirtschaftsführer wurden Mitspieler in der Politik, als die Regierungen erkannten, dass vom industriellen Wachstum das Wohlergehen ihrer Bevölkerung abhing. Selbstverständlich hatte es bereits in der Frühen Neuzeit Gewerbeförderung gegeben. Doch galt hier der Fürst noch als der eigentliche Akteur. Während der Industrialisierung standen sich in wirtschaftlichen Dingen Staat und Unternehmen zunehmend auf Augenhöhe gegenüber.

Mindestens drei Hauptmotive beherrschten den informellen Austausch zwischen Wirtschaft und Politik. Zum Ersten ging es um Einfluss. Unternehmen waren und sind stark von staatlich bestimmten Rahmenbedingungen abhängig. Sie hatten ein großes Interesse daran, auf politische Entscheidungen einzuwirken. Dies konnte auf der informellen Ebene effizienter sein als durch öffentliche Debatten, vor allem, wenn es um die Sonderinteressen einer Branche ging. Noch wichtiger waren informelle Einflüsse im Rahmen von wirtschaftspolitischen Einzelentscheidungen wie Konzessionen und Regierungsaufträgen. Umgekehrt nahm auch die politische Elite Einfluss auf unternehmerisches Handeln. Ein zweites Motiv verband beide Seiten, nämlich das Bedürfnis nach Information. Unternehmer brauchten für strategische Entscheidungen belastbares Wissen darüber, wie Regierungen in Zukunft handeln würden. In den Zeiten des Telegraphen konnte es sehr lukrativ sein, vertrauliche Informationen früher als die Konkurrenz zu besitzen. Umgekehrt wurden Informationen aus der Wirtschaft auch für politische Entscheidungen immer relevanter. Drittens ging es um individuellen Ressourcentausch: Politiker wollten sich einen Teil vom Kuchen des Kapitalismus sichern, zur Finanzierung der eigenen Partei oder schlicht zugunsten ihrer privaten Geldbörse. Unternehmer erhofften sich Prestigegewinn durch Titel und Orden oder auch nur durch eine Einladung bei hochgestellten Persönlichkeiten. Daraus ergaben sich auch die wichtigsten Ressourcen im Gabentausch zwischen Wirtschaft und Politik: Entscheidungsmacht, Informationen, Geld und soziale Anerkennung.

Es gab keinen dominanten Stil der Verflechtung zwischen Wirtschaft und Politik, jedoch ein paar neue Phänomene: Mit dem Siegeszug der Industriewirtschaft entstand der Lobbyismus. Gemeint ist eine zielorientierte, zunehmend in Verbänden organisierte und berufsmäßig betriebene Vertretung von Wirtschaftsinteressen gegenüber politischen Entscheidungsträgern. Zwar ist Lobbyismus nicht gleichbedeutend mit Mikropolitik, doch spielen längerfristige persönliche Verbindungen und gegenseitige Verpflichtungen hier zumindest *auch* eine wichtige Rolle. Dies werde ich am Beispiel des Eisenbahnsektors und von Interessenverbänden auf den folgenden Seiten kurz darstellen. Das Bild wäre aber unvollständig ohne personenzentrierte Interessenpolitik. Häufig mit dem Lobbyismus verbunden, aber eben doch weniger auf konkrete Ziele fokussiert, ist das Phänomen der Elitenverflechtung zwischen Wirtschaft und Politik. Diese Verflechtung konnte ganze Wirtschaftszweige und politische Strömungen umfassen, was ich am Beispiel Frankreichs schildern möchte. Prägend waren aber auch hier symbiotische Beziehungen zwischen Einzelpersonen – das Beispiel von Bismarck und Bleichröder wird zeigen, wie facettenreich Motive und Ressourcentausch in diesem Fall sein konnten. Abschließend werde ich auf einige Phänomene individueller Bereicherung eingehen, insbesondere durch Insidergeschäfte und krude Bestechlichkeit.

Werfen wir zunächst einen Blick auf die Entstehung des Lobbyismus. Die Eisenbahn war von Beginn an ein Wirtschaftszweig, der großes Interesse an guten Beziehungen zu staatlichen Stellen hatte. Umgekehrt waren sich die Regierungen der enormen strategischen Bedeutung dieser Industrie sehr bewusst, sowohl wirtschafts- als auch militärpolitisch. Eisenbahnunternehmen waren deswegen auf staatliche Stellen angewiesen, weil ihre Geschäfte meist hoheitliche Genehmigungen erforderten. In Frankreich wie in Preußen durfte eine Bahn nur gebaut werden, wenn eine staatliche Konzession vorlag. In Großbritannien war ein sogenanntes »Privatgesetz« des Unterhauses für die Gründung einer Eisenbahnlinie notwendig.[78] Wollten Grundstückseigentümer ihr Land nicht verkaufen, mussten die Eisenbahnen Enteignungen erwirken – auch dafür brauchte man staatliche Entscheidungen. War der Eisenbahnbetrieb einmal etabliert, gab es weitere Berührungspunkte. Weil der Schienenverkehr so wichtig für Bevölkerung und Wirtschaft war, gab es stets öffentliche Diskussionen, etwa über die Sicherheit der Fahrgäste und über Preisgestaltungen. In diesen Bereichen griffen die nationalen Gesetzgeber ebenfalls mehr oder weniger beherzt durch. Schließlich kam es im Lauf des 19. und 20. Jahrhunderts mehrfach zu Verstaatlichungswellen. Gerade in diesen Situationen waren die Anteilseigner der Bahnen sehr daran interessiert, auf die politischen Entscheidungen Einfluss zu nehmen. Umgekehrt traten auch die politischen Entscheidungsträger interessiert gegenüber den Bahnen auf. Wie bereits geschildert, war ein Eisenbahnanschluss für viele ländliche Regionen ein wichtiges Ziel, und so machten die lokalen Eliten Politik mit diesem Thema.

Mit dem Siegeszug der Eisenbahn seit den 1830er Jahren entstand denn auch der moderne Industrielobbyismus. Dies ist für Großbritannien und Frankreich jüngst von Christian Ebhardt detailliert untersucht worden.[79] Für beide Länder gilt, dass die Eisenbahndirektoren binnen weniger Jahre wichtige ›Mitspieler‹ im politischen Milieu wurden: In Frankreich erhielten sie Zugang in die Kreise der Spitzenbeamten und Staatsingenieure, in England drängten sie in das von den adeligen Familien geprägte Parlament. Zwischen den 1830er und den 1920er Jahren saßen in beiden Häusern des britischen Parlaments nie weniger als 100 Eisenbahnmanager, in den 1860er Jahren waren es sogar um die 200.[80] Diese Personen bildeten den Kern des sogenannten *Railway Interest*.

Freilich waren nicht alle diese Abgeordneten Unternehmer oder Manager im herkömmlichen Sinn. Viele fanden den Weg in die Direktorien, *weil* sie ein politisches Amt innehatten. Die britischen Eisenbahnunternehmen der 1830er und 1840er Jahre waren verzweifelt auf der Suche nach Kapital. Sie mussten bei den Anlegern intensiv um Vertrauen werben. Dies taten sie unter anderem, indem sie Persönlichkeiten aus der guten Gesellschaft als Aushängeschilder in ihre Direktorien beriefen. Darunter waren viele Mitglieder des Hochadels und des Oberhauses. Auch wenn häufig kein Gehalt bezahlt wurde – lukrativ waren solche Angebote allemal, da den Parlamentariern in der Regel größere Aktienpakete winkten.[81] Die Kontakte zwischen Unternehmern und Parlamentariern stellten seit den 1830er Jahren in Großbritannien Männer her, die als sogenannte »parlamentarische Agenten« wirkten. Ihre Hauptaufgabe bestand darin, die vielen Privatgesetze vorzubereiten und zu entwerfen, welche das britische Recht vor allem im Bereich der Wirtschaft vorsah.[82]

Da es um so viel Geld ging und da die Materie immer komplizierter wurde, entstanden in London bald auch Lobbyorganisationen. Nach der Gründung der ersten Railway Society im Jahr 1839 brauchte es mehrere Anläufe und ein gutes Vierteljahrhundert, bis 1867 die erfolgreiche United Railway Companies aus der Taufe gehoben werden konnte. In den ersten Jahren waren diese Zusammenschlüsse der privaten Unternehmen damit beschäftigt, die Positionen innerhalb der Eisenbahnwirtschaft zu koordinieren. Ihr Einfluss auf die Gesetzgebung war zunächst gering. Das änderte sich mit den United Railway Companies. Ihr Erfolgsrezept bestand darin, dass sie hauptamtliche Mitarbeiter einstellte und sich statt der öffentlichen Auseinandersetzung auf informelle Einflussnahme in der Eisenbahnpolitik verlegte. Die Mitarbeiter dieser Organisation trafen sich regelmäßig mit Beamten aus dem Handelsministerium, dem Board of Trade. Dort wurden sie als Experten gerne angehört, und die Regierung übernahm häufig Vorschläge der Lobbyisten in ihre Gesetzesvorlagen. Außerdem konnte die neue Organisation in den 1870er und 1880er Jahren mehrere Gesetze verhindern, etwa einen strengeren Arbeitsschutz.[83]

Im Verlauf der Professionalisierung von wirtschaftlicher Einflussnahme zwischen den 1840er und 1860er Jahren wandelten sich auch die mikropolitischen Ressourcen. Die frühen Eisenbahngesellschaften sahen sich häufig mit dem Problem konfrontiert, dass Großgrundbesitzer im Oberhaus mit ihrem hinhaltenden Widerstand gegen Eisenbahngesetze vor allem die Preise für das benötigte Land in die Höhe treiben wollten. Die wichtigsten mikropolitischen Ressourcen waren schließlich überteuerte Grundstückspreise, welche die Unternehmen zahlten, um die nötigen Parlamentsstimmen zusammenzubekommen. In der zweiten Phase um die Jahrhundertmitte waren es Aktienpakete, die bei den Parlamentariern die nötigen Stimmen generieren sollten. Am Ende standen schließlich die engen persönlichen Kontakte der United Railway Companies zu Mitarbeitern des Board of Trade. Diese Entwicklung zeigt einen Trend an: Einmalige Allianzen wurden abgelöst von kurzfristigen Bindungen an ein Unternehmen und diese schließlich von langlebigen, professionell organisierten Netzwerken.[84]

Ähnliche Trends fanden sich auch im französischen Eisenbahnbau, wenn auch unter ganz anderen Rahmenbedingungen. In Frankreich besaß die Exekutive von Anfang an viel mehr Einfluss. Die französische Politik liebäugelte immer wieder mit einem Staatsbahnensystem, die Verwaltung besaß umfangreiche Konzessionierungs- und Aufsichtskompetenzen, einen viel größeren Apparat und dank der berühmten Staatsingenieure auch ungleich mehr Know-how als ihr britisches Pendant. Ein weiteres Element bildeten die oligopolistischen Strukturen des französischen Finanzsektors. Kurzum: Im Verlauf weniger Jahrzehnte bildete sich ein extrem konzentrierter, nach außen abgeschotteter Eisenbahnsektor, den sich die Familienkonzerne der Rothschild und der Pereire untereinander aufteilten. Entscheidend waren die Finanzmacht ihrer Familienbankhäuser und enge personelle Verflechtungen mit den staatlichen Regulierungsbehörden. Wollte man solche Strukturen aufbrechen, konnte dies nur mit Hilfe ähnlicher mikropolitischer Netze gelingen. Dies versuchte der belgische Eisenbahnunternehmer Simon Philippart in den späten 1860er und frühen 1870er Jahren. Er hatte den französischen Eisenbahnsektor offenbar genau analysiert und ging nun daran, das bestehende Oligopol mit dessen eigenen Waffen anzugreifen. Philippart band Lokalpolitiker und Teile der regionalen Wirtschaftseliten, aber auch Mitarbeiter der Regulierungsbehörden fest an sich. Sein Versuch, neue Konzessionen zu erstreiten, bot Parlamentariern aus bislang schlecht angebundenen Landesteilen zudem die Gelegenheit, auf die Belange ihrer Heimatregion hinzuweisen. Am Ende scheiterte Philippart zwar, doch er hatte den herrschenden Eisenbahngruppen durchaus bewiesen, dass ihre Machttechniken nicht exklusiv waren.[85]

Enge Zusammenarbeit von Parlamentariern und professionellen Interessenverbänden war nicht auf Großbritannien beschränkt, wenngleich sie dort besonders früh begann. Ab dem späten 19. Jahrhundert war dies ein europäischer Trend, und die Zahl einschlägiger Organisationen stieg stark an. Bald waren nicht nur die Industrie, sondern so gut wie alle Branchen mit eigenen Verbänden in den jeweiligen Hauptstädten vertreten. In Preußen war etwa der 1893 gegründete Bund der Landwirte sehr erfolgreich. Am Vorabend des Ersten Weltkriegs gehörten von rund 440 Mitgliedern des Preußischen Abgeordnetenhauses etwa 150 dem Bund der Landwirte an. Fast alle Mitglieder des Landwirtebundes saßen in der Fraktion der Deutsch-Konservativen Partei. Dies zeigt, dass sich in Ländern mit einem Mehrparteiensystem zunehmend auch ganze Parteiorganisationen auf bestimmte Interessen konzentrierten.[86] Nach dem Krieg nahm die Zahl derjenigen noch zu, die in Parlamenten und Lobbyorganisationen tätig waren. Die Deutsche Volkspartei etwa war eine Hochburg des Reichsverbands der Deutschen Industrie und ein Sammelbecken für Aufsichtsräte und Manager deutscher Industrieunternehmen, die sich politisch engagierten.[87]

In Frankreich herrschte traditionellerweise große Zurückhaltung gegenüber Interessenverbänden aller Art, angefangen bei den Gewerkschaften, die seit der Revolution von 1789 verboten waren. Doch um 1900 öffnete sich auch hier das politische System für den organisierten Lobbyismus, der begann, die politische Klasse zu durchdringen. Paradebeispiel hierfür ist die Arbeitgeberorganisation Fédération des Industriels et des Commerçants Français. Zwischen 1903 und den 1920er Jahren wurde sie beherrscht von André Lebon, einem Industriellen mit zeitweiliger Erfahrung als Minister. Er war mit unzähligen Politikern des liberalen Establishments sowie mit Führungsfiguren in anderen Lobbyorganisationen persönlich sehr gut bekannt. Darunter befand sich vor allem eine informelle Gruppe von Abgeordneten, die sich als Spezialisten für Wirtschaftspolitik verstanden, in den einschlägigen Kommissionen saßen und in der Regel die Interessen der Arbeitgeber vertraten.[88] In der Zwischenkriegszeit hat sich der Wirtschaftslobbyismus recht schnell professionalisiert. In zunehmendem Maß bemühte er sich, Einfluss auf den Gesetzgebungsprozess zu nehmen, und zwar durch Pressekampagnen, eigene Gesetzesentwürfe, Kommentare zu Gesetzgebungsverfahren und direkte Ansprache von Ministeriumsmitarbeitern.[89]

Symbiotische Beziehungen und Elitenverflechtung zwischen Wirtschaft und Politik waren Folgen der Industrialisierung und damit genuin ›moderne‹ mikropolitische Phänomene. In der französischen Dritten Republik gab es ein dichtes Netz zwischen den gemäßigten Republikanern und vielen Familien aus der Großbourgeoisie. Auch die Eigentümerfamilien der großen französischen Unternehmen waren untereinander stark verflochten, etwa in Form von Heiratsallianzen.[90] Nicht ganz ohne Grund polemisierte Edouard Daladier 1934 als Begründung für seine Unterstützung einer linken Volksfrontregierung gegen die »zweihundert Familien«, die als größte Anteilseigner die Geschicke der Nationalbank lenkten und die französische Wirtschaftspolitik seit Generationen beherrschten.[91] Spätestens seit dem Siegeszug der Republikaner in den 1870er Jahren dehnten Großkapital und Großindustrie ihre Aktivitäten systematisch auf das Parlament aus – so wie bereits am Beispiel Daniel Wilson geschildert. Politische Heimat dieser Unternehmer waren die herrschenden Liberalen: zunächst das Centre gauche, später die Opportunisten und seit ihrer Machtübernahme nach der Jahrhundertwende die Radikalen.

Fast alle Finanzminister der Republik in den 1870er Jahren waren zugleich Unternehmer. In den 1870er und 1880er Jahren hielten die Abgeordneten des Centre gauche rund 50 Verwaltungsratssitze in den größten französischen Unternehmen, und zwar quer durch alle Branchen: Finanzen, Eisenbahn, Bergbau, Schwerindustrie, Handel und Versicherungen. Paradebeispiel für die Grenzgänge zwischen Wirtschaft, Politik, Publizistik und Geistesleben ist Léon Say. Say war im Zweiten Kaiserreich Bankier, Eisenbahn- und Bergwerksdirektor. Zugleich machte er sich einen Namen als politischer Journalist und später als Chef der wirtschaftsnahen Zeitung *Journal des Débats*. In der Republik wurde er viermal Finanzminister, außerdem Botschafter und Senatspräsident. Ab 1886 war er Mitglied der Académie Française wegen seiner Leistungen auf dem Gebiet der Wirtschaftstheorie.

Wirtschaftsbosse und liberale Abgeordnete frequentierten nicht nur gemeinsam die Parlamentshallen. Sie trafen sich bei Wohltätigkeitsveranstaltungen, in privaten Salons, bei festlichen Anlässen wie den Festmählern des *Journal des Débats*, in wissenschaftlichen Akademien oder in Thinktanks wie der Société d'économie politique, deren Chef seit 1872 Léon Say war. All diese Schauplätze waren Arenen intensiver

Kommunikation. Hier wurden nicht nur politische Absprachen getroffen, sondern auch intellektuelle Allianzen geschmiedet, Ehen gestiftet oder Geschäftliches eingefädelt.[92]

Dies war Begleitmusik einer Politik, die zunehmend ins wirtschaftliche Geschehen eingriff. Die junge französische Republik legte 1878 ein gewaltiges Investitionsprogramm auf, das unter dem Namen Plan Freycinet bekannt wurde. Mit einem Volumen von 4,5 Milliarden Francs baute die Regierung Eisenbahnen, Kanäle, Häfen und andere Infrastrukturen aus. Dies war nur möglich dank enger Absprachen zwischen Regierung und Bankensektor. Auf informellem Weg vereinbarten die liberalen Politiker mit den maßgeblichen Wirtschaftsführern aus dem Finanz- und Infrastruktursektor einen Deal: Die Finanzwirtschaft würde die Finanzierung dieses Plans günstig ermöglichen, wenn die Regierung sämtliche Pläne für die Verstaatlichung des Eisenbahnsektors aufgebe.[93]

Eine politisch-ökonomische Symbiose gingen auch zwei zentrale Akteure der deutschen Geschichte des späten 19. Jahrhunderts ein. Zwischen den 1860er und 1880er Jahren arbeitete der preußische Ministerpräsident und spätere Reichskanzler Otto von Bismarck mit dem Bankier Gerson von Bleichröder zusammen, einem der reichsten Deutschen seiner Zeit mit einem Vermögen von knapp 40 Millionen Goldmark.[94] Bleichröder führte eine der größten deutschen Banken für Staatsanleihen und Industriebeteiligungen und gehörte zum Netzwerk der ganz Europa umspannenden Bankiersdynastie Rothschild.

In der Verbindung von Bleichröder und Bismarck vermischten sich politische, geschäftliche und soziale Motive. Bleichröder war zum einen Privatbankier der Familie Bismarck, deren Vermögen mit dem politischen Aufstieg des späteren Reichsgründers unaufhaltsam wuchs. Außerdem übernahm Bleichröder unterschiedliche politische Aufträge, nicht zuletzt auch im Bereich der bismarckschen Mikropolitik. So gab Bleichröder den Strohmann Bismarcks beim Welfenfonds. Der Bankier verwaltete diskret das Vermögen der von Preußen 1866 enteigneten ehemaligen Königsfamilie von Hannover. Im Auftrag Bismarcks verteilte er die Zinsen aus diesem Vermögen an unterschiedliche Empfänger, etwa den preußischen Geheimdienst, aber auch an Zeitungen und Einzelpersonen. Auch in weniger anrüchigem Zusammenhang war der Bankier für den Staatsmann tätig. 1865 stieg Bleichröder auf Bismarcks Bitte hin in eine der wichtigsten internationalen Nachrichtenagenturen ein und wurde Aufsichtsratsvorsitzender bei Wolffs Telegraphischem Bureau. Nach vier Jahren informeller Einflussnahme band ab 1869 ein geheimer Exklusivvertrag preußische Regierung und Agentur aneinander. Zum Kern des Geschäfts gehörten Zahlungen aus der Staatskasse im Austausch gegen eine Art Vorzensur durch staatliche Stellen und den Zugriff der Regierung auf Informationen des Korrespondentennetzwerks.[95]

Bleichröders politische Investitionen waren kein Einzelfall. Regierungen verpflichteten Unternehmen vielfach dazu, in ihrem Auftrag zu handeln. Dies geschah wie bei Bleichröder am wirksamsten informell, diskret und mikropolitisch abgesichert. Die Banque industrielle de Chine sollte in der frühen Zwischenkriegszeit die französischen Interessen in China wahren. Sie operierte in enger Abstimmung zwischen der französischen und der chinesischen Regierung und finanzierte chinesische Industrieprojekte. Die Bank war zwar nicht profitabel, wurde aber mit Garantien von der französischen Regierung diskret unterstützt. Dabei konkurrierte die Bank mit Wettbewerbern, die teilweise ebenfalls aus Frankreich kamen. Eine wichtige Komponente für die informellen Strukturen zugunsten gerade dieser Bank war vermutlich die Tatsache, dass ein Bruder von Bankdirektor André Berthelot eine hohe Position im französischen Außenministerium bekleidete. 1921 wurden diese Verhältnisse öffentlich und lösten einen Skandal aus.[96]

Zurück zu Bleichröder: Er verdiente nicht nur an den Provisionen für seine Finanzoperationen. Ihn interessierten vor allem Insiderinformationen aus den Berliner Machtzirkeln. Als Händler von in- und ausländischen Staatsanleihen war Bleichröder darauf angewiesen. Seine Geschäfte liefen auch deshalb so gut, weil er Auge und Ohr der Pariser und Londoner Rothschild-Banken in Berlin war. Die Rothschild-Verbindung war für seine Karriere entscheidend, weil Bismarck erst auf Anraten der Rothschilds Privatkunde bei Bleichröder geworden war. Die Rothschilds profitierten schließlich von Bleichröders guten Kontakten zur Regierung, am Berliner Hof bis hinauf zum König und im Pressewesen. Bismarck wusste selbstverständlich um diese Verbindungen. Gelegentlich ließ er gegenüber Bleichröder einen ›Testballon‹ mit gezielten Indiskretionen steigen. Er durfte erwarten, dass sie die britische Regierung auf dem Umweg über die Rothschild-Bank erreichten.[97]

Offenbar gab es Phasen, in denen sich Bleichröders Einfluss sogar auf die Personalpolitik Bismarcks erstreckte. Der Bankier setzte aber nicht allein auf Bismarck. Vielmehr band er weitere Personen an sich, und zwar durch unermüdliche Korrespondenz und durch Patronage. So investierte er über lange Jahre Geld in die Karriere des Grafen Paul von Hatzfeld, der schließlich ein wichtiger Mitarbeiter Bismarcks im Reichsaußenministerium wurde. Graf Münster, Botschafter in London und Paris, schätzte die Informationen aus der Hand des Bankiers, die in seinen Augen häufig schneller und präziser waren als die amtlichen Depeschen.[98] Neben seinem Geld waren es denn auch solche Kontakte, die dem Juden Bleichröder den sozialen Aufstieg ermöglichten. Immerhin erhob ihn Wilhelm I. 1872 auf Drängen Bismarcks in den Adel. Auch wenn die preußische Aristokratie ihn nie als ebenbürtig anerkannte, erarbeitete Bleichröder sich vor allem durch seine prachtvollen Abendeinladungen einen Platz in der Berliner Gesellschaft. Im Juli 1878 nahmen die zum Berliner Kongress an der Spree versammelten Staatsmänner und Diplomaten seine Einladung zu einem Diner an, von dem der britische Premier Disraeli in einem Brief an Königin Victoria in höchsten Tönen schwärmte. Diesen gesellschaftlichen Erfolg verdankte Bleichröder ohne Zweifel der Nähe zu Bismarck, sicherlich aber auch seinem Bankgeschäft: Er versorgte Disraeli und seinen Außenminister Lord Salisbury im Auftrag der Rothschilds mit Bargeld für ihren Berlin-Aufenthalt.[99]

Wie schon mehrfach deutlich wurde, wollten Unternehmer und Politiker auch als Privatpersonen von ihren Kontakten miteinander profitieren. Für die Wirtschaftskapitäne ging es in der Regel darum, Sozialprestige zu erlangen. Der Verkauf von Adelstiteln in Großbritannien und von Orden unter Präsident Grévy zeigt, welch hohe Summen mitunter für staatliche Ehrungen bezahlt wurden. Eleganter verlief der soziale Aufstieg von Personen wie Bleichröder, die langfristige persönliche Bindungen mit der politischen Elite eingingen. Umgekehrt konnte es vor allem jüngeren, aus einfachen Verhältnissen stammenden Amtsträgern nützen, wenn sie sich mit Unternehmern mikropolitisch verbanden. Von David Lloyd George sind zahlreiche einschlägige Kontakte überliefert, vor allem zu Beginn seiner Laufbahn am Vorabend des Ersten Weltkriegs. Zwar hielt er sich im Unterschied zu Premierminister Herbert Asquith ostentativ von den modischen Partys und teuren Gelagen der Londoner Gesellschaft fern. Doch ließ er sich systematisch von Geschäftsleuten einladen. Dazu gehörte vor allem der schwerreiche Metallimporteur Charles Solomon Henry, der als Unterhausabgeordneter einer der treuesten Unterstützer Lloyd Georges war. Henry lud ihn in seine Häuser ein und finanzierte mehrere Auslandsreisen Lloyd Georges. Gemeinsam mit anderen liberalen Politikern ließ Lloyd George sich auch von den Pressebaronen Harold Harmsworth und George Riddell zum Golfen oder zu Reisen nach Frankreich einladen.[100] Selbst ohne ein großes Vermögen konnte sich Lloyd George also in den besseren Kreisen sehen lassen und wie selbstverständlich die standesgemäße Sommerfrische eines reichen Briten in Cannes und Nizza pflegen – wo sich wie zufällig auch viele andere Parlamentsabgeordnete einfanden. Diese Kontakte Lloyd Georges waren freundschaftlich und fanden auf Augenhöhe statt. Sie zahlten sich auch für die Unternehmer aus: Alle drei wurden in den erblichen Adel erhoben und erhielten wirtschaftspolitisch wichtige Aufgaben oder Ämter von liberalen Regierungen. Derartige Verbindungen lassen sich nicht auf einzelne politische Geschäfte reduzieren. Stattdessen handelt es sich um intensive Kontaktpflege, in der Freundschaftsbekundungen, gemeinsame Freizeitaktivitäten, aber auch Geld und politischer Einfluss ›getauscht‹ wurden.

Seit der Hochindustrialisierung boten sich auch für weniger exponierte Amtsträger Chancen, gewissermaßen die Seiten zu wechseln und aus dem Staatsdienst in die Wirtschaft zu gehen. Im Italien des späten 19. und frühen 20. Jahrhunderts war der Wechsel zwischen Kriegsmarine und Rüstungsunternehmen gang und gäbe. Noch im Dienst der Streitkräfte stehend, arrangierte Admiral Augusto Albini 1885 einen Auftrag der Marine für den in Neapel ansässigen Rüstungskonzern Armstrong, Mitchell & Co. Wenig später verließ Albini den Staatsdienst, um kurz darauf als Generalagent von Armstrong in Rom wiederaufzutauchen.[101]

Eine lukrative Einkommensquelle für Politiker waren Insidergeschäfte. Finanzminister Léon Say ließ im Jahr 1879 ganz bewusst Gerüchte unkommentiert, denen zufolge die Zinsen für französische Staatsanleihen sinken würden. Nach einer einschlägigen Kabinettsentscheidung gab er an einige Investoren vertrauliche Hinweise. So konnten die mit Say persönlich verbundenen Bankiers Rothschild, Pereire und de Reinach erfolgreich auf die Hausse der Anleihen spekulieren.[102] Schon seit den 1840er Jahren gab es in Großbritannien immer wieder Klagen darüber, wie gut informierte Personen mit ihrem Wissen über bevorstehende politische Entscheidungen auf bestimmte Papiere setzten. Im Eisenbahnsektor standen dabei nicht zuletzt die Mitarbeiter des Board of Trade unter Verdacht.[103]

Auch Lloyd George machte im Jahr 1912 Geschäfte. Auf Vermittlung durch den Bruder ihres Kabinettskollegen Rufus Isaacs sicherten sich Lloyd George und weitere Minister Aktien des nordamerikanischen Telegraphenunternehmens Marconi zu einem Vorzugspreis, und zwar kurz bevor ein lukrativer britischer Regierungsauftrag für dessen englisches Schwesterunternehmen bekanntwurde. Freilich endete diese Transaktion mit Verlusten der Anleger – und mit einem der größten politischen Skandale seiner Zeit.[104]

Neben der langfristigen und umfassenden Elitenverflechtung bot sich selbstverständlich die Chance auf Bereicherung durch schlichte Bestechlichkeit. Hierfür gibt es zahlreiche Beispiele, die bis in höchste Regierungskreise reichen. Gegen Ende der Juli-Monarchie kam heraus, dass Eigentümer einer Salzmine, darunter der hochdekorierte General Despans-Cubières, 1842 den französischen Minister für Öffentliche Arbeiten Jean-Baptiste Teste geschmiert hatten, um eine Abbaulizenz zu erhalten.[105] Auch der Panama-Skandal erhielt seine Brisanz durch die Tatsache, dass sich über hundert Abgeordnete und der zuständige Minister von der Panama-Kanalbaugesellschaft dafür bezahlen ließen, ein bestimmtes Gesetz im französischen Parlament zu verabschieden (Kapitel 8).

Neue Loyalitäten, neue Strukturen: Gesinnungs- und Organisationspatronage

1842 schrieben Mitglieder des Ortskomitees der Konservativen Partei von Chatham im Südosten Englands einen Brandbrief. Adressat war der bereits erwähnte Sir Thomas Fremantle, *Chief Whip* und damit Patronagemanager ihrer Fraktion im Unterhaus. Die *Tories* in Chatham hatten ein Problem. In der traditionsreichen Hafen- und Werftenstadt war die Kriegsmarine der alles beherrschende Standortfaktor: Jobs und Lieferverträge der Admiralität entschieden über den Erfolg lokaler Unternehmer. Die Anhänger ihrer Partei, so klagten die *Tories*, seien nun schon seit Jahren davon ausgeschlossen. Stattdessen werde »jeder Wähler, der demokratische Gesinnung zeigte, mit Regierungspatronage überhäuft« – gemeint waren die Anhänger liberaler oder gar radikaler politischer Strömungen, die noch weiter ›links‹ im Parteienspektrum standen. Das war damit zu erklären, dass die liberalen *Whigs* mit einer kurzen Unterbrechung zehn Jahre lang regiert hatten. Im Spätsommer 1841 schien sich zunächst alles zum Besten zu wenden, denn der Konservative Robert Peel erhielt den Auftrag zur Regierungsbildung. Doch der traf eine unerwartete Personalentscheidung für Chatham. Er ersetzte den bisherigen, liberal gesinnten Chef des Marinestützpunkts durch einen bekennenden Radikalen. Die Chathamer Parteimitglieder waren nun bitter enttäuscht. Aufgebracht verlangten sie von Fremantle, die konservative Regierung solle eine ähnlich einseitige, rigorose und politische Patronage betreiben wie ihre liberale Vorgängerin.[106]

Dieser Brief ist aus mehreren Gründen bemerkenswert. Er zeigt einmal mehr die hohen Erwartungen an die britische Regierungspatronage, belegt aber auch ihre Wirksamkeit vor Ort. Wer systematisch ausgeschlossen war, hatte ein Problem – die Chathamer *Tories* litten nach eigener Aussage unter Mitgliederschwund. Erstaunlich ist vor allem die Politisierung der Patronage: Gesinnung und mehr noch Zugehörigkeit zu einem Parteikomitee waren in Chatham harte Kriterien dafür, ob man an der wirtschaftlich-militärischen Entwicklung teilhatte oder nicht. Dies ist ein sehr frühes Beispiel für systematische Parteipatronage. Chatham wirft die Frage auf, welchen Einfluss die Politisierung der Politik und der Bedeutungszuwachs von Organisationen auf die Mikropolitik hatten. Zu diesem Phänomen gibt es in den Politik- und Sozialwissenschaften eine Debatte. Die Soziologen Wolfgang Sofsky und Rainer Paris unterstreichen, dass auch moderne Organisationen von patronageähnlichen Loyalitätsstrukturen durchdrungen sind. Gegenüber traditioneller Patronage gebe es aber eine wichtige Veränderung: »An die Stelle eines individuellen Patrons tritt die Organisation selbst. [...] Nicht persönliche Bekanntschaft und Treue, sondern Mitgliedschaft in Verband oder Partei sichern Karriere und Privilegien.«[107] Guido Kirner hat davon ausgehend das Bild der Organisationspatronage ergänzt. Er weist darauf hin, dass auch in Organisationen Personen handeln. Entscheidendes Merkmal der Organisationspatronage sei daher nicht das Verschwinden des Patrons als Person. Verändert habe sich aber die Herkunft der Patronageressourcen: Sie entstammten nun der Organisation und nicht mehr dem Privatvermögen oder der Familie des Patrons.[108]

Grundlage der mikropolitischen Beziehungen in der Organisationspatronage ist für Patrone wie Begünstigte die Zugehörigkeit zur gleichen Organisation. Dies schafft Vertrauen durch das Wissen, den gleichen politischen Zielen zu dienen. Darin sind zwei Botschaften enthalten, eine machtpolitisch-instrumentelle und eine legitimatorische. Machtpolitisch bemühen sich die Beteiligten im Grundsatz gemeinsam und nicht in Konkurrenz um politischen Einfluss. Zum Zweiten ist die Partei- oder Verbandsmitgliedschaft ein politisches Bekenntnis, das der Rechtfertigung dient: Gemeinsam erstrebt man das Beste für das Gemeinwohl, und so darf, ja muss man sich gegenseitig helfen. ›Die anderen‹ gehen den falschen Weg, daher ist deren Mikropolitik auch unlauter. Die ideologische Konkurrenz klärt die Fronten: Doppelmitgliedschaften in liberalen *und* konservativen Parteien oder später in sozialistischen *und* rechtsnationalistischen Gruppen sind nicht denkbar.

Für die Praxis der Mikropolitik hat das Folgen. Vertrauen wird schneller und gewissermaßen bürokratisch durch Beitritt zu einer Organisation erworben. Patrone und Patronagemanager, aber auch die Klienten sind in Organisationen prinzipiell austauschbar. Die Ressourcen der Organisation stehen auch dann noch zur Verfügung, wenn die Personen an ihrer Spitze wechseln. Sie gehen zum großen Teil verloren, wenn die betreffende Partei aus der Regierung gewählt wird. Das jeweilige mikropolitische System löst sich von Einzelpersonen und verselbstständigt sich. Anciennität über mehrere Generationen wie noch in der Frühen Neuzeit spielt keine Rolle mehr. Landsmannschaft und Verwandtschaft sind jedenfalls keine erstrangigen Gesichtspunkte.

Was den zeitlichen Verlauf angeht, ereignete sich die Episode aus Chatham im europäischen Vergleich verhältnismäßig früh. Organisationspatronage wurde erst beherrschend, als Parteien und Verbände den politischen Betrieb dominierten, also ab der Wende zum 20. Jahrhundert. Gleichwohl entstand sie nicht über Nacht, und sie hatte Vorläufer.

Erste Formen von Organisationspatronage lassen sich bis ans Ende der Frühneuzeit zurückverfolgen. Dazu gehört der sogenannte Illuminatenorden, eine geheimbündlerische Organisation in Bayern aus den 1770er Jahren. Die Illuminaten waren in keiner Weise vergleichbar mit einer politischen Partei. Dennoch waren sie eine politische Gesinnungsgemeinschaft. Die Mitglieder des Ordens bekannten sich zu den Idealen der Aufklärung. Im Rahmen der Debatten über Staatsreformen kämpften sie gegen den absolutistischen Staat. Sie drängten darauf, Verwaltung und politische Herrschaft zu modernisieren, und forderten striktes Leistungsdenken bei der Besetzung von Verwaltungsposten. Zugleich betrieben sie systematisch Mikropolitik: Im Illuminatenorden vernetzten sich am Ende des Ancien Régimes die Befürworter der Reform, insbesondere Angehörige der Verwaltung aus dem niederen Adel oder dem Bürgertum.

Über ihre Ordensbrüder versuchten sie, ähnliche Reformprogramme auch in anderen deutschen Territorialstaaten voranzubringen. Mit Hilfe ihrer Kontakte im Orden organisierten sie Informationen und Absprachen. Zwar wurde der Orden in den 1780er Jahren vehement verfolgt, doch wirkten seine Netzwerkstrukturen lange nach. Einer der profiliertesten Reformer, der bayerische Staatsminister Montgelas, war selbst ehemaliger Illuminat. Er rekrutierte ab 1799 viele Mitarbeiter aus dem mittlerweile aufgelösten Orden. Das späte 18. Jahrhundert war insgesamt eine Hochphase unterschiedlicher Geheimbünde mit ähnlichen Zielen. Sie alle hatten keine feste Organisationsstruktur. Dennoch wurden hier erste Erfahrungen mit einer Vorstufe der Organisationspatronage gemacht: Entscheidendes Kriterium für die Beteiligung an Patronageressourcen war die Mitgliedschaft, und diese Mitgliedschaft war verbunden mit dem Bekenntnis zu einer benennbaren politischen Position.[109]

Während die Illuminaten kurzlebig waren, existiert eine andere geheimbündlerische Organisationsform aus dem 18. Jahrhundert bis heute. Gemeint sind die Freimaurer. Ausgehend von Großbritannien breiteten sich lokale Freimaurergruppen rasch in ganz Europa aus. Anders als die Illuminaten hatten sie allerdings kaum erklärte politische Ziele. Generell war die Freimaurerei für das Wirtschaftsbürgertum ein Ort für philanthropische Projekte, aber vor allem eine Form von Geselligkeit. Vielerorts fand man erst Zugang zur besseren Bürgergesellschaft, wenn man dem Kreis der Freimaurer angehörte. Hier wurden Hochzeiten arrangiert, Wohltätigkeitsveranstaltungen vorbereitet und sehr häufig auch Geschäfte angebahnt. Freimaurerei bedeutete aber auch, sich für universale Werte einzusetzen, etwa für internationale Verständigung. Vor allem in Frankreich und Italien waren Freimaurerlogen wichtige mikropolitische Arenen. Hier hatten die liberalen Eliten ihre gesellschaftliche Heimat.[110]

Hohe Verwaltungsposten etwa besetzte Giovanni Giolitti gerne mit Freimaurern. Ein Beispiel ist der Sizilianer Corrado Bonfanti-Linares. Er wurde 1909 Unterpräfekt, 1919 Präfekt von Mantua. Anfang der 1920er Jahre amtierte er als Generaldirektor der Abteilung für Öffentliche Sicherheit im Innenministerium und war damit Polizeichef Italiens. In seiner Personalakte finden sich über 80 Empfehlungsschreiben prominenter Politiker, insbesondere von Logenmitgliedern. 1922 wurde ihm die Freimaurerei aber zum Verhängnis: Die faschistische Regierung entließ ihn im Rahmen einer Kampagne gegen die Logen.[111] Auch in Frankreich waren Freimaurer mikropolitisch aktiv. So baten zwei Logen aus Avignon 1901 die Pariser Prominentenloge Grand Orient de France um Hilfe: Eines ihrer Mitglieder begehrte ein staatliches Privileg zum Tabakverkauf in Avignon. Der Grand Orient organisierte daraufhin für den kleinen Händler aus der Provinz ein diskretes Treffen mit dem Finanzminister in Paris.[112] 1904 gab es einen Skandal, als bekanntwurde, dass die Pariser Großloge eine Personenkartei mit Informationen über französische Offiziere führte – und sich Kriegsminister André bei Personalentscheidungen darauf stützte.[113]

Politische Gesinnung wurde im 19. Jahrhundert ein bedeutendes Kriterium der Mikropolitik – so etwa die Haltung gegenüber der Französischen Revolution. Um 1800 beschäftigte die Familie der Earls of Harrowby im Wahlkreis Tiverton den Patronagemanager Beavis Wood. Wood erklärte, er wolle mit den Patronageressourcen des Earl ein Bollwerk gegen die Ideen der Französischen Revolution aufbauen. Konkret bekämpfte er den Kirchengemeindevorsteher Dunsford, der Wood zufolge ein Anhänger der französischen Jakobiner war und den Umsturz wollte.[114] Unter der Juli-Monarchie in Frankreich traf der Republikaner und Antimonarchist François-Vincent Raspail eine bemerkenswerte Unterscheidung: Patronage von Verwandten und Freunden sei ein Merkmal der korrupten und verrotteten Monarchie. Doch Gesinnungsgenossen, die für Reformen und für die »unkorrumpierbare Republik« einträten, sollten durchaus mit Patronage gefördert werden.[115]

Politische Organisationspatronage im modernen Sinn entstand zunächst in den Vereinigten Staaten in der Ära des Präsidenten Andrew Jackson. Jackson führte in den 1830er Jahren das sogenannte »Beutesystem« ein: Nach dem Wahlsieg entließ er so viele Staatsangestellte wie möglich und vergab die Posten an Mitglieder seiner Partei als Belohnung für ihre Unterstützung. Dieses System half bei der Entstehung von Massenparteien, da sich auch ärmere Menschen in der Hoffnung auf materielle Vorteile politisch engagierten. Binnen weniger Jahre demokratisierte dieses System die von den Honoratioren aus der Wirtschafts- und Bildungselite der Ostküste geprägte US-Politik.[116]

Am Beispiel Großbritanniens haben wir gesehen, wie um das Patronagemanagement der *Chief Whips* herum Parteiorganisationen entstanden. In Italien übernahmen zumindest fallweise ländliche Interessenverbände die Rolle der Großwähler, als diese wegen des allgemeinen Wahlrechts an Bedeutung einbüßten. So beeinflusste beispielsweise die katholisch geprägte Federazione Interprovinciale Agraria Marchigiana in den Jahren vor dem Ersten Weltkrieg massiv das Wählerverhalten im mittelitalienischen Wahlkreis Osimo. Die Federazione war eine Massenorganisation, die ihre Mitglieder mit einer Mischung aus politischen Inhalten und mikropolitischen Ressourcen an sich band, und zwar in harten Auseinandersetzungen mit anderen, vor allem liberalen Kräften.[117]

Spätestens nach dem Ersten Weltkrieg hatte sich politische Parteipatronage überall in Europa etabliert. Das gilt sogar für die preußische

Verwaltung. Zwischen 1919 und 1932 regierten sozialdemokratisch geführte Landesregierungen den größten deutschen Teilstaat. Die SPD nutzte ihre Position, um die lokalen Spitzenbeamten auszutauschen. An die Stelle der konservativ und monarchisch gesinnten Landräte traten nun in rascher Folge Sozialdemokraten. Dies war neu für Preußen, denn im Unterschied zu Großbritannien, Italien und Frankreich hatte sich die Beamtenelite hier unabhängig von den Parteien rekrutiert, und zwar vor allem in autonomen Beamtennetzwerken.[118]

Wie funktionierte Organisationspatronage bei den Massenparteien des frühen 20. Jahrhunderts im Detail? Gesinnung und Organisationszugehörigkeit waren in den hochideologisierten Massenparteien des linken und später auch des rechten Randes besonders ausgeprägte Kriterien. Werfen wir dafür einen Blick auf sozialistische Parteien in zwei französischen Städten.

In der Geschichte von Toulouse folgten unterschiedliche Patronagemodelle aufeinander. Bis zum Ersten Weltkrieg herrschte hier die typische radikale Patronage bürgerlicher Einzelkämpfer, die sich vor allem als Interessenvertreter ihrer jeweiligen Stadtviertel verstanden. Nach dem Krieg brachen links geprägte Zeiten an: Nun gewann die sozialistische Partei (SFIO) die Kommunalwahlen. Ihre Mandatsträger, vor allem die Stadträte, verstanden sich als Repräsentanten ihrer *Partei*, nicht so sehr ihres Stadtviertels, und richteten sich nach den Beschlüssen von Parteigremien. Im Unterschied zur radikalen Patronage, wo der Bürgermeister als Herr über die Verwaltung der gewichtige Oberpatron war, lag die Verteilung der städtischen Patronage nun in den Händen von Parteikomitees. Und die Ressourcen nahmen zu, denn die sozialistische Stadtregierung unternahm eine Vielzahl öffentlicher Baumaßnahmen, von Sozialwohnungen über Infrastruktur bis hin zu Bildungs- und Freizeiteinrichtungen wie Stadien, Schwimmbädern und der Stadtbibliothek. Fast alle Aufträge gingen an ein Bauunternehmen, das aus einer Arbeiterkooperative hervorgegangen war. Die Rekrutierung des lokalpolitischen Personals erfolgte nun über links geprägte Basisorganisationen wie *Pétanque*-Clubs, Fanfarenzüge und sozialistische Studienkreise.[119]

Ganz ähnlich war die Kommunalpolitik in Marseille in den 1920er und 1930er Jahren organisiert. Auch hier dominierte die SFIO. Zwar war die SFIO mit rund 6000 Mitgliedern vergleichsweise klein, doch sie erreichte eine deutlich größere Klientel. Ihren Erfolg verdankte sie der mikropolitischen Verflechtung mit anderen Organisationen, vor allem mit der Gewerkschaft Confédération Générale du Travail (CGT) und mit den Amis d'Instruction laïque. Gewerkschaft und SFIO gemeinsam funktionierten wie eine gut geölte politische Maschine. Wurden Jobs in der Stadtverwaltung frei oder neu geschaffen, wandten sich die Rekrutierungskommissionen, dominiert von der SFIO, direkt an die CGT mit der Bitte, Kandidaten zu empfehlen. Von den rund 2000 neuen Jobs, die Marseille allein zwischen 1930 und 1938 schuf, wurden deshalb nur gut 100 ausgeschrieben. Viele Arbeitsuchende traten der Gewerkschaft allein mit dem Ziel bei, Arbeit bei der Stadt zu finden. Im Gegenzug warb die CGT kräftig für die sozialistische Partei.

Auch die Amis d'Instruction laïque mit ihren insgesamt rund 13 000 Mitgliedern waren offiziell keine Untergliederung der SFIO. Die Amis waren kleinteilig aufgebaut und vor allem in Arbeitervierteln aktiv. Sie boten Bildung, Kultur und Freizeitaktivitäten. Typischerweise dominierten in den Leitungsgremien der Vereine Mitglieder der SFIO, meist Mittelschichtsangehörige wie Lehrer. Sie sorgten dafür, dass sozialistische Kommunalpolitiker sich bei möglichst vielen Anlässen als Patrone der Amis und ihrer Mitglieder präsentieren konnten – nicht nur mit politischen und sozialen Wohltaten, sondern auch als Festredner oder Schirmherren bei Fußballturnieren. So dominierte die SFIO ein soziokulturelles Milieu, das über mehrere miteinander verflochtene Organisationen zusammengebunden war.[120]

Der Siegeszug der Gesinnungs- und Organisationspatronage hatte freilich Grenzen. So gab es in der Mikropolitik des italienischen *Trasformismo* und auch in der radikalen Patronage in Frankreich kaum Elemente von Organisationspatronage, schlicht weil die politischen Strömungen lange Zeit keine feste Organisationsstruktur hatten. Dieser Befund ist vielleicht weniger bemerkenswert als eine andere Feststellung. ›Reine‹ Gesinnungspatronage findet sich nur selten. Häufig spielen andere Kriterien mit hinein. Beispielsweise konnten Klienten ihre politische Gesinnung auch durch Verwandtschaft glaubhaft machen – so wie jener namentlich nicht genannte Mann aus dem Département Hérault, der sich unter Kaiser Napoleon III. darum bemühte, als offizieller Kandidat für einen Parlamentssitz aufgestellt zu werden. Er gab an, Sohn eines Präfekten Napoleons I. zu sein.[121] Der irische Katholik W. J. Harbison wiederum bat 1908 den Unterhausabgeordneten John Dillon um eine

Belohnung für seinen Bruder. Er selbst, sein Vater und der Bruder hätten für die Sache der irischen Nation schon viel getan. So vermischte auch Harbison Gesinnung, Verwandtschaft und eine besondere Form der Ancienniät zu einem ›Argumentepaket‹ im mikropolitischen Konkurrenzkampf.[122]

Auch im Begünstigungssystem der SFIO in Marseille kamen zur reinen Organisationspatronage weitere Elemente hinzu. Marseille war eine Metropole mit enormer Zuwanderung. Die neuen Bewohner waren Korsen und Italiener, zunehmend auch Spanier. Die Marseiller Sozialisten verstanden sich als Anlaufstelle und bemühten sich, diese Neuankömmlinge mit Wohnungen, Sozialleistungen und Jobs an sich zu binden. Diese Variante der städtischen Mikropolitik zeigt, wie moderne Organisationspatronage von älteren Begünstigungsstrukturen durchdrungen sein konnte: Korsen und Italiener nämlich organisierten sich mikropolitisch entweder entlang von Verwandtschaftsbeziehungen oder, noch auffälliger, in dörflichen Strukturen. Einwanderer, die aus dem gleichen Dorf stammten, bildeten auch in Marseille enge soziale Bindungen aus. Das hatte Konsequenzen für die Mikropolitik, vor allem wenn einer der Ihren ein mächtiger Patron wurde. So kam es, dass fast die Hälfte aller Immigranten aus dem korsischen Dorf Calenzano eine Stelle in der Stadtverwaltung bekam. Auch die anderen Calenzaner stiegen direkt in hohen Positionen in den Marseiller Arbeitsmarkt ein; kaum einer musste schwer körperlich arbeiten; fast alle fanden eine Beschäftigung in Büros oder Dienstleistungen. Der Grund: Der ehemalige Calenzaner Jean-François Leca saß für die SFIO im Stadtrat, und die aus Calenzano stammenden Brüder Guerini waren enge Partner des SFIO-Chefs Henri Tasso.[123]

Schließlich verband auch das Netzwerk von Konrad Adenauer in der Weimarer Republik moderne und traditionelle Elemente miteinander. Verwandtschaftsverhältnisse waren für Adenauer ein wichtiges Kriterium. Allerdings war der Kölner Oberbürgermeister und Reichstagsabgeordnete der Zentrumspartei durchaus in politische Organisationen eingebunden. Seine Stärke war es, katholisch gesinnte Kreise über Organisationsgrenzen hinweg zusammenzuführen. Adenauer war in seiner Partei auf lokaler und nationaler Ebene gut vernetzt, aber auch in der Katholischen Kirche und den vielen katholischen Laienorganisationen. Schließlich zählte eine Reihe von Industriellen zu seinen mikropolitischen

Partnern. Je nach Adressat seiner Briefe stellte Adenauer unterschiedliche Argumente oder Vokabeln in den Vordergrund. So korrespondierte er mit politischen Weggefährten und Kirchenfunktionären in einer Sprache, die sich auf den Glauben bezog, während er gegenüber Industriellen eher familiäre Verbundenheit zum Ausdruck brachte.[124]

So beanspruchten Motive und Logiken von Mikropolitik Geltung, die schon in der Vormoderne bekannt waren. Die Mischungsverhältnisse unterschieden sich von Epoche zu Epoche, von Land zu Land und von Organisation zu Organisation. In der bisherigen Forschung wird teilweise die These vertreten, die Mikropolitik in Italien und Spanien sei besonders traditionell geblieben. Hier habe keine Politisierung stattgefunden, lokale Belange und traditionelle Klientelsysteme seien dominant geblieben.[125] Auch wenn die Aussage in der Tendenz stimmt, verbieten sich schematische Beurteilungen. Obwohl die Mischungsverhältnisse unterschiedlich ausfielen, hat doch in allen Ländern zwischen dem späten 19. und dem frühen 20. Jahrhundert die Bedeutung von politischen Organisationen als Arenen der Mikropolitik zugenommen. Außerdem standen alle großen Klientelsysteme zumindest indirekt für ein politisches Programm, das gilt auch für den *Turno pacífico* und den *Trasformismo* und ganz besonders für die radikale Patronage in Frankreich.

Mikropolitik in Diktaturen

Die Zeit zwischen den beiden Weltkriegen war die Zeit der Diktaturen. In den ersten Jahren schienen die Zeichen noch auf Demokratie zu stehen: In Deutschland, Österreich, Russland und vielen Staaten Ostmitteleuropas fiel die Monarchie nach dem Ersten Weltkrieg, nicht selten durch eine Revolution. Fast alle Staaten führten ein allgemeines Wahlrecht ein, wovon vor allem die Frauen profitierten. Es standen außerdem neue mächtige Mitspieler auf der politischen Bühne: Gewerkschaften und Kommunisten. Nach der Oktoberrevolution und vielen weiteren proletarisch geprägten Unruhen veränderten sich die politischen Konstellationen, um der »roten Gefahr« zu begegnen. Gemäßigt linke Parteien erhielten Regierungsbeteiligungen. Nahezu überall erstritten Arbeiter politische Rechte in den Betrieben. Soziale Sicherungssysteme wurden massiv ausgebaut, und in vielen Ländern bemühten sich die Regierungen, Infrastruktur und Schlüsselindustrien unter staatliche Kontrolle zu bringen. Die Zwischenkriegszeit war auch eine Periode der Massenmobilisierung: Vor allem junge Menschen engagierten sich in Organisationen, die Gemeinschaftserlebnisse boten und auf der Straße politische Forderungen erhoben. Neben den traditionellen Gewerkschaften waren dies allerdings meist militante Gruppen, die die Demokratie mit Gewalt bekämpften: kommunistische Gewerkschaften und Parteien oder rechtsgerichtete Gruppierungen wie die französischen Jeunesses Patriotes und die Action Française oder die deutschen Nationalsozialisten.

Und so war die demokratische Morgenröte bald vorbei – in Italien bereits 1922 mit der Ernennung Mussolinis zum Regierungschef, in Frankreich spätestens 1940 mit der Selbstauflösung der Dritten Republik und der Machtübertragung auf Marschall Pétain. In Spanien herrschte von 1923 bis 1930 Diktator Miguel Primo de Rivera und ab 1939 der Generalissimus Francisco Franco. 1933 errichteten die Nationalsozialisten ihr totalitäres System in Deutschland. Die Gründe für den autoritären Trend

waren vielfältig: Traumatisierung durch den Krieg, Massenarbeitslosigkeit und wirtschaftliche Krisen, anschwellende soziale Konflikte, Sorge um den Zusammenhalt der Gesellschaft, große Verunsicherung unter den Funktionseliten, ideologische Zuspitzung und politische Gewalt – dies und unzählige weitere Krisenerscheinungen ließen viele Zeitgenossen nach radikalen Lösungen durch einen starken Mann suchen.[126]
Parlamentarismus und Demokratie hatten offenbar keine Auswege aus der Krise zu bieten. Einen wichtigen Grund sahen die Zeitgenossen darin, dass der Parlamentarismus durch Korruption lahmgelegt sei. Auch auf diesem Gebiet versprachen die autoritären Regime Abhilfe. Sie kündigten an, der Mikropolitik einen Riegel vorzuschieben. Keine einzige Diktatur wurde diesem Anspruch gerecht, aber in einigen Fällen veränderten sie die Mikropolitik.

Vor allem zu Beginn der neuen Herrschaften gerieten etablierte mikropolitische Strukturen unter Druck: einmal, weil die Diktaturen ihrem selbst gesetzten Anspruch gerecht werden wollten, und zum Zweiten, um konkurrierende Kräfte loszuwerden. Im Ergebnis allerdings waren Anreize und Gelegenheiten für Mikropolitik in der Diktatur zahlreicher als in den pluralen Gesellschaften. Denn die neuen Herrschaftsstrukturen mussten ja etabliert und möglichst in der Gesellschaft verwurzelt werden. Dabei darf man die Kontexte nicht vergessen: Die Diktaturen übten neben der Mikropolitik auch massiv Gewalt aus. Neben dem mikropolitischen Zuckerbrot schwangen sie die Peitsche verbrecherischer Unterdrückung. Zwei weitere Besonderheiten förderten die Mikropolitik in der Diktatur. Staatliche Ressourcen standen den Machthabern fast unbegrenzt zur Verfügung, in einigen Fällen wie im nationalsozialistischen Deutschland auch Privatbesitz von politisch und rassisch Verfolgten. Persönliche Loyalität gewann sichtbar an Bedeutung für die politische Organisation. Personenkult um den Diktator und Führerprinzip waren dafür der ideologische Hintergrund. Machttechnisch waren Personennetzwerke eine gute Möglichkeit, bestehende Verwaltungen und Organisationen zu durchdringen. Da die Diktaturen die Bevölkerung mobilisierten und politisch indoktrinierten, ist zu erwarten, dass Gesinnungs- und Organisationspatronage den Stil bestimmten. Geringer als in pluralen Gesellschaften war der Druck durch die kritische Öffentlichkeit oder Verwaltungsvorschriften.

Die Organisationspatronage der Massenparteien erreichte jetzt ihren

Höhepunkt. Die Nationalsozialisten ersetzten aus machtpolitischen Gründen rasch die verhältnismäßig wenigen politisch ›unzuverlässigen‹ Beamten aus linken Parteien. Aus rasseideologischen Motiven entfernten sie auch deren jüdische Kollegen. Parallel dazu legten sie ein Versorgungssystem für ihre Parteigänger auf. So beschloss die Parteiführung im Jahr 1933, alle arbeitslosen Parteimitglieder mit einer Mitgliedsnummer unter 300 000 mit einem Job im öffentlichen Dienst zu versorgen oder zumindest bei der Arbeitsvermittlung zu bevorzugen. Dies wurde von vielen Begünstigten als Fürsorge der Partei verstanden. Viele Parteimitglieder waren überzeugt, sie hätten vor der Machtübernahme große Opfer für die Partei gebracht und Nachteile erlitten. In der Logik des Gabentauschs erwarteten sie nun eine Gegenleistung. Interessant an diesen Vorgängen ist ihr bürokratischer Charakter. Voraussetzung für die Patronage waren ja organisationsbezogene Merkmale, nämlich die Parteimitgliedschaft und ihre Dauer (die Mitgliedsnummern bis 300 000 waren vor 1930 vergeben worden). Langjährige Angehörigkeit zur Organisation galt als Ausweis politischer Zuverlässigkeit, aber eben auch als mikropolitische Leistung, die nun mit einer Gegenleistung zu vergelten war.[127] Zugleich war der Druck auf Staatsbedienstete und Privatleute groß, in die Partei oder eine parteinahe Organisation einzutreten, wenn sie Karriere machen wollten. In all diesen Fällen war ideologische Zuverlässigkeit ein wichtiges Kriterium.

Ein charakteristisches Merkmal der nationalsozialistischen Herrschaft war ihr polykratisches Machtgefüge. Gemeint ist damit ein scheinbar chaotisches System von Zuständigkeiten innerhalb der staatlichen Verwaltung. Von Beginn an ernannte Hitler immer neue Sonderbeauftragte und Spezialverwaltungen für einzelne Aufgaben. Dieses Gefüge hatte den Charakter eines mikropolitischen Netzes, weil die Leiter dieser Organisationen ihre Kompetenzen häufig von Fall zu Fall mit ihren Vorgesetzten aushandeln mussten – oftmals mit Hitler selbst, der diese Fragen im Modus der Patronage regelte.[128] Nicht von diesen Strukturen zu trennen war die persönliche Patronage Hitlers gegenüber alten Weggefährten, Parteifunktionären, Armeekommandeuren, aber auch Künstlern, Medienschaffenden und Wissenschaftlern. Hitler bediente diese Klientel aus der gesamten Gabenpalette. Er machte ihnen persönliche Geschenke, etwa Geschirr, Porträts und luxuriöse Gebrauchsgegenstände mit seinem Namenszug. Er bedachte sie mit Ehrentiteln oder speziellen Aufgaben, vergab einmalige oder dauerhafte Geldzuwendungen, Immobilien und Begünstigungen aller Art. In Einzelfällen band Hitler sogar ehemalige Gegner des Nationalsozialismus auf diese Weise an sich.[129] Ähnliche Verhaltensweisen legten, in geringerem Umfang, auch andere Größen des Regimes an den Tag. Vor allem die regionalen Parteichefs, die Gauleiter, bauten in der Regel umfangreiche Patronagenetze auf.

Innerhalb der nationalsozialistischen Partei ersetzten Patronage und Verflechtung die offene Auseinandersetzung. In der Theorie war die Partei nach dem Führerprinzip aufgebaut; Entscheidungen wurden oben getroffen und nach unten durchgereicht. Formal gab es also keine Gelegenheit dazu, Meinungen zu diskutieren, regionale, soziale, berufsständische oder andere Interessen zum Ausdruck zu bringen. Auch für die Kämpfe um Macht und Einfluss gab es keine institutionalisierten Verfahren. Diese Aufgaben übernahmen informelle konkurrierende Netzwerke, die häufig mit mikropolitischen Ressourcen abgesichert waren.[130]

Mikropolitisch war die nationalsozialistische Herrschaft stark vom Gedanken des Beutemachens geprägt. Das gilt für die Masse der Altparteimitglieder, besonders aber für diejenigen Personen, deren Nähe zu Hitler sie gegen Kontrolle absicherte. Ein Beispiel ist der NSDAP-Fraktionschef in München, Christian Weber. Er nutzte seine Stellung kaum für das Regime, sondern um sich persönlich auf Kosten der Stadtverwaltung zu bereichern. Hitler ging zeitweilig auf Distanz, hielt aber in entscheidenden Momenten seine schützende Hand über ihn.[131] Vielfach waren es derartige Interventionen, vor allem bei Gerichten, welche die formell gültigen Regeln über Bereicherung im Amt aushebelten. Die Lebenswirklichkeit in den Partei- und Amtsstuben des Nationalsozialismus verstärkte damit das Beuteverhalten wichtiger Amtsträger – mit einer bedeutenden Ausnahme: Wenn die Partei oder ihr Vermögen zu Schaden kamen, folgten häufig harte Sanktionen. In solchen Fällen reaktivierten die Parteioberen die Fiktion, es gebe ein klares Verbot persönlicher Begünstigung.[132]

Zwei Umstände trugen überdies dazu bei, das Beutemachen für persönliche oder mikropolitische Zwecke zu erleichtern, ja dazu regelrecht zu ermutigen. Den Krieg führten die Nationalsozialisten erklärtermaßen als Ausbeutungs- und Raubkrieg. Folglich gab es nicht nur viele unbeobachtete Gelegenheiten zur Bereicherung, sondern man konnte sich dabei im Einklang mit den politischen Vorgaben fühlen. Ähnliches gilt für die Judenverfolgung. Entrechtung und Enteignung bildeten die Grundlage für Bereicherung. Für Teile der Bevölkerung machten erst diese Gelegenheiten den Nationalsozialismus interessant; sie bewegten überhaupt erst so manchen »Volksgenossen«, bei der Verfolgung mitzumachen.[133]

In Mussolinis Italien lagen die Dinge etwas anders. Auf dem Papier wollten zwar auch die Faschisten die Gesellschaft umgestalten und den »neuen Menschen« schaffen. Selbstverständlich sollte dieser frei sein von korrupten Neigungen und mikropolitischen Aktivitäten, immerhin gehörten die Faschisten zu den schärfsten Kritikern des *Trasformismo* und seiner klientelären Praxis. Doch kommt die neuere Forschung zu dem Ergebnis, dass es den Faschisten kaum gelang, die Bevölkerung dauerhaft zu mobilisieren oder ideologisch umzuziehen. Der italienische Faschismus erweist sich dabei als ein System, das fast ausschließlich mikropolitisch zusammengehalten wurde. Selbst die Loyalität der Bevölkerung gegenüber Mussolini scheint nach einer enthusiastischen Anfangsphase bald nur noch über mikropolitische Leistungen begründet gewesen zu sein.[134] Anders als beim Nationalsozialismus blieben dabei große Teile der aus der liberalen Ära stammenden Netzwerke erhalten, jedenfalls gilt dies für viele ländliche Regionen und für die Verwaltung, die Mussolini durch Mikropolitik an sich band und als Gegengewicht zur Partei begriff.[135]

Umgekehrt funktionierte diese Logik freilich nicht. Giolitti hatte zu Beginn der 1920er Jahre versucht, die faschistische Bewegung ganz im Sinn des alten *Trasformismo* an das liberale System zu binden. Doch zum einen hatte Mussolini weiterreichende Ziele. Zum anderen waren die faschistischen Basisorganisationen zumindest in den frühen 1920er Jahren mächtig genug, durch Mobilisierung und Gewaltanwendung das alte System zu erschüttern. Sobald Mussolini als Ministerpräsident 1922 staatliche Ressourcen zu seiner Verfügung hatte, stützte er sich auf die alten Verfahren. Die halbwegs freien Wahlen von 1924 gewann er durch außenpolitische Erfolge und den Wunsch vieler Italiener nach Stabilität, aber auch deshalb, weil er die bewährten Mittel anwandte: Stimmenkauf, Wahlempfehlungen durch Präfekten, Mobilisierung von Klientelen.[136]

Mussolini setzte in den kommenden Jahren darauf, seine Herrschaft zu festigen, indem er unterschiedliche Interessen mikroplitisch bediente, insbesondere diejenigen der etablierten sozialen Eliten. Er stärkte darum auch die zivile Verwaltung als Gegengewicht gegen eine von ihm misstrauisch beäugte faschistische Partei. Hier liegt wohl einer der größten Unterschiede zum Herrschaftsstil der Nationalsozialisten.[137] Auf diesem Weg konservierte Mussolini zugleich einige mikropolitische Strukturen aus der liberalen Ära. Ein Teil des faschistischen Fußvolks konnte darüber nur enttäuscht sein – war man doch ursprünglich angetreten, die politischen Verhältnisse zu ändern. Vor allem in Süditalien gab es zunächst große Hoffnungen, die alten Eliten und das organisierte Verbrechen zu entmachten. Die idealistischen, hochpolitisierten Anhänger des Faschismus gerieten bald ins Hintertreffen. Die Führung ermutigte nämlich auch regimeferne Kräfte, sich mit einem formalen Bekenntnis der Bewegung anzuschließen. So entstanden zahlreiche Institutionen und Gruppen, die zwar dem Namen nach faschistisch waren, faktisch aber nicht mehr als einen neuen Rahmen für bestehende Netzwerke bereitstellten. In der süditalienischen Region Basilicata gründeten zwei verfeindete lokale Netzwerke je eine faschistische Gruppe und warfen sich anschließend gegenseitig vor, sie seien keine wirklichen Faschisten.[138]

Neu war allerdings, dass die Patronage auf nationaler Ebene auf eine einzige Spitze zulief, nämlich den *Duce* selbst. Roberto Farinacci, zeitweilig Parteisekretär der Faschisten, sorgte in seiner Heimatstadt Cremona ganz im Stil der alten Großwähler für Vergünstigungen: Dank seines Zugangs zum *Duce* konnte er Steuerbefreiungen, Entlassungen aus dem Gefängnis oder gute Rezensionen für ein Buch organisieren.[139] Mehr noch als Hitler unterhielt Mussolini ein umfangreiches persönliches Patronagenetzwerk, vor allem gestützt auf seine Verwandtschaft. Diese Betonung der Familie konnte einerseits an alte Begünstigungstraditionen anknüpfen. Andererseits trieb sie kuriose Blüten, und es kam vor, dass Betrüger sich als Mussolini-Verwandte ausgaben.[140]

Bei allem mittelfristigen Erfolg hatten diese Strategien auch ihre Kehrseite für das Regime. Bald schon wurde die faschistische Herrschaft für korrupter gehalten als die Regierungen der liberalen Ära – ganz ähnlich wie im Nationalsozialismus. Zwar konnten die Medien das nicht kritisch diskutieren. Doch in der Halböffentlichkeit von Gesprächen war der Kontrast zwischen mikropolitischer Praxis und dem hochfliegenden Anspruch ein Nährboden der Unzufriedenheit.[141]

In Spanien traten die Regime von Primo de Rivera und Franco im Bereich der Mikropolitik mit ähnlichen Programmen an. Sie wollten den spanischen Staat vom Kazikentum kurieren. Trotz einiger symbolischer Maßnahmen gelang ihnen das freilich nicht. Mikrostudien im ländlichen oder kleinstädtischen Rahmen zeigen ganz ähnliche Muster wie in Italien. Vielerorts waren die etablierten Kazikensysteme unverzichtbar, um die neue Herrschaft überhaupt errichten zu können. So überdauerten die mikropolitischen Systeme aus der Restaurationsepoche zum großen Teil die Diktatur Riveras, die sich anschließende Zweite Republik und Francos Machtübernahme. Dabei zeigte sich aber auch, dass die Beteiligten sehr flexibel waren und sich ähnlich wie in Italien neuen ideologischen Anforderungen anpassten. Für die Kleinstadt Berja bei Almeria konnte etwa gezeigt werden, wie die dominanten Familienclans in der Zweiten Republik gleichzeitig mehrere konkurrierende Parteien durchdrangen, um sich möglichst viele Optionen offenzuhalten.[142] Ebenso wie die Faschisten wurden auch Primo de Riveras Unión Patriótica und Francos Falanges sehr bald zu mikropolitischen Verteilungsmaschinen. Sie stießen schnell an Grenzen, wenn sie die kazikilen Strukturen nicht absorbierten.[143] Typisch für beide spanischen Diktaturen scheint außerdem zu sein, dass einzelne private Unternehmen durch Bestechung und Patronage vielfach begünstigt wurden – ein Umstand, der nach Primos Sturz sowie in den letzten Jahren der Franco-Diktatur auch skandalisiert wurde.[144]

Über die Mikropolitik in Vichy-Frankreich unter der Herrschaft des Marschall Pétain ist recht wenig bekannt. Viele Indizien sprechen aber dafür, dass sich wenig am etablierten System der Begünstigung und im Zusammenspiel von politischem Personal und Verwaltung veränderte. Zumindest im Bereich der Justiz lässt sich feststellen, dass Interventionen von Abgeordneten beim Innenminister nach bewährtem Muster weiterliefen, etwa wenn es darum ging, Posten zu verteilen oder ein Gerichtsverfahren im Sinne einer Partei zu beeinflussen. Neu war allerdings auch hier, dass einige Akteure durch Verfolgung verschwanden und andere, regimenahe Kräfte hinzutraten. Dazu gehörte etwa die Organisationspatronage der Légion française des combattants. Sie war eine genuine Schöpfung des neuen Regimes, ein Sammelbecken unterschiedlicher Veteranenverbände, auf deren Klientel sich Pétain stützte.[145]

Fazit: Die moderne Mikropolitik

Mikropolitik und Moderne sind keine Gegensätze. Dreifach war Mikropolitik mit Modernisierungsprozessen verflochten. Sie half erstens bei der Durchsetzung moderner politischer Systeme und Werte – das zeigen die Patronage der Bürokraten ebenso wie die Begünstigungssysteme im Parlamentarismus, vor allem in Frankreich, Italien und Spanien. Mikropolitik begleitete die Ausweitung der politischen Beteiligungsrechte auf immer breitere Bevölkerungsschichten etwa bei Parlamentswahlen. Ohne Mikropolitik hätten die zunehmend parlamentarischen Regierungssysteme des späten 19. und frühen 20. Jahrhunderts eine andere Gestalt gehabt.

Zweitens führten die Prozesse der Modernisierung dazu, dass andere Akteure auf den Plan traten und andere Ressourcen getauscht wurden: Beamte, gewählte Politiker, Unternehmer, Angehörige der Mittel- und Unterschichten beherrschten nun den politischen Gabentausch. In neuen sozialen Milieus bildeten sich eigene mikropolitische Strukturen: Das gilt für das gesamte Spektrum zwischen den Immigranten und Arbeitern in Marseille am unteren Ende bis hin zu den Diplomatenempfängen Bleichröders oder der Elitenverflechtung eines Lloyd George am oberen Ende der sozialen Leiter. Industrialisierung und Interventionsstaat stellten völlig neue Tauschmittel zur Verfügung, Parlamente und Wahlen boten neue Arenen für den politischen Gabentausch.

Drittens veränderten sich Strukturen, Funktionsweisen und die Kultur der Patronage selbst: Mikropolitik wurde massenhafter, sozial offener, in der Elitenverflechtung weniger hierarchisch, und sie wandelte sich immer schneller. Zugleich wurde sie in Gestalt der Organisationspatronage anonymer, ideologischer und bürokratischer. Parteien, Verbände und Lobbyisten entwickelten neue Ziele und neue Formen des Klientelismus. Immer mehr spezialisierte Funktionsträger arbeiteten für mikropolitische Systeme: Abgeordnete brauchten Helfer im Wahlkreis *auch*, um ihre Patronagefunktion erfüllen zu können. Um den *Chief Whip* der britischen Parteien bildeten sich Parteizentralen *auch* wegen des Arbeitsanfalls in der Regierungs- und Parteipatronage. Selbst im scheinbar so konservativen Kazikentum setzten sich gutausgebildete Mittelschichtsangehörige auf Kosten von traditionellen Magnaten durch, weil sie viel besser in der Lage waren, effiziente Patronage zu organisieren, vor allem im Zusammenspiel mit der Verwaltung.

Gleichwohl blieben Merkmale und Mechanismen erhalten, die wir schon aus der Vormoderne kennen. Das gilt zum einen für den Gabentausch, dessen Grundsätze erhalten blieben. Vertrauen in und Begünstigung von Personen waren weiterhin maßgebend. Gelegentlich blieben auch Verwandtschaft und Landsmannschaft Kriterien beim Aufbau von mikropolitischen Netzen, auch wenn die Organisationspatronage neue Wege der Vertrauensbildung einführte. Das Gleiche gilt für die traditionellen ländlichen Eliten: Sie übten ihre Funktion als gewissermaßen ›natürliche‹ Patrone noch für eine lange Zeit aus. Wie in der Frühen Neuzeit konnte soziale Absicherung ein Motiv sein, sich einem Patron anzuschließen. Die staatliche und kommunale Sozialpolitik ersetzte Mikropolitik nicht völlig bzw. lässt sich teilweise als Beitrag zur Mikropolitik interpretieren: Hier boten sich neue Gelegenheiten für Verflechtung und Begünstigung – das zeigen Kaziken, sozialistische Kommunalpolitiker und britische Abgeordnete.

Wie in der Frühen Neuzeit trug die Mikropolitik auch in der Ära der Bürokratie und der Parlamente zur Integration der Flächenstaaten bei: Regionale Interessen konnten so aus der Provinz an die Regierung oder aus den Stadtvierteln in die kommunalen Spitzen übermittelt werden. Einerseits wurde die Lage übersichtlicher: Wenn Spitzenbeamte als lokale Patronagemanager ihrer Regierung arbeiteten, taten sie dies viel konsequenter als ihre frühneuzeitlichen Vorläufer, denn sie waren sozial und wirtschaftlich viel abhängiger von ihren Vorgesetzten. Zugleich stieg die Komplexität dieser Interessenvermittlung. Denn jetzt kamen neue Konfliktlinien hinzu: zwischen sozialen Gruppen, zwischen konkurrierenden Organisationen und Verwaltungen, vor allem aber zwischen politischen Strömungen und Parteien, die nach einem Regierungswechsel auch ihre Stellvertreter vor Ort auswechseln mussten.

Mikropolitik fand weiterhin oft unter Bedingungen der Face-to-face-

Gesellschaft statt. Wohltäter und Begünstigte kannten sich persönlich. Das galt insbesondere für lokale Netzwerke, aber auch für Elitenverflechtung von Unternehmern, Managern und Politikern. Zugleich gilt aber selbst für lokale Netzwerke, dass auch sie in der Tendenz massenhafte Züge entwickelten, etwa im Fall der französischen Deputierten, die sich wegen ständig steigender Anfragenzahlen kaum noch um Einzelfälle kümmern konnten. Und so führte die Massenhaftigkeit einige mikropolitische Systeme zum Zusammenbruch. Als in Großbritannien die Kosten für den Stimmenkauf die Parteien überforderten, entschlossen diese sich 1883 zu effektiven Gegenmaßnahmen. Die französische radikale Patronage verlor ihren Nutzen, als sich immer mehr Menschen an die Abgeordneten wandten, ohne Loyalität zu versprechen. In Italien waren um 1900 fast sämtliche Anträge an Behörden mit Empfehlungsschreiben versehen – der mikropolitische Wert dieser Massenpost war verständlicherweise gering.[146]

Massenhaftigkeit und Bürokratisierung, scheinbar eindeutige Kennzeichen der Moderne, gingen gelegentlich überraschende Verbindungen mit ›traditionellen‹ Phänomenen ein. Benito Mussolini etwa betrieb systematisch Familienpatronage. Er förderte mit staatlichen Zuwendungen nicht weniger als rund 230 Mitglieder seiner Verwandtschaft. Der Ansturm seiner Familie überforderte ihn freilich. So überwies der Parteichef von Bologna 1927 im Namen des *Duce* 60 000 Lire an die Gemeindeverwaltung von Mussolinis Heimatort Predappio. Sie sollte sich um die Bittsteller kümmern, aber zuvor im Gemeinde- und Taufregister sorgfältig prüfen, ob deren Verwandtschaftsgrad sie zu Forderungen berechtigte.[147] So wurde Verwandtschaft, eigentlich ein Merkmal von sozialen Beziehungen in Face-to-face-Gesellschaften, in einen anonymen, bürokratisch verwalteten Mechanismus überführt.

Ein weiteres Merkmal der modernen Mikropolitik war die Monetarisierung. Gemeint sind Beziehungen, in denen Geld die wichtigste Tauschressource ist. Dies galt für einen Teil der Wahlbeeinflussung in Großbritannien, für Abgeordnetenbestechung, Finanztransaktionen und Insidergeschäfte, die wir in den großen Korruptionsskandalen des späten 19. Jahrhunderts kennenlernen werden. Der Einfluss von Politikern auf die Berichterstattung in der Presse beruhte ebenfalls häufig auf einmaligen oder dauerhaften Geldzahlungen. Bismarcks Verwendung des Welfenfonds ist ein weiteres Beispiel. Besonders auffällig sind all jene

Fälle, wo Preislisten für bestimmte Leistungen kursierten, etwa für die Orden der Ehrenlegion oder die britischen Adelstitel.

Die Beschleunigung als Epochenphänomen machte schließlich vor der Mikropolitik nicht halt. Je schneller der politische, wirtschaftliche und soziale Wandel wurde, umso häufiger mussten oder konnten neue Patronagenetze entstehen. Zugleich sollten politische Klientelstrukturen in vielen Fällen dafür sorgen, den Wandel abzumildern und Stabilität zu garantieren. Die Gesinnungs- und Organisationspatronage war unter anderem ein Versuch, Loyalitäten und Protektion dauerhaft festzuschreiben.

Auch in der Moderne war Mikropolitik oft hierarchisch organisiert; es gab Patrone und Klienten. Allerdings waren ihre Rollen weniger statisch als noch in der Frühen Neuzeit. Die Begünstigungsketten verloren an hierarchischer Eindeutigkeit, Patrone und Klienten wechselten gelegentlich ihre Rollen. Das war unter anderem eine Folge neuer politischer Spielregeln. So war der gewählte Abgeordnete der Idee nach Mandatsträger, ein Beauftragter, und nicht Teil einer gesetzten Obrigkeit.

Häufig ist es schwierig zu entscheiden, ob ein Wähler der Klient des Kandidaten ist oder der Kandidat sich beim Wähler um die Gunst seiner Stimme bewirbt. Nun mag dieses Beispiel angesichts der sozialen Wirklichkeit sehr theoretisch anmuten. Doch schon eine Stufe weiter oben in der mikropolitischen Pyramide werden die Verhältnisse unklar. So ist man in der Forschungsliteratur uneins darüber, ob die Kaziken Klienten oder Patrone der Abgeordneten waren, ob sie die Lokalverwaltung dominierten oder ob sie stattdessen Empfänger von Direktiven aus der Zentralverwaltung waren. Die latente Erosion klarer Hierarchien zeigt sich auch in der Sprache der Patronage. Seit den 1870er Jahren bezeichneten sich Kaziken und ihre Klienten immer häufiger als »Freunde« und vermieden Begriffe wie Meister, Diener und Kreatur. Ein Stil der Wechselseitigkeit ersetzte Ehrerbietung und Unterwürfigkeit.[148]

Noch deutlicher zeigt sich dies in der Verflechtung zwischen politischer und wirtschaftlicher Elite. Hier ging es vielen Beteiligten gerade darum, die Unterschiede untereinander einzuebnen, gewissermaßen durch Ressourcentausch auf Augenhöhe. So funktionierte die liberale Elite der Dritten Republik, und so begegnete Lloyd George seinen Unterstützern aus der Wirtschaft. Teilweise gilt das sogar für das Tandem Bismarck–Bleichröder. So wuchs die Bedeutung horizontaler Verflechtung als Folge sozialen Wandels durch neue gesellschaftliche Werte und veränderte Machtverteilung. Nun haben wir gesehen, dass wichtige Positionen in der neuen Mikropolitik von Personen besetzt wurden, die ein Amt auf Zeit übertragen bekamen: Spitzenbeamte, Abgeordnete, Regierungschefs. Vielfach unterscheiden wissenschaftliche Arbeiten zwischen diesen Amtsinhabern auf der einen Seite und Patronen aus eigener Machtvollkommenheit auf der anderen – das wären die traditionellen Notabeln und Adeligen mit Grundbesitz und einem die Generationen übergreifenden Sozialprestige. Im Lauf des 19. Jahrhunderts zeigte sich, dass Ämter auf Zeit in Verwaltung, Parlament oder Regierung tendentiell Ressourcen boten, die den Mitteln der alten Eliten überlegen waren. Nichts belegt das so markant wie die Landräte im östlichen Preußen, die den eingesessenen Junkern mit Hilfe von Schul-, Krankenhaus- oder Eisenbahnprojekten den Rang abliefen.[149] Ähnliches lässt sich bei vielen mikropolitischen Systemen beobachten, die hier beschrieben wurden. Erst dieser Umstand ermöglichte den Aufstieg neuer Schichten in den Patronatsrang.

Im 19. Jahrhundert war Mikropolitik nicht mehr eingebettet in ein gesellschaftliches Ideal, das die Werte der Patronage spiegelte. Dafür hatten sich beide, Gesellschaftsmodelle wie die Praxis der Mikropolitik, zu stark verändert. Mikropolitik war zwar allgegenwärtig, aber nicht mehr so klar moralisch geboten. Zwar erwarteten viele Zeitgenossen Patronage. Regierungen, Beamte, Politiker und Unternehmer waren sich dessen bewusst. Sie bedienten und schufen die entsprechende Nachfrage. In manchen Fällen traten sie dabei sehr offen auf, etwa in der Wahlpatronage. Dennoch bewegten sich diese Praktiken in einem Graubereich: informell weit verbreitet, aber formal ausgeschlossen; im Alltag akzeptiert und eingefordert, aber in der politischen Diskussion kategorisch verboten. Wohl kaum ein Thema hat die politische Pathologie der Zeitgenossen so stark beschäftigt wie Begünstigung und Bestechlichkeit. Das 19. Jahrhundert war das Jahrhundert der Korruptionskritik.

4.
Die Entstehung des modernen Korruptionsbegriffs

Missstände auf den Begriff gebracht: Begriffsgeschichte der politischen Korruption

Walter Hammer hieß der Autor eines Pamphlets, das 1914 in Deutschland erschien. Kassenarzt Hammer klagte über die »reichsdeutsche Krankenkassen-Korruption«. Gemeint war kein bestechlicher Krankenkassendirektor, sondern der moralische Niedergang im öffentlichen Gesundheitswesen. Hammer geißelte den Missbrauch von Sozialleistungen. »Sittlich minderwertige« Arbeitnehmer würden sich krankschreiben lassen, wenn sie Urlaub machen wollten. »Kassenramschärzte« seien den »Kassenschmarotzern« willfährig zu Diensten. Grund für die »Lotterwirtschaft der Ramschdoktoren« sei die schlechte Bezahlung der Kassenärzte. Hammer forderte Abhilfe durch härtere Kontrolle und mehr Geld.[1]

Hammers Büchlein war eines unter den vielen, die um 1900 schrille Korruptionskritik übten. Er behauptete etwas, von dem alle Korruptionsdebatten handelten, nämlich einen Zusammenhang zwischen Eigennutz, Unmoral und dem Niedergang öffentlicher Einrichtungen – hier des Gesundheitswesens. Korruptionskritik berichtete in allen Epochen von moralischem und politischem Schmutz, von einer dunklen Seite der Macht. Uns verbindet mit der Vergangenheit eine scheinbar genaue Vorstellung davon, was Korruption sei, nämlich ein großes Übel für die Gemeinschaft. Bei genauerem Hinsehen schillert der Begriff aber, seine Ränder sind unbestimmt. Diese Kombination aus scharfer Verurteilung und weichen Grenzen macht seine besondere Note aus.

Korruption, *corruption*, *corruzione*, *corrupción*, *corruptie* ist in nahezu allen westeuropäischen Sprachen geläufig. Es handelt sich um ein gemeinsames Erbe aus der lateinischen Wurzel *corruptus* (ungenießbar, verdorben, schlecht). Korruption ist immer negativ, steht immer für Auflösung oder Verfall. Dieser Verfall kann sich auf drei Bereiche beziehen: auf physisch-materielle Dekomposition und Fäulnis, auf sittlich-moralischen Niedergang im Sinn von Verstößen gegen die soziale und religiöse Ordnung sowie schließlich auf den Verfall von Institutionen,

Gesetzen oder Verfassungen.² Der Korruptionsbegriff hat also eine materielle, eine moralische und eine politisch-funktionale Bedeutung.

Im Bereich der Politik beschreibt Korruption einen Niedergang, bei dem Einzelinteressen und das Gesamtwohl der Gemeinschaft sich in einem Ungleichgewicht befinden. Korruption ist in einem breiten Feld von Nachbar- und Gegenbegriffen angesiedelt. Zu den Nachbarbegriffen gehören Begünstigung, Käuflichkeit, Bestechlichkeit und Bestechung als individuelle Praktiken. Patronage, Favoritentum und Klientelismus sind die entsprechenden kollektiven Praktiken. Aussagekräftig sind auch die Gegenbegriffe. Als Eigenschaften sind Integrität, Tugend, Selbstlosigkeit und Perfektion Gegenstücke zur Korruption. Auf politischem Gebiet ist das zentrale Gegenstück zur Korruption die Herrschaft des Gemeinwohls oder des gemeinen Nutzens, das ideale Ziel jeder Politik. Dagegen steht Korruption als Herrschaft des Partikularen und der Selbstsüchtigen für ein Versagen von Politik.

Korruption ist ein dehnbarer Begriff. Gemeint sein können einzelne Handlungen, konkrete Personen, bestimmte Vorfälle. In der Zeitung *Volksstaat*, dem Vorgänger des *Vorwärts* als Zentralorgan der SPD, findet sich 1873 eine am Einzelfall orientierte Definition. »Unter Corruption hat man von jeher verstanden, daß die Beamten [...] den Einfluß, welchen ihr Amt ihnen gibt, zu ihrem persönlichen Vortheil ausbeuten [...] indem sie ihren Einfluß direkt an Spekulanten [...] für Geld verkaufen.«³ Nun war diese Definition stark von den mikropolitischen Möglichkeiten der Hochindustrialisierung geprägt – »von jeher« galt dieses Korruptionsverständnis gewiss nicht. Zugleich bedeutet Korruption oftmals aber auch den Niedergang und Verfall eines gesamten Gemeinwesens. Die Kombination beider Dimensionen macht die Sprengkraft der Korruption aus.

Korruption als Diagnose des moralischen Niedergangs einer ganzen Gesellschaft – diese Vorstellung hatte vor allem in den Hochphasen der Korruptionsdebatten Konjunktur. In Großbritannien bezeichnete der Kampfbegriff *Old Corruption* um 1800 die gesamte politische und gesellschaftliche Ordnung. Um 1900 gab es in jedem westeuropäischen Land eine Strömung, die das jeweilige politische System durch Korruption im Niedergang begriffen sah – besonders ausgeprägt war diese Einstellung in Spanien und Italien. Rechtsnationalistische deutsche Publizisten malten in der Zeit zwischen den Weltkriegen düstere Bilder einer vorgeblich durchkorrumpierten Republik von Weimar.

Nun hat der Korruptionsbegriff eine Geschichte, so wie jeder andere Schlüsselbegriff auch. In der griechischen und römischen Antike liegen seine ältesten Wurzeln. Dort gab es Vorstellungen von einzelnen Vergehen wie Bestechung und Bestechlichkeit oder unsachgemäße Amtsführung. Die Begriffe *corruptio* und *corrumpere* führten Bestechung auf moralische Verderbnis zurück.[4] Im späten Mittelalter beschrieb *corruptio* neben anderen Vokabeln wie *abusus, defectus* oder *scandalum* Missstände, Verbrechen oder theologische Irrlehren. Gelegentlich tauchte er auch im Zusammenhang mit Amtsvergehen auf, wurde allerdings nicht trennscharf verwendet. In den norditalienischen Kommunen des Spätmittelalters mit ihrem recht modernen Amtsverständnis war *baratteria* der wichtigste Fachausdruck für Bestechlichkeit im Amt. Daneben war der korrupte Richter, *iudex corruptus*, ein etwas weiter verbreiteter Ausdruck, der schon im Hochmittelalter nachweisbar ist.[5] Während der Frühen Neuzeit hatten Vorstellungen von Niedergang und Zersetzung des Gemeinwesens in der Staatsphilosophie Konjunktur. Korruption war der Fachbegriff für den Niedergang von Staaten, vor allem der Stadtstaaten mit ihren republikanischen Verfassungen.[6]

Daneben tauchte Korruption in der Frühen Neuzeit weiterhin als Begriff für Amtsmissbrauch auf, insbesondere in Bezug auf Richter. Das gilt vor allem für Frankreich: Die Rechtsgelehrten werteten manipulierte Urteile nicht mehr nur als Verfehlung eines Richters gegenüber Klägern und Beklagten, sondern begriffen sie als systematisches Problem, als Verrat an der öffentlichen Ordnung. Der gekaufte Richter schädigte nämlich nicht nur die Prozessparteien, sondern vor allem auch den König als obersten Gerichtsherrn. Dessen Versprechen auf Rechtssicherheit und faire Verfahren gefährdeten die korrupten Richter durch Untreue. Ab dem Ende des 17. Jahrhunderts löste sich diese Auffassung von der Person des Herrschers ab. Richterkorruption stellte sich nun als Verrat an der Öffentlichkeit und am Staatswesen dar, als Gefahr für das Gemeinwohl.[7]

In der politischen Moralistik und in Regierungslehren aus dem deutschsprachigen Raum gab es seit dem späten 16. Jahrhundert eine ähnliche Entwicklung. Diese Handbücher über gutes Regieren kritisierten Amtsträger, falls sie einzelne Personen aus persönlichen Gründen bevorzugten. Ab etwa 1600 verwendeten die Autoren unter anderem den Begriff Korruption, wenn Staatsdiener Geschenke annahmen und dafür Vorteile gewährten. Zugleich entstand auch hier ein Verständnis für den Gegensatz von öffentlichem Nutzen und Einzelinteressen.[8] Nun blieben die Prinzipien der schenkenden Gesellschaft in der Frühen Neuzeit lange unangetastet. Doch wuchs in der staatstheoretischen Literatur das Unbehagen am Einfluss von Geschenken auf Behörden, und zwar in dem Maße, wie staatliche Verwaltung ausgebaut wurde. Dieses Problem erhielt zunehmend den Namen Korruption, insbesondere seit dem späten 17. Jahrhundert.[9]

Vormoderne Ursprünge hat auch der religiöse Korruptionsbegriff. In der Vulgata, der in ganz Europa verbreiteten lateinischen Bibelausgabe, beschreibt *corruptio* den Zustand des Menschen seit dem Sündenfall. Korruption benannte das unausweichliche Schicksal des Menschen im Strudel wachsender Sünden und im Elend körperlicher Alterung, von Krankheit und Tod. Korruption brachte also den moralischen wie auch den physischen Verfall des Christenmenschen auf einen Begriff. Die Korruption des Menschen stand im Gegensatz zur Herrlichkeit Gottes. Das hieß aber, Korruption konnte durch Menschen nicht aufgehalten werden. Doch es gab heilsgeschichtliche Hoffnung. Am Ende von Verfall und Korruption würden das Jüngste Gericht und das Reich Gottes stehen: Reinigung, Heilung und Befreiung. Bereicherung im Amt und Bestechung, ebenfalls Themen der Heiligen Schrift, wurden in der Vulgata interessanterweise mit anderen Begriffen umschrieben, niemals mit Korruption.[10] Korruption war aber nicht nur das Schicksal des Einzelnen, es war auch ein Leiden der Kirche. Viele Humanisten und Reformatoren sahen die Kirche in einem unaufhaltsamen Prozess der Verweltlichung, vor allem seitdem sie politische Macht habe.[11]

Korruption von Mensch und Kirche war also in der Theologie der Vormoderne eine feste Größe. Gelegentlich findet sich der religiöse Begriffsgebrauch im 19. Jahrhundert wieder. So stand »religiöse Korruption« für die durchaus nicht neue Klage, der Glauben werde ausgehöhlt. »Korruption der Christenheit« bezeichnete weiterhin eine Diagnose, die im Kern jeder religiösen Reform zugrunde liegt: Der wahre Glauben sei in Vergessenheit geraten und müsse wieder freigelegt werden.[12]

Mit der Aufklärung verschob sich gleichwohl das Bild vom moralischen Niedergang aus dem religiösen in das weltliche Denken. Der französische Philosoph Jean-Jacques Rousseau sprach häufig von Korruption. Allerdings meinte er nicht die Abkehr von Gott, sondern den Prozess der Zivilisation, die Abkehr des Menschen von der Natur.[13] Andere Zeitgenossen kehrten in kirchenkritischer Absicht sogar den Spieß um. Der Begründer des wirtschaftlichen Liberalismus, Adam Smith, behauptete, die Religion selbst könne Moralverfall und Korruption der Bevölkerung hervorrufen.[14]

Über den allgemeinen Sprachgebrauch von Korruption im 19. Jahrhundert geben Wörterbücher und Lexika Auskunft.[15] Neben vielen Gemeinsamkeiten vermitteln die Nachschlagewerke auch einige nationalsprachliche Besonderheiten. In englischen Fremdwörterbüchern war *corruption* während des gesamten 19. Jahrhunderts durchgängig enthalten, meist mit einem sehr breiten Bedeutungsfeld von verderben/faulen (im biologisch-physikalischen Sinn), anstecken (medizinisch), über verschmutzen, verunreinigen, verfälschen bis hin zu moralisch verderben und bestechen, so im »Imperial Dictionary« von 1883.[16] In der »Encyclopaedia Britannica« erscheint *corruption* in den Ausgaben zwischen 1771 und 1910/1911 regelmäßig, in der ersten Hälfte des 19. Jahrhunderts aber lediglich als kurzer Verweis auf den Hauptartikel *bribery* (Bestechung). Auffälligerweise nahmen in den Konversationslexika gesetzliche Maßnahmen gegen Bestechung viel Raum ein. In der Ausgabe der Encyclopaedia von 1910 findet sich das neue Lemma *corrupt practices* mit den Bestimmungen des 1883 erlassenen Corrupt and Illegal Practices Prevention Act. Wahlkorruption taucht in den englischen Wörterbüchern immer wieder auf. Sogar ein deutsches Übersetzungswörterbuch aus dem frühen 20. Jahrhundert nennt *corrupt borough* als Anwendungsbeispiel für das Adjektiv *corrupt* – gemeint war ein Wahlkreis, in dem bestochen wird.[17]

Im französischen Sprachgebrauch verfügte *corruption* wohl über das breiteste Bedeutungsfeld, von der physischen, auch chemischen Auflösung über Fäulnis, die Veränderung von Texten im philologischen Sinn über den Niedergang der Sitten und Moral, erotische Verführung und die Verwirrung des Geschmacks bis hin zur Bestechung von Amtsträgern, gelegentlich mit Hinweisen auf Wahlkorruption. Bestechlichkeit wird in vielen Werken eher allgemein als Pflichtvergessenheit definiert.[18]

Für Deutschland fällt die Ausbeute in Nachschlagewerken deutlich geringer aus. Findet man im späten 18. Jahrhundert durchaus die »Corruption« in einem ähnlichen Wortsinn wie in England, sucht man das

Lemma von der Zeit um 1800 bis in die 1850er Jahre oft vergeblich und findet es auch anschließend nur vereinzelt. Erst um 1900 scheint die Korruption sich fest im deutschen Sprachgebrauch etabliert zu haben. Gleichwohl blieben die Einträge in den Konversationslexika vergleichsweise knapp. In der Regel beschäftigten sich die Artikel mit der Rechtslage bei Dienstvergehen von Beamten. Die deutschen Nachschlagewerke zeigen generell ein enges Begriffsverständnis, das um Amtsträger, Staat und Moral kreist.[19] Erst im 20. Jahrhundert dominierten die Gesichtspunkte Moral oder Sittenverderbnis vor der Bestechung.[20]

Die Wörterbücher und Enzyklopädien zeichneten im Vergleich zu den politischen Debatten ein nüchternes Bild von Korruption. Sie bildeten zwar das begriffliche Dreieck von physischer Zersetzung, moralischem Verfall und politischem Niedergang ab. Doch betonten sie rechtlich eingrenzbare und individuelle Verfehlungen. Die Autoren in den politischen Debatten ließen dagegen den Assoziationen freien Lauf.

Die englische Satirezeitschrift *Punch* etwa kommentierte 1847 die Verurteilung des ehemaligen französischen Ministers für Öffentliche Arbeiten, Teste, mit einem sarkastischen Wortspiel. Der Minister hatte gegen Bestechungsgelder eine Salzminenkonzession erteilt. *Punch* meinte dazu: »Salz wird üblicherweise als Mittel gegen Korruption angesehen, aber hier ging es anders aus« – gemeint war Salz als Konservierungsmittel für Fleisch.[21] Es lässt sich hier sehr schön zeigen, wie politische Pamphlete ihre rhetorische Schärfe aus dem breiten Bedeutungsfeld von Korruption gewannen. Legion sind medizinische Anspielungen: Politische Korruption sei ein Gift, wirke ansteckend und sei so appetitlich wie Eiter. Solche Formulierungen waren schon im 18. Jahrhundert verbreitet und überdauerten in der Moderne.[22] Ab Mitte des 19. Jahrhunderts beschäftigten sich Mediziner und Verwaltungsfachleute mit hygienischen Problemen, zum Beispiel Kanalisationen. Nahezu zeitgleich griff auch der Korruptionsdiskurs dieses Motiv auf. Der italienische Freiheitsheld Giuseppe Garibaldi, politisch nur mäßig erfolgreich seit der Einigung von 1861, beschäftigte sich in den 1870er Jahren mit dem Fluss Tiber als Symbol für die gleichermaßen hygienische, moralische und politische Korruption im ehemaligen Kirchenstaat. Da erschien es ihm naheliegend, alle drei Übel gemeinsam zu bekämpfen, indem man den Tiber kanalisierte und seine Sümpfe trockenlegte.[23] Im Sinne einer nahezu umfassenden Modernekritik beklagte Felix Weichbrodt 1905 die »Sünden des 20. Jahrhunderts« als Korruption: Verlust von Werten, materielle Habgier, Verfall von Disziplin, Alkoholismus, Oberflächlichkeit und immer wieder Unzucht und sexuelle Promiskuität.[24]

Ebenfalls seit dem mittleren 19. Jahrhundert trat eine weitere Bedeutung hinzu: die rassische Komponente. Die Antikorruptionspolemik bekam gewissermaßen eine eigene Sparte, in der man sich gegen Juden richtete. Offenbar lag es angesichts der medizinischen Anleihen nahe, die angebliche kulturelle und rassische Unterlegenheit der Juden und deren vermeintlich zersetzende Wirkung mit »Korruption« zu bezeichnen.[25] Auch soziale Konfliktlagen konnten in die Rede über Korruption gekleidet sein. In Spanien waren sich um 1900 Arbeitgeber, Hygienefachleute und die Führer der Arbeiterbewegung einig darin, dass die Arbeiterkneipen Orte der Korruption seien, der gesundheitlichen, moralischen wie politischen, und dass man dringend bessere Freizeitangebote brauche.[26] Von diesen Ansichten ist es nur ein kleiner Schritt zur Kritik am Missbrauch von Sozialleistungen, womit wir wieder bei der eingangs zitierten Krankenkassenkorruption angelangt wären.

Korruption in der Staatstheorie: Aufklärung, Republikanismus, Liberalismus

Afghanistan, der Kongo, Irak, Somalia und ähnliche Krisengebiete werden in der aktuellen politischen Debatte als »failed states« bezeichnet, also als staatsähnliche Gebilde, die den Schritt zum funktionierenden Staat nicht geschafft haben. Es geht dabei nicht nur um marodierende Kampfverbände, ethnische Konflikte und religiös motivierten Fanatismus, sondern auch darum, wie der Staat im Alltag funktioniert und Vertrauen bei der Bevölkerung gewinnen kann. Die meisten westlichen Beobachter sind überzeugt, dass Korruption ein Schlüssel zu diesem Problem ist, genauer: ihre Beseitigung. Sie gilt als Voraussetzung, ohne die staatliche Verwaltung weder funktionieren kann noch von den Menschen akzeptiert wird. In dieser Annahme spiegelt sich ein Verständnis von Korruption, wie es am Übergang zur Moderne in Entwürfen zur politischen Theorie und Philosophie entstand. Es war die Zeit, als in der Staatsphilosophie intensiv über Folgen und Vermeidung von Korruption nachgedacht wurde. Und obwohl diese Blütezeit von kurzer Dauer war, bestimmt sie unser Verständnis von Korruption bis heute.

Ebendiese Versuche, zusammenhängende Denkgebäude und Deutungen zu formulieren, stehen im Fokus dieses Kapitels. Das Interesse der Theoretiker fiel zeitlich allerdings nicht immer mit den politischen Debatten zusammen. Während die Antikorruptionspolemiken im 19. und frühen 20. Jahrhundert ein stetig anschwellendes Genre bildeten, versiegten die theoretischen Beiträge schon in den Jahrzehnten nach 1800. Korruption, so scheint es, wurde nicht mehr so sehr als intellektuelle Herausforderung empfunden. Sie stellte sich nun vielmehr als praktisches Problem dar, als Mühe der Ebene, als Anlass für Reformprojekte, taugte aber nicht mehr als Ausgangspunkt für den großen staatsphilosophischen Entwurf. Offenbar waren die Dinge im Grundsatz schon um 1800 geklärt. Allerdings tauchten neue Herausforderungen auf, als Industrialisierung, Klassengesellschaft, der Nationalstaat und die Verwissenschaftlichung des Politischen ihren Tribut forderten. In dieser Epoche nach der Mitte des 19. Jahrhunderts galt das Augenmerk der Denker verstärkt Strukturen, Machtverhältnissen, kollektiver Moral, kollektiven Interessen und immer weniger dem Gegensatz von privaten und öffentlichen Interessen.

Freilich blieb die Frage nach dem Gemeinwohl auch unter den neuen Vorzeichen auf der Tagesordnung. Das Gemeinwohl ist so etwas wie der Markenkern der europäischen Staatlichkeit. Spätestens seit der Aufklärung werden politische Macht, die Existenz von Staaten sowie von Gesetzen und die Beschränkung von Freiheit in der Regel rational begründet, das heißt mit dem Argument, dass dies zum Nutzen aller sei, zum Besten der gesamten Gesellschaft. Ganz neu war diese Idee freilich nicht. Auch wenn in der Vormoderne daneben andere Begründungen standen: Rechtsgelehrte, Philosophen und viele Praktiker verpflichteten schon seit der Antike die Herrschenden auf das Gemeinwohl. Für das gemeinsame Beste aller zu handeln ist und war also eine der vornehmsten Aufgaben von Politik. So wie auch die Korruption ist Gemeinwohl ein Konzept, das offener kaum sein könnte. Denn *welche Politik genau* dem allgemeinen Besten dient, bleibt unbestimmt, bleibt Gegenstand der Auseinandersetzung. Auf diese Frage können sehr unterschiedliche Antworten gegeben werden.[27]

Vor wie auch nach der Sattelzeit konnte man ohne Bezug auf das Gemeinwohl nur schwerlich einen Staat machen. Das Gemeinwohl war in der Vormoderne stärker auf bestimmte Gruppen und Personenverbände bezogen, war konkreter und kleinteiliger angelegt, war lange verkörpert in der Person des Fürsten oder im Fall von Republiken gleichbedeutend mit lokalen Interessen. Im modernen Staat dagegen vermutete und verortete man das Gemeinwohl abstrakter, überwölbender, zunehmend losgelöst von Personen oder Gruppen.[28] Damit wurde es unbestimmter, noch offener für kontroverse Debatten. Aus konkretem wurde abstraktes Gemeinwohldenken.

Ausgangspunkt der Korruptionsdebatte ist seit jeher die Frage: Was passiert, wenn die Herrschenden sich von Selbstsucht leiten lassen? Diesem Grundproblem stellten sich schon die antiken Autoren. Es gehört zur Tradition der Staatstheorie, sich immer wieder auf sie zu beziehen.

Die griechischen und römischen Autoren beschäftigten sich bereits mit beidem, mit Korruption als individuellem Versagen und Korruption als Staatsverfall. Charakterliche Schwächen des politischen Führungspersonals fürchtete Aristoteles ebenso wie Plato. Dekadenz, Wohlleben und vor allem Käuflichkeit und eine Bevorzugung eigener Geldgeschäfte gegenüber dem Ganzen könnten die gesamte staatliche Ordnung in Mitleidenschaft ziehen. Inspiriert von Aristoteles' Lehre über die Staatsformen haben römische Historiker wie Polybios ein Kreislaufmodell entwickelt, das von weiteren Autoren wie Cicero fortentwickelt, bei Niccolò Machiavelli im 16. Jahrhundert aufgegriffen und seitdem immer wieder zitiert wurde. Dieses Modell geht davon aus, dass jede Staatsform einen Idealzustand besitze, der im Lauf der Zeit zur Korruption tendiere, also zum Verfall in eine niedere Stufe von Misswirtschaft und Machtmissbrauch. Triebmittel dieses Verfalls sei die Selbstsucht der Herrschenden. Korruption bedeutete also institutionellen Niedergang wegen moralischer Verkommenheit. Die wohltätige Ein-Mann-Herrschaft der Monarchie verkomme zur despotischen Tyrannei. Diese könne beendet werden durch einen Umsturz, geführt von einer selbstlosen Herrenschicht – so entstehe die Aristokratie, eine gute Adelsherrschaft. Die verkomme aber unweigerlich zur selbstsüchtigen Oligarchie, sobald die herrschenden Cliquen das Gemeinwohl aus den Augen verlieren. Hierauf folge wiederum ein Umsturz durch das Volk, das die Demokratie einrichte. Allerdings sei auch diese unweigerlich dem Untergang geweiht, sobald der Pöbel die Herrschaft an sich reiße und damit die Ochlokratie einläute. Abhilfe schaffe hier wiederum nur eine Ein-Mann-Herrschaft, also die Monarchie. Damit beginne der Zyklus von neuem. Staatengeschichte schien somit angetrieben von korruptivem Verfall und Erneuerung.[29]

Ein großer Unterschied besteht zwischen der vormodernen Verwendung des kollektiven Korruptionsbegriffs und demjenigen der Aufklärung: Vormoderne Korruption wurde gedacht als Fatalität, als ein unaufhaltsamer Prozess, der allenfalls durch Gottes Wirken beeinflusst werden könne. Diese Idee war verbunden mit Kreislaufmodellen in antiker Tradition.[30] Korruption war aus vormoderner Sicht also ein Bestandteil des menschlichen Schicksals. Dem setzte die Aufklärung ein völlig anderes Konzept entgegen. Korruption gilt seitdem als selbstverschuldet; sie könne abgewendet werden durch Fortschritt, Modernisierung und moralische Erneuerung.

Die Hochphase der staatstheoretischen Beschäftigung mit Korruption fällt in das 18. Jahrhundert. Beteiligt waren vor allem Autoren von den Britischen Inseln und aus Frankreich. Man rechnet sie üblicherweise drei Denktraditionen zu: Republikanismus, Liberalismus und Aufklärung. Alle drei waren aufs engste miteinander verwoben und die Grenzen fließend. In den letzten Jahren kam die Forschung davon ab, die Autoren jeweils einer bestimmten Richtung zuzuweisen oder eine Denktradition mit einem bestimmten Land zu verbinden.[31] Dennoch sind diese drei Begriffe hilfreich, wenn man einige Grundannahmen der Gemeinwohl- und Korruptionsdebatte strukturieren will.

Werfen wir zunächst einen Blick auf die französische Aufklärung. Sie hatte maßgeblichen Anteil daran, Korruption zu einem modernen Motiv werden zu lassen. Nach den Worten des Literaturwissenschaftlers Ronan Chalmin war die Aufklärung ein großes Projekt der Beschäftigung mit Korruption und Niedergang.[32] Bekanntermaßen formulierten die Aufklärer das Versprechen, die Menschheit könne ihr Schicksal in die eigene Hand nehmen; sie könne Fortschritt herbeiführen: Fortschritt in den Wissenschaften, Fortschritt zur politischen Freiheit, Fortschritt in Sitten und Moral, Fortschritt als Ausgang aus der selbstverschuldeten Unmündigkeit, wie es der Königsberger Philosoph Immanuel Kant in seiner berühmten Definition formulierte. Doch das Fortschrittsversprechen, so Chalmin, sei nur die eine Seite einer Medaille, auf deren Rückseite Korruption stand. Korruption war das trübe Licht, in dem die Aufklärer die Welt sahen: Sie glaubten, ihre Gegenwart sei geprägt von Korruption und Degeneration, nicht nur in der Regierung, sondern auch im Bereich des Geschmacks, der Sitten und Gebräuche. Das erstaunliche Pathos der Aufklärer von Erneuerung, Regeneration und Fortschritt sei nur zu verstehen als Antwort auf diese Zeitdiagnose. Da es den Aufklärern gelang, einen großen Teil ihrer Mitwelt von dieser Sicht zu überzeugen, konnten sie auch ihre Reformvorschläge und Zukunftsvisionen glaubhaft machen. Was zunächst wenig spektakulär klingen mag, ist für die Korruptionsgeschichte von enormer Bedeutung. Denn die Aufklärer führten drei Innovationen in die Vorstellung von Korruption ein.

Die erste Innovation lag in der Laizisierung der Korruption. Anders als im christlichen Denken war Korruption für die Aufklärer keine Folge des Sündenfalls, und damit nicht unausweichlich. Nur mit dieser Einstellung war es glaubhaft, Abhilfe gegen Korruption nicht im Glauben oder im Jüngsten Gericht zu suchen, sondern im menschengemachten Fortschritt. Einflussreich war in diesem Zusammenhang das Lehrgebäude des schweizerisch-französischen Philosophen Jean-Jacques Rousseau. Rousseaus Lebensthema war der Gegensatz zwischen dem Naturzustand des Menschen und den Auswirkungen der Zivilisation. In Rousseaus Augen waren Korruption und Sittenverfall Folgen des sozialen Zusammenlebens. Moralische Korruption begleitete den Verlust des menschlichen Naturzustandes. Sobald der Mensch seine natürliche Schlichtheit verlor, begann auch seine Tugend zu erodieren. Anders als die Sündenlehre ging Rousseau aber davon aus, dass der Mensch weiterhin die Anlagen für ein nicht korruptes Leben in sich trage. In der Politik sah er als wichtigsten Grund für grassierende Korruption die Ungleichheit.[33] Gegen Korruption wusste Rousseau eine doppelte Abhilfe. Für den Einzelnen sollte Erziehung der Schlüssel dazu sein, sich auf die natürliche Tugend zurückzubesinnen – im Erziehungsroman »Emile« legte Rousseau dieses Regenerationsversprechen an. Auf der Ebene der Verfassung forderte der Philosoph, Korruption durch eine neue politische Ordnung zu überwinden, seine berühmte Formel vom erneuerten Sozialvertrag.[34] Darauf beriefen sich später die Revolutionäre von 1789.

Zweitens kehrten sich die Aufklärer vom zyklischen Korruptionsmodell ab. Selbstverständlich kannten sie Polybios und die anderen antiken Autoren. Sie ließen sich teilweise von deren Verfallsmodellen inspirieren, doch sie glaubten, man könne den Gang der Dinge beeinflussen. Das bekannteste Beispiel dürfte der französische Philosoph und Rechtsgelehrte Charles de Montesquieu sein. Er beschäftigte sich in seinem Hauptwerk über den »Geist der Gesetze« von 1748 mit dem Niedergang der Verfassungsformen. In leichter Abwandlung der antiken Autoren sprach er von Republik, Monarchie und Despotie. Er beschrieb aber keine unvermeidlichen Verfallszyklen, sondern suchte nach konkreten Mechanismen, die ein politisches Gemeinwesen in Gang halten, sowie nach den Gefahren, denen es ausgesetzt ist. Sein Interesse galt vor allem der Frage, wie ein stabiles und gerechtes Herrschaftssystem aussehen könne. Die Monarchie lebe vom Streben des Königs und des Adels nach Ruhm, Ehre und Rang sowie vom Gehorsam der Untertanen. Sie leide, wenn die Gesetze in Vergessenheit gerieten. Dann drohe die Despotie, in welcher der Herrscher durch Luxus und schlechte Berater korrumpiert sei. Die Republik funktioniere dann, wenn Tugend und Mäßigung herrschten. Kern der Tugend sei die Vaterlandsliebe, und diese wiederum meinte nichts anderes als Bevorzugung des Gemeinwohls gegenüber dem Eigenwohl.[35]

Die dritte Innovation im Korruptionsbild der Aufklärer hängt eng mit den beiden genannten zusammen. Gemeint ist die Art und Weise, wie die Korruptionsdiagnose in ein umfassendes Zeitverständnis und Geschichtsbild eingebettet lag. Das neue Geschichtsbild war linear. Es gab eine Vergangenheit und eine Gegenwart, beide angeblich geprägt von Aberglauben, Unterdrückung, Unfreiheit und eben Korruption. Daneben gaben die Philosophen ein Zukunftsversprechen. Mit Vernunft und Reform könne eine bessere Zukunft gestaltet werden, so wie es die Utopien des Abbé de Mably versprachen.[36]

Die Aufklärung schuf ein historisches Muster, das unser Korruptionsverständnis bis auf den heutigen Tag prägt. Korruption stand für vom Menschen selbstverschuldetes unmoralisches Verhalten in Vergangenheit und Gegenwart. Fortschritt und moralische Perfektion waren die Aufgaben der Menschheit, ein bei gutem Willen umsetzbares Versprechen.[37] Von nun an setzte man Korruption mit Vergangenheit gleich, mit Überkommenem, Überlebtem, Überwundenem oder Überwindbarem. Diese Vorstellung ist grundlegend für das Korruptionsverständnis der Moderne.

Ebenfalls im 18. Jahrhundert entstanden zwei weitere wichtige ideengeschichtliche Strömungen: Republikanismus und Liberalismus. Mit der Aufklärung hatten sie ein Thema gemeinsam: die Freiheit. Sie alle erkannten in der Korruption eine Ursache für Unterdrückung und Despotie. Der französische Philosoph Paul Thiry d'Holbach machte die korrumpierenden Zerstreuungen des Hoflebens verantwortlich dafür, dass Herrscher zu Tyrannen wurden. Der schottische Philosoph Adam Ferguson warnte, Korruption führe den Staat in Despotismus und seine Bürger in die Sklaverei. Adam Smith beschrieb die Beschränkung des freien Marktes als Korruption.[38] Selbst der stets ein wenig irrlichternde französische Schriftsteller Marquis de Sade äußerte sich in Theaterstücken und Denkschriften während der Revolution in diesem Sinne: Geld, Luxus und Korruption bedrohten einerseits die Moral der Herrschenden, andererseits seien sie ein gezieltes Herrschaftsmittel zur Unterdrückung.[39] Auch dies ist ein Motiv, das sich in den politischen Polemiken über Korruption immer wieder findet.

Der Republikanismus knüpfte an antike Traditionen und vor allem an Machiavellis Schriften an. Er war keine feste Doktrin, sondern bestand aus einer Reihe von Annahmen und Begriffen, an denen sich viele Denker im angelsächsischen Raum, aber auch auf dem Kontinent orientierten und zum Teil bis heute orientieren. Wichtige Vertreter waren der englische Oppositionspolitiker Lord Bolingbroke aus dem frühen 18. Jahrhundert und der englische Publizist James Burgh, der in der Jahrhundertmitte seine Hauptwerke veröffentlichte. Im Kern stand die Vorstellung, ein Gemeinwesen sei immer nur so gut wie die Tugend seiner Mitglieder. Der Einzelne war aufgerufen, durch sein Handeln zu einer besseren Gemeinschaft beizutragen: Bürgertugend versus Korruption.[40]

Das Problem der Korruption durch mehr Tugendhaftigkeit lösen – so lautete das Motto im klassischen Republikanismus. Demgegenüber schlug der frühe Liberalismus ein anderes Modell vor. Bekanntermaßen nimmt der Liberalismus nicht die Selbstlosigkeit des Menschen zum Ausgangspunkt seiner Überlegungen, sondern den Eigennutz. Auch das Lob des Eigennutzes hatte im späten 18. Jahrhundert bereits eine Tradition. Der Ulmer Militärtheoretiker Leonhard Fronsberger hatte schon 1564 seine Schrift »Von dem Lob deß Eigen Nutzen« veröffentlicht. Der niederländisch-englische Arzt Bernard Mandeville beschrieb zu Beginn des 18. Jahrhunderts in seiner »Bienenfabel« »private Laster« als »öffentliche Wohltaten«. Beiden Autoren ging es zunächst weniger um den Staat als um Wohlstand. Mandeville formulierte als Erster den Zusammenhang von Laster und Gemeinwohl in der Wirtschaft: Auch wenn jeder hier nur seinem privaten Nutzen nachjage, vielleicht sogar getrieben vom Geiz und in betrügerischer Absicht, so komme dies doch in der Summe der gemeinsamen Ökonomie zugute.[41]

Zwar teilte Adam Smith diesen moralischen Relativismus nicht, vielmehr sorgte auch er sich um die Tugend der Staatsangehörigen. Aber das von ihm 1776 verfasste Hauptwerk des klassischen Wirtschaftsliberalismus fußt auf einer ähnlichen Annahme. In der »Untersuchung über den Wohlstand der Nationen« formulierte Smith das bis heute so einflussreiche Bild von der unsichtbaren Hand: Zwar verfolge jeder Marktteilnehmer nur seinen persönlichen Nutzen und habe das Gemeinwohl nicht im Sinn. Doch eine unsichtbare Hand leite ihn, zum Nutzen aller.[42] Wenn jeder nach größtmöglicher Produktivität strebe, erhöhe sich in der Summe die Rendite für die Gemeinschaft. In dieser Sicht ist jede Beschränkung von wirtschaftlicher Freiheit ein Problem. Korruption war daher bei Smith nicht etwa die Gier des Einzelnen, Hedonismus oder das Streben nach Luxus – hier widersprach er den Auffassungen des Republikanismus. Er drehte den Spieß um und polemisierte gegen Einschränkungen von Wirtschaft: Korrupt sei jedes System, das die ungehinderte Entwicklung von Gewerbe beschränke. Für Smith war Korruption also nur diejenige Form des Eigennutzes, durch die andere benachteiligt werden. Ähnlich wie Rousseau argumentierte auch Smith mit der Natur: Wesen der Korruption sei es, die natürliche Entwicklung des Marktes und der Gesellschaft zu behindern. Konkret zielte Smith damit gegen die Wirtschaftspolitik seiner Zeit, ja gegen die gesamte Rechtsordnung der Vormoderne. Jede Art von Privilegierung, von Monopolen, Berufs- und Handelsbeschränkungen sei Korruption. Patronage und Bestechung hätten dafür gesorgt, dass die Obrigkeit diese unnatürlichen Beschränkungen verfügt habe.[43] Auch Smith zeichnete also ein Bild, in dem das Ancien Régime korrupt war, in dem die Befreiung von den Fesseln des Hergebrachten ein Ende der Korruption verhieß.

Eine einflussreiche Spielart im liberalen britischen Denken war der sogenannte Utilitarismus. Dessen Gründungsvater war der radikal gesinnte englische Jurist und Philosoph Jeremy Bentham. Bentham meldete sich am Beginn des 19. Jahrhunderts in der Debatte über *Old Corruption* zu Wort. Zum Thema Gemeinwohl vertrat er in seiner 1789 erstmals erschienenen Schrift über die Prinzipien der Gesetzgebung eine einflussreiche, aber auch vielfach kritisierte Position: Das Interesse der Gesellschaft sei die Summe der Einzelinteressen ihrer Mitglieder. Vom Gemeinwohl könne man also nur sprechen, wenn man wisse, worin das Interesse des Einzelnen liege. Der Gesetzgeber habe daher vor allem die Aufgabe, die Glückseligkeit des Individuums zu fördern. Auch Bentham betonte, dass die Handlungen eines Menschen unabhängig von seinen Motiven positive oder negative Wirkungen haben können.[44]

Diese Befunde machen bereits deutlich, dass die alte und traditionsreiche Rede von der Korruption während der Sattelzeit eine entscheidende Veränderung erfuhr. Um deren Ausmaße zu erfassen, reicht es jedoch nicht, die Beiträge einzelner Autoren ideengeschichtlich nebeneinanderzustellen. Es ist wichtig, den systematischen Zusammenhang im neuen Korruptionsdenken zu begreifen, denn Korruption wurde zu einem Ordnungsmodell des Politischen in der Epoche der Moderne.

5.

Korruption, ein Ordnungsmodell für die politische Moderne

Erinnern wir uns noch einmal an den Skandal der Dekorationen um Daniel Wilson und Jules Grévy. Der französische Staatspräsident war sich zwar keiner Schuld bewusst. Ihm war aber klar, dass er sich gegen den Vorwurf der Korruption nicht verteidigen konnte. Er beschränkte sich darauf zu schweigen. Grévys Unterstützer schätzten die Situation ganz ähnlich ein. Die dem Präsidenten nahestehende Zeitung *Le Paris* beteiligte sich zwar an der Kritik. Doch *Le Paris* ging es immer auch um Schadensbegrenzung für die Republik und für die gemäßigten Republikaner. Die Zeitung konzentrierte ihre Vorwürfe in den ersten Wochen des Skandals allein auf die Rolle des Staatssekretärs Wilson und forderte den Präsidenten auf, ihn zu entlassen. Wilson machte unter dem Eindruck dieser Debatten einen schweren Fehler. Er bot an, der Staatskasse 40 000 Francs zu überweisen, da er den Postdienst des Präsidentenpalastes für private Geschäftskorrespondenz genutzt hatte. Vermutlich hoffte er, die Wogen zu glätten, indem er den Kritikern auf einem Nebenschauplatz entgegenkam.

Nur beruhigte dies nicht die Gemüter, im Gegenteil. Wilsons Angebot war ein Schuldeingeständnis; er rückte damit sein gesamtes Verhalten in ein ungünstiges Licht. Seit dem Angebot klaffte eine nicht mehr schließbare Bresche in der Verteidigungslinie des Elysée. Kritische Kommentatoren hatten bis dahin vor allem nach *Beweisen* für Fehlverhalten im Umfeld Grévys gesucht. Das war nun nicht mehr nötig, denn Wilson hatte ihre Arbeit erledigt. Jetzt wurde die Debatte brandgefährlich für den Präsidenten: Auch wohlgesinnte Journalisten fragten, warum Grévy seinen Schwiegersohn nicht zur Rechenschaft ziehe. Man habe zwar Verständnis für die Gefühle des Privatmanns, der den Gatten seiner Tochter schützen wolle, doch müsse er als Staatsoberhaupt die notwendigen Konsequenzen ziehen, so stand es in *Le Figaro*. *Le Paris* forderte, das Familienmitglied aus dem öffentlichen Amtssitz zu entfernen. Als immer mehr Vorwürfe gegen Wilson hinzukamen und Grévy weiter schwieg, setzte sich auch bei den gemäßigten Republikanern die Überzeugung durch, der Präsident sei nicht mehr zu halten. Immerhin rüstete die monarchistische und rechtsnationalistische Opposition zum Generalangriff auf die junge Republik.[1]

In der Debatte galten nur die Kategorien ›schuldig‹ und ›unschuldig‹. Hatte sich Wilson zu einem Teilvergehen bekannt (ohne selbst von Schuld zu sprechen), so war er der Korruption schuldig. Für Differenzierung war kein Platz. Die Beobachter forderten vom Präsidenten ein Verhalten ein, das sauber zwischen privaten Gefühlen und Verantwortung im Amt trennte – für Grévy offenbar ein Ding der Unmöglichkeit. Subjektiv ist dies verständlich, denn der gemeinsame Aufstieg der beiden hatte stets darauf beruht, dass sie beide Bereiche vermischten. Und das war auch nie verheimlicht worden. Doch komplizierte Sachverhalte werden in Korruptionsdebatten nicht abgebildet. Vermischungen werden zum Problem, Relativierungen gelten nicht. Diese Aussage gilt heute noch genauso wie vor 130 Jahren – man denke nur an die Affäre Wulff. Das ist keine allgemeine Folge des Medienskandals, sondern liegt tiefer begründet, in der Logik der Korruptionsdebatten der Moderne. Es gehört zu ihrem Wesen, scharfe Grenzen zu ziehen, das Grau des Alltags in ein klares Schwarzweiß zu verwandeln. Wer sich gegen den Vorwurf der Begünstigung oder Käuflichkeit zur Wehr setzen will, der kann nur die Fakten leugnen. Anders als in der Vormoderne benennt der Korruptionsvorwurf keine graduelle Übertreibung. Korruption ist ein Urteil, das für absolute Grenzüberschreitungen steht. Dieses Urteil beruht auf einem absoluten Verbot von Mikropolitik. Einerseits. Denn andererseits haben wir ja gesehen, wie die Mikropolitik auch nach 1800 unverzichtbar blieb, ja selbst moderne Formen annahm. Zwei Fragen stellen sich: Wie kam es zu dieser Veränderung? Warum wurde der Widerspruch zwischen Wirklichkeit und Norm nicht beseitigt?

Nur wenn man die erkenntnistheoretischen Grundlagen der modernen Korruptionsauffassung kennt, wird die Tragik des niemals einlösbaren Ideals von Korruptionsfreiheit deutlich. Moderne Gesellschaften gehen mit politischen Normen grundsätzlich anders um als ihre Vorläufer. Sie orientieren sich an universalen Werten, in etwa so wie die moderne Naturwissenschaft nach universalen Gesetzmäßigkeiten sucht. Korruptionskritik ist nur ein Beispiel, das zeigt, wie moderne Gesellschaften daran arbeiten, aus dem Ungefähren zu entkommen, klare Verhältnisse zu schaffen. Das Verhalten der Betroffenen gilt dann kategorisch als richtig oder unrichtig. Die Handlungsbereiche sind privat oder öffentlich. In der Sprache der Kommunikationstheorie heißt das: Der moderne Code zur Beschreibung sauberer Politik ist zweigeteilt, er ist binär.

Von der notwendigen Vergeblichkeit der Korruptionsbekämpfung

Die Korruptionsdebatte des 19. und frühen 20. Jahrhunderts zeigt eine Reihe von typischen Merkmalen der Epoche der Moderne.[2] Binäres Denken und die Suche nach klaren Kategorien haben bei weitem nicht nur die Debatten über politische Moral bestimmt, sondern das gesamte moderne Denken zutiefst geprägt. Der französische Wissenschaftssoziologe Bruno Latour beschreibt unter dem Titel »Wir sind nie modern gewesen« eine binäre Logik in den modernen Natur- und Sozialwissenschaften, die derjenigen aus der Korruptionsdebatte verwandt ist.[3] Laut Latour stellten sich moderne Wissenschaftler seit dem Ende des 18. Jahrhunderts die Welt als Gegensatz von Natur und Gesellschaft vor. Ein Phänomen wurde entweder als natürlich bezeichnet, also rein von Naturgesetzen bestimmt, oder als künstlich und menschengemacht. Ein ›Mittelding‹ sollte es nicht geben. Der Vorteil dieser Denkweise habe darin gelegen, Natur zum unbegrenzt manipulierbaren Objekt zu machen, während die Gesellschaft sich als handelndes Subjekt begriff. Dieses Denken war wichtig, denn es bereitete den Boden für den Siegeszug von Naturwissenschaft und Technik. Freilich konstatiert Latour ein Problem: In Wirklichkeit sei diese Trennung nicht durchzuhalten. Denn in der Realität sei die Welt nur von sogenannten Hybriden bevölkert, von Mischungen also, die beiden Sphären gleichzeitig angehörten. Das zeigt ein einfaches Beispiel: Tritt ein Fluss über die Ufer, ist oft vorschnell von einer Naturkatastrophe die Rede. Tatsächlich aber ist der Fluss in aller Regel weder reine Natur noch allein von Menschen gemacht: Begradigungen, Deiche und Brücken machen ihn zu einem künstlichen Objekt, dennoch führt er ein vom Menschen unkontrollierbares ›natürliches‹ Eigenleben. Der Fluss ist also ein Mischwesen aus Natur und Menschenwerk. Laut Latour gilt das Gleiche für jede Form von Technik. Mit der klaren Trennung handelte sich das moderne Denken also auch ein massives Problem ein: Es musste sich intensiv mit den Mischwesen beschäftigen, um den Widerspruch zwischen Modell und Wirklichkeit aufzulösen. Die Mischwesen verlangten danach, kategorisiert und in die eine oder andere Sphäre einsortiert zu werden: Der Deich ist Zivilisation, das Flusswasser Natur. Bei genauem Hinsehen wird man aber auch beim Deich natürliche Elemente (Erdreich, Steine) neben den zivilisatorischen Hervorbringungen (Hangwinkel, Deichquerschnitt) finden. Dieser Prozess der Aufspaltung von Mischwesen, so Latour, kann bis ins Unendliche fortgesetzt werden. Mit jedem Schritt vermehre sich die Zahl der Mischwesen oder zumindest das Bewusstsein dafür.

Der englisch-polnische Soziologe Zygmunt Bauman stößt in eine ähnliche Richtung mit seiner These über moderne Ordnung und Ambivalenz.[4] Er stellt fest, dass das naturwissenschaftliche, vor allem aber auch philosophische und politische Denken seit der Aufklärung darauf abzielte, Eindeutigkeit zu schaffen. Ziel des modernen Denkens war Ordnung. Und Ordnung hieß, dass man Dinge immer genau einer Kategorie zuordnen müsse. Die Moderne ist bei Bauman ein riesiges Projekt zur Klassifizierung, Einordnung, Messung und Benennung. Das, so Bauman, war kein folgenloses Glasperlenspiel von Intellektuellen. Denn für ihn steht fest: Es bezog sich nicht nur auf Dinge, sondern auch auf Menschen und auf Gesellschaften. Die Suche nach eindeutiger Ordnung bringe im politischen Leben Einschluss- und Ausschlussverfahren mit sich. Das führe die Geschichte von sozialen und ethnischen Minderheiten wie Nichtsesshaften oder Juden dramatisch vor Augen. Im 19. Jahrhundert verbreitete sich die Idee, man müsse die nationale Zugehörigkeit von Menschen eindeutig bestimmen. Daraus folgte das Projekt, Minderheiten in die Mehrheitsgesellschaft rechtlich und kulturell einzugliedern, in die Kategorie der Nation einzuschließen. Wer dazu nicht bereit war, wurde ausgeschlossen und verlor damit auch den Anspruch auf bürgerliche Rechte. So wurden wenig später auch ethnische Verfolgungen gerechtfertigt.

Bauman und Latour stimmen darin überein, dass die Versuche zur Vereindeutigung zwar über rund zwei Jahrhunderte eine große Dynamik entfalteten. Doch beschreiben beide auch ein grandioses Scheitern. Latour berichtet: Je genauer man hinschaute, desto mehr Kategorien und Unterkategorien zur Ordnung der Welt musste man erfinden, und umso häufiger ließen sich Phänomene weder der Natur noch der Kultur zuweisen. Erst in den letzten Jahrzehnten des 20. Jahrhunderts habe man sich vom modernen Ordnungswahn verabschiedet und lasse Doppeldeutigkeiten zu, womit die Postmoderne angebrochen sei, so Bauman.

Woher kommt diese Passion für klare Kategorien? Bei der Ethnologin Mary Douglas finden wir dafür eine Erklärung im menschlichen Verständnis von Reinheit und Unreinheit.[5] Unreinheit habe nicht notwendigerweise etwas mit Schmutz zu tun. Vielmehr sei unrein etwas, das sich am falschen Ort befinde. Essensreste sind dann unrein, wenn sie sich im Schlafzimmer oder auf der Kleidung finden, nicht aber im Kochtopf. Jede Kategorie hat also einen bestimmten Inhalt. Ist ein Inhalt fehl am Platze, entsteht der Drang, diesen Inhalt zu ›bereinigen‹. ›Unreinheit‹ ist in nahezu allen menschlichen Gesellschaften bekannt. Als Merkmal eines Menschen oder einer Gruppe bedingt Unreinheit in der Regel Abwertung, Ausschluss oder gar Ächtung. Mischwesen sind stets heiße Kandidaten für den Vorwurf, unrein zu sein. Dieser anthropologische Zusammenhang erklärt auch die moralische Schärfe des Korruptionsverbots. Wird Privates mit Öffentlichem vermischt, sind also die Handlungen fehl am Platze und damit unrein, dann liegt Korruption vor, so der Politikwissenschaftler Peter Bratsis. Korruption ist ein Mechanismus, der eine grundlegende Klassifikation des Politischen abbildet.[6]

Derartige Großtheorien von Philosophen und Sozialwissenschaftlern bringen erhebliche Schwierigkeiten mit sich. Sie suggerieren einfache Zusammenhänge, und gerade die Historiker wissen, dass sie im Einzelfall leicht widerlegt werden können. Doch man kann durch solche Theorien auch viel lernen. Für die Geschichte der Korruption ist Folgendes lehrreich: Binäre Schemata, das Denken in einfachen, universalen und absoluten Gegensätzen kam in vielen Bereichen vor. Es lag den Bauplänen für politische, soziale, aber auch wissenschaftliche Vorhaben zugrunde, und es hatte konkrete Folgen.

Eines der großen Rätsel der Korruptionsgeschichte besteht in der Frage, warum die Korruption trotz intensiver Debatten und weitreichender Reformen seit der Aufklärung nicht verschwand. Man mag darauf antworten, dass es in der Natur des Menschen liege, seinen Idealen nicht entsprechen zu können. Doch ist dies keine befriedigende Antwort, vor allem, weil sie die Besonderheiten in der Epoche der Moderne nicht berücksichtigt. Latour, Douglas und Bauman lehren uns, dass diese Frage falsch gestellt ist. Die Korruptionsvorstellung gleicht den gerade beschriebenen sozialen Ordnungsmustern und dem Natur-Kultur-Gegensatz. Korruption hilft zwar gut dabei, politisches Handeln zu kategorisieren. Je genauer man hinsieht, umso mehr Übertretungen des Gebots, umso mehr Vermischungen zwischen Eigennutz und Gemeinwohl, von privater und öffentlicher Rolle, kurz: umso mehr Unreinheit wird man aber finden. Wie die Mischwesen des Bruno Latour vermehrt sich auch die Korruption, je länger man über sie nachdenkt. Mit anderen Worten: Je intensiver eine Gesellschaft sich kritisch mit der Grenze zwischen Privatem und Öffentlichem beschäftigt, umso mehr Übertretungen findet sie. Die Kritik bringt die Gesellschaft nicht der Lösung näher, sondern sie vergrößert das Problem. Dies wiederum liegt daran, dass das, was als Korruption bezeichnet wird, kein fixer Tatbestand ist, sondern eine (behauptete) Grenzüberschreitung.

Der Kampf gegen Korruption ist ein Kampf gegen Windmühlenflügel, da es übertretungsfreie Handlungen in der Politik nicht gibt. Eigentlich sollte nichts einfacher sein, als private Motive und Interessen im öffentlichen Amt zu unterlassen. Dies mag subjektiv denkbar sein: Ein Amtsträger kann sich bemühen, seinen privaten Interessen und Leidenschaften nicht zu folgen, kann etwa seine Verwandten von jeder Begünstigung ausnehmen, auf Bestechungsgelder verzichten. Unter Umständen kann er nach harter Selbstprüfung zu dem Ergebnis kommen, dass ihm dies gelungen ist. Anders verhält es sich mit dem Beobachter, mit demjenigen, der das Handeln nach dem Korruptionsschema beurteilt. Dieser wird immer auch persönliche, private Motive und Interessen finden oder vermuten – und sei es nur das Motiv, aus Ehrgeiz ein Amt zu erlangen. Das Handeln von Politikern und Amtsträgern findet niemals im menschenleeren Raum statt, ist immer in die private und soziale Person des Betroffenen und seiner gesellschaftlichen Umwelt aus Familie, Freunden und Gefolgsleuten gebunden. Daher gibt es auch immer die Möglichkeit, private oder gruppenegoistische Gründe zu vermuten.

Dies ist so lange unschädlich, wie der Beobachter eine Abwägung treffen kann: In diesem oder jenem Fall haben private Motive das Gemeinwohl nicht in Mitleidenschaft gezogen, es überwog bei dieser Handlung der öffentliche Nutzen trotz privater Motive. Noch flexibler wird die Beurteilung, wenn es alternative Normensysteme gibt – wie die soziale Norm der Patronage in der Frühen Neuzeit. Kurz: Ein kasuistischer Umgang mit dem Gegensatz von privaten Motiven und öffentlichen Interessen erlaubt es, politische Handlungen differenziert zu beurteilen. Das funktioniert nicht in der binären, typisch modernen Korruptionslogik. Das erklärt auch, warum es keine Rechtfertigungsoption für den Beklagten gibt: Anders als in der Vormoderne kann er sich auf keine alternativen Wertesysteme berufen. Wenn er aber seine Motive im binären Korruptionsmodus darlegt, kommt er nicht umhin, eine subjektive Perspektive einzunehmen, und die ist durch und durch mit ›privaten‹ Motiven gepflastert. Die Folge: Jede Wortmeldung (außer dem Dementi) liefert seinen Anklägern weitere Munition und verschlimmert seine Situation.

Politisches Handeln ist stets soziales Handeln – das zeigt Grévy: Er baute seine politische Karriere auf einer persönlichen Freundschaft auf, die in der Hochzeit der Tochter gipfelte. Keine politische Karriere im 19., 20. oder einem beliebigen anderen Jahrhundert ist ohne persönliche Netzwerke denkbar, auch wenn es nicht immer zur Verschwägerung kam. Insofern war die Aufforderung von *Le Paris* nicht umsetzbar, die privaten Gefühle hintanzustellen. Selbst bei einer frühen Trennung von Wilson hätte man Grévy ein privates Motiv unterstellen können, nämlich das, seine eigene Haut zu retten. Noch deutlicher wird das Problem am Beispiel der Gesinnungs- und Organisationspatronage. Hier verläuft die klassische Argumentation in einer unlösbaren Doppelschleife: Die Akteure von Organisationspatronage rechtfertigen ihr Tun verhältnismäßig offen. Sie setzen das Parteiinteresse mit dem Gemeinwohl gleich: Was gut für die Partei sei, fördere auch das Gemeinwohl. Die gesamte Parteiarbeit diene nur dem Ziel, Mehrheiten dafür zu finden. Die Begünstigung Einzelner ist gewissermaßen abgeleitet aus dem Gemeinwohl. Kritiker können freilich jederzeit den Spieß umdrehen und überzeugend darlegen, dass das Machtinteresse Einzelner überwiegt, und damit persönliche Motive. Da es in der Politik stets um Macht geht, steht dieses Argument immer zur Verfügung.

Nun kann man, geschult an Latours These, die Organisationspatronage als eine Folge der Moderne deuten. Die Erfindung politischer Parteien ist unter anderem auch eine Antwort auf das Verbot der alten Mikropolitik. Am Ende der Frühen Neuzeit entdeckten Kritiker den Hybridcharakter der bestehenden Mikropolitik, die weder eindeutig öffentlicher noch eindeutig privater Natur war. Mit Hilfe des Ordnungsmusters Korruption konnte man die alten Begünstigungsformen ins Reich vormoderner

Willkür verbannen. Familienbande, Anciennität und ähnliche Kriterien waren einem öffentlichen Amtsträger bei seinen Entscheidungen nicht mehr gestattet, weil sie der Privatsphäre zugeschlagen wurden. An deren Stelle organisierten sich politische Mehrheiten zunehmend in Gruppen, Bewegungen oder Verbänden, die für ein gemeinsames politisches Ziel eintraten. Anscheinend entsprach diese Form besser dem öffentlichen Sektor. Doch bei genauem Hinsehen entdeckte man auch hier eine Mischung privater und gemeinwohlorientierter Motive. Das geschah im Laufe des 19. Jahrhunderts mit der Konsequenz, dass viele Korruptionskritiker das Ende der Parteien forderten. Sie beschworen ab etwa 1900 entweder die Herrschaft von Experten oder eine Volksgemeinschaft unter der Anleitung eines Führers.

Auf welch schlüpfrigem Grund man sich hier bewegte, brachte 1841 Sir Robert Peel in einem Privatschreiben an Lord Grey zum Ausdruck. Peel plädierte scheinbar für klare Verhältnisse, für eine moralische Reinigung der amtlichen Patronage in Großbritannien: »Den Interessen einer Regierungspartei wird auf lange Sicht viel besser durch rechtschaffene Patronage gedient als durch deren Perversion bei der Befriedigung Einzelner ihrer Anhänger.«[7] Freilich übersah er dabei einen Punkt. Zwar mögen die Intentionen parteilicher Regierungspatronage ehrenwert sein. Wo Patronage Einzelpersonen gilt, gibt es jedoch kein Kriterium, um zwischen »rechtschaffenen« Gruppenbegünstigungen und der »Perversion« individueller Vorteile zu unterscheiden, genauer: Beide fallen in eins. In der binären Logik des modernen Korruptionsverständnisses ist für solche Kasuistik kein Raum. Jede Patronage ist korrupt.

Unbedingte Korruptionskritik, Mikropolitik ohne Rechtfertigung

Manche Politiker glauben, durch ›klare Ansage‹ einen Glaubwürdigkeitsvorteil zu erlangen. In den seltenen Fällen, da sie dies im Bereich der Mikropolitik versuchten, landeten sie meist auf der Anklagebank öffentlicher Empörung. So berichtete der italienische Universitätsprofessor und Politiker Ippolito Santangelo Spoto in einer 1902 erschienenen Streitschrift mit Verachtung von einem solchen Klarsprecher. Es handele sich um einen namentlich nicht genannten Kandidaten für die Parlamentswahlen im süditalienischen Wahlkreis Caserta. Er habe sich seinen Wählern mit der Behauptung empfohlen, in der Politik stünden *corruttela* gegen *corruttela*, Netzwerke gegen Netzwerke. Als Politiker komme es darauf an, die eigene *corruttela* zum Erfolg zu führen, so habe er erklärt, und dafür sei er selbst der geeignete Kandidat, schließlich verstehe er sich auf die Ränke der bürokratischen Hinterbühne. Das Kalkül des namenlosen Bewerbers ging nicht auf, obwohl er die Anforderungen an einen Abgeordneten während des *Trasformismo* zutreffend beschrieben hatte. Aber er bot Spoto einen Anlass, die skandalösen Zustände in der italienischen Politik zu geißeln.[8] Gleichgültig ob er die Geschichte getreulich nacherzählte oder schlicht erfunden hatte, Spoto formulierte eine zentrale Regel. Mit mikropolitischen Fähigkeiten durfte man sich nicht brüsten. Sie waren notwendig, aber zu beschweigen.

Trotz anhaltender Bedeutung der Mikropolitik hatte sich seit der Wende zum 19. Jahrhundert in der politischen Kommunikation eine Art Totalverbot von Patronage und Klientelismus durchgesetzt. Dies zeigt schon ein Blick in die Pamphletliteratur des frühen 19. Jahrhunderts. In seinem 1807 erschienenen »Schwarzen Register« berichtete der preußische Zollbeamte Hans von Held über unhaltbare Zustände in Preußen. Seine Kritik: Die Krone habe staatliche Landgüter an Personen verschenkt, die keine Leistungen für die Gemeinschaft erbracht hätten. Das Pamphlet besteht fast ausschließlich aus einer langen Litanei mit konkreten Informationen über Güter und Empfänger. Held kritisierte vor allem, es gebe keine Begründung für diese Schenkungen. Süffisant zitiert er wieder und wieder aus den Schenkungsurkunden, in denen außer königlicher Huld, königlichem Dank und ähnlichen Formulierungen keine Begründungen zu finden seien. Als wahre Hintergründe machte Held mikropolitische Machenschaften und familiäre Verbindungen aus. »Weitere Verdienste sind von ihm nicht bekannt«, kommentierte er eine Schenkung an Baron von Schilden, seines Zeichens Kammerherr der Königin.[9] Ähnlich argumentierte knapp 20 Jahre später der radikale britische Publizist John Wade, der das System der Regierungspensionen und Sinekuren als Korruption geißelte. Auch er veröffentlichte eine Liste mit Wohltaten der britischen Regierung. Wade hielt Pensionen zwar für Geldverschwendung, doch mochte er sie akzeptieren, wenn die Empfänger für die Gemeinschaft etwas geleistet hatten. Verwandtschaft oder andere mikropolitische Gründe erschienen ihm dagegen geradezu absurd: »Welchen Dienst hat Sarah Bates wohl der Gemeinschaft geleistet, so dass sie 7000 Pfund öffentlichen Geldes bekommt? Vermutlich nur, dass sie Ehefrau oder Schwester von Edward Bates ist. Wenn eine Person auf der Pensionsliste erscheint, bereitet sie in der Regel den Weg für die gesamte Familie; und der Leser wird bemerkt haben, dass ein Nachname selten nur einmal auftaucht.«[10]

Bemerkenswert ist hier weniger das Argument an sich, da es Kritik an der Begünstigung Einzelner oder bestimmter Familien auch in der Frühen Neuzeit gegeben hatte. Bemerkenswert sind die Selbstverständlichkeit und Beiläufigkeit, mit der beide Autoren das Unbehagen ihrer Leser voraussetzten. Nicht der Einzelfall stand hier im Fokus, sondern das Prinzip. Beide vermuteten ein Lesepublikum, welches das System politischer Patronage ablehnte, vielleicht sogar verabscheute. Held interpretierte die königlichen Huldbeweise als Leerformeln, obwohl er als Beamter vermutlich wusste, dass solche Formulierungen einem Protokoll folgten und in der Regel versteckte, aber für den kundigen Leser klare mikropolitische Botschaften enthielten.

Korruption galt nicht als Kavaliersdelikt, jedenfalls wenn der Vorwurf erst einmal ausgesprochen war. Korruption war ehrenrührig, sie führte oft in die soziale Ächtung. Der Schriftsteller Victor Hugo notierte in seinem Tagebuch, wie die Mitglieder der französischen Pairskammer reagierten, als General Despans-Cubières sich mit einer offiziellen Korruptionsklage konfrontiert sah: Sie gaben sich peinlich berührt, kühl und distanziert; niemand mochte dem bis vor kurzem hochgeschätzten Kollegen auch nur die Hand reichen.[11] Der General war mit einem Mal ein Aussätziger, die Begegnung mit ihm drohte seine Parlamentskollegen zu beschmutzen. Derselbe Victor Hugo beschrieb die kontaminierende Wirkung des Korruptionsvorwurfs in einem Bonmot über François Guizot. Guizot war in der späten Juli-Monarchie, von 1840 bis 1848, der starke Mann der französischen Regierung und Hassobjekt vieler Republikaner. Hugo hielt Guizot persönlich für ehrenwert, doch sein Herrschaftsstil habe auf Korruption beruht: »Herr Guizot ist als Person unbestechlich, aber er regiert durch Korruption. Er scheint mir wie eine sittsame Frau, die ein Bordell betreibt.«[12]

Die Ächtung beeinflusste auch die Sprache der Mikropolitik. So achteten erfolgreiche Kaziken peinlich darauf, öffentlich nur Forderungen zu stellen, die im Interesse der gesamten Region oder ihres Wahlkreises lagen. Verhandlungen über individuelle Begünstigungen blieben auf Gespräche oder unveröffentlichte Briefe beschränkt.[13] Folglich waren mikropolitische Vereinbarungen unsicher, wenn sie in einer öffentlichen Arena zu behandeln waren. Der Landwirt Augusto Gioacchini aus dem mittelitalienischen Städtchen Osimo hatte das nicht recht verstanden. Vor den Parlamentswahlen 1913 bat ihn ein Priester, Stimmen für den papsttreuen Kandidaten Edoardo Soderini zu kaufen. Nach der Wahl werde er das Geld zurückerstatten. Gioacchini trat also in Vorleistung und kaufte 18 Stimmen für jeweils fünf Lire aus eigener Tasche. Nach der Wahl wollten sich aber weder der Priester noch Soderini an die Abmachung erinnern. Gioacchini zog vor Gericht, um seine Auslagen zurückzufordern. Freilich hatte er keine Chance auf Erfolg, denn es gab keine Zeugen, und Stimmenkauf war rechtswidrig, auch wenn er gang und gäbe blieb.[14]

Trotz des absoluten Mikropolitikverbots versuchten sich einige Akteure darin, ihr Tun zu rechtfertigen. Diese Rechtfertigungen verteidigten nicht die Sache selbst, sondern die Umstände. Oder aber die Apologeten versuchten, ein anderes Etikett auf die Vorgänge zu kleben. So kämpfte Guizot nach dem Untergang des Juli-Regimes 1848 unermüdlich um seinen Ruf. Wie sehr ihn der Vorwurf der Korruption beschäftigte, zeigt ein Briefwechsel mit dem britischen *Tory*-Führer Lord Aberdeen aus dem Jahr 1852. Aberdeen wandte sich an den von ihm persönlich sehr geschätzten Guizot mit der Bitte um Argumentationshilfe in einer innenpolitischen Kontroverse; der britische Politiker suchte nach Argumenten gegen die Einführung der geheimen Stimmabgabe bei Parlamentswahlen. Guizot wurde sehr grundsätzlich und nahm seine Antwort zum Anlass, seinen eigenen Regierungsstil umfassend zu rechtfertigen. Er zog Erkundigungen ein, wertete offizielle Dokumente aus und legte eine Statistik vor. Sie sollte darlegen, dass er nur wenige Abgeordnete mit staatlichen Posten versorgt habe. Das sei aber legitim und notwendig gewesen im Dienst der richtigen Politik. All dies schrieb Guizot nicht etwa in einer veröffentlichten Verteidigungsschrift, sondern in einem Privatschreiben. Das zeigt, wie wichtig ihm die Klarstellung gewesen sein muss. Aberdeen schrieb sichtlich ungeduldig zurück, er habe um diese Informationen gar nicht gebeten.[15]

Sprachliche Verschleierung zeigt der amtliche Nachruf auf einen italienischen Staatsdiener im Jahr 1913. Der Justizbeamte Calcedonio Inghilleri, so hieß es dort, »war ein ergebener Freund des Abgeordneten Crispi, der ihn stets als einen der aufrichtigsten und ergebensten Beamten des Königreichs betrachtete«.[16] Die »ergebene Freundschaft« deutet darauf hin, dass Inghilleri ein treuer Klient des langjährigen Ministerpräsidenten Francesco Crispi war – ein Umstand, der ihn auch im Tode noch auszeichnete. Der offizielle Text machte allerdings aus der Patronagebeziehung scheinbar nichts weiter als Anerkennung für gute Arbeit im Dienst des Staates.

Es gab allerdings auch Umstände, die in bestimmten Fällen Korruption zu rechtfertigen schienen. Der oppositionelle französische Republikaner François-Vincent Raspail hielt Korruption 1835 für eine Folge sozialer Ungleichheit. Er geißelte die Korruption der Mächtigen, hatte aber Verständnis für die Korruption der Armen, denn die sei aus der Not geboren. Der Linksrepublikaner Napoleone Colajanni sah in der Korruption der italienischen Politik in den 1890er Jahren das Ergebnis mangelnder Bildung im Volk. Auch dies wollte er den Menschen nicht zum Vorwurf machen. Bei genauer Betrachtung sind beide Aussagen natürlich keine Rechtfertigungen der Korruption, sondern Aufforderungen, die Zustände zu verändern.[17]

Diese wenigen Beispiele sind freilich nicht mehr als jene berühmten Ausnahmen, welche die Regel bestätigen. Typischer ist da schon die moralisierende Stellungnahme im »Kleinen politisch-sozialen Wörterbuch« des deutsch-französischen Ökonomen Maurice Block von 1896: Selbst feindliche Botschafter und Generäle dürfe man nicht bestechen, denn »die Korruption ist immer und in jedem Fall ein Verbrechen«.[18]

Das Politische bleibt politisch, das Private wird privat, oder: Sphärentrennung und Normenkonkurrenz

Im politischen Denken der Moderne gibt es eine entscheidende Leitdifferenz: die Trennung zwischen Privatsphäre und dem Öffentlichen. Diese Trennung war fortan der Leitfaden, um entscheiden zu können, ob ein Mächtiger dem Gemeinwohl diente oder ob er schädlichen Zielen nachjagte. Das bedeutet allerdings nicht, private Interessen seien in der Moderne generell verboten, im Gegenteil. Erst die Denker der Aufklärung entwickelten ein Konzept vom legitimen Privatinteresse. In der vormodernen Morallehre hatte das Gute, dem der Mensch nachstrebte, noch keinerlei wirtschaftliche Komponente. In der Wirtschaftstheorie des Liberalismus gilt seit Adam Smith und seinem Vorläufer Bernard Mandeville bis heute aber der wohlverstandene Privatnutzen als wichtigste Triebkraft für Wachstum und Wohlstand. Insofern sind private und partikulare Interessen seitdem durchaus nicht grundsätzlich verwerflich.[19] Doch in der Politik sah die Sache anders aus.

Das Problem der Vermischung zeigte am Übergang zur Moderne die Rolle der Monarchen. Der politische Erfolg der frühneuzeitlichen Fürsten lag zu einem Gutteil darin, dass sie sich als Verkörperung von Staatsinteressen und Gemeinwohl darstellten. Dies funktionierte seit der Sattelzeit nur noch eingeschränkt. Man sah nun im Fürsten einen Amtsinhaber, einen Menschen mit öffentlicher Aufgabe, aber auch mit privaten Interessen – und diese Zweiteilung war stilbildend. Ein anonymer Artikel in der englischen Zeitung *Littell's Living Age* über den französischen König Louis-Philippe brachte das 1847 zum Ausdruck. Er warf dem Monarchen unter dem Titel »höchste Korruption« eine Politik zum Nutzen seiner Familie und zum Schaden der französischen Nation vor: »In den Händen von Louis-Philippe ist Frankreich ein Instrument seines privaten Gewinns – so wie ein gefülltes Lagerhaus einem Händler zum Profitmachen dient.« Und, grundsätzlicher: »Ein konstitutioneller Monarch ist Treuhänder der Nation und hat seine Aufgabe allein im öffentlichen Interesse zu erledigen.« Louis-Philippe handele aber wie ein Privatmann, der eine Geldbörse zur Aufbewahrung erhalten und sich heimlich daran vergriffen habe.[20] Diese Kritik ist aus drei Gründen interessant: Zum Ersten wird das Amt des Fürsten ähnlich wie das eines Beamten beschrieben. Zum Zweiten veranschaulichen Metaphern aus der Welt der Wirtschaft die Verkommenheit des Amtsinhabers – das weist auf die strenge Trennung der Wertesysteme von Politik und Privatwirtschaft hin: Was dem Händler zur Ehre, gereicht einem König zur Schande. Und schließlich zielte der Autor nicht auf Steuerpolitik oder Postenvergabe, sondern auf die französische Außenpolitik. Selbst hier handele der König im Interesse seiner Dynastie und nicht zu Frankreichs Nutzen. Nicht einmal die auswärtige Politik, das traditionelle Reservat der Monarchen, blieb also dem Trennungsgebot entzogen. Der Ruhm der Dynastie mehrte nicht mehr automatisch den Ruhm der Nation, im Gegenteil.

Das private Interesse des Herrschers vermuteten die Zeitgenossen indes seltener in der Außenpolitik, sondern eher auf dem Gebiet der Finanzen. Dies rief schon an der Wende zum 19. Jahrhundert Haushaltspolitiker und Juristen auf den Plan. Sie gossen die Vorstellung vom König als Privatmann mit Interessen und auch Rechten in eine neue haushaltsrechtliche Form, die Zivilliste. Das Geld des Staates sollte dem Herrscher nicht unbegrenzt zur Verfügung stehen. Vielmehr sollten die persönlichen Bedarfe des Monarchen, seiner Familie und seines Hofes durch einen eigenen Haushaltstitel abgedeckt werden. Diese Idee gab es in England bereits seit der Glorious Revolution von 1688. Erst die französischen Revolutionäre von 1789 schafften es jedoch, den allgemeinen Staatshaushalt und die Zivilliste konsequent zu trennen, denn sie nahmen diesen Grundsatz in die Verfassung von 1791 auf. Das setzte Maßstäbe. Im 19. Jahrhundert waren die Zivillisten Teil der Haushaltsberatungen in fast allen Verfassungsstaaten.

Der liberale Rechtsgelehrte Karl Theodor Welcker widmete der Zivilliste einen ausführlichen Artikel in seinem zusammen mit Karl von Rotteck herausgegebenen Staatslexikon. Welcker verteidigt darin das Fürstengehalt. Es erlaube dem Monarchen ein »standesgemäßes« Leben und die Begleichung »persönlicher Schulden«. Die Zivilliste schütze den Monarchen im Übrigen gegen überzogene Erwartungen an seine Wohltätigkeit und sorge so dafür, dass er mit »dem Staatswohl« nicht in Konflikt gerate. Hieraus spricht vor allem ein deutliches Misstrauen gegenüber fürstlicher Patronage. Gäbe es keine Zivilliste, so könne es geschehen, dass »der Regent sich etwa veranlasst fühlte, sich aus den Staatsmitteln vielleicht ungleich größere Summen heimlich zu verschaffen und die Staatsämter und andere öffentliche Interessen, Rechte und Nachtheile zur Bestechung zu verwenden«.[21] Dieses Argument findet sich in leicht abgewandelter Form auch in den Debatten über Verwaltungsreformen. Beamte dürften kein Eigentum an öffentlichen Funktionen haben, bedürften zugleich aber eines standesgemäßen Gehalts, sonst drohe Korruption aus finanzieller Not.

Auch auf dem Gebiet des Strafrechts schuf die Moderne eine neue Grenzziehung. So hatte es in der Frühen Neuzeit noch das weitgehend undifferenzierte »Majestätsverbrechen« gegeben. Hierunter fasste man sämtliche Angriffe auf den Fürsten und die Sicherheit des Staates. Die Rechtskultur des 19. Jahrhunderts unterschied fein säuberlich zwischen Majestätsbeleidigung einerseits und Hochverrat (Umsturz) oder Landesverrat (Spionage) andererseits.

Trotz all dieser Maßnahmen zur Rollenabgrenzung des Fürsten blieb sein Mischwesencharakter erhalten; das hatte etwas mit Tradition zu tun, aber auch mit dem verfassungsrechtlichen Wesen der Monarchie. Welcker etwa gestand den Fürsten trotz all seines Misstrauens zu, »Wohltäter und Tröster der Unglücklichen« sowie »Schützer der Künste und Wissenschaften« zu sein. Mit anderen Worten: Der König durfte im Rahmen herrscherlicher Mildtätigkeit eine eigene Klientelpolitik betreiben, insbesondere Kunstpatronage. Das ergibt nur vor dem Hintergrund der Tradition Sinn. Die Mildtätigkeit gehörte seit dem Mittelalter zum christlichen Herrscherverständnis und erlebte im 19. Jahrhundert im Kontext der sozialen Frage einen neuen Aufschwung – vor allem in Großbritannien.[22] Auch die Kulturpatronage gehörte seit der Frühen Neuzeit zum fürstlichen Kernbereich, sowohl unter dem Gesichtspunkt der Fürsorge gegenüber Kunstschaffenden als auch im Interesse der Verkündung dynastischer Größe durch die Kunst. Beides zeigt, wie aussichtslos das Unternehmen war, Privatsphäre und öffentliche Person des Herrschers zu trennen.

Das galt ganz besonders für das Verfassungsrecht. Über die Thronfolge entscheidet in der europäischen Monarchie meist die dynastische Erbfolge. Diese war im 19. Jahrhundert vor allem in den deutschen Staaten durch sogenannte Familiengesetze geregelt – Familienabkommen, Testamente oder Erbverträge, die oft noch aus der Frühen Neuzeit stammten. Für die Juristen waren dies privatrechtliche Regelungen mit staatsrechtlichen Folgen. Der deutsche Staatsrechtler Hermann Schulze stellte denn auch 1862 fest, hier handele es sich um eine Vermischung der (privatrechtlichen) innerfamiliären Gewalt eines Familienchefs über seine Verwandten mit Eingriffen in das staatliche und politische Leben des Landes. Schulze verwendete den Begriff »Privatfürstenrecht« für diese letztlich unbefriedigende Situation. Praktische Probleme ergaben sich etwa, weil einige regierende Häuser ihr Familienrecht als interne Angelegenheit betrachteten und nicht öffentlich machen wollten. Schulze hielt zwar das öffentliche Interesse an klaren Regeln der Thronfolge für höherrangig und forderte, man solle sie in ordentlichen Gesetzen regeln.[23] Doch hätte dies nur ein praktisches Problem behoben, nicht aber den privat-öffentlichen Mischcharakter der Monarchie beseitigt. Gab Schulze sich fürstentreu, konnte aus solchen Widersprüchen auch die Opposition Honig saugen. Der oben zitierte Artikel über Louis-Philippe führt vor Augen, dass in Zeiten des absoluten Mikropolitikverbots fast jede Handlung eines Monarchen als eigennützig diskreditiert werden konnte.

Werden Widersprüche zwischen öffentlichen und privaten Interessen unterstellt, so geht es in den meisten Fällen um privat*wirtschaftliche* Motive. So nimmt es auch nicht wunder, wenn die Trennlinie zwischen Politik und Wirtschaft mit mindestens ebenso großem Eifer gesucht wurde wie die zwischen Amt und Amtsinhaber. Mit einschlägigen Interessenkonflikten beschäftigten sich bereits die vormodernen Denker. Doch erst mit dem Ende der Frühen Neuzeit und dem Siegeszug des Kapitalismus wurden auch hier die Kategorien geschärft. Dies zeigte sich in einem großen Korruptionsprozess in England.

Der britische Politiker und Publizist Edmund Burke brachte das Problem in einer der berühmtesten Strafsachen des späten 18. Jahrhunderts auf den Punkt. Er betrieb eines der letzten großen *Impeachment-*Verfahren der britischen Parlamentsgeschichte. Auf seine Initiative machte das Parlament dem ehemaligen Gouverneur der britischen Ostindienkompanie, Warren Hastings, 1788 bis 1795 den Prozess. Das Verfahren erregte europaweit Aufsehen. Hastings hatte lange Zeit als besonders erfolgreicher Verwalter gegolten. Doch Burke hielt Lob für unangebracht. Er beschuldigte Hastings einer ganzen Reihe von Vergehen, darunter auch der Korruption. Burke hatte zwei unterschiedliche Sorgen. Er fürchtete in der Tradition von Bolingbroke die korrumpierende Macht des neuen Geldes: Die Mitarbeiter der Indienkompanie verdienten in Indien unermessliche Reichtümer, mit denen sie in England Parlamentssitze kauften, Einfluss auf die Politik nahmen und letztlich die Verfassung zerstörten.[24]

Neben dieser Sorge ging es in dem Prozess vor allem um die Grenzen zwischen privatem und öffentlichem Handeln. Die im Jahr 1600 als Aktiengesellschaft gegründete Ostindienkompanie war in dieser Hinsicht ein typisch frühneuzeitlicher Zwitter. Ihre Konstruktion als private Handelsgesellschaft mit teilweise militärischen und staatlichen Aufgaben verdankte sie einer Epoche, in der Obrigkeiten Kriegführung und viele öffentliche Belange an nichtstaatliche Organisationen oder Unternehmer übertrugen. Die Ostindienkompanie finanzierte eine Armee und führte Krieg im Namen der Krone, schloss Frieden und errichtete eine eigene Zivilverwaltung – kurz: Sie ähnelte einem privat geführten Staat. Hastings und sein Vorgänger Lord Clive hatten diese Entwicklung systematisch vorangetrieben, nicht zuletzt um die Geschäfte der Kompanie abzusichern. Seit 1784 versuchte die britische Regierung mit dem India Act, dieser Doppelrolle der Kompanie Rechnung zu tragen.

Doch die Konstruktion passte immer weniger in die Zeit; sie verstieß massiv gegen das Trennungsgebot. Diesen Widerspruch nutzte Burke für seine Anklage. Er versuchte darzulegen, dass der privat-staatliche Doppelcharakter der Kompanie unlauterer Bereicherung Tür und Tor öffnete. Hastings hatte in seinen Verhandlungen mit indischen Fürsten immer wieder wertvolle Geschenke erhalten. Er selbst unterstrich, diese Gaben seien in Indien üblich und aus Höflichkeit geboten. Als Repräsentant der Ostindienkompanie habe er sich am Geschenktausch beteiligen müssen. Burke ließ dieses Argument nicht gelten. Ähnlich wie später die Kritiker der *Old Corruption* berechnete er den Geldwert der Geschenke und trug ihn in Tabellen ein. Er führte aus, Hastings habe schlicht private Geschäfte unter Ausnutzung seiner politischen Macht betrieben. Während Hastings die Gaben also als politisches Instrument bezeichnete, wollte Burke in ihnen nur private ökonomische Vorgänge sehen. Der Geschenktausch Hastings war wohl beides, er überschritt die Grenzen von Politik und Geschäft, von öffentlichen und privaten Handlungen.

Die Angriffs- bzw. Verteidigungsstrategie der beiden Kontrahenten zeigt indes die Bedeutung dieser Trennung.[25]

Zwar wurde Hastings freigesprochen, doch in der öffentlichen Bewertung siegte Burkes Interpretation. Vor allem setzte mit Burkes Anklage eine lange politische Auseinandersetzung über die Rolle der Ostindienkompanie ein. Die britische Öffentlichkeit zeigte sich zunehmend kritisch gegenüber einer Privatgesellschaft, die einen Staat betrieb. Allerdings dauerte es noch über ein halbes Jahrhundert, bis die Regierung die Konsequenzen zog. 1858 schließlich übernahm London alle Territorien, Verträge und Rechte der Kompanie; Indien war fortan staatliche Kronkolonie und Königin Viktoria fügte der Liste ihrer Herrschaftstitel einige Jahre später den einer Kaiserin von Indien hinzu.

In dem Maße, wie Fabriken und Unternehmertum im Lauf des 19. Jahrhunderts an Bedeutung gewannen, machten sich politische Beobachter Sorgen über deren Einfluss. Konsens bestand darüber, dass zwischen privaten Interessen und der öffentlichen Staatstätigkeit zu trennen sei. Wo genau die Grenzen verliefen oder durch wen sie überschritten wurden, blieb Stoff für Kontroversen. Das zeigte sich an den Debatten über die Verstaatlichung von Eisenbahnen in der Mitte des 19. Jahrhunderts. Die britische Öffentlichkeit verständigte sich mehrheitlich darauf, den privaten Eisenbahnbau gegenüber dem staatlichen zu bevorzugen, denn Mitarbeiter und Beamte staatlicher Behörden könnten leicht bestochen werden. Staatsgeführte Unternehmen seien also besonders anfällig für private Sonderinteressen. In der französischen Debatte gewann dagegen für einige Jahre nach der 1848er Revolution die Gegenthese Oberhand. Die französischen Befürworter eines Staatsbahnsystems begründeten ihren Vorschlag mit der Behauptung, privates Unternehmertum sei gefährlich für die politische Kultur. Die enormen Reichtümer, welche mit dem Eisenbahnbau gewonnen werden könnten, hätten in der Vergangenheit die politische Elite käuflich gemacht und sie das öffentliche Interesse vergessen lassen. Staatsbahnen könnten diesen schädlichen Einfluss begrenzen.[26]

Die Sphärentrennung war also *die* Obsession in den Debatten über die politische Kultur, doch sie konnte entgegengesetzte politische Ziele unterstützen. Dabei kam auch die Idee der Gewaltenteilung zum Tragen – gegen Ende des 19. Jahrhunderts bereits mit einer eigenen Rolle für die Presse. Der französische Sozialist Victor Jaclard forderte 1893 nach dem

Ausbruch des Panama-Skandals, die Finanzwelt, die Presse und das Parlament konsequent voneinander zu »isolieren«. Kontakte zwischen diesen Bereichen würden eine Art Ansteckungsgefahr mit sich bringen. Die medizinische Metapher der Kontamination verstärkte den Eindruck großer Gefahren im Fall der Grenzüberschreitung.[27]

Der Zwischenruf Jaclards zeigt: Korruptionskritik behandelte nicht nur jene grundsätzliche Trennung von Privatsphäre und Öffentlichkeit, die am Übergang zwischen Vormoderne und Moderne zur Leitkategorie geworden war. Analog zu den Thesen von Latour und Bauman können wir beobachten, wie die Zahl der Bereiche anstieg, die mittels Korruptionsdebatten voneinander getrennt werden sollten. So brüstete sich der Mailänder Bürgermeister Gaetano Negri in einer Rede 1889, in seiner Stadt werde die Verwaltung »rigoros« von der Politik getrennt; sie sei »immun« gegen politischen Einfluss. Er und seine Kollegen würden »stets skrupulös innerhalb der Grenzen ihrer Aufgabe« verbleiben. Später beklagte er das »Wirrwarr«, welches dagegen in anderen Teilen Italiens zwischen Politik und Verwaltung herrsche.[28] In eine ähnliche Richtung zielte eine deutsche Kampfschrift über den Skandal der Dekorationen um Wilson und Grévy. Der anonyme Autor beklagte, dass in Frankreich die Parteien, aber auch zwielichtige Damen Einfluss auf behördliche Entscheidungen hätten – etwa wenn es um Ordensverleihungen ging. Dies zeige, dass die »Auseinanderhaltung persönlicher Beziehungen und dienstlicher Angelegenheiten« keine Beachtung finde. Bemerkenswert an diesem Zwischenruf: Parteipolitik fiel unter die Kategorie »persönliche Beziehungen«, also Privatangelegenheiten.[29] Auch in der spanischen Diskussion über Kaziken und öffentliche Unmoral beklagten Autoren wie Lucas Mallada Unordnung in der Verwaltung und eine Überschwemmung des öffentlichen Raumes durch private Motive.[30]

Diese Tendenz der Aufspaltung von Personen in ihre unterschiedlichen Rollen lässt sich an vielen Beispielen beobachten. Hier sei nur eine einzige Begebenheit erwähnt. Sie zeigt, dass dieses neue Verständnis einige Zeit brauchte, um sich durchzusetzen. Im Morgengrauen eines Maitages im Jahr 1822 fanden sich zwei Schwergewichte der britischen Politik in Kensington Gardens ein: Der Herzog von Bedford und der Herzog von Buckingham trafen sich zum Duell. Es starb niemand bei dieser Begegnung. Dafür verloren beide Herzöge ein Stück ihres öffentlichen Ansehens, das sie doch mit dem Duell zu wahren gesucht hatten. Das

Ereignis wurde zum Stadtgespräch. Der Anlass des Duells und das Verhalten der Protagonisten erschienen derart skurril, dass sie sich der Lächerlichkeit preisgaben. Hintergrund war eine Bemerkung im Wahlkampf. Der liberale Herzog von Bedford hatte heftige Angriffe gegen die konservative Regierung gerichtet. Dabei nahm er sich vor allem die teure Verwaltung, Sinekuren und Regierungspensionen vor. Der Herzog von Buckingham, so ließ er durchblicken, sei ein Profiteur dieses Systems, sei gekauft von der Regierung. Als Letzterem dies zu Ohren kam, forderte er Satisfaktion. In Buckinghams Augen hatte Bedford seinen Charakter in Zweifel gezogen. Bedford dagegen versuchte seinem Gegner klarzumachen, dass er es nur auf die politische Position Buckinghams abgesehen habe, nicht aber dessen persönliche Integrität in Frage stellen wollte. Diese Unterscheidung verstand Buckingham offenbar nicht und beharrte auf dem Waffengang. Die politischen Kommentatoren dagegen waren überrascht, denn sie wussten sehr wohl zwischen dem Charakter einer Person und ihrem politischen Programm zu unterscheiden. So gab es zu dieser Zeit kaum noch Duelle wegen politischer Meinungsverschiedenheiten – umso vorsintflutlicher erschienen die beiden Streithähne.[31]

Nur wenigen Beobachtern war klar, dass das Problem der Korruption weniger im Gegensatz von Ideal und Wirklichkeit bestand, sondern im unauflöslichen Gegensatz unterschiedlicher, aber nicht gleichberechtigter Normensysteme. Diesen Sachverhalt beschrieb der französische Sozialist Gustave Rouanet. Er stellte in seinem Kommentar zum Panama-Skandal eine unhaltbare Doppelmoral fest. Es gebe eine »Volksmoral«: An sie habe sich das Volk zu halten; ihr würden die Strafgesetze entsprechen. Sie verbiete Bestechung und Bestechlichkeit. Daneben gebe es die »breitere Moral«, nämlich die Moral, nach der Politiker und Mächtige tatsächlich handelten – die des Kapitalismus. Dieser begreife die Welt ausschließlich als Ansammlung von Waren, die nach dem »Naturgesetz« von Angebot und Nachfrage getauscht würden. Dies mache auch vor politischen Entscheidungen nicht halt. Was in der einen Moral verboten werde, sei in der Logik der anderen Moral geboten, zum Beispiel der Kauf von Abgeordnetenstimmen. So stünden Gesetz und Volksmoral im Widerspruch zu den Notwendigkeiten der Wirtschaft.[32]

Selbstverständlich führt diese Darstellung in erster Linie eine polemische Spitze gegen das herrschende Wirtschaftssystem. Und doch erkannte Rouanet mit feinem Gespür ein fundamentales Problem moderner Gesellschaften: Es gibt unterschiedliche Normensysteme, die in heftigem Konflikt miteinander stehen. Es sind Normensysteme, die einander ausschließen: Den Handelnden bleibt nichts anderes übrig, als sich nach dem Gesetz des Profits zu richten, doch dieses ist gesetzlich verboten. Als habe er Bauman gelesen, erklärte Rouanet diese Ambivalenz zum Skandal. Ganz dem modernen Denken verpflichtet, glaubte er allerdings, dass die Situation bereinigt werden könnte: Abhilfe schaffe die sozialistische Revolution. Werde die Moral des Kapitalismus überwunden, könne jedermann nach dem Gesetz handeln.

Korruptes Ancien Régime, gefährdete Moderne: Korruptionskritik und Geschichtsbild

Joaquín Costa y Martinez, ehemaliger Rechtsprofessor in Madrid, Anwalt, Historiker und politisch aktiver Journalist, schilderte seinen Lesern im Jahr 1902 eine eindrückliche Anekdote. Während der Pariser Weltausstellung von 1900 habe man am Trocadéro einen Zug der Transsibirischen Eisenbahn besteigen können. Saßen die Gäste im Waggon, sei ihnen durch eine Abfolge von Bildern vorgeführt worden, welche unermesslichen Weiten die Eisenbahn auf der Reise zwischen Moskau und China durchfahre. Gebirge, Steppen, Wälder, Ebenen, Täler und Hügellandschaften Europas, Sibiriens und Ostasiens seien an den Besuchern vorbeigezogen. Erst am Ende der Vorführung hätten die erstaunten Fahrgäste bemerkt, dass der Museumszug nur hundert Meter vorangekommen sei. Diese Erfahrung, so Costa, beschreibe das historische Schicksal seines Heimatlandes. Vor 400 Jahren, in ihrem Goldenen Zeitalter, seien die Spanier in den Zug der Geschichte eingestiegen. Lange hätten sie geglaubt, wie die anderen europäischen Nationen in die Zukunft zu fahren. Immerhin habe man einen Bilderbogen großer Veränderungen erlebt: Revolutionen, Kolonialreiche, Industrialisierung. Doch in Wirklichkeit stehe man immer noch im Ausgangsbahnhof, in einer Welt des 15. Jahrhunderts. Zur gleichen Zeit hätten Franzosen, Briten und Deutsche das 20. Jahrhundert erreicht.[33]

Wie kam Costa zu dieser dramatischen Schilderung? Kurz zuvor, 1898, hatte Spanien ein nationales Trauma erlitten. In einem kurzen Krieg gegen die Vereinigten Staaten hatte das Land seine Kolonien in Kuba, Puerto Rico und auf den Philippinen verloren. Von dem einst stolzen Kolonialreich blieben nur noch winzige Reste, ausgerechnet in der Hochphase des Imperialismus, als die meisten Europäer nationale Größe in der Währung überseeischer Kolonien maßen. Der Verlust rief eine publizistische Schockreaktion im Mutterland hervor, an ihrer Spitze fanden sich Intellektuelle und Experten. Ihre Diagnose lautete auf

Niedergang, ihr Anspruch war Regeneration, daher auch der Name der Bewegung: *Regeneracionismo*. Costa und seine Mitstreiter waren sich ganz sicher über den Hauptgrund für den Zustand des Landes: politische Korruption und Kaziken. Sie hätten als Überlebende aus dem Mittelalter die Zeiten überdauert, hätten das »feudale« Herrschaftssystem konserviert und ganz Spanien in seinem historischen Zustand eingefroren. In Wahrheit herrsche nicht das Parlament, sondern eine von den Kaziken unterstützte Oligarchie – und sie herrsche exakt so wie ein absoluter König. Durch Korruption sei Spanien aus dem Gang der Menschheitsgeschichte herausgefallen. Man verharre in Wissenschaft, Industrie, Landwirtschaft, Kultur, Verwaltung und Militär in hoffnungslosem Rückstand gegenüber anderen europäischen Ländern. Nun herrsche ein Zustand, primitiver als der aller »dekadenten Nationen Asiens«. Auf einer imaginären Tafel des Fortschritts reihte Costa Spanien gegen Ende des Buches zwar noch vor China (Mittelalter) und Marokko (Eisenzeit!) ein – doch die Iberer verharrten auf der Stufe der Renaissance.[34]

Die Botschaft war klar: Korruption stand für Vormoderne. Wenn sie nicht schon überwunden war, dann zeigte Korruption das Überleben längst überholter Zustände. Das Ausmaß an Korruption zeigte den Ort einer Gesellschaft zwischen Vergangenheit und Fortschritt, zwischen Barbarei und Zivilisation. Korruption war also nicht nur deshalb skandalös, weil die Grenzen zwischen privat und öffentlich überschritten wurden. Korruption war und ist ein Skandal, weil sie schon längst hätte beseitigt werden müssen, wäre man dem normalen Gang der Geschichte gefolgt. Bis auf den heutigen Tag wirkt diese Vorstellung.

Costa war kein Einzelfall. Sein historisches Deutungsmuster zieht sich durch die gesamte Korruptionsdebatte seit dem frühen 19. Jahrhundert. Nahezu alle Publizisten konnten sich darauf berufen – meist in schlichter, beiläufiger Weise, als Randbemerkung. Diese Beiläufigkeit beweist aber gerade, wie verwurzelt das Denkschema war. Mit dem Mittel der Korruptionsdebatte konstituierten die Gesellschaften in der Epoche der Moderne einen kategorischen Abstand zwischen sich und der Vergangenheit: Das binäre Muster korrupt–nicht korrupt findet sich wieder im Geschichtsbild vormodern–modern. Auf dem Gebiet der Korruptionsdiskussion kann man also auch die ›Erfindung‹ des Gegensatzes von Vormoderne und Moderne als Epochenmuster beobachten.[35]

Lange Zeit spielte dabei der Vorwurf des Absolutismus eine wichtige, polemisch offenbar wirksame Rolle. Vor allem die Gegner der traditionalistischen Monarchien bemühten dieses Bild immer wieder. Der bereits erwähnte italienische Gelehrte Ippolito Santangelo Spoto sah 1902 die Korruption in der Verwaltung als ein Laster, das seit der Zeit des Absolutismus überdauert habe. Sein Kollege Luigi Luzzatti ebenso wie der mehrfache italienische Minister und Regierungschef Marco Minghetti betrachteten die Dinge in Publikationen aus den Jahren 1911 bzw. 1881 ähnlich: Das parlamentarische Regierungssystem wirke wegen der Korruption wie der despotische Absolutismus des Ancien Régime.[36]

Auch das gegen die deutsche Sozialdemokratie gerichtete Pamphlet »Bestechung und Korruption als Machtmittel der Politik« aus dem Jahr 1931 warf den »Marxisten« vor, »erzreaktionär« zu sein, da sie wie der historische Absolutismus die Menschen gängele und die Justiz korrumpiere.[37] Umgekehrt beriefen sich jene gern auf Korruptionsfreiheit, die für sich in Anspruch nahmen, modern zu sein. Gaetano Negri, bereits erwähnter Bürgermeister von Mailand, sah die erfolgreiche Bekämpfung der Korruption in seiner Stadt als Zeichen ihrer Modernität. In seiner Polemik gegen andere Teile Italiens behauptete er: »Die Mailänder Bevölkerung ist so viel besser, dank aller Tugenden, die die modernen Völker wirklich auszeichnen.«[38]

Dem historischen Grundmuster der Korruptionskritik folgten Angehörige aller politischen Richtungen. Dazu gehörten selbstverständlich linke und liberale Autoren, die sich ohnehin am Fortschrittsmodell orientierten und Korruption wahlweise entweder als Zeichen für politisch-moralischen Stillstand oder gar als Rückschritt in die Vergangenheit deuteten. Konservative und antimoderne Autoren teilten dieses Geschichtsbild nicht, doch selbst sie verwendeten den Korruptionsbegriff in ähnlicher Weise. Alexis Dumesnil, ein Gegner der Aufklärung und Kritiker der Französischen Revolution, erklärte 1824 das Ende des Ancien Régime ebenso mit dessen Korruption, wie es seine liberalen Kontrahenten taten. Allerdings hielt er die Korruption des späten Ancien Régime nicht für ›mittelalterlich‹. Im Gegenteil: Er sah darin die Folge einer Abkehr von traditionellen Werten. Für Dumesnil war Korruption ein Ergebnis der Aufklärung, ein Merkmal der neuen Zeit. Denn alle großen Umwälzungen der Zeit um 1800 beruhten auf Korruption, als da wären Verlust alter Werte, der Tugend und des Glaubens, Untergang der Bourbonen, verbrecherisches Handeln der Revolutionäre und Despotie Napoleons. Damit argumentierte der Konservative so wie die Fortschrittsfreunde, nur mit umgekehrten Vorzeichen. Korruption sei die »Auswirkung dieser langen Folge von politischen Transformationen, die das Gewissen des Menschen zu nichts reduziert haben; das ist das unvermeidbare Ergebnis dieses Terrors, der alles zerbrochen hat«.[39]

Korrupt sind immer die anderen? Nationale und ethnische Abgrenzungen

Die Korruptionsdebatten boten ein Vokabular, um nationale und vor allem ethnische Unterschiede zum Ausdruck zu bringen – freilich niemals wertneutral und immer hierarchisch. Auch in dieser Hinsicht wirkte Korruption als Ordnungsmuster. Geordnet wurden Nationen, Regionen innerhalb eines Landes und vor allem die Grenze zwischen Europa und Nichteuropa. Welche europäischen Nationen als korrupt galten, änderte sich und folgte der Erzählabsicht der jeweiligen Korruptionskritiker. Wollte man Zustände im eigenen Land kritisieren, lag es nahe, der eigenen Gesellschaft Defizite zu unterstellen. Korruption konnte aber auch ein Argument in nationalen Rivalitäten sein: Korruptionsfälle in anderen Ländern sollten belegen, wie verkommen diese waren. So kommentierte ein deutsches Pamphlet den Skandal der Dekorationen, nicht ganz schlüssig, aber eindeutig in der Zielrichtung: Die Korruption sei in Frankreich seit Jahrhunderten verwurzelt; sie habe ihre Ursache im traditionell großen Einfluss von Frauen in der Politik. Im Ergebnis stellte der anonyme Autor schadenfroh fest, »dass Frankreichs Ruhm, solange er nicht besser behütet wird als heute, immer mehr und mehr verblassen muss neben dem stetig wachsenden Glanze des neuen deutschen Reiches«.[40]

In Deutschland gab es eine eher ungewöhnliche Situation, denn es herrschte die Auffassung, Staatsdiener seien hierzulande unkorrumpierbar. Ein Artikel aus dem Jahr 1914, erschienen in einer Fachzeitschrift für Beamte, beschwor die hohen »sittlichen Eigenschaften« der korruptionsresistenten deutschen Staatsdiener. Der Beitrag gipfelte in der Forderung, an diesem Zug deutschen Wesens solle die Welt genesen.[41] Dies war nicht nur das Selbstbild der Staatsdiener. Auch während der heftigen Korruptionsdebatten im frühen Kaiserreich beharrten viele deutsche Blätter wie die *Vossische Zeitung*, aber auch Publizisten wie Franz Perrot darauf, dass die Verhältnisse in Deutschland weniger korrupt seien als im Ausland.[42] Den Mythos vom unbestechlichen Deutschen hatten bereits die Emigranten der 1848er-Revolution mit nach Amerika genommen. Einige ihrer politischen Führer wie Karl Heinzen und Gustav Struve sahen ihre Mission darin, mittels deutscher Tugenden und möglichst auch mit einer deutschen politischen Partei die von den Angloamerikanern eingeführte Korruption im politischen System der Vereinigten Staaten zu überwinden.[43]

In einem waren sich die europäischen Korruptionskritiker einig: An den Rändern und außerhalb Europas, da herrsche Korruption. Diese Haltung illustriert ein Artikel in der radikal eingestellten britischen *Westminster Review* aus dem Jahr 1846. Thema des Artikels über die »Patronage of Commissions« waren eigentlich Klientelismus und Patronage in der britischen Armenversorgung. Gleichwohl beginnt der Beitrag mit einem Abschnitt über den »Despotismus« auf dem europäischen Kontinent. Der Autor stellte die Frage, warum der politische Despotismus in Preußen für die Untertanen so viel erträglicher sei als derjenige in Russland. Die Antwort: »Unter der absolutistischen Regierung in Russland herrscht Korruption in jedem Verwaltungszweig und Gerichtsurteile werden offenkundig verkauft.« In Preußen dagegen sei die Verwaltung unabhängig, es gebe keine Patronage bei der Besetzung von Beamtenstellen. Dadurch sei sogar die absolute Macht des Königs in gewisser Weise eingeschränkt. Trotz aller Fortschrittlichkeit bei der politischen Freiheit könne sogar Großbritannien von der preußischen Verwaltung noch lernen.[44] Die moralische und entwicklungshistorische Hierarchie ist klar – und Russland fristete sein Dasein als sprichwörtlich korruptestes Land Europas an der Grenze zwischen Asien und der Zivilisation. Davon zeugt auch eine Nebenbemerkung in Robert von Mohls Staatsrechtslehrbuch: »Die Beamten müssen ein sorgenfreies Dasein haben, sonst reisst Bestechung und jede Art von Schlechtigkeit ein, und wir erhalten russische anstatt deutscher Zustände.«[45] In ähnlicher Manier entwarf Carlo Morini 1895 ein düsteres Szenario in seinem Buch über die Parlamentskorruption. Italien stehe am Rande des Abgrunds. Das Land werde die »Türkei des Abendlandes«, wenn es sich nicht erneuere.[46]

Zugleich fürchteten europäische Beobachter, ihre Heimatländer könnten durch außereuropäische Sitten verunreinigt werden. 1911 berief sich die rechte französische Zeitung *L'Intransigeant* auf ein verbreitetes Vorurteil. Anlass war die Affäre um eine Eisenbahnlinie zwischen Homs und Bagdad. Zwar war das Projekt gescheitert, doch Journalisten und französische Regierungsbeamte hatten bei den Planungen Begünstigungen angenommen. Die Zeitung suchte nach Erklärungen und fand sie in der Person von René Rouet, einem Beamten im Außenministerium. Rouet gehöre einer französischen Familie an, die seit Generationen in Kleinasien ansässig sei. Es handele sich um einen »französischen Levantiner«. Er habe in seiner Jugend nichts anderes kennengelernt als die türkische Gesellschaft, in der Geschenke und Bakschisch an der Tagesordnung seien.[47]

In ihren Reiseberichten zeichneten die Teilnehmer von Expeditionen in entlegene Gebiete wie selbstverständlich das Bild erbärmlicher politischer Zustände, mit Korruption als wiederkehrendem Motiv. Max von Thielmann beschrieb die Regierungsweise des »Chan von Souk-Boulak« im kurdischen Teil Persiens 1875 als »patriarchalisch«, als eine Mischung von Bestechung, Ausbeutung, Plünderung und Gewaltsamkeit, kurz: barbarische Zustände in einem Milieu technischer und kultureller Rückständigkeit.[48]

Das Bewusstsein von der angeblichen zivilisatorischen Überlegenheit der europäischen Zentren war ausreichend verwurzelt, um Eingang in die Lexika und Nachschlagewerke zu finden. So wusste der »Grand Larousse« in der Ausgabe von 1866/1876 zu berichten, Uneigennützigkeit sei eine der nobelsten Errungenschaften der modernen Welt. Naturvölker und »orientalische Nationen« verfügten nicht darüber. Integrität finde man nur in Ländern mit einer langen Tradition von Freiheit und Zivilisation.[49] In das gleiche Horn blies der Autor des Artikels »Bestechung« in der 9. Auflage der »Encyclopaedia Britannica«. Korruption sei das Ergebnis mangelnder Zivilisation. Die »orientalische Mentalität« verstehe nicht, warum es sinnvoll sei, der Versuchung der Bestechung zu widerstehen. Darum sei es auch so schwierig, in den britischen Kolonien Asiens Einheimische in der Verwaltung einzusetzen. Auch hier folgte Russland als weiteres Negativbeispiel.[50] Der britische Historiker John Robert Seeley glaubte zwar, dass es keine allgemeine moralische Überlegenheit des britischen gegenüber dem indischen Volk gebe. Doch wegen der Unterschiede im Stand der Zivilisation seien es die britischen Verwalter gewesen, die die indische Politik von der Korruption gereinigt hätten.[51]

So konnte sich im späten 19. Jahrhundert auch der koloniale Herrschaftsanspruch auf das Korruptionsargument stützen. Diese Frontstellung datiert auf das frühe 19. Jahrhundert, wie Nicholas Dirks am Beispiel der Debatte über Indien gezeigt hat. Im 18. Jahrhundert sahen die britischen Beobachter noch die finanziellen Machenschaften der Ostindienkompanie als Korruptionsursache auf dem Subkontinent. Seit etwa 1800 wandelte sich die Wahrnehmung. Nun schien es zunehmend so, als übten die Sitten der unzivilisierten Ureinwohner korrumpierende Wirkung auf die europäischen Verwalter aus.[52] So liberal die Vorschriften bei Interessenkonflikten britischer Unterhausabgeordneter auch waren – als 1858 der Verdacht aufkam, ein indischer Radscha habe Abgeordnete bestochen, war die Sorge um die Integrität der Volksvertretung mit einem Mal sehr groß und Anlass für hitzige Debatten im Parlament, das sich prompt eine neue Antikorruptionsvorschrift gab.[53]

Die Korruptionsdiagnose der Peripherie war häufig eine Projektion aus dem Zentrum, aber nicht ausschließlich. Ihre Überzeugungskraft wuchs nämlich dadurch, dass auch die Peripherie dieses Urteil über sich akzeptierte. In Russland etablierte sich das Selbstbild der durch und durch korrupten Verwaltung bereits im 19. Jahrhundert.[54]

Neben Russen, Levantinern und Orientalen am Rand und außerhalb Europas gab es auch innerhalb des Kontinents Zonen fragwürdiger Zivilisation. Der Spanier Lucas Mallada setzte die Kazikenmacht in der Provinz mit Herrschaftsstrukturen »wilder Stämme in anderen Kontinenten« gleich.[55] Ähnliches gilt für die Südhälfte Italiens, den Mezzogiorno. Viele italienische Korruptionskritiker des späten 19. und frühen 20. Jahrhunderts machten die Mentalität der Süditaliener verantwortlich für den Zustand der öffentlichen Moral und sahen in der archaischen Kultur des Mezzogiorno die Wurzel des Übels. Generell malten die italienischen Meridionalisten kräftig an diesem Gemälde mit, also jene Intellektuellen, die zu verstehen versuchten, warum die Kluft zwischen Nord und Süd sich so lange halten konnte. Interessanterweise gehörten nicht wenige Süditaliener selbst zu den aktivsten Meridionalisten wie auch zu den schärfsten Korruptionskritikern. Selbst der konsensorientierte Ministerpräsident Giovanni Giolitti griff das Bild vom korrupten Süden auf, als er zwischen 1901 und 1914 versuchte, mittels Zentralisierung und Entmachtung der Stadträte durch Regierungskommissare direkten Einfluss auf die Kommunalpolitik in den südlichen Landesteilen zu nehmen. Dagegen positionierten sich die nördlichen Regionen – den Mythos von Mailand als »moralischer Hauptstadt« des Landes haben wir bereits kennengelernt.[56] Auch außerhalb Europas fanden solche Wahrnehmungen ein erstaunliches Echo. Die argentinische Politik wurde in den Jahren um 1890 von einem Korruptionsskandal um die Privatisierung der Stadtwerke von Buenos Aires erschüttert. Dabei entstanden interessanterweise zwei Debattenstränge. In den Medien und in öffentlichen Stellungnahmen von Politikern waren sich alle einig, diese Vorgänge scharf zu verurteilen. Die Beschuldigten konnten sich, ähnlich wie in europäischen Ländern, außer durch Leugnen der Vorwürfe nicht rechtfertigen. In nichtöffentlichen Arenen allerdings sah die Debatte innerhalb der politischen Klasse ein wenig anders aus. Hier beriefen sich viele auf das Selbstverständnis Argentiniens als »junge Nation«, die erst im Werden begriffen sei und die man noch nicht an den Standards der europäischen Vorbilder messen dürfe. Korruption war hier in nichtöffentlichen Unterhaltungen entschuldbar, weil das Land nur als halbmodern oder halbzivilisiert zu gelten habe, sich aber auf einem guten Weg befinde.[57]

6.

Revolution: Der Abschied vom Ancien Régime um 1800

Es gibt Zeiten, in denen die Zeichen auf Veränderung stehen, in denen Reform, Erneuerung, auch Revolution und Umsturz die Geschichte beherrschen. Zeiten, in denen selbst die Verlierer der Veränderung sich diesem Sog nicht entziehen können. Die sogenannte Sattelzeit zwischen Ende des 18. und Anfang des 19. Jahrhunderts war solch eine Periode. Binnen kurzem stürzte die französische Monarchie, implodierte das altehrwürde Heilige Römische Reich, flackerten Revolutionsbewegungen in vielen Ländern des Kontinents auf. Die Feldzüge Napoleons und der Wiener Kongress erneuerten die politische Landkarte. Die hergebrachten Rechts- und Gesellschaftsordnungen Alteuropas schienen nun reformbedürftig, selbst in Großbritannien, wo es weder Revolution noch Fremdherrschaft gab. Feudalordnung, Erbuntertänigkeit, unsystematisch gewährte Privilegien für Personen, Gruppen, Städte oder Gebiete, Monopole, Vorrechte der Kirche, die Verwaltung mit ihrer Vermischung öffentlicher Aufgaben mit einträglichen persönlichen Geschäften für Amtsinhaber, das Ideal der ererbten gesellschaftlichen Hierarchien – all dies stand auf dem Prüfstand. Viele Menschen glaubten erstmals, man könne und müsse sich vom historisch Gewachsenen trennen, sich emanzipieren und etwas gänzlich Neues schaffen. Das gelang zwar nicht immer; das Ringen um die Abkehr vom Alten war aber eine Grunderfahrung vieler Zeitgenossen. Für das Alte und Überlebte in Politik und Staat gab es ein Wort: Korruption.

Der Aufbruch in die politische Moderne fußte neben dem Kampf gegen Despotie auf dem Schlachtruf: Überwindet die Korruption! Nun ging es nicht mehr allein darum, Fehlfunktionen der Patronage zu korrigieren oder ein feindliches Netzwerk zu entmachten. In der Korruptionskritik äußerte sich das Unbehagen an den Macht- und Rechtsverhältnissen. Korruption wurde im Kampf gegen die bestehenden Verhältnisse zum Symbol der Vormoderne, womit die Moderne sich selbst erfand.

Der neue Staat, den die Korruptionskritiker anstrebten, war in der Regel ein Verfassungsstaat. Er war ein Gemeinwesen, das sich mit einer leistungsfähigen Verwaltung, klaren Zuständigkeiten, geringen Kosten und einer strikten Trennung des Privaten vom Öffentlichen dem Wohl der Gemeinschaft widmete und die Rechte des Einzelnen möglichst wenig beschnitt. Es war die Ära der Liberalen, die mit Korruptionskritik den alten Staat erschütterten.

Unerbittliche Radikalisierung: Frankreich 1789 bis 1799

»Es gibt in der Republik eine vom Ausland angezettelte Verschwörung; ihr Ziel ist es, durch Korruption die Durchsetzung der Freiheit zu verhindern«, rief der Jakobiner Louis Antoine Léon de Saint-Just am 13. März 1794 den Abgeordneten des Konvents in Paris zu.[1] Saint-Just sprach viel von Korruption in jenem Frühjahr, als die Terrorherrschaft auf ihren blutigen Höhepunkt zusteuerte. Das schlimmste Komplott gegen eine Regierung sei die Korruption des »esprit public«. Sie führe zur Parteibildung, zur Uneinigkeit im Lande. Daher sei es endlich an der Zeit, der Korruption den Krieg zu erklären.

Korruption, das war ein Wort für die Gefahren, die von Ausländern und Königstreuen drohten. Vor allem aber war Korruption bei Saint-Just gleichbedeutend mit der Abkehr vom Pfad der Revolution aus Mangel an Tugend, aus Charakterschwäche. Konkret ging es am 13. März um das Schicksal der *Cordeliers*, Anhänger einer Fraktion, die sich gegen die Politik des Wohlfahrtsausschusses gestellt hatte. Die Revolution sei gezwungen, unnachgiebig gegen zersetzende Kräfte vorzugehen, unterstrich Saint-Just. Noch in der gleichen Nacht wurden die Verdächtigen auf Beschluss des Konvents verhaftet, zehn Tage später landeten sie auf dem Schafott.

Der Kampf gegen Korruption war zu diesem Zeitpunkt schon längst Teil der Legenden geworden, welche die Revolutionäre um ihre Revolution spannen, war Teil einer routiniert abgespulten Geschichte. Korrupt waren die äußeren, aber vor allem auch die inneren Feinde. Dazu gehörten jene Revolutionsanhänger, die nach einer gemäßigten Politik strebten, jene, die sich der Jakobinerherrschaft und den Entscheidungen des Wohlfahrtsausschusses in den Weg zu stellen wagten. Korrupt waren für die führenden Jakobiner um Maximilien de Robespierre also die innenpolitischen Gegner. Freilich war das nicht nur eine eilig dahingesagte Polemik. Vielmehr gehörte eine bestimmte Vorstellung von

Korruption und Reinigung zum Kern des jakobinischen Denkens. Viel spricht dafür, dass wir die Jakobinerdiktatur und den Blutrausch der Schreckensherrschaft nur vier Jahre nach einer vom Freiheitspathos durchdrungenen Revolution erst verstehen, wenn wir die Korruptionsrethorik der Revolution ernst nehmen. Der politische Korruptionsbegriff der Französischen Revolution erlebte, tödlich konsequent zu Ende gedacht, unter der Schreckensherrschaft den Höhepunkt seiner Wirksamkeit.[2]

Doch der Reihe nach. Frankreich war nicht nur das Mutterland des modernen Korruptionsbegriffs in der Aufklärung, sondern es war auch das Land der Revolution von 1789. Die französischen Revolutionäre wagten auf dem europäischen Festland erstmalig einen klaren Bruch mit der Welt der Vormoderne. Innerhalb weniger Monate entmachteten sie im Sommer 1789 den König weitgehend. Sie krempelten das politische Leben, die Rechtsordnung und das Gesellschaftssystem rasant und teilweise wie im Rausch um. Grundlage ihres Rufes nach Freiheit, Gleichheit und Volkssouveränität war die Korruptionsdiagnose für die Gegenwart. Die Gegenwart im Zustand der Korruption und die Zukunft als Verheißung der Perfektionierung war, wie in Kapitel 4 geschildert, das Credo vieler französischer Aufklärer. Allerdings waren die Aufklärer keine Revolutionäre. Solange die Korruption von Staat und Gesellschaft philosophische Spekulation blieb, waren die politischen Auswirkungen begrenzt. Selbst Jean-Jacques Rousseau beschränkte sich auf das Korrespondieren und Diskutieren, obwohl er immerhin glaubte, durch einen neuen Gesellschaftsvertrag sei die Korruption überwindbar. Zu sehr waren die Aufklärer noch Teil der alten Gesellschaft.

Im letzten Jahrzehnt vor 1789 änderte sich die Stimmung. Nun begannen die Autoren des sogenannten literarischen Untergrundes die Wechselfälle des öffentlichen Lebens durch die Interpretationsbrille der Aufklärerschriften zu betrachten und zu kommentieren. Die schonungslose, ja oft gehässige Generalkritik meist anonymer Untergrundautoren ist ein wichtiger Schlüssel, um zu verstehen, wie das Ancien Régime zusammenbrach.[3] Diese Pamphletisten nahmen sich den Klerus und den Adel vor und machten auch vor dem Hof nicht halt. Sie malten ein Bild von Niedergang und Verkommenheit der Obrigkeit auf allen Gebieten – sittlich, moralisch, intellektuell, politisch und sogar körperlich. Die berühmte Halsbandaffäre der Königin Marie-Antoinette von 1785/86 erschien dank der Untergrundpamphlete auch in diesem Licht: Es ging um eine vermeintliche außereheliche Affäre der Königin, um sündhaft teure Geschenke unter Höflingen, um illegitimen politischen Einfluss und Manipulation von Richtern. Korruption wurde auch auf körperlicher Ebene verhandelt. So spekulierte die Untergrundliteratur in den Jahren vor der Revolution heftig über körperliche Schwäche und vermeintliche Impotenz des Königs.[4] Typisch für die vorrevolutionäre Sicht der Dinge war es, die sittlich-moralische Korruption des Hofes und die politische Korruption in Gestalt von Willkür und Despotie zusammenzudenken. So konnte Robespierre rückblickend resümieren: »Der Despotismus hat die Korruption der Sitten herbeigeführt und die Korruption der Sitten stützte den Despotismus.«[5]

Korruption als Bereicherung am Vermögen des Volkes durch Beamte, vor allem Steuerpächter, trug ebenfalls zur revolutionären Stimmung bei. Das spiegelte sich in den sogenannten Beschwerdeheften, den *Cahiers de doléances*. Als die Abgeordneten der Generalstände Anfang 1789 bestimmt wurden, nahmen ihre Wähler das traditionelle Recht wahr, Beschwerden an König und Stände zu formulieren. Dabei finden sich massenhaft Klagen über Egoismus, Missbrauch und Bereicherung. Ein Beschwerdeheft aus dem Gerichtsbezirk Poitiers enthielt die Klage, man könne steuerpolitische Entscheidungen gegen Geld kaufen. Abhilfe sollten korruptionsfreie Versammlungen von Grundbesitzern schaffen, die sich dem Gemeinwohl verpflichteten. Auch eine Versammlung von Adeligen aus Péronne war sich sicher, die Regierung herrsche mit Hilfe von Korruption und bringe daher die Staatsfinanzen durcheinander. Rettung könne nur eine Nationalversammlung bieten – hier findet sich also eine direkte Verbindung zwischen Korruptionskritik und revolutionärer Forderung.[6] Schon in den Jahren zuvor hatten im ganzen Land Beschwerden über Bestechung, Patronage und Betrug zugenommen.[7]

Die Ereignisse des Sommers 1789 schienen endlich Abhilfe zu schaffen. An einer der prominentesten Stellen bekannten sich die Revolutionäre zum Kampf gegen die Korruption: In der Präambel der Menschen- und Bürgerrechte, verabschiedet von der Nationalversammlung am 26. August 1789, beklagten die Autoren die öffentliche Misere und die Korruption der Regierungen. Dazu sei es nur gekommen, weil die unveräußerlichen Menschenrechte in Vergessenheit geraten waren. Die Menschenrechte beachten hieß also, Korruption wirksam zu bekämpfen.[8]

Nun war die Revolution kein einmaliger Umsturz, kam nicht sofort zum Stillstand, sondern entwickelte sich in einander überbietenden Radikalisierungsschritten bis zum Sommer 1794 fort, bis zum Ende der Schreckensherrschaft. Diese Radikalisierung kann man auch vor dem Hintergrund des Korruptionskonzepts interpretieren. Zwar waren Feudalherrschaft und die alte Ordnung als Hort der Korruption ab 1789 überwunden, doch drohten immer neue Korruptionsgefahren innerhalb des revolutionären Prozesses selbst. Schon in den ersten Beratungen über die neue Regierungsform trieb die Revolutionäre die Sorge darüber um, dass Korruption sich auch in den neuen Institutionen breitmachen könne. Dafür gab es aus Sicht der radikalen Revolutionäre auch ganz konkrete Anhaltspunkte.

Zwar nahm die Macht Ludwigs XVI. rasant ab, doch bis zur Abschaffung der Monarchie 1792 gab es immer noch eine Krone und einen (wenn auch geschrumpften) Hof; Parteigänger des Königs gab es auch darüber hinaus. Dieser musste seine Patronage dramatisch umstellen. An die Stelle der alten höfischen Patronage traten eilig zusammengeschusterte, wohl durchaus verzweifelt zu nennende Versuche, im neuen Machtzentrum, dem Parlament, Schadensbegrenzung zu betreiben. Dabei taten sich lichtscheue Personen wie der legendenumwobene Baron de Batz hervor. Sie betrieben Geheimpolitik und Scheckbuchdiplomatie. Mit Bargeld aus Geheimfonds oder mit Juwelen aus Aristokratenbesitz bezahlten sie Schriftsteller und Abgeordnete, damit sie sich der Sache des Königs anschlossen. Solche Vorgänge legten einen Zusammenhang zwischen Korruption und Verrat nahe, zumal das Geld zu nicht geringen Teilen aus Großbritannien stammte.

Schockiert war das revolutionäre Paris vor allem von der Rolle des Grafen Honoré Gabriel de Mirabeau. Nach seinem plötzlichen Tod 1791 hatte die dankbare Nation ihn zunächst im neuen Nationalheiligtum für verdiente Männer beerdigt, dem Pantheon, an der Seite von Voltaire. Mirabeau war prominenter Revolutionär der ersten Stunde, begnadeter Debattenredner und engagiertes Mitglied im radikalen Jakobinerclub. Doch ein gutes Jahr nach seinem Tod wurden geheime Dokumente aus dem Besitz des Königs entdeckt. Sie bewiesen, dass Mirabeau die Krone heimlich unterstützt, dafür viel Geld kassiert und sich Hoffnungen auf ein Ministeramt gemacht hatte. Aus dem Pantheon war er rasch wieder entfernt. Doch blieb der Eindruck, dass die Revolution selbst in der

Gefahr stand, zu korrumpieren.⁹ Spätestens seit dem Fluchtversuch des Königs im Sommer 1791 war für radikale Revolutionäre klar, dass Ludwig XVI. selbst nach seiner politischen Entmachtung eine Art weitersprudelnde Korruptionsquelle war. Daher verlangten viele Radikale, den König hinzurichten, allen voran die Jakobiner. Für Maximilien de Robespierre ging es im Prozess gegen den Monarchen weniger um persönliche Schuld als vielmehr darum, den royalen Krankheitsherd im Dienst der moralischen Volksgesundung zu entfernen.¹⁰

Robespierre, der sich gern mit dem Beinamen »der Unkorrumpierbare« feiern ließ, war der charismatische Vordenker der Jakobiner. Für ihn lag das Prinzip der Revolution in der Säuberung, der »épuration«, oder der Reinigung, der »purification«, der Gesellschaft von politischer und auch von moralischer Korruption. Robespierre dachte diesen Gedanken konsequent zu Ende. Die Revolution müsse einen gnadenlosen Kampf der Nichtkorrupten gegen die Korrupten führen, die Tugend nötigenfalls mit Gewalt durchsetzen. Die Robespierre'sche Schreckensherrschaft war eine Tugenddiktatur mit dem Ziel, das Denken und Empfinden der gesamten Bevölkerung zu transformieren und diejenigen, die diesen Prozess störten, zu eliminieren. Gefördert wurde diese Haltung von einer um sich greifenden Wagenburgmentalität, die überall die Feinde der Revolution witterte. Für die Jakobiner war Korruption weniger Bestechung und Bereicherung als vielmehr die Abkehr vom Geist der Revolution oder Verrat und Paktieren mit dem Ausland.

Mit diesem Vorwurf ließen sich nicht nur Royalisten verfolgen, sondern auch ehemals nahe politische Freunde beseitigen. Im April 1794 kam es zu einem großen Prozess im Zusammenhang mit dem sogenannten Skandal der Indienkompanie. Im Kern ging es um Insidergeschäfte: Abgeordnete des Nationalkonvents hatten auf eine Baisse der Aktien der französischen Indienkompanie gewettet und diese Baisse dann durch kritische Redebeiträge im Parlament selbst herbeigeführt. Die Anklage wusste aber auch von Beziehungen zwischen Mitarbeitern der Kompanie und Aristokraten im Ausland. Die Angeklagten sahen sich als »Korrumpierte«, Beschützer von Korrumpierten oder ausländische Agenten inkriminiert. Darunter fanden sich auch so prominente, aber mittlerweile in Ungnade gefallene Jakobiner wie Georges Danton und Camille Desmoulins, die anschließend unter die Guillotine kamen. Tatsächlich hatte Danton während des Prozesses gegen Ludwig XVI. Geld von

Aristokraten angenommen. Die Adeligen hatten vergeblich gehofft, der führende Jakobiner würde mäßigend auf seine politischen Freunde einwirken und die Todesstrafe abwenden.[11] Auch das berühmte Bild des Malers Louis David vom ermordeten Revolutionsführer Marat spricht eine ähnliche Sprache. Der Künstler versah es mit der Legende »Da sie mich nicht korrumpieren konnten, haben sie mich ermordet.«[12] Von diesem Selbstverständnis beseelt, bestieg auch Robespierre nach dem Fall des Terrorregimes im Sommer 1794 das nun für ihn bereitete Schafott.

Mit dem Ende der Terrorherrschaft stoppte der Radikalisierungsprozess der Revolution, womit auch der Korruptionsvorwurf seine Konturen verlor. Korruptionskritik richtete sich nun gegen die Jakobiner. Die Terrorherrschaft habe nicht, wie behauptet, die Korruption der Revolution verhindert. Jean-Baptiste Salaville, einst Mitarbeiter Mirabeaus, warf den Jakobinern vor, durch Misstrauen, Verdächtigung und Terror den Gemeinschaftsgeist zu »korrumpieren«.[13] Neben Danton waren auch viele andere Repräsentanten der Jakobinerherrschaft mit Bestechungsvorwürfen konfrontiert. Dazu gehörte sogar der Chefankläger des Revolutionstribunals, Antoine Fouquier-Tinville, gewissermaßen der oberste Korruptionsverfolger im Auftrag Robespierres. Er nahm gelegentlich Geld für die Zusicherung, die Todesstrafe abzuwenden, weil er seine Spielschulden begleichen musste.[14]

Nach dem Ende der Terrorherrschaft richteten sich Korruptionsvorwürfe stärker auf Bestechung und Bereicherung im Amt. Dabei ging es immer noch um mangelnde Tugend, auch unter Revolutionären. Korruptionskritik wirkte aber nicht mehr als Treibsatz revolutionärer Ideologie. Immerhin hatte sie weiter politische Konsequenzen. Das gilt vor allem für das bürgerlich geprägte Direktorialregime zwischen 1795 und 1799. Das Direktorium erwarb sich rasch den Ruf der Käuflichkeit. Tatsächlich geizten die führenden Politiker nicht damit, ihren neuerworbenen Reichtum offen zur Schau zu stellen. Frankreich führte erfolgreiche Kriege in dieser Zeit, was Politikern nahezu unbegrenzte Möglichkeiten zur Bereicherung eröffnete. Besonders die Aufträge der Armee für Waffenmaterial und sonstige Versorgungsgüter waren lohnend in dieser Hinsicht und wurden entsprechend genutzt. Nicht nur die Loyalität seiner Truppen, sondern auch die Sehnsucht nach einem unverbrauchten und anscheinend unkorrumpierten politischen Anführer ebnete General Napoleon Bonaparte den Weg, 1799 das Direktorium und damit auch die Revolution zu beenden.[15]

Der Vorwurf politischer Korruption blieb in Frankreich mit revolutionärem Impetus verbunden – anders als in Großbritannien, wo er eher mit Reformdebatten verknüpft war. Das zeigte sich im Verlauf des 19. und frühen 20. Jahrhunderts immer wieder.[16] Ein Beispiel ist die späte Juli-Monarchie am Vorabend der Revolution von 1848. Wieder verdichteten sich Korruptionsvorwürfe gegen das politische System und die mangelnde Moral der Elite. Tocqueville beurteilte das Juli-Regime in seinen Anfang der 1850er Jahren geschriebenen, aber zunächst nicht veröffentlichten »Erinnerungen« als Höhepunkt eines längeren Prozesses, in dem die Bourgeoisie sich den Staat aneignete. »Die Regierung dieser Zeit nahm gegen Ende die Züge eines Unternehmens an, in dem alle Maßnahmen sich nach dem Interesse des Profits der Gesellschafter richten.« Dies aber bedeutete Korruption und den Verfall der Sitten und Werte. Auch der König habe ähnliche Interessen verfolgt, ein »einzigartig gefährlicher und korrumpierender Monarch«.[17] Diese spätere Schilderung bringt die Stimmung Ende der 1840er Jahre gut zum Ausdruck. Tatsächlich hatten Korruptionsskandale in den letzten Jahren der Juli-Monarchie stark zu ihrem Ansehensverlust beigetragen, wie die schon erwähnte Affäre um den Minister Jean-Baptiste Teste aus dem Jahr 1842.[18]

Vor und während der Französischen Revolution erhielt der Korruptionsvorwurf erstmals den Charakter eines politisch folgenreichen Gesamturteils über Gesellschaft und Politik seiner Zeit. Dieses half dabei, die alte Staats- und Gesellschaftsordnung innerhalb weniger Monate komplett zu vernichten. Doch der Korruptionsvorwurf besaß weiteres Dynamisierungspotential. Die Jakobiner koppelten ihn mit der Logik einer sich radikalisierenden Revolutionsideologie der Säuberung und Perfektionierung. Machtpolitisch grundierte der Korruptionsvorwurf also nicht nur den Sieg über die alten Kräfte, sondern strukturierte auch die Konflikte zwischen den neuen Machthabern. Selbst nach dem Ende des Reinigungsfurors im Sommer 1794, als Korruptionsvorwürfe aus dem Zentrum der politischen Ideologie verschwanden, blieben Bestechlichkeit und Sittenverfall politisch folgenreiche Klagen.

Hier ist nochmals ein kurzer Blick auf die Praktiken angezeigt. Mit dem Ende der vormodernen Gesellschaft brach auch die alte Mikropolitik von einem Tag auf den anderen zusammen. Unter den neuen Bedingungen entstanden einerseits Formen der Gesinnungs- und Organisationspatronage, etwa bei den politischen Clubs wie den *Cordeliers* oder den Jakobinern. Ungleich auffälliger und für die Zeitgenossen besonders beunruhigend war die neue Bedeutung monetarisierter Mikropolitik. In einer Umbruchsphase, in der soziale Beziehungen und politische Verhältnisse sich rasant veränderten, war die krude Bestechung für viele offenbar das Mittel der Wahl, für die Royalisten ebenso wie für Jakobiner und Direktoren. Neu war dabei, dass sämtliche Transaktionen im Geheimen stattfanden. Die Folge: Da es keine Geschenke mehr geben durfte, existierte nur noch Bestechung. Mikropolitik wandelte sich also unter dem Eindruck des nunmehr unbedingten Verbots. Sie verschwand scheinbar, nur um im Gewand der Geldleistungen wiederaufzutauchen und dabei das neue Regime einem anderen Korruptionsvorwurf auszuliefern.

Kabale und Diebe:
Niederlande 1770 bis 1798

Toon Kerkhoff hat beschrieben, wie die Batavische Republik im Winter 1798 von zwei heftigen Regimekrisen geschüttelt wurde.[19] Die Batavia war Ergebnis eines französischen Revolutionsexports. Seit 1792 musste das revolutionäre Frankreich sich gegen die Truppen der alten Monarchien Europas zur Wehr setzen. Die machten dem französischen Spuk jedoch nicht, wie gehofft, ein schnelles Ende. Wider Erwarten stürmten die französischen Revolutionsarmeen von Erfolg zu Erfolg. Sie erzielten nicht nur territoriale Gewinne, sondern fuhren auch ideologisch-politische Siegesdividenden ein. Zu diesen Dividenden gehörten die sogenannten Tochterrepubliken – im Ausland gegründete revolutionäre Republiken nach französischem Vorbild und unter dem Schutz französischer Bajonette. Die Batavische Republik war eine dieser Töchter, 1795 gegründet auf dem Gebiet der ehemaligen Vereinigten Provinzen der Niederlande. Im Winter 1798 war die Batavia allerdings in der Krise – das Parlament zerfiel in unzählige politische Grüppchen, die sich gegenseitig blockierten. Auch gab es weiterhin Kräfte, die am liebsten die vorrevolutionären Verhältnisse wiederhergestellt hätten.

Da fassten einige radikal gesinnte Männer einen verwegenen Plan, unter ihnen Stefanus Jacobus van Langen, Pieter Vreede und Wybo Fijnje. Sie wollten putschen, das Parlament entmachten und einen politischen Kurs durchsetzen, der den Namen »revolutionär« zu Recht trug. Dies schien möglich, wenn die französische Besatzungsmacht den Plan unterstützen oder sich zumindest abwartend-neutral verhalten würde. So nahmen die Verschwörer also über Mittelsmänner Kontakt mit dem starken Mann im Pariser Direktorium auf, mit Paul Barras. Der verlangte für seine Unterstützung nicht etwa die ideologische Zuverlässigkeit der Putschisten, sondern vielmehr eine Million Gulden, aufgeteilt in Bargeld und kostenlose Sachlieferungen an die französische Armee, wie Tuche, Fleisch und Alkohol. Die Verschwörer brachten diese Leistungen mit

Hilfe eines Tricks auf: Nicht sie selbst zahlten, sondern auf Umwegen die verstaatlichte ehemalige Ostindienkompanie. Faktisch bezahlte also der batavische Staat die Verschwörung gegen seine Regierung. Van Langen und Vreede machten auch persönlich ein gutes Geschäft, da sie als Händler die Armeelieferungen besorgten und sie nach dem Putsch von der Ostindienkompanie bezahlen ließen. Am 22. Januar 1798 gelang es den Protagonisten tatsächlich, die Macht an sich zu reißen. Sie bildeten ein radikales Direktorium, säuberten die batavische Nationalversammlung, staatliche Ämter und Behörden von ihren Gegnern.

Mit ihrer harten Politik waren sie auf lange Sicht aber nicht erfolgreich. Schon ein halbes Jahr später, am 12. Juni, fand der nächste Staatsstreich statt. Dessen Opfer waren nun die radikalen Direktoren und ihre Unterstützer, van Langen, Vreede und ihre Mitstreiter. Die neuen, moderaten Machthaber machten ihren Vorgängern gleich darauf den Prozess – die Anklage lautete auf Machtmissbrauch und Korruption. Staatsanwalt Cornelis Felix van Maanen veröffentlichte schon Anfang August einen Report mit der regierungsoffiziellen Rechtfertigung des zweiten Putsches. Das Ziel der Radikalen sei an sich ehrenwert gewesen; die Republik habe einer Erneuerung bedurft. Nur seien sie über das Ziel hinausgeschossen. Sie hätten verfassungswidrig gehandelt, die Regeln guter Regierung gebrochen. Außerdem seien sie korrupt gewesen: Sie hätten öffentliche Gelder für Luxusausgaben wie üppige Bankette und prächtige Karossen verwendet, hätten ihre Mitverschwörer bei der Postenvergabe begünstigt und sich privat an den Geschäften mit Frankreich bereichert.

Im Unterschied zur Jakobinerherrschaft war Korruptionskritik in der Batavia kein Vehikel fortschreitender Radikalisierung, sondern ein Mittel, despotische Tendenzen innerhalb der Revolution zu delegitimieren. Der Vorgang ist interessant, weil er einen Einblick in das um 1800 herrschende Staatsverständnis erlaubt. Auch in den Niederlanden waren Korruptionsvorwürfe mehr als wohlfeile Argumente gegen den politischen Gegner. Denn die Niederlande hatten zu diesem Zeitpunkt schon einen rund fünf Jahrzehnte dauernden Weg vom frühneuzeitlichen zum modernen Staat unter dem Zeichen der Korruptionskritik zurückgelegt.

Zu den Besonderheiten der Vereinigten Niederlande gehörte ihre für frühneuzeitliche Verhältnisse ungewöhnliche Verfassung. Die Niederlande waren nach dem Unabhängigkeitskrieg im späten 16. Jahrhundert eine föderale Republik. Zwar beriefen die Generalstaaten mit einigen Unterbrechungen sogenannte Statthalter aus dem Haus Oranien. Doch glich deren Stellung weder formal noch faktisch der Rolle, welche die Fürsten in den meisten europäischen Ländern des 17. und 18. Jahrhunderts spielen konnten. In den Vereinigten Niederlanden gab es mithin nie einen Monarchen, der die Idee vom Gemeinwohl hätte monopolisieren können, so wie es andernorts geschehen war. Vielleicht war dies auch der Grund dafür, dass die Debatten über Gemeinwohl und Korruption hier besonders früh politische Konsequenzen hatten.

Den Auftakt machten die sogenannten Doelisten in den Jahren um 1750, Parteigänger des Prinzen von Oranien. Sie setzten sich für ein neues Steuersystem ein und formulierten erstmals die Forderung, staatliche Einnahmen sollten nicht mehr durch private Unternehmer, sondern allein durch staatliche Behörden eingetrieben werden. Sie forderten mithin die Trennung zwischen öffentlichem Amt und privatem Betrieb. Ihr Argument: Verfolgung privater Interessen im Amt bedeute Korruption. Mit dieser Debatte adressierten die Doelisten eines der zentralen Themen der Verwaltungsmodernisierung, das uns in allen Ländern dieser Epoche begegnet und das ich noch intensiver am Beispiel der deutschen Staatsreformen erläutern werde. Freilich war die Abschaffung der Kaufämter und der Steuerpacht eine der ersten Maßnahmen in der Französischen Revolution gewesen.[20]

Ein anderes Problem nahm die niederländische Korruptionsdebatte in den 1780er Jahren in den Blick. Dies war die Zeit der sogenannten Patrioten, einer stetig wachsenden Bewegung von aufklärerisch beeinflussten Publizisten aus dem gehobenen Bürgertum, die aber meist nicht der regierenden Elite angehörten. Die Macht teilten sich in den Niederlanden des 18. Jahrhunderts nämlich die in den Städten regierenden Ratsaristokraten, die Regenten, mit dem Statthalter Wilhelm V. von Oranien. Die Patrioten forderten eine Rückkehr zu dem, was sie als ursprüngliche Verfassung der Niederlande bezeichneten. Inspiriert von der Amerikanischen Revolution und von der Theorie der Volkssouveränität verlangten sie danach, die politische Macht breiter in der Bevölkerung zu verteilen und den Zugang zu den städtischen Räten für größere Bevölkerungskreise zu öffnen – natürlich dachten sie dabei auch an ihre eigene Rolle. Publizisten wie Joan Derk van der Capellen forderten dazu auf, möglichst viele Bürger am Gemeinwesen zu beteiligen, um dessen Niedergang zu verhindern.

In den Augen der Patrioten war es Korruption, die das niederländische Staatswesen in seinen traurigen Zustand versetzt hatte. Korruption, das meinte in diesem Fall das ausgeklügelte mikropolitische System der Niederlande: Günstlinge und Klienten des Statthalters, aber auch die Wahlabsprachen und Allianzen zwischen den Regentenfamilien, die wir in Kapitel 2 kennengelernt haben. Patronage und Verflechtung, so die Patrioten, seien ein Beweis dafür, dass die Herrschenden nur an ihren persönlichen Vorteil dächten und das Gemeinwohl in Vergessenheit geraten sei. Auch wenn die Patrioten sich auf eine angebliche Urzeit der Republik bezogen: Sie verurteilten mit ihrem Korruptionsvorwurf den aus ihrer Sicht überkommenen politischen Betrieb der Niederlande und strebten ganz im Sinne der Aufklärung eine dauerhafte Abkehr vom Alten an. In ihren Schriften wie der Zeitschrift *Post van den Neder-Rhijn* nahmen sie für sich selbst in Anspruch, im Gegensatz zu Regenten und Statthalter nur das Gemeinwohl im Auge zu haben. Die Patrioten versuchten durchaus, konkreten politischen Einfluss zu gewinnen. In manchen Stadträten konnten sie die Vorherrschaft der Regenten kurzzeitig brechen. Mitte der 1780er Jahre bildeten sie paramilitärische Truppen, mussten sich aber 1787 einem preußischen Expeditionsheer geschlagen geben, das dem Prinzen von Oranien zu Hilfe geeilt war.

Die Batavische Republik konnte zwar nur dank französischer Waffenhilfe entstehen, doch gab es durchaus eine niederländische Revolutionsbewegung, in der viele ehemalige Patrioten aktiv waren. Die Batavia realisierte nach französischem Vorbild viele der alten patriotischen Forderungen – Rechtsgleichheit, Gewaltenteilung und Volkssouveränität – mit der Wahl eines nationalen Parlaments. Auch die Führer der Batavischen Revolution konstatierten Korruption: moralischen und politischen Niedergang, der einen Umsturz nötig gemacht habe. Damit sind wir wieder bei den beiden Staatsstreichen des Jahres 1798.

Über die Politik des radikalen Direktoriums kam es zu einer Kontroverse. Einige Beobachter, wie die Zeitschrift *De Constitutionele Vlieg*, teilten die Ansicht der neuen Regierung: Da die Radikalen sich bereichert hätten, sei ihre gesamte Herrschaft entwertet. Offenbar seien die – ehrenwerten – politischen Motive nur vorgeschoben worden. Dagegen verteidigten andere wie *De Politieke Blixem* deren Politik: Der Zweck habe die Mittel geheiligt, vor allem die politischen Säuberungen.

Die Angeklagten wiesen den Vorwurf von Patronage oder gar Verwandtenbegünstigung weit von sich. In einer Verteidigungsschrift dementierte van Langen sämtliche Vorwürfe persönlicher Bereicherung und behauptete auch, dass er Patronagegesuche unterschiedlicher Personen stets negativ beantwortet habe. In den nichtöffentlichen Verhören gab er anders als sein Kollege und Geschäftspartner Vreede allerdings zu, von den Vereinbarungen mit Barras wirtschaftlich profitiert zu haben. Doch er beharrte darauf, dass private Gewinne in Ordnung seien, solange sie im Einklang mit den Interessen der Nation lägen – und das sei zweifellos der Fall gewesen.

Die Äußerungen über Begünstigung und persönlichen Nutzen in den Niederlanden kurz vor 1800 zeigen, wie die öffentliche Sagbarkeit von Patronage schwand. Noch in den 1780er Jahren hatten die regentenfreundlichen Publizisten die hergebrachten Praktiken gegen die Korruptionskritik der Patrioten verteidigt. In der Batavischen Republik war man sich offenbar einig: Sowohl Mikropolitik als auch günstige Geschäfte im öffentlichen Amt waren nicht mehr zu rechtfertigen. Korruption war aber auch in den Niederlanden teilweise gleichbedeutend mit dem Vorwurf des Machtmissbrauchs oder des Verfassungsbruchs.

Der neue Staat:
Preußen und Bayern 1790 bis 1813

Eine politische Revolution fand in Deutschland um 1800 nicht statt. Wenngleich die meisten Herrscherdynastien nicht stürzten, verabschiedeten sich die deutschen Staaten dennoch vom Ancien Régime, mit Hilfe durchgreifender Staats- und Verwaltungsreformen. Bayern und Preußen sind die wohl wichtigsten Repräsentanten dieser Reformen. In der älteren Forschung hielt man beide für Vertreter unterschiedlicher Reformwege – Bayern sei Teil der von Frankreich dominierten Rheinbündischen Reformstaaten gewesen, während die Preußischen Reformen von Hardenberg und Stein eine eigene Richtung genommen hätten. Doch zeigt der korruptionshistorische Blick große Ähnlichkeiten. In beiden Staaten fanden Korruptionsdebatten statt. Am Ende setzte sich an Isar und Spree ein neues Modell des Staates durch. Damit lagen beide im europäischen Trend.

Zwei Punkte standen im Zentrum dieser Entwicklung: Wie in den Niederlanden setzte sich ein neues Verständnis vom Gemeinwohl durch. Nicht mehr der Fürst, sondern die anonyme Masse der Staatsangehörigen wurde alleiniger Bezugspunkt des Gemeinwohls – und dessen Sachwalter sollte nun ein neutraler, unpersönlicher, abstrakter »Staat« sein. Das bedeutete massive Änderungen für die Stellung der Amtsinhaber. Bislang befanden sie sich in einem persönlichen Treueverhältnis zum Fürsten und übten ihre Ämter oft als »Betrieb« aus. Das heißt, sie erwirtschafteten ihr Einkommen mithilfe des Amtes, etwa durch Gebühren. Alternativ dazu konnte das Amt mit bestimmten Einkünften und Pfründen verbunden sein. Die Reformen des frühen 19. Jahrhunderts hatten allesamt das Ziel, die öffentlichen Amtsinhaber zu Beamten zu machen. Öffentliche Ämter sollten fortan nur nach Eignung und auf Zeit vom Staat verliehen werden, ihre Inhaber ein festes, aus der Staatskasse finanziertes und auskömmliches Gehalt beziehen. Befreit von der Sorge um persönliche Einkünfte seien sie in der Lage, so die Hoffnung, selbstlos und im Dienst des abstrakten Gemeinwohls Recht zu sprechen, Steuern zu erheben und das Land zu verwalten.

Diese Reformen stellten ihre Protagonisten als Kampf gegen Korruption vor. Robert Bernsee hat erstmals dargestellt, dass die bayerischen und preußischen Reformen im Kern auf dem Willen zur Korruptionsbekämpfung beruhten.[21] Wie in den anderen europäischen Ländern, die wir hier betrachten, erschienen die in der Frühneuzeit gewachsenen Institutionen des Staates als Hort der Korruption. Dieser Umstand ist möglicherweise deshalb noch nicht erkannt worden, weil das Wort Korruption in den großen, berühmten Reformschriften des preußischen Ministers Hardenberg und des Freiherrn vom Stein kaum auftaucht – namentlich in der Rigaer Denkschrift von 1806 und in der Nassauer Denkschrift von 1807. Doch in vielen anderen Schriften sah die Lage anders aus. Auch wenn man ein paar Jahre zurückschaut, werden die Zusammenhänge klarer.

Die preußischen wie auch die bayerischen Reformen entstanden keineswegs aus dem Nichts. Wie auch in den Niederlanden hatte es seit der Mitte des 18. Jahrhunderts Debatten über fällige Veränderungen gegeben. Der preußische König hatte gar die Kraft gehabt, mit dem Allgemeinen Landrecht von 1794 ein umfassendes Reformgesetz zu verabschieden, in dem erste Schritte zur Vereinheitlichung von Recht und Verwaltung erfolgten. In den letzten beiden Jahrzehnten des 18. Jahrhunderts machte sich Unruhe an einer neuen Front breit. Geheimgesellschaften schossen aus dem Boden, meist als Vereinigungen von Männern der Aufklärung. Ihre Protagonisten kämpften für Reformen und Veränderungen, gehörten oft der Verwaltung an oder waren an Universitäten tätig. Die Bünde waren nur von kurzer Dauer, denn die jeweiligen Landesherren ließen sie verbieten und ihre Mitglieder verfolgen. Dennoch hatten sie nachhaltige Wirkungen. Ihre Mitglieder gingen wie viele ihrer französischen Zeitgenossen davon aus, dass die herrschenden Verhältnisse im Staat korrupt seien.

In Bayern gründete der Ingolstädter Professor Johann Adam Weishaupt 1776 den ersten dieser Bünde, den bereits erwähnten Illuminaten-Orden. Die Illuminaten führten vor allem einen Kampf gegen den Klerus, insbesondere gegen die Jesuiten. Deren angeblich unbegrenzte Macht sei nur durch Bestechung zu erklären. Die Illuminaten versuchten über ihre guten Verbindungen in die bayerische Verwaltung Jesuiten aus verantwortungsvollen Posten zu drängen und durch Mitglieder aus ihren eigenen Reihen zu ersetzen. Zunächst waren die Illuminaten dabei recht erfolgreich, doch der bayerische Kurfürst Karl Theodor löste den Orden 1784 auf.

Um den Kriegs- und Domänenrat Joseph Zerboni, den Kaufmann Christian Salice-Contessa und den Offizier Wilhelm von Leipziger bildete sich 1795 in Südpreußen das sogenannte Moralische Vehmgericht. Dieser Geheimbund wollte die Sitten in der Verwaltung heben, und zwar vor allem durch Kritik an unmoralischem Verhalten. Zerboni formulierte denn auch schon im Jahr 1796 konkrete Vorwürfe: Er beschuldigte den Verwalter der neuerworbenen Provinz Südpreußen, Karl Georg Graf von Hoym, er habe Landgüter aus Staatsbesitz an Privatpersonen verschenkt, um eigene Parteigänger zu begünstigen. Dieser Vorwurf zirkulierte zunächst in einem vertraulichen Brief innerhalb der Verwaltung. Doch bald wandten sich Zerbonis Freunde und später auch er selbst mit Pamphleten an die Öffentlichkeit. Stets lautete das Verdikt: Korruption ist allgegenwärtig.[22]

An solche Debatten knüpften die Reformer in beiden Ländern nahtlos an. Der Architekt der bayerischen Staatsreformen ab 1799 war Maximilian Graf von Montgelas. Als Vertrauter des bayerischen Thronfolgers Maximilian Joseph hatte er schon im Lauf der 1790er Jahre umfangreiche Reformprojekte entwickelt. Nach dessen Regierungsantritt ging Montgelas konsequent zur Sache; gerade einmal zwei Wochen später begann er mit der Arbeit. Dabei hielt er sich im Wesentlichen an das Drehbuch, das beide in den Jahren des Wartens auf diesen Tag entwickelt hatten. Ihren vorläufigen Abschluss fanden die Reformen mit der bayerischen Verfassung von 1808. Natürlich gelang die Reform nicht nur wegen der besseren Argumente. Montgelas profitierte vom politischen Umfeld. Bayern expandierte kräftig, und zwar dank der Auflösung des Alten Reiches 1806 und als Verbündeter Napoleons. Das Kurfürstentum stieg zum Königreich auf. Aus den Erlösen der sogenannten Säkularisation und Mediatisierung, also der Auflösung geistlicher und kleiner weltlicher Herrschaftsgebiete, gab es ab 1803 viel zu verteilen. Chronischer Geldmangel ließ Reformen notwendig erscheinen. Widerstände fielen wohl auch deshalb gering aus, weil Maximilian zunächst freudig begrüßt wurde. Er trat die Nachfolge jenes Kurfürsten Karl Theodor an, der die bayerische Elite über Jahrzehnte mit dem Plan verschreckt hatte, das Land gegen die österreichischen Niederlande einzutauschen. Damit wäre Bayern an das Haus Habsburg gefallen, den jahrhundertealten Rivalen der bayerischen Wittelsbacher – mit unabsehbaren Folgen für den eingesessenen Adel.

Neben der politischen Großwetterlage sorgten weitere Faktoren für Montgelas' Erfolg. Die Illuminaten kann man mit Fug und Recht als Vorhut seiner Reform bezeichnen. Sie hatten den Weg publizistisch und machtpolitisch vorbereitet. Dazu muss man wissen, dass die Milieus personell miteinander verbunden waren. Montgelas war einst selbst Illuminat gewesen und umgab sich nach 1799 mit ehemaligen Mitgliedern – darunter viele, die bei Illuminatengründer Weishaupt studiert hatten. Montgelas' Reform bot den gutausgebildeten Verwaltungsfachleuten handfeste Chancen. Bislang war die Verwaltung eine Domäne des Adels gewesen, doch der neue Minister eröffnete den weniger begüterten Verwaltungsfachleuten den Staatsdienst, weil er Befähigung anstelle des Adelstitels zum zentralen Einstellungskriterium machte und eine ordentliche Besoldung gewährte.[23] Montgelas betrieb außerdem systematische Öffentlichkeitsarbeit für sein Reformprogramm, zum Beispiel in der eigens geschaffenen Zeitschrift *Genius von Bayern unter Maximilian IV*. In nahezu den gleichen Worten wie französische Aufklärer und Revolutionäre versprach darin Montgelas' Mitstreiter Johann Georg von Aretin die »allgemeine Regeneration des kranken Staatskörpers« durch Reform.[24]

Dieses Argument bekam in Preußen wenige Jahre später ungeheures Gewicht. Im Unterschied zu Bayern bremste hier der König zunächst die Reformanstrengungen. Doch 1806 erlebte das Land ein Desaster. Napoleon Bonaparte fegte die ruhmreiche preußische Armee vom Schlachtfeld, und um ein Haar wäre Preußen von der politischen Landkarte verschwunden. Über mehrere Monate befand sich der Staat gleichsam in Auflösung. In diesem Machtvakuum platzierten die Minister vom Stein und Hardenberg zwischen 1806 und 1812 ihre wichtigsten Reformen. Die schiere Not diktierte König Friedrich Wilhelm III. die Flucht in die Erneuerung.

Unmittelbar nach dem Zusammenbruch setzte die Ursachenforschung ein. Der Kriegs- und Domänenrat Friedrich von Cölln, der schon zuvor als Autor mehrerer Reformschriften hervorgetreten war, griff die verwaltungskritischen Argumente wieder auf. Seine Enthüllungsberichte »Vertraute Briefe über die innern Verhältnisse am preußischen Hofe seit dem Tode Friedrichs II.« schilderten die Niederlage als Folge von Misswirtschaft, Korruption und moralischem Niedergang am Hof und in der Verwaltung. Cölln beschrieb den preußischen Hof als Versammlung eines degenerierten Adels, der sich hauptsächlich mit Bereicherung und sexuellen Eskapaden beschäftigte. Er griff Zerbonis Kritik auf und berichtete von »dergleichen Begünstigungen verdienstloser Creaturen unter den Hofleuten«.[25] Der bereits erwähnte preußische Zollrat Hans von Held blies in das gleiche Horn und beschrieb 1807 in einem Pamphlet die mikropolitischen Hintergründe für königliche Geschenke. So mutmaßte er anzüglich über die Übertragung der Güter Koslowo und Siemonowo an einen Herrn von Krackwitz: »Die Gunst der Cabinets-Räthin Beyer war wohl der Haupt-Canal, aus dem dieß Geschenk floß.«[26] Beide Autoren beklagten, dass das Staatseigentum vom König und von hochgestellten Beamten für Patronage missbraucht werde. Ihre Vorwürfe stützten den Ruf nach umfassender Reform, und dabei vor allem nach sauberer Trennung zwischen Amtsangelegenheiten und Privatsphäre.

Wie in Bayern entstammten die preußischen Korruptionskritiker der ersten Stunde einer Generation. Sie gehörten dem vermögenden Bürgertum oder dem niederen Adel an und hatten in der Regel eine akademische Ausbildung in den Kameralwissenschaften, also der Verwaltungswissenschaft jener Zeit. Sie teilten nicht nur gemeinsame Reformabsichten, sondern eben auch Alter, Gesellschaftsschicht – und Karriereambitionen. Schon die früheren Attacken Zerbonis auf Hoym besaßen nämlich eine weitere Facette: Hoym hatte die Karriere seines Untergebenen Zerboni gestoppt, nachdem Hoym die Nachfolge von Provinzialminister Otto von Voß angetreten hatte. Voß wiederum war ein Förderer Zerbonis. Dessen Kritik an Hoyms Mikropolitik war also selbst eine mikropolitische Maßnahme im eigenen Interesse. Tatsächlich litt Hoyms Stellung unter der Kritik und 1798 ersetzte ihn der König nach nur drei Jahren im Amt durch niemand anderen als Voß. Zerboni und Held gehörten also selbst Klientelsystemen an. Ihnen standen auch die künftigen Reformer nahe, so etwa der Minister Hardenberg. In der eigentlichen Reformzeit ab 1807 wurden die frühen Kritiker denn auch rehabilitiert und erhielten interessante Posten. Vor allem Zerboni machte als erster Oberpräsident der Provinz Posen ab 1815 noch Karriere.

Die Korruptionskritik in Bayerns und Preußens Verwaltung war das

Werk junger, gutausgebildeter, ebenso wütender wie ehrgeiziger Verwaltungsfachleute. Sie mobilisierten die gebildete Öffentlichkeit gegen die überkommenen Zustände, und sie erhielten die Chance, ihre Ideen in die Tat umzusetzen. Allerdings waren auch die neuen Kräfte nicht vor Korruptionskritik gefeit. Ihren Gegnern konnte nicht entgehen, dass auch die Patronagekritiker Mikropolitik betrieben. So mussten sich schon die Illuminaten des Vorwurfs erwehren, sie seien nichts anderes als Mitglieder eines verkappten Begünstigungssystems, betrieben also die gleichen Machenschaften wie die Jesuiten, die sie so heftig kritisierten.

Bereicherung im Amt, das war aus Sicht der Reformer das Kernproblem der alten Verwaltung gewesen. Umso schwerer musste es wiegen, wenn ihnen dieser Vorwurf entgegenschlug. So geschehen in Bayern 1813. In diesem Jahr ließ Montgelas einen wichtigen Staatsdiener entlassen, Karl August von Reisach-Steinberg. Tief enttäuscht wechselte Reisach die Fronten und schloss sich einem Kreis um den preußischen Reformer vom Stein an, der in den beginnenden Befreiungskriegen gegen Napoleon eine Kampagne gegen die Rheinbundstaaten startete. Gestützt auf sein Insiderwissen entwarf Reisach ein düsteres Bild von »Baiern unter der Regierung des Ministers Montgelas«, den er als Marionette Frankreichs hinstellte. Tatsächlich habe Montgelas sich seit Jahren bereichert. Er habe die neue Verwaltungsstruktur nur geschaffen, um den eingesessenen Adel durch eigene Günstlinge zu ersetzen. Zwar reagierte das Lager Montgelas' seinerseits mit Enthüllungen über Unterschlagungen und Betrügereien Reisachs. Nur ließ das die neue Verwaltung keineswegs in einem besseren Licht erscheinen. So trug diese Auseinandersetzung langfristig auch zum Fall des einst allmächtigen Reformministers im Jahr 1817 bei.[27]

Die Schlammschlacht um Reisach und Montgelas zeigt, dass die Achillesferse der Reformer ihr moralischer Anspruch war. An ihren eigenen Maßstäben gemessen, waren sie gewiss nicht unangreifbar. Und es gab viele Verlierer bei diesen Reformen. So entwickelte sich eine zweite Kritiklinie, die auf andere Weise die Gefahr des Eigennutzes beschwor. Bereits in den ersten Reformjahren und mit größerer Verve noch seit den Befreiungskriegen wandten sich Autoren wie August Rehberg, Adam Müller, Ernst Moritz Arndt und Joseph Görres gegen die neuen Verwaltungsstrukturen. Sie kritisierten, dass die Verwaltung zu viel Macht erhielte und wie eine seelenlose Maschine funktioniere. Ausgerechnet die neuen Karrierebeamten würden dazu neigen, anstelle des Gemeinwohls ihr eigenes Fortkommen in den Mittelpunkt zu stellen.

Die Bürokratiekritiker wandten sich dagegen, alle traditionellen Kräfte wie den Adel komplett zu entmachten, denn nur sie könnten ein Gegengewicht zur neuen Verwaltungsmaschinerie bilden. Daher forderten viele von ihnen, ständischen Elementen wieder mehr Raum zu geben. Görres und Arndt brachten ab 1813 außerdem eine nationale Interpretation ins Spiel. Nach den Erfahrungen mit den napoleonischen Verwaltungsreformen in den Staaten des Rheinbundes erklärten sie zentralisierte Verwaltungsstrukturen rundweg für französisch und für ein Instrument der Fremdherrschaft. Das zeige sich schon darin, dass die neuen Bürokratien dem Wohl ihres jeweiligen Staates verpflichtet seien – also der bestehenden Kleinstaaterei. Doch das Gebot der Stunde sei die nationale Einigung, und der stünden die neuen Verwaltungen eigennützig im Weg.

Wie unschwer zu erkennen, griff diese Kritik eine zentrale Annahme der Reformer auf. Auch Arndt, Rehberg und Müller bezeichneten ein abstrakt verstandenes Gemeinwohl als höchsten Staatszweck. Sie versuchten nachzuweisen, dass die Reformen ihre Versprechen nicht halten würden. Sie revidierten aber nicht die ursprüngliche Korruptionskritik am Staat des Ancien Régime. Eine Rückkehr zum Alten würde es auch mit den Konservativen und den national Gesinnten nicht geben.[20]

Befreiung von *Old Corruption*:
England 1780 bis 1832

Old Corruption – mit diesem Schlagwort belegten einige Briten im frühen 19. Jahrhundert den vormodernen Staat in ihrem Land. Der Publizist und Verleger William Cobbett und andere radikale Autoren führten den Begriff als politischen Schlachtruf in die Debatte ein.[29] Allerdings war Kritik an der Sache nicht neu. Seit den 1780er Jahren war der Ruf nach Reform des Staates an Haupt und Gliedern immer wieder zu hören gewesen. Das Wort *Old Corruption* trägt zwei klare Botschaften: Die Verhältnisse sind unmoralisch, und sie sind überholt. Damit vermittelt *Old Corruption* wie kaum ein anderes politisches Schlagwort die moderne Korruptionsauffassung. Vor allem zeigt *Old Corruption* die Wirkung des modernen Korruptionsbegriffes auch in einem Land, das weder eine Revolution erlebt noch einen Krieg verloren hatte. Die britische Korruptionskritik ähnelte dem französischen Generalangriff auf eine als überkommen empfundene Staatsordnung, war aber im Vergleich dazu präziser, da sie nur bestimmte Missstände herausgriff und jeweils konkrete Abhilfe forderte. Verhandelt wurde Kritik an nicht sachgerechter Verwaltung, an galoppierenden Ausgaben des Staates, Selbstbereicherung der Eliten und einem undurchsichtigen Wahlrecht.

Der irische Poet Thomas Moore brachte es in seinem politischen Gedicht »Korruption« 1808 auf den Punkt. Er beklagte ein Volk, das mit seinem eigenen Geld jene Bestechungen bezahlen müsse, mit denen seine Freiheiten beschnitten würden.[30] Mithin ging es um Geld und um Freiheit, um Bestechung und Betrug. Die *Old Corruption*-Debatte wandte sich ähnlich wie die deutschen Reformer gegen Kaufämter, Sinekuren und Patronage der Fürsten in der öffentlichen Verwaltung. Es stand die gesamte politische und soziale Elite in dem Verdacht, sich mit diesen Mitteln auf Kosten des Volkes zu bereichern. Ähnlich wie in Frankreich und Deutschland galten Hof und Hochadel als Schmarotzer. Doch die britische Debatte hatte drei Eigenarten, die sie von der deutschen unterschied. Zum Ersten galt das Parlament als Hort der Korruption und eine grundlegende Parlamentsreform als Gebot der Stunde: In der Kritik standen die zum Teil bis auf das Mittelalter zurückgehenden Wahlverfahren. Zum Zweiten zielten die Debatten generell auf die Staatsausgaben. Das öffentliche Budget wurde vor allem in den Kriegen gegen Frankreich stark aufgebläht, und dies war den Kritikern ein Dorn im Auge. Drittens war die Debatte in Großbritannien keine Angelegenheit innerhalb der Verwaltung.

Old Corruption wurde gewissermaßen von Konservativen und von Fortschrittsorientierten in die Zange genommen. Denn der Reformdruck ging von zwei Gruppen aus, nämlich von einem Teil des Landadels, der sogenannten Country-Partei, sowie vor allem von den Radicals. Die Bedenken der Country-Partei waren alles andere als neu. Sie führte im Grunde Konflikte fort, welche schon zu Zeiten von Robert Walpole (siehe Kapitel 2) ausgebrochen waren: Man fürchtete einen weiteren Verlust von Einfluss und Einkommen, weil Hochadel, Hochfinanz und die politische Führung in London sich an den steigenden Staatsausgaben bereicherten. Ihre Wortführer warfen der Regierung vor, durch Ämtervergabe, Pensionen, Bestechung und Korruption die öffentliche Moral zu zersetzen und ein despotisches Regime auf Kosten der legitimen, traditionellen Kräfte zu errichten. Unter Rückgriff auf die republikanische Tugendlehre behaupteten sie, dass das Gemeinwohl nur durch die grundbesitzenden, vorgeblich unabhängigen und selbstlosen Landedelleute vertreten werde. Die Country war im 18. Jahrhundert derart populär gewesen, dass sie in Nordamerika gewissermaßen einen Ableger ausbildete. Auch ein Teil der Kolonisten, die sich von Großbritannien lossagten, nahmen solche Werte für sich in Anspruch und warfen London Korruption vor. Nach Gründung der USA lebte die Country-Idee fort, und zwar in der Argumentation jener Kräfte, die sich (erfolgreich) für einen starken Föderalismus und gegen ein Zentralstaatskonzept einsetzten – ebenfalls mit der Warnung vor Korruption.[31]

Für die britische Debatte waren um 1800 jedoch andere Kräfte zunehmend wichtig, nämlich die Radicals, Publizisten mit einem bürgerlichen Hintergrund, die sich als Fürsprecher der einfachen Bevölkerung inszenierten. Old Corruption zu beklagen hieß also Kritik am expandierenden Staat, an Steuererhöhungen, an Patronage der Regierung, am vormodernen Amtsverständnis – vor allem bei Erbämtern und Sinekuren –, an der traditionellen Auswahl von Parlamentsmitgliedern durch privilegierte Wähler und immer wieder am politischen Einfluss der Krone.[32]

Die britische Korruptionsdebatte war seit den Kontroversen um Walpole nie völlig abgebrochen.[33] Schon zu Beginn der 1780er Jahre wurden die wichtigsten Kritikpunkte formuliert – und ab jetzt galt die Korruption als vormodern, nicht mehr als Neuerung. Anlass war die britische Niederlage im Krieg um die nordamerikanischen Kolonien. Abhilfe versprach zu diesem Zeitpunkt Premierminister William Pitt der Jüngere, der mit einer kurzen Unterbrechung von 1783 bis 1806 regierte. Pitt profilierte sich zunächst mit einer Haushaltskonsolidierung und schlug vor, einige Parlamentssitze in rationaleren Wahlverfahren zu vergeben. Seitdem galt eine Parlamentsreform als wichtige Aufgabe. Vor allem gelang es ihm, als Person den Eindruck zu erwecken, er handele selbstlos und im Interesse des Gemeinwohls.[34] Damit nahm er der Kritik zunächst die Spitze.

Zwei Umstände belebten die Debatte jedoch kurz darauf wieder. Zum einen trat Großbritannien 1793 in den Krieg mit Frankreich ein, der mit Unterbrechungen bis zum Untergang von Napoleons Kaiserreich 1815 dauerte. Die Kriege mit Frankreich kosteten enorme Summen und ließen Staat und Verwaltung wieder expandieren. Zum anderen brachte die Französische Revolution auch eine Debatte über politische Rechte für die britische Bevölkerung in Gang – das Thema Parlamentsreform muss auch vor diesem Hintergrund betrachtet werden. Überall im Lande gab es seit den 1790er Jahren Gruppen und Bewegungen, die sich ähnliche Freiheiten wie in Frankreich erhofften. Nun nahm in England die Kritik am Despotismus der Herrschenden eine neue Richtung: Es ging nicht länger nur um die Rechte des Landadels, sondern um neue Rechte für die nichtadelige Bevölkerung. Allerdings wirkte die Tradition der älteren Debatten auch hier fort.[35]

Der Kampf gegen *Old Corruption* intensivierte sich zwischen dem Tod von William Pitt und den frühen 1830er Jahren. Während der Kriege mit Frankreich stiegen die jährlichen Staatsausgaben von acht auf 29 Millionen Pfund; die Zahl der öffentlichen Ämter nahm von rund 16 000 im Jahr 1797 auf 25 000 in 1815 zu. Im ersten Jahrzehnt des 19. Jahrhunderts setzte seitens der *Radicals* geradezu ein Trommelfeuer publizistischer Kritik an den Zuständen der *Old Corruption* ein. Zunehmend beteiligten sich auch die reformfreudigen liberalen *Whigs* im Parlament an diesen

Debatten. Der öffentliche Druck war derartig, dass das Parlament sich ab 1807 in mehreren Untersuchungskommissionen mit dem Thema Staatsausgaben und Sinekuren beschäftigte. Dabei akzeptierten nach und nach alle politischen Strömungen, dass gehandelt werden müsse. Unterschiede gab es freilich in der Frage der Umsetzung. Radikale Publizisten mahnten, Pensionen und Sinekuren müssten sofort abgeschafft und das Parlament solle umgehend reformiert werden. Die bis 1830 regierenden Konservativen und moderaten *Whigs* setzten darauf, das Parlament nicht anzutasten und die Staatsausgaben und Patronageaktivitäten behutsam zurückzufahren. Diese Maßnahmen waren durchaus substantiell, wie der Historiker Philip Harling hervorhebt. Obwohl sie das Reformpathos vermieden, reduzierten die Regierungen zwischen 1810 und 1830 die Kosten für Sinekuren um über 90 Prozent, nämlich von 200 000 auf 17 000 Pfund im Jahr.[36]

Dieser Prozess verlief recht geräuschlos. Der Grund dafür ist darin zu sehen, dass die Regierung in der Regel niemandem sein Amt entzog, sondern es lediglich nach dem Tod des Inhabers nicht neu besetzte. Harling attestiert den regierenden Eliten, sie hätten im Stillen viele Reformen vollzogen, welche die *Radicals* weiterhin lautstark forderten. Dies lag auch darin begründet, dass der Landadel in der Tradition der *Country*-Ideologie die Kritik an den hohen Ausgaben teilte. So speiste sich die Kritik an *Old Corruption* eben auch aus Teilen der traditionellen Eliten. Zwar gab es zunächst keine durchgreifenden Dienstrechtsreformen in der öffentlichen Verwaltung. Doch herrschte seit den 1820er Jahren im Grundsatz kein Zweifel mehr daran, dass Selbstlosigkeit (»public mindedness«) im Dienst des Gemeinwohls die Aufgabe eines jeden Staatsdieners sei. Insofern trieb die *Old Corruption*-Debatte einen folgenreichen Mentalitätswandel voran, noch bevor Gesetze verabschiedet wurden.

Ein hochgradig kontroverses Problem blieb aber vorerst ungelöst. Die konservativen Regierungen hielten die Parlamentsreform nicht für notwendig. So blieb sie den *Whig*-Regierungen der 1830er Jahre unter Charles Grey vorbehalten. Erst das berühmte Reformgesetz von 1832 machte aus dem Unterhaus ein Parlament mit repräsentativen Zügen, obwohl einige frühneuzeitliche Bestimmungen in Kraft blieben. Das Reformgesetz führte erstmals ein für alle Wahlkreise gleiches Wahlrecht ein. Außerdem wurden die Wahlkreise neu zugeschnitten, so dass dichter besiedelte Regionen und vor allem Städte besser im Parlament vertreten waren, ohne dass allerdings die Dominanz ländlicher Wahlkreise verschwand. 1835 setzten die *Whigs* eine weitere Reform durch, die das Prinzip der Repräsentation auch auf die Wahlen zu den Stadträten übertrug – analoge Korruptionsvorwürfe hatte es nämlich seit den 1820er Jahren auch gegenüber den traditionellen Stadtregierungen gegeben.[37] Mit den Reformen der 1830er Jahre war die Hauptphase der *Old Corruption*-Debatte beendet. Trotzdem besaß der Begriff offenbar eine derart suggestive Wirkung, dass radikale Kritiker bis in die 1840er Jahre unter diesem Motto gegen die herrschenden Zustände polemisierten.

Schauen wir uns zwei der prominenteren Kritiker der *Old Corruption* genauer an, John Wade und abermals Jeremy Bentham. Beide Autoren gehörten zur Bewegung der *Radicals*. Während Bentham einem gutsituierten Juristenhaushalt entstammte, kam Wade aus bescheidenen Verhältnissen. Beide machten sich als Journalisten und Sozialreformer einen Namen. Sie vertraten das Prinzip der Volkssouveränität und forderten mehr politische Mitsprache für die einfache Bevölkerung.

Wade engagierte sich in vielen Schriften für die Rechte von Arbeitern und unterstützte Streikaktionen. Er veröffentlichte 1820 ein »Schwarzbuch« der Korruption, das in den folgenden Jahren mehrfach wiederaufgelegt wurde. Bentham äußerte sich in seinem »Plan für eine Parlamentsreform« von 1817 ebenfalls ausführlich zur Korruption. Bei Bentham war Korruption ein anderer Begriff für den Einfluss der Krone auf die Politik, wurde aber auch für eine Vielzahl anderer Missstände verwendet. Bentham verlangte ein allgemeines, gleiches und freies Wahlrecht, geheime Stimmabgabe, jährliche Neuwahlen und ein Ende des Stimmenkaufs. Die Regierung dürfe Abgeordnete nicht durch Bestechung oder Patronage beeinflussen. Er trat sogar mit der noch ungewöhnlichen Forderung auf, Frauen und Männer einander gleichzustellen. Alle diese Maßnahmen sah er als Vorbedingung dafür, dass das Gemeinwohl im Parlament oberste Leitschnur werden könne.[38]

Beide Schriften gingen von der hohen Steuerbelastung aus, die sie heftig kritisierten. Aufgabe des Parlaments müsse es sein, Regierung so billig wie möglich zu machen, so Wade. In den beiden Schriften finden wir Auffassungen über Krone, Staat und Gemeinwohl, wie sie die niederländischen und deutschen Reformer erkennen ließen. So unterstreicht vor allem Bentham, dass die Krone nicht Sachwalterin des Gemeinwohls sei, sondern eine politische Partei unter anderen darstelle. Und weil sie ein Partikularinteresse vertrete, sei Regierungspatronage Korruption, führe zur Despotie. Wade formulierte es ähnlich: Ein Diener der Krone sei nie zugleich Diener des Volkes – dies sollten Staatsdiener und Parlamentarier aber idealerweise sein.[39] Der Krone warf Wade ein wenig inkonsequent sogar Nutzlosigkeit vor, da sie ihre politische Bedeutung eingebüßt habe. So sei die Königswürde zu einer Sinekure geworden. Für die lächerliche »Parade von Kronen und Diademen, goldenen Schlüsseln [...] und schwarzen Stäben« hatte er nur Unverständnis übrig.[40]

Wie selbstverständlich gingen beide Autoren davon aus, dass Minister, Parlamentsabgeordnete und hohe Staatsdiener ihre Ämter dazu nutzten, sich zu bereichern – keine ungewöhnliche Idee in den Korruptionsdebatten um 1800. Daneben kam aber eine soziale Komponente ins Spiel, die bei den deutschen Reformern noch keine Rolle gespielt hatte. Beide Schriftsteller konstatierten Interessengegensätze zwischen den Herrschenden und Vermögenden einerseits und den Besitzlosen andererseits. In Wades Darstellung war der Kern des britischen Herrschaftssystems ein Ausbeutungsmechanismus. Nutz- und verdienstlose Amtsinhaber, Parlamentarier und Adelige hätten die arbeitenden produktiven Teile der Gesellschaft geschröpft – also Arbeiter, Bauern, Händler. Korruption war bei Wade ein Wort für Bereicherung, für Manipulationen und für überlebte Institutionen. Die Regierung beraube das Volk und belohne mit dessen Geld ihre Unterstützer.[41] Mit der Sozialkritik eröffneten die britischen *Radicals* einen neuen Zweig in der Korruptionsdiskussion. Im Lauf des 19. Jahrhunderts sollten nämlich zwei große Themen die Korruptionsdebatten bestimmen: der korrumpierende Einfluss des Kapitalismus und die Käuflichkeit von gewählten Volksvertretern.

Mit dem Abschmelzen der Sinekuren und Regierungspensionen verringerten sich übergangsweise auch die Ressourcen für die Mikropolitik der britischen Regierung. Freilich haben wir bereits gesehen, dass sich die Aktivitäten verlagerten. Neue Verwaltungen wie die Armenpflege brachten neue Patronageressourcen mit sich. Profiteure waren nun weniger die traditionellen Adelsfamilien, sondern Angehörige der Mittelschichten. Allerdings muss betont werden, dass es sich hier nur um Tendenzverschiebungen handelt, denn viele hochdotierte Posten waren weiterhin dem Adel vorbehalten. Auch überlebten einige Sinekuren das Reformzeitalter. Vor allem in der Church of England gab es sie bis in die Mitte des 19. Jahrhunderts. Patronagesysteme einflussreicher Familien bestanden etwa in den wichtigen Zentralverwaltungen weiterhin. Ab 1809 baute der Erste Admiralitätssekretär John Wilson Croker in der Admiralität ein Netzwerk auf, das weit über sein Ausscheiden 1830 hinaus Bedeutung haben sollte.[42] Die Parlamentsreform von 1832 revolutionierte auch die Wahlbeeinflussung. Zwar gab es weiter faktische »Westentaschen-Wahlkreise«, in denen Aristokraten den Ton angaben, vor allem auf dem Land. In anderen Fällen mussten die Kandidaten sich aber zunehmend um die Unterstützung von Wählern aus der Mittelschicht bemühen, was ein neues Korruptionsproblem heraufbeschwor.[43]

Monarchie unter Verdacht und das Versprechen der Demokratie: Liberale Korruptionskritik

Die Ideale der Französischen Revolution und der Aufklärung waren keineswegs schon nach zwei oder drei Jahrzehnten ›abgearbeitet‹. Auf die extremen Umbrüche der Zeit zwischen 1789 und 1815 folgten in vielen Ländern konservative Regierungen – für Deutschland und Frankreich spricht man von der »Restaurationsepoche«. Zwar kehrten die vorrevolutionären Verhältnisse in keinem Land zurück. Doch manche politische Errungenschaft geriet in die Defensive. Als die französischen Bourbonen, die spanische Monarchie, die deutschen und italienischen Fürsten nach dem napoleonischen Intermezzo wieder an die Macht gelangten, galten die Ideale von Revolution und Aufklärung als gefährliche Verirrungen.

Die europaweite Bewegung des Liberalismus stemmte sich dagegen. Sie machte es sich zur Aufgabe, weiter für Gleichheit, politische Freiheit und für die Entmachtung der Fürsten zu kämpfen. Revolutionen, Aufstände und Untergrundbewegungen in nahezu allen westeuropäischen Ländern belegen die politische Bedeutung des Liberalismus – besonders die Revolution von 1830 in Frankreich und die Revolution von 1848. In der zweiten Jahrhunderthälfte war der Liberalismus sehr erfolgreich; er prägte viele politische Systeme, so das Königreich Italien von seiner Gründung bis 1922, die spanische Restaurationsperiode zwischen 1875 und 1923 sowie Frankreich in der Dritten Republik 1870 bis 1940. Auch in Großbritannien gab es regelmäßig liberale Regierungen und in Deutschland liberal geprägte Phasen, wie in der frühen Bismarck-Zeit zwischen Ende der 1860er und Ende der 1870er Jahre.

Liberale Denker gaben bis zur Jahrhundertmitte den Ton in der Korruptionsdebatte an. Sie bewegten sich weitgehend in der Tradition der Debatten um 1800: Korruption war in ihren Augen weiterhin Merkmal überkommener Verhältnisse. Freilich stand die Korruption nicht mehr im Mittelpunkt von Staatstheorie oder tagespolitischen Diagnosen; sie war eher ein politisches Hilfsargument. Liberale Autoren unterlegten ihr Plädoyer für parlamentarische Regierungen gleichwohl häufig mit dem Korruptionsargument. Außerdem entdeckten die Korruptionskritiker im zweiten Drittel des 19. Jahrhunderts soziale Themen.

Der wohl bekannteste Korruptionstheoretiker des 19. Jahrhunderts war Alexis de Tocqueville, französischer Jurist und Publizist. Tocqueville bereiste zu Beginn der 1830er Jahre die Vereinigten Staaten, dann veröffentlichte er zwischen 1835 und 1840 seine wohl bekannteste Schrift »Über die Demokratie in Amerika«. Das Buch enthält grundsätzliche Überlegungen über Vor- und Nachteile unterschiedlicher Verfassungen. Tocqueville knüpfte an die klassische Staatsformenlehre an und beschrieb die Bedeutung von Korruption in Aristokratien und Demokratien. Korruption, so Tocquevilles Ansicht, gebe es in jeder Staatsform. Die Unterschiede lägen vor allem darin, wer besteche und wer bestochen werde. Auf eine einfache Formel gebracht: In der Aristokratie bestechen die Herrschenden die Bevölkerung, in der Demokratie lassen sich die Politiker vom Volk bestechen. Die Bestechlichkeit der Regierenden, so Tocqueville, beschädige den Ruf der Demokratie. Das Volk verachte die Politiker für ihre Käuflichkeit. Durch das schlechte Vorbild geleitet, sinke die allgemeine Moral der Menschen.

Auf den ersten Blick spricht seine Diagnose gegen die Demokratie. Aber Tocqueville verteidigte sie letztlich doch, und zwar mit sozialpolitischen Argumenten. In jeder Staatsform herrschten bestimmte Klasseninteressen: in der Aristokratie die der Adeligen, in der Demokratie die des Volkes. Im Unterschied zur republikanischen Tradition glaubte Tocqueville nicht an ein abstraktes Gemeinwohl, das für alle gleichermaßen gelte. Da in der Demokratie das Volk herrsche und da das Volk zahlenmäßig am größten sei, sei die Demokratie auch am nutzbringendsten. Anders als die Aristokraten würden sich Politiker in der Demokratie niemals gegen das Volk verschwören. In seiner Auffassung über Patronage und Geschichte war Tocqueville ganz ein Erbe der Aufklärung: Patronage bezeichnete er als ein Merkmal des »aristokratischen Zeitalters«, also der Vormoderne, abgelöst durch den Individualismus im »demokratischen Zeitalter«. Tocqueville griff den Gedanken der Utilitaristen auf und lobte die amerikanische Verfassung sehr dafür, dass sie den Eigennutz des Einzelnen zum Besten des Staates nutze. Die republikanische Tugendlehre hielt er für eine Illusion.[44]

Vergleichbare Argumente führten auch andere Autoren ins Feld. Der britische Ökonom und Philosoph John Stuart Mill sah rund 30 Jahre nach Tocqueville ähnliche Gefahren in der Demokratie. Hier drohten Korruption, Favoritentum und Nepotismus, wobei es doch die Hauptaufgabe einer Regierung sei, die Tugend des Volkes zu heben. Für den Staatsdienst forderte der langjährige Verwaltungsangestellte der britischen Ostindienkompanie, Posten und Beförderungen allein nach Befähigung zu vergeben. Allerdings sah auch Mill keine Alternative zur Demokratie. Er glaubte, Gesellschaften entwickelten sich in der Geschichte von Stufe zu Stufe fort, ganz im Geist der modernen Fortschrittsidee. Jeder historischen Stufe entspreche eine bestimmte Staatsform. Primitive Gesellschaften würden von der Sklavenhalterdespotie beherrscht; modernen Gesellschaften dagegen entspreche die Demokratie. Auch Mill vermutete, dass soziale Gruppen ihre eigenen Interessen stets über das Gemeinwohl stellten. Um die Dominanz einer Klasse zu verhindern, schlug er deshalb vor, Besitzenden und Arbeitern jeweils die gleiche Zahl von Parlamentsabgeordneten zuzugestehen.[45]

Korruption war auch ein Argument in der Debatte über parlamentarische oder monarchische Regierungssysteme. Der konservative deutsche Staatsrechtler Friedrich Julius Stahl verteidigte jedenfalls 1845 das »monarchische Prinzip« gegen die westeuropäischen parlamentarischen Systeme. Stahl berief sich auf das ungeteilte Gemeinwohl, das nur durch eine unabhängige Instanz gewahrt werden könne, nämlich durch den Herrscher und seine Verwaltung. Parlamente dagegen seien bestechlich.[46] Dem widersprachen Liberale wie der württembergische Rechtsprofessor Robert von Mohl. Dieser wandte sich in seiner 1852 veröffentlichten Studie über das »Repräsentativsystem« gegen das monarchische Prinzip und forderte kurz nach dem Scheitern der Revolution von 1848 parlamentarische Verfassungen in Deutschland. Mohl spielte die Karte der Moral. Im Unterschied zu Stahl sah er Korruptionsgefahr vor allem in Monarchien. Hier manipulierten Regierungen mit Bestechung Abgeordnete und beeinflussten die Zusammensetzung der Volksvertretungen – das klassische Argument seit Bolingbrokes Zeiten. Interessanterweise zählten für Mohl neben der Wahlbeeinflussung auch ganz legale Praktiken zur Korruption. Dazu gehörte das Recht von Regierungen, Abgeordnete zu ernennen, wie es für die meisten Oberhäuser und Ersten Kammern damaliger Parlamente galt. Ebenso aber zählte Populismus für

Mohl zur Korruption, nämlich die »Nachgiebigkeit gegen volksthümliche Wünsche«. Korruption war für Mohl also ein breiter Sammelbegriff für zu großen Einfluss von Regierungen auf Parlamente. Darin ähnelte seine Intervention einem zentralen Motiv der britischen *Old Corruption*. Das »System der Corruption« führe nämlich dazu, dass der Monarch selbst als unaufrichtig, unsittlich und selbstsüchtig erscheinen müsse. Diesem Dilemma könne man nur entkommen, wenn man ein parlamentarisches Regierungssystem einführe. Der Fürst müsse sich aus dem politischen Alltagsgeschäft zurückziehen, während das Parlament über die Regierungsbildung entscheide. Damit werde das Vertrauen in die politische Ordnung wiederhergestellt und vor allem sei es dann möglich, die Regierung auch ohne revolutionären Umstoß zu verändern. Sonst drohe den Monarchen das »Hinabgleiten auf der schlüpfrigen und nicht sehr reinlichen Bahn der Corruption bis an den Rand eines sittlichen und politischen Abgrundes«.[47]

Mohl setzte sich intensiv mit einem möglichen Einwand gegen seine Vorschläge auseinander. Man könne ihm entgegenhalten, dass der Parlamentarismus die Korruption lediglich durch etwas ersetze, was dem Gemeinwohl ebenso wenig zuträglich sei, nämlich durch »Parteiumtriebe«, also durch das Prinzip parteigebundener Politik. Doch auch in der Monarchie gebe es unsachgemäße Auseinandersetzungen zwischen Hofparteien oder Ministern um die Gunst des Fürsten (»Vorzimmer- und Hinterthüren-Verschwörungen«). Hierbei komme das Gemeinwohl noch kürzer als bei den Auseinandersetzungen von Parteien. Außerdem bleibe beim Parteienkampf der Volkseinfluss gewahrt: Die Parteien wollten ja mit ihren Ränken nichts anderes, als die Mehrheit der Stimmen gewinnen.[48]

In diese Kerbe, aber mit deutlich radikalerem Einschlag, hieb der italienische Freiheitskämpfer und Revolutionär Giuseppe Mazzini. Für Mazzini war bereits in den 1830er Jahren klar, dass die Herrscherhäuser in ganz Europa sich nur noch durch Korruption an der Macht hielten. Sie hielten das Volk davon ab, sich seines wahren politischen Willens bewusst zu werden, indem sie unter den Bürgern durch Vergünstigungen und Pöstchen Zwietracht und Konkurrenz säten. So kam Mazzini auch dazu, die geltenden Verfassungen rundweg als Ausdruck von Korruption zu bezeichnen, denn dahinter verberge sich die Versklavung der Bevölkerung durch die Herrschenden. Anlässlich der Revolution von 1848 in der Lombardei griff er den Gedanken wieder auf. Seit Generationen sei der Adel durch Korruption und Ignoranz degeneriert, während die Bürgerlichen für Fortschritte in Kunst und Politik gesorgt hätten. Die Monarchie sei eine Leiche und verbreite daher Korruption und Niedergang.[49] Schon der britische Radikale John Wade hatte 1820 in seinem »Black Book« die These vertreten, die Königswürde sei zu einer Sinekure verkommen, habe kaum noch politische Bedeutung, verschaffe ihren Inhabern aber enorme Reichtümer. Die Botschaft lautete: Mitsamt der *Old Corruption* gehöre auch die Monarchie abgeschafft.[50]

Korruptionskritik hatte nicht nur für Philosophen Bedeutung. Sie bot Anlässe für handfeste politische Auseinandersetzungen. Revolutionen und Reformen um 1800 verstanden sich als Lösung für das allgegenwärtige Korruptionsproblem. Korruption war ein Sammelbegriff für Missstände in Politik und Verwaltung, war Symbol für die fehlerhaften Strukturen dessen, was ab 1789 rückblickend Ancien Régime hieß – *Old Corruption* eben. Die Morgenröte der neuen Zeit sollte korruptionsfrei sein. Doch diese Hoffnung zerstob unmittelbar, nachdem sie sich erhoben hatte. Der Furor der Korruptionsbekämpfung konnte wie in Frankreich Radikalisierungen befeuern, die dann jedoch in die nächste korrupte Despotie führten. Die Kritik an der Korruption konnte aber auch zunehmend ins Leere laufen wie in Großbritannien, wo die *Old Corruption*-Debatte angesichts einer flexibel reformierenden Elite ein jahrzehntelanger Dauerbrenner auf kleiner Flamme war. In jedem Fall waren Reformer und Revolutionäre trotz gegenteiliger Beteuerung immer auch Mikropolitiker. Das entging den Zeitgenossen nicht. Folglich teilte das Projekt der Korruptionsbekämpfung das Schicksal der Moderne insgesamt: Sie blieb unabgeschlossen.

Die Korruptionsdebatten hatten viele Gemeinsamkeiten. Mit Ausnahme von Großbritannien erlebten sie ihre Hochphase zwischen 1780 und 1810. Überall richteten sich die Korruptionskritiker gegen die Mikropolitik der alten Obrigkeiten. Sie unterstellten, dass es eine Grenze zwischen Öffentlichkeit und Privatsphäre gebe, bezeichneten deren Übertretung als Korruption und sprengten mit diesem Argument die Rechts- und Gesellschaftsordnung der Frühen Neuzeit entzwei. Damit entzogen sie fürstlicher Patronage die Grundlage und beendeten das Privateigentum an staatlichen Ämtern. Den Korruptionskritikern half das breite Bedeutungsfeld der Korruption, die charakteristische Mischung aus moralischen, institutionellen und körperlichen Niedergangsvorstellungen. Die Korruptionsdebatten setzten unterschiedliche Akzente. Die deutschen Verwaltungsreformer richteten ihre Korruptionskritik verhältnismäßig präzise auf das Problem von Eigennutz und Patronage im Staatsapparat. Französische Revolutionäre setzten die Korruptionskritik allgemeiner im Sinne von moralischer Dekadenz ein. Doch waren dies nur Tendenzen – allerorten wurde das gesamte Bedeutungsspektrum ausgeschöpft.

Korruptionskritik war Despotiekritik, sie geißelte illegitime Herrschaft. An die Stelle von Fürsten, Adeligen oder Ratsoligarchen sollten neue Mächte treten, in der Regel das Volk und seine frei gewählten Vertreter. So jedenfalls wollten es französische und niederländische Revolutionäre, englische Radikale und liberale Intellektuelle, während die deutschen Reformer und die britischen Konservativen andere Wege bevorzugten. Diese Hoffnungen konnten nicht so bald erfüllt werden. Über viele Jahrzehnte hinweg näherten sich die europäischen Länder diesem Ziel an, allerdings in sehr unterschiedlicher Geschwindigkeit und nicht ohne gelegentliche Rückschritte. Ein Erbe der Zeit um 1800 war das Ideal des Verfassungsstaates mit Parlament. Für liberale Autoren waren all jene Regierungsformen von Korruption bedroht, in denen der Monarch und seine Regierung dominierten. Gegen Korruption helfe nur die parlamentarische Regierung, so waren sie überzeugt. Der Misserfolg dieses hohen politischen und moralischen Ideals sollte eines der Hauptthemen der Korruptionskritik im späten 19. Jahrhundert werden.

Die Träger der Korruptionskritik waren Gruppen, die um die Macht kämpften und sich selbst in der Regel als Lösung des Problems präsentierten. Es waren also Teile der neuen Eliten, die mit korruptionskritischen Argumenten hervortraten. Korrupt, das waren aber nicht nur die überwundenen Verhältnisse und die alten Eliten am Hof. Denn der Kampf gegen Korruption ging auch innerhalb der neuen Eliten weiter. Und so trug die Korruptionskritik dazu bei, Reformer und Revolutionäre, Moderate und Radikale voneinander abzugrenzen. Die Jakobiner bekämpften gemäßigte Revolutionäre und sahen sich selbst diesem Vorwurf ausgesetzt. Die moderaten Anhänger der Batavia warfen den Radikalen Korruption vor. Schließlich übernahmen auch die deutschen Kritiker der Reformen das Korruptionsargument und wendeten es gegen die neue Bürokratie. Einen Rückweg ins Ancien Régime gab es indes nirgends.

7.
Ernüchterung:
Von Zumutungen und Defekten moderner Politik in der zweiten Hälfte des 19. Jahrhunderts

Debatten über Wahlkorruption: Beispiel Großbritannien

Korruptionskritik war ein Teil der Munition, mit der die liberalen Kräfte das Ancien Régime erfolgreich bekämpften. Korruptionskritik hielt den modernen Gesellschaften von nun an aber auch einen Spiegel vor: Konnten sie ihren hohen Ansprüchen gerecht werden? Schnell erhoben sich Zweifel. Mikropolitik wurde weiter betrieben, die Grenzen zwischen Privatem und Öffentlichem blieben unklar, das Verhalten von politisch Verantwortlichen blieb stets prekär. Damit rollte die zweite Welle westeuropäischer Korruptionskritik an. Ihr Signum war zunächst die Ernüchterung – eine Ernüchterung der neuen politischen Eliten über ihr eigenes Projekt liberal geprägter Regierungsformen: Gekaufte Wahlen, manipulierte Parlamente und der Einfluss des Kapitalismus bildeten die Kristallisationspunkte dieser Entzauberung. Auf dem Nährboden solcher Enttäuschungen gedieh schon bald die medial verstärkte Empörung im Skandal. Langfristig trug die Ernüchterung den Keim der Zerstörung in sich.

Am 7. Januar 1881 legte Sir Henry James, seines Zeichens Attorney General und Kabinettsmitglied, dem britischen Parlament einen Gesetzentwurf gegen Korruption bei Parlamentswahlen vor. Zwei Jahre später wurde aus dem Entwurf ein Gesetz – der Corrupt and Illegal Practices Prevention Act von 1883. Die Parteiführungen der Konservativen wie auch der Liberalen waren sich einig: Ein solches Gesetz wurde gebraucht. Im Kern legte das Gesetz eine Höchstsumme für Wahlkampfausgaben fest und stellte sicher, dass jede Manipulation durch einen Wahlhelfer dem jeweiligen Kandidaten direkt zugerechnet wurde. Mit diesem vergleichsweise einfachen Mittel läuteten die Gesetzgeber das Ende von Stimmenkauf und *treating* in Großbritannien ein. Der Corrupt and Illegal Practices Prevention Act setzte den Schlusspunkt hinter eine Debatte über Wahlkorruption in England, die fast unmittelbar nach den Reformen von 1832 begonnen hatte.

Mehrere Gründe sprechen dafür, Großbritannien als Beispiel für die Auseinandersetzungen über Wahlkorruption aufzugreifen. In wohl keinem anderen Land gab es eine derart kontinuierliche Diskussion, auch weil die Briten ihre Verfassung bekanntermaßen ohne revolutionäre Brüche fortentwickelten. Zudem finden sich hier fast alle wichtigen Argumente wieder, die auch in anderen Ländern zur Debatte standen. Und schließlich galt Großbritannien bis in die 1890er Jahre in ganz Europa als herausragendes Beispiel für zügellose Wahlkorruption. Nicht ohne Grund rief Henry James den Unterhausabgeordneten zu: »Der Strom der Korruption fließt weiter [...] Es ist für uns alle eine Schande. Ausländer und ausländische Zeitungen können mit Spott auf sie verweisen, und zwar innerhalb einer Verfassungsordnung, von deren Überlegenheit wir doch so überzeugt sind. Noch können wir dieser Kritik nichts entgegnen.«[1]

Henry James hatte recht. Den deutschen Anhängern des monarchischen Prinzips war die britische Wahlkorruption ein willkommenes Argument gegen politische Beteiligung. Und schon im 18. Jahrhundert war sie ein Thema auf den Inseln wie auf dem Kontinent gewesen.[2] In der *Old Corruption*-Kontroverse war es sehr häufig um das Verfahren gegangen, mit dem die Mitglieder des Parlaments bestimmt wurden, wobei Korruption einstweilen noch recht undifferenziert die Einflüsse der Krone und der Eliten auf die Wähler gemeint hatte. Nach dem Reformgesetz von 1832 änderte sich die Debatte. Fortan stand der Stimmenkauf im Zentrum der Auseinandersetzungen – Stimmenkauf mittels Geld, mittels *treating*, Jobs oder anderen direkten Vergünstigungen für die Wähler. Hieran änderte sich bis 1883 wenig. Allerdings blieben die Parlamentarier in dieser Zeit nicht untätig. 1854 erließ das Parlament den Corrupt Practices Act und verbot erstmals formell den Stimmenkauf und das *treating*. Außerdem regelte es die Überprüfung von Wahlen, die wegen Korruptionsvorwürfen beanstandet wurden. Im Parliamentary Elections Act von 1868 bestimmten die Parlamentarier den Höchsten Gerichtshof zur Entscheidungsinstanz für strittige Wahlergebnisse, und der Ballot Act von 1872 führte die geheime Abstimmung bei Wahlen ein. Neben diesen Gesetzen gab es viele Reforminitiativen und vor allem unzählige Parlamentskommissionen, die Verstöße in einzelnen Wahlkreisen untersuchten und rügten. Wurde Stimmenkauf nachgewiesen, so verlor der betroffene Abgeordnete in der Regel seinen Parlamentssitz – 1852 waren es nicht weniger als 36.[3] Ähnlich konnte es aber auch den Wählern gehen: Gelegentlich entzog das Parlament Wahlberechtigten oder ganzen Stimmbezirken wegen Korruption das Stimmrecht.

Das politische London war sich über den gesamten Zeitraum im Grundsatz einig, dass die Zustände unhaltbar waren. Doch vor effektiven Maßnahmen schreckten die Gesetzgeber lange zurück, und das hatte mehrere Gründe. Da gab es zum einen viele Abgeordnete, die Gewinner oder Mitspieler in diesem System waren. Das beschränkte sich übrigens nicht auf den Stimmenkauf selbst. Vielmehr konnte auch die Kritik an der Wahlkorruption des Gegners nützlich sein. Wahlbeanstandungen erlaubten eine Fortsetzung des Wahlkampfes mit anderen Mitteln. Nach einer verlorenen Wahl hatte der unterlegene Kandidat unter Umständen gute Chancen, den Sieger durch Korruptionsvorwürfe zu Fall zu bringen.

Dieses Spiel mit doppeltem Boden – oder eben: mit der unausgesprochenen Normenkonkurrenz zwischen Korruptionsverbot und dem sozialen Gebot des Stimmenkaufs – lässt sich am Beispiel der kleinen südenglischen Stadt Bridgwater gut veranschaulichen. Hier gelang es den Liberalen 1865, dem konservativen Abgeordneten Henry Westropp Wahlkorruption nachzuweisen. Der liberale Kandidat, der Ökonom und Staatsrechtler Walter Bagehot, hatte jedoch mit eigenen Problemen zu kämpfen. Er führte einen ausgesprochenen ›Antikorruptionswahlkampf‹, und trotzdem mochte auch sein Wahlkampfagent nicht auf Bestechungszahlungen verzichten. Wenige Jahre später wurde der Wahlkreis wegen der grassierenden Korruption mit dem benachbarten West Somerset zusammengelegt.[4]

Wahlbeanstandung als Fortsetzung des Wahlkampfs war auf dem Kontinent ebenfalls verbreitet. Auch in der Dritten französischen Republik tagten Dutzende parlamentarische Untersuchungskommissionen, während die Kandidaten schon im Wahllokal damit begonnen hatten, Zeugenaussagen über Bestechung und Manipulation zu sammeln.[5]

Über einige Jahrzehnte erfüllte das Thema der Korruption in der Debatte über die britischen Parlamentsreformen auch eine strategische Funktion. In den 1840er Jahren forderte die sogenannte Chartistenbewegung in der Tradition von *Radicals* wie Bentham wieder ein allgemeines Wahlrecht. Dies lehnten Konservative und Liberale ab, und zwar bis in die 1860er Jahre hinein mit dem Hinweis, noch zahlreichere und weniger begüterte Wahlberechtigte würden die Korruption weiter anheizen.[6] Kritiker der Reform von 1832 waren sich einig, dass die vielen neuen Wähler für den angeblichen Verfall der Wahlsitten verantwortlich waren. Diese neuen Wähler hätten mit ihrer Bestechlichkeit einer neuen Oligarchie von Kapitalisten die Steigbügel gehalten, so ließen hauptsächlich die *Tories* noch bis in die 1850er Jahre verlauten.[7]

All dies spricht dafür, die Korruptionsdebatte auch als eine Reaktion auf soziale und wirtschaftliche Veränderungen zu deuten, als Kommentar zur Modernisierung. Das beschränkte sich im Übrigen nicht auf ›traditionelle‹ Eliten wie den landsässigen Adel. Die liberale Zeitung *Morning Chronicle* bemühte nach der Wahl des Eisenbahnunternehmers George Hudson im Wahlkreis Sunderland 1845 die Rhetorik der *Old Corruption*-Debatte. Es drohe die Entstehung neuer *rotten boroughs*, wenn nun Industrielle anstelle der Adeligen ganze Wahlkreise durch wirtschaftliche Versprechungen gewännen.[8] Auch John Stuart Mill beklagte den Einfluss von sozialen Aufsteigern. In einer Rede mutmaßte er 1864, die Neureichen kennten im Unterschied zum alten Adel keine Grenze. Mit einem gekauften Parlamentssitz würden sie nämlich etwas erlangen, das ihr Geld ihnen nicht verschaffe: sozialen Status und gesellschaftliche Anerkennung.[9]

Wahlverfahren, bei denen der traditionelle Einfluss eines Landadeligen über sein Dorf ins Gewicht fiel, galten dagegen als bewahrenswert. Wie ein Echo auf Mill klang der liberale Kronanwalt Henry James rund 20 Jahre später: »Der alte Einfluss von Namen, Stellung oder Wert eines Mannes wurde Stück für Stück zerstört durch den bloßen Reichtum, häufig unverdienten Reichtum, seines Gegenkandidaten.«[10] Ein Problem stellten in dieser Wahrnehmung daher vor allem städtische Wahlkreise mit ihrer angeblich entwurzelten Wahlbevölkerung dar.

Dieser kritische Blick auf die Wähler war ein besonderes Merkmal der britischen Diskussion. Nicht Regierung und Krone, ja nicht einmal die Abgeordneten standen im Zentrum der Kritik, sondern die mangelnde Moral der Wähler. Deren Bestechlichkeit galt als moralischer Missstand, der ebenso wie Alkoholkonsum oder andere Laster von einer wohlmeinenden Obrigkeit bekämpft werden müsse.[11] Henry James begründete entsprechend den einleitend erwähnten Gesetzentwurf von 1881 zunächst mit einem väterlichen Anspruch des Parlaments: Dieses müsse auch in Moralfragen ein Vorbild für die Menschen sein.

Ein weiteres, profaneres Motiv hinter dem Antikorruptionsgesetz waren die Geldnöte der Parteien. Mit der Zahl der Wahlberechtigten stiegen die Kosten für Wahlbestechungen. Zur gleichen Zeit übernahmen die Parteiorganisationen mehr Verantwortung. Erstmals gab es 1880 moderne, landesweite Wahlkampagnen.[12] Anders als noch um die Jahrhundertmitte bezahlten in wachsendem Maß die Parteien die Wahlkämpfe und damit auch den Stimmenkauf. Die enormen Kosten für die Wahlen 1880 gaben den entscheidenden Anstoß zur Reform.[13]

Die Wahlkorruptionsdebatten sind auch deshalb so interessant, weil sie erkennen lassen, welche Vorstellungen die politischen Eliten von der Natur des Wahlrechts und von den Wählerpflichten hatten. Hier gab es große Gemeinsamkeiten über die Ländergrenzen hinweg. Wie schon in Kapitel 3 beschrieben, sahen sich viele Wähler dazu berechtigt, ihren Zugang zur Wahlurne im eigenen Interesse zu nutzen. Das konnte im Extremfall bedeuten, ihre Stimme zu verkaufen. Immer wieder bekräftigten englische Wähler gegenüber parlamentarischen Untersuchungskommissionen, dass sie das Wahlrecht als Eigentum betrachteten, mit dem sie auch Handel betreiben könnten.[14] Eigene Belange zu berücksichtigen konnte auch bedeuten, die möglichen oder schon erhaltenen Patronageleistungen eines Kandidaten zu kalkulieren. In der Debatte war jedoch klar: Stimmenverkauf und Patronage bedeuteten Korruption.

Doch auch diejenigen traf harsche Kritik, die sich vom Wohlergehen des Wahlkreises leiten ließen. Wenn Industrielle mit Investitionsversprechen auf Wahlkampftour gingen, setzten sie sich dem Verdacht aus, ihre Wähler indirekt zu bestechen. Mehrfach wurden Wahlen, deren Ergebnisse von solchen Versprechen beeinflusst schienen, von Parlamenten annulliert. Der französische Jurist und Oppositionspolitiker Louis-Marie de Lahaye de Cormenin bezeichnete 1846 den Stimmenkauf als »persönliche Korruption« und Wahlversprechen für einen Stimmbezirk als »lokale Korruption«.[15] Ebenso klagte Ende des Jahrhunderts der neapolitanische Journalist und rechtsliberale Politiker Rocco de Zerbi, das Wahlrecht sei zu einem Privatgut verkommen.[16]

Eine Ursache für diese kritische Haltung war eine ideale Vorstellung vom Wahlrecht, die in nahezu allen westeuropäischen Ländern herrschte. Der britische Premierminister William Ewart Gladstone brachte sie 1870 mit dem Wort »trust« auf den Punkt: Das Stimmrecht war treuhänderischer Art. Es war nicht zum eigenen Nutzen, sondern im Interesse aller auszuüben.[17] Der französische Journalist Prosper Duvergier de Hauranne sprach 1847 von einem »dépôt public«.[18] Der italienische Literaturwissenschaftler und Unterrichtsminister Francesco de Sanctis formulierte es in den 1860er Jahren so: Der Wahlkampf solle idealerweise eine Schule für die Wähler sein. Die Kandidaten sollten ihr Programm formulieren und es in Reden vorstellen, und die Wähler sollten aufgrund dieses Programms und ihrer eigenen politischen Vorstellungen entscheiden. So solle die zersplitterte Nation zusammenwachsen. Die Realität aber sehe anders aus. Die Italiener würden das politische Geschehen allein durch die Brille ihrer jeweiligen Provinz betrachten und nur deren Vorteile im Blick haben. Neben dem öffentlichen Wahlkampf gebe es den geheimen Wahlkampf. Da gehe es um Freunde, Anhänger, Beschützer, Empfehlungen und Intrigen.[19]

Für Cormenin verriet ein Wähler die Nation, wenn er sich von eigenen oder lokalen Interessen leiten ließ. Cormenins Vorstellung von der Wahl war die eines Gerichts. Die Wähler seien wie die Geschworenen eines Tribunals, vor dem die Kandidaten erschienen, auf dass der Beste gewählt werde. Kriterien dafür seien allein die Interessen der Nation: Ordnung, Freiheit, Wohlstand, Unabhängigkeit und Größe des Landes.[20] Cormenins Metapher suggerierte drei Vorstellungen, wie sie vor allem für liberale Politiker in der Mitte des 19. Jahrhunderts typisch waren: Die Wähler sollten sich wie Richter ohne ein vorgefertigtes Urteil verhalten. Außerdem ging er davon aus, es gebe ein objektives Verfahren, um den besten Kandidaten zu bestimmen und das Gemeinwohl zu identifizieren. Schließlich erwarteten sich die politischen Eliten von Parlamentswahlen einen patriotischen Nutzen: Sie sollten das Land politisch einen und durften keinesfalls lokalen Sonderinteressen dienen. Was diesen Zielen entgegenlief, wurde als Korruption angesehen.

Ein bemerkenswerter Unterschied zwischen Großbritannien auf der einen Seite und Ländern wie Frankreich oder Italien auf der anderen bestand in der Rolle des Staates und der Regierung. So traf die Kritik an Wahlkorruption auf den Britischen Inseln zuerst die Wähler, ein wenig aber auch Kandidaten und Parteien. Auf dem Festland richtete sich die Empörung meist gegen Regierungen und Lokalverwaltungen – hier traf der Staat als korrumpierende Kraft auf die mangelnde Moral der Wähler. Der Grund lag vermutlich darin, dass die Regierungspatronage in Großbritannien als Werk der Parteien galt, während sie auf dem Kontinent stärker auf das Konto der Verwaltung ging. Beispiele für die Aktivitäten von französischen und italienischen Präfekten sowie preußischen Landräten haben wir bereits kennengelernt.

In den Niederlanden löste 1864 ein einschlägiger Fall eine Regierungskrise aus. Im Vorfeld der Parlamentswahlen schrieben der liberale Ministerpräsident Thorbecke und sein Finanzminister Gerardus Henri Betz den Wählern in der katholisch-konservativ geprägten Provinz Limburg einen offenen Brief. Das Schreiben versprach Steuererleichterungen für den Fall, dass der liberale Kandidat die Wahl gewann. Diese Aktion löste auch in der eigenen Partei Entsetzen aus, denn die Liberalen bezichtigten ihre konservativen Gegner traditionell der Korruption. Betz musste infolge dieser »Briefaffäre« zurücktreten. Politische Freunde wie Gegner sahen die Grundsätze liberaler Politik verletzt – deren Kern die unbeeinflusste Wahl sei. Außerdem forderten sie klare Unterscheidungen zwischen neutraler Amtsführung und den parteipolitischen Zielen des Ministers.[21]

In Deutschland gab es vor allem im Kaiserreich zwar ebenfalls regelmäßig Wahlprüfungen und Debatten über Wahlmanipulationen. Doch dort standen nicht Stimmenkauf oder Korruption im Vordergrund. In Deutschland dominierten Klagen über Manipulationen in den Wahlregistern oder bei der Stimmabgabe sowie über Wahlpressionen, also über Drohung oder Gewaltanwendung gegenüber Wählern – vor allem vonseiten der Verwaltung, aber vereinzelt auch ausgeübt von den Milieuparteien, dem katholischen Zentrum und der SPD, oder von Arbeitgebern.[22]

Kapitalismus als Korruption:
Beispiel Deutschland

»Ein Geruch von Korruption hing über dem neuen Reich«, schreibt der Historiker Fritz Stern über den ersten deutschen Nationalstaat.[23] Bei der Reichsgründung deutete zunächst wenig darauf hin. Im Spiegelsaal des Schlosses von Versailles rief am 18. Januar 1871 eine Versammlung deutscher Kleinfürsten und ordenbehangener Militärkommandeure den preußischen König Wilhelm zum Deutschen Kaiser aus. In einem raschen Feldzug hatten preußische und süddeutsche Truppen das Zweite französische Kaiserreich unter Napoleons Großneffen besiegt. Mitten im Feindesland gelang nun, was deutsche Patrioten sich seit den Befreiungskriegen von 1813/1814 erhofft hatten: die Gründung eines deutschen Nationalstaats. Und als die siegreichen Truppen nach Hause zurückkehrten, ging es glänzend weiter, vor allem wirtschaftlich, denn dies war die Zeit der ersten deutschen Hochindustrialisierung. Schon seit den späten 1860er Jahren brummte die Wirtschaft in den norddeutschen Staaten dank ihrer gemeinsamen Wirtschaftszone. Gewaltige Investitionssummen fanden ihren Weg in Großprojekte wie Eisenbahnen und in den privaten Wohnungsbau. Aktiengesellschaften schossen zu Hunderten aus dem Boden, seit Preußen 1870 das Wertpapierrecht liberalisiert hatte. Die deutschen Banken expandierten, die Börsenkurse stiegen, erstmals fanden deutsche Kleinanleger in großer Zahl den Weg auf den Kapitalmarkt. Kredite waren billig und die Dividendenversprechen der Aktiengesellschaften verführerisch. Spekulationen mit geliehenem Kapital auf Bodenpreise, Eisenbahnprojekte, Bergbau und Schwerindustrie wurden üblich. Eine günstige Weltkonjunktur, patriotischer Optimismus und viel frisches Geld aus französischen Kriegsentschädigungszahlungen beflügelten die deutsche Hausse. Man sprach von der »Gründerzeit«.

Doch am Ende war es wie immer in der Konjunkturgeschichte: Der Zusammenbruch kam und überraschte alle. 1873 folgte der sogenannte Gründerkrach. Die Spekulationsblase platzte, die Kurse fielen in den

Keller, unzählige Aktiengesellschaften verschwanden in diesem Strudel, Investitionsruinen und geprellte Anleger blieben zurück. Die Krise war keine rein deutsche, war nicht nur hausgemacht: Die Weltwirtschaft trat in die »große Depression«, eine rund 20 Jahre dauernde Phase mit mageren Wachstumsraten. Überall in Europa stürzten die industrialisierten Gesellschaften in eine Krise; überall wuchsen Zweifel am Industriekapitalismus; es etablierten sich zaghaft sozialistische, später auch rechtsautoritäre und antisemitische Strömungen.

In Deutschland stellte sich die Frage nach den Ursachen des Zusammenbruchs besonders dringlich. Das neue Reich war doch unter scheinbar so exzellenten Vorzeichen gestartet. Korruption musste im Spiel gewesen sein, so vermuteten bald immer mehr Beobachter. In dieser Stimmung deckte 1873 Eduard Lasker, nationalliberales Mitglied im preußischen Abgeordnetenhaus, einen Skandal auf. Dabei ging es um die Vergabe von Eisenbahnkonzessionen an den jüdischen Investor Bethel Henry Strousberg. Die Hinweise ließen vermuten, dass es Bereicherung im preußischen Handelsministerium und im direkten Umfeld von Regierungschef Bismarck gab.[24] Dieser Stoff wurde die Grundlage für eine heftige Debatte um die Korruption der Regierenden und die Herrschaft der Bankiers. 1877 glaubte der Publizist Rudolph Hermann Meyer, »dass die Corruption unerhörte Dimensionen angenommen hat in Deutschland, seit das System Bismarck daselbst herrscht«, und prophezeite nichts weniger als »das Ende der christlichen Civilisation« durch die Herrschaft von »Gott Mammon und seine schmutzigen Priester«.[25] Der von Fritz Stern wahrgenommene Geruch der Korruption im Kaiserreich war mittlerweile penetrant geworden.

Korruptionskritik war zwischen Mitte des 19. und Mitte des 20. Jahrhunderts weitgehend identisch mit Kapitalismuskritik. Nachdem die Revolutionäre und Reformer der Zeit um 1800 die vormoderne Gesellschaft mit ihren verschwommenen Grenzen zwischen privat und öffentlich mühsam überwunden zu haben glaubten, nachdem die Protagonisten des modernen Staates gehofft hatten, mit Bürokratie und neuem Amtsverständnis eindeutige Zuordnungen schaffen zu können, tauchte mit dem Kapitalismus der Industriegesellschaft ein weiteres, unlösbares Problem im Kampf um klare Kategorien auf. Wie bereits geschildert hatte Adam Smith im späten 18. Jahrhundert Beschränkungen von Handel und Wirtschaft als Korruption gegeißelt; rund hundert Jahre später erschien der zügellose Kapitalismus als Inbegriff von Korruption. Vor allem Unternehmertum, Lobbyismus, Finanzwirtschaft und die Börse provozierten kaum versiegende Kritik. Diese Korruptionskritik war eine Antwort auf konkrete Zumutungen. Sie formulierte nicht nur das Unbehagen an unklaren Grenzen zwischen Privatwirtschaft und Politik. Sie handelte auch davon, dass neue gesellschaftliche Gruppen Macht und Einfluss beanspruchten, sie thematisierte soziale Ungerechtigkeit, kommentierte die Veränderung von Werten und Normen, beklagte einen immer rascheren Wandel und handelte von Ungewissheit und Intransparenz – von der Unmöglichkeit zu wissen, welche Folgen genau der Siegeszug von Industrie, Banken und Börsenspekulation mit sich bringen würde.

Um 1800 hatten sich Reformer und Revolutionäre mit der Korruptionsklage zu Wort gemeldet, hatten die meist liberal geprägten Anhänger des modernen Staates ihre Stimmen erhoben. Im Zuge der Kapitalismuskritik formten sich zwei neue politische Strömungen aus. Linke und Sozialisten geißelten ein korruptes System, das Reichtum allein auf dem Rücken der Arbeiter schaffen könne. Doch Korruption durch Kapitalismus beklagten auch Gruppen, die von einer sozialistischen Umgestaltung der Gesellschaft nichts hielten, sondern vermeintlich traditionelle Werte und Stabilität einforderten. So entstand die moderne Rechte, die im Lauf der Zeit immer deutlicher autoritäre Ziele verfolgte.

Unüberschaubar ist die Flut von Artikeln und Pamphleten, die sich seit der Mitte des 19. Jahrhunderts mit Korruption und Kapitalismus, Börsen oder Unternehmern beschäftigten. Die Themen wiederholten sich allerdings. Die wichtigsten Motive: Der Kapitalismus selbst sei Korruption, denn er erhebe das Profitstreben zum einzigen sozialen Wert. Daraus folge die Aushöhlung der politischen Werte, die Herrschaft der Reichen und der Niedergang des Staates, der zum Handlanger für private Interessen werde. Finstere Kräfte könnten diesen Moralverfall gezielt einsetzen, so die Kritiker. Dieses allgegenwärtige Argument formulierte der anonyme Autor eines deutschsprachigen Pamphlets über die Herrschaft Napoleons III. Er erklärte, der französische Kaiser habe den Börsenkapitalismus gefördert. Damit habe er zum einen seine Anhänger bereichert. Vor allem aber habe er damit die Bevölkerung entpolitisieren und von ihren »idealen Strebungen« abbringen wollen. Gemeint war das Scheitern der demokratischen Bewegung nach der Revolution von

1848. Bekanntermaßen gelang es Louis-Napoléon Bonaparte zwischen Ende 1848 und 1852, die Zweite französische Republik schrittweise in eine Monarchie umzuwandeln. So erschienen Habgier und Börsenspekulation verantwortlich für politische Lethargie und den Untergang der Demokratie. Der sozialistisch-anarchistische Philosoph Pierre-Joseph Proudhon beschwor in den 1850ern ebenfalls die »Korruption der öffentlichen Moral durch die Börse«. In der Politik gehe es seitdem nicht mehr um Ideale, ja kaum noch um inhaltliche Unterschiede, sondern nur um Profit.[26]

Einen ähnlichen Ton schlug fünf Jahrzehnte später der britische Publizist Arthur Ponsonby an. Am Vorabend des Ersten Weltkriegs konstatierte er die Herrschaft von Luxus und Profitgier. Er ließ auch einen biologistischen Ton anklingen, in dem er eine Tendenz zur Degeneration des Volkes konstatierte.[27] All dies münde in eine Herrschaft der Reichen und lasse die politischen Systeme erodieren. Begriffe wie Plutokratie und Bankokratie finden sich häufig in der einschlägigen Literatur. Der deutsche Publizist Franz Perrot ging davon aus, der Aktienhandel habe »die Parlamente« zu Hauptstützen der Corruption gemacht«. Neben der Habgier sei dafür aber auch die Komplexität der Finanzwirtschaft verantwortlich. Detailliert beschrieb Perrot ein angebliches Kartell aus Unternehmern, Presse und zahlreichen Parlamentariern, zusammengehalten von Bestechungsgeldern und Profitinteressen. Gemeinsam würden sie die tatsächlichen Verhältnisse kaschieren, den nicht eingeweihten Teil des Parlaments schlicht in Unwissenheit halten und so die Wirtschaftspolitik völlig beherrschen.[28] In einer Tour de Force durch Nordamerika, Großbritannien, Frankreich und Österreich beschrieb Perrot, wie Regierungen, Parlamente und Verfassungen ihr Ansehen und ihre Autorität durch Finanzskandale verlören.

Die antikapitalistische Korruptionskritik war vor allem eine Kritik an der Vermischung von wirtschaftlichem Handeln und Politik. Alle Autoren stellten fest, dass Regierungen und Staaten auf diese Weise zu Handlangern der Unternehmen geworden seien. Und so traten sie mit der charakteristisch modernen Forderung nach Sphärentrennung auf den Plan.

Zugleich kleideten die Korruptionskritiker die neuen Phänomene häufig in eine historisierende Sprache, um ihren schändlichen Charakter nur ja ausreichend zu markieren. Und es entstand ein Paradox: Nach einigen Schlüsselbegriffen zu urteilen, erschien der entfesselte Kapitalismus wie eine Neuauflage des längst überwunden geglaubten Ancien Régime. Da war die Rede von »Finanzaristokratie«, von »Finanzfeudalismus« und von Monopolen für Unternehmer und ganze Wirtschaftszweige.[29] Perrot beklagte »Privilegien« und »Sinekuren« in der Eisenbahnindustrie. Der Bankier und Eisenbahnunternehmer James de Rothschild wurde als absolutistischer König »James I.« tituliert. Ausdrücklich berief sich der anonyme Autor einer Serie von Artikeln in der britischen *Times* 1846 auf vormoderne Vorbilder. Er unterzeichnete seine Beiträge mit »Cato«, in Anspielung auf die Korruptionsdebatte über Minister Walpole, zu der Thomas Gordons »Cato's letters« beigetragen hatten. Außerdem verglich er den Kampf gegen die Herrschaft der Eisenbahnmagnaten mit dem Widerstand gegen die absolute Herrschaft von König Karl I. im 17. Jahrhundert.[30] Offenbar hofften die Autoren, die Empörung ihrer Leser zu steigern, und vielleicht auch darauf, den um 1800 erfolgreichen Kampf der Korruptionskritik im aktuellen Kampf gegen den neuen Feind wiederholen zu können.

Bereits in der Lehre vom tugendhaften Staatsbürger in der Frühen Neuzeit und verstärkt während der Aufklärung hatte Habgier als eine Ursache für Korruption gegolten. Profitgier, der wohl zentrale Vorwurf im Korruptionsdiskurs der Industrialisierungsära, war also kein neues Argument. Wirtschaftliche Interessenkonflikte sprach schon der preußische Reformautor Friedrich Buchholz kurz nach 1800 an. Der König solle kein Land besitzen, da er sonst als Staatsoberhaupt nicht neutral, sondern parteiisch im Sinne von Grundbesitzerinteressen handeln werde.[31]

Kapitalismuskritik als regelmäßig auftauchendes Element der Korruptionsdebatten etablierte sich mit der Hochindustrialisierung. In Frankreich und Großbritannien passierte dies einige Jahrzehnte früher als im Industrialisierungsnachzügler Deutschland. Den Auftakt bildeten zwei fast gleichzeitig platzende Spekulationsblasen im Eisenbahnbau. Beide Länder erlebten in den 1840er Jahren einen Eisenbahnboom. Der ungeheure Finanzbedarf der Unternehmen ließ sich nur an der Börse decken. Auf den Britischen Inseln hielt die sogenannte »Eisenbahnmanie« Anleger und Journalisten zwischen 1845 und 1848 in Atem. Allein im Jahr 1846 entschied das Parlament über 272 Genehmigungsanträge. Wie später im deutschen Gründerboom stiegen Kurse und Dividenden ins Astronomische; betrügerische Scheinfirmen versuchten, sich einen Anteil vom locker sitzenden Kapital zu sichern. Bis tief in die Mittelschichten reichte nach dem Crash die Verunsicherung. So hatten etwa die Schriftstellerschwestern Brontë in Bahnaktien investiert und mussten sich mit einem Totalverlust abfinden.[32]

Auch südlich des Ärmelkanals gab es im Eisenbahnbau Mitte der 1840er Jahre eine ähnliche Abfolge von Spekulation, Boom und Krise. Tagespresse und politische Publizisten suchten anschließend nach Erklärungen; Korruption als Ursache überzeugte viele Beobachter. In beiden Ländern standen einzelne Unternehmer mit ihren teilweise ruppigen Methoden als Symbole eines unmoralischen und hemmungslosen Kapitalismus am Pranger: »Eisenbahnkönig« George Hudson nördlich und Bankier James de Rothschild südlich des Kanals. In beiden Ländern vermuteten die Kritiker Korruption, Bestechung und Geschäfte auf Gegenseitigkeit zwischen Unternehmern sowie Parlaments- und Regierungsmitgliedern. Eisenbahn- und Finanzmagnaten erschienen als die neuen, unrechtmäßigen Herrscher. Ein feiner Unterschied brachte allerdings verschiedene Annahmen über Wirtschaft und Staat zum Ausdruck. Die britischen Kritiker konzentrierten sich auf Verfehlungen von Personen oder Personengruppen, sahen also individuelle Ursachen für Spekulation und Niedergang. Ihre französischen Kollegen zogen weitergehende Schlüsse und verlangten nach institutionellen Reformen, viele stellten gar das Herrschaftsgefüge der Juli-Monarchie in Frage.[33]

Zurück zur deutschen Gründerkrise. Die Korruptionskritik an den Gründern ist besonders aufschlussreich. Denn hier ging es um einen handfesten Interessenkonflikt zwischen der Regierung Bismarcks und der konservativen Opposition. Nach dem üblichen politischen Schema hätte Bismarck eigentlich ein Verbündeter der Konservativen sein müssen. Er hatte stets die liberalen Forderungen nach Demokratisierung bekämpft. 1862 war er von Wilhelm I. als Mann fürs Grobe an die Spitze der preußischen Regierung berufen worden. Seine ersten Amtsjahre widmete er dem Ziel, die Krone vor den Zumutungen des Parlamentarismus zu bewahren. Auch die Reichsgründung von 1871 erfolgte nach Bismarcks Drehbuch von oben als ein Zusammenschluss der deutschen Bundesfürsten und ohne demokratische Legitimation. Es stand zu erwarten, dass der Ministerpräsident als Spross des Landadels und Besitzer eines

Gutes nicht nur die politischen, sondern auch die wirtschaftlichen Interessen der eingesessenen Obrigkeit schützen würde. Doch die Wirklichkeit war komplizierter; Bismarck war Pragmatiker und ging ein Bündnis mit den Liberalen ein. Er erfüllte ihre jahrzehntealte Hoffnung auf nationale Einigung, wenn auch ohne Demokratie. Vor allem akzeptierte er seit den späten 1860er Jahren die wirtschaftspolitischen Vorstellungen des Liberalismus. Er verfolgte eine industriefreundliche Politik, ermöglichte Freihandel und liberalisierte das Aktienrecht. Dieses Bündnis blieb bis zum Ende der 1870er Jahre erhalten. Unterdessen sahen sich viele Grundbesitzer, adelige Eliten und Anhänger eines von König und Armee geprägten Staates als Verlierer, verraten von Bismarck.

Die Strousberg-Affäre und der Gründerkrach lieferten konkretes Material für direkte Angriffe auf den Regierungschef, seine liberalen Bündnispartner und die Exzesse des angeblich von ihnen entfesselten Industriekapitalismus. Zwischen 1873 und 1877 erlebte das Land eine Welle der Korruptionskritik aus konservativen Kreisen. Sie zielte auf Bismarck, die angebliche Herrschaft jüdischer Bankiers, die aktuelle Wirtschaftspolitik und den Kapitalismus im Allgemeinen. Das Ziel dieser Kampagnen lag offenbar darin, Bismarck oder zumindest Teile seines Kabinetts zu Fall zu bringen. Inhaltlich ging es um stärkere Kontrollen für die Finanzindustrie, Besserstellung der Landwirtschaft, Schutzzölle für deutsche Erzeugnisse und am Rande auch um Sozialpolitik.

Den Reigen von Anschuldigungen eröffnete ausgerechnet ein jüdischer Abgeordneter der Nationalliberalen im preußischen Abgeordnetenhaus, der bereits erwähnte Eduard Lasker. Laskers Enthüllungen über Vetternwirtschaft in der preußischen Regierung zielten auf Konservative: den engen Mitarbeiter Bismarcks und langjährigen Herausgeber der konservativen *Kreuzzeitung* Hermann Wagener, den preußischen Handelsminister Heinrich Friedrich von Itzenplitz sowie weitere konservative Adelige. Doch bald wendete sich das Blatt, und konservative Kritiker eroberten die Deutungshoheit. Sie machten die liberalen Kabinettsmitglieder für die lockere Wirtschaftspolitik verantwortlich, für Spekulation, Betrug und Korruption. Eine Reihe systematischer Pressekampagnen prägte die folgenden Jahre.

1874 und 1875 veröffentlichte der Schriftsteller Otto Glagau eine Artikelserie über den »Börsen- und Gründerschwindel« in der populären Zeitschrift *Die Gartenlaube*.[34] 1875 erschien in der *Kreuzzeitung* eine Serie über »Die Ära Bleichröder – Delbrück – Camphausen« aus der Feder des Journalisten und ehemaligen Eisenbahnangestellten Franz Perrot.[35] Perrot machte den liberalen preußischen Finanzminister Otto Camphausen, den liberal gesinnten Präsidenten des Reichskanzleramts Rudolph Delbrück und Bismarcks Bankier Gerson Bleichröder als Schuldige an der Misere aus. Die katholisch geprägte Zeitung *Germania* griff das Thema wenig später auf und brachte einen neuen Aspekt ein: Die jüdischen Bankiers bestimmten nicht nur die Wirtschaftspolitik, sondern hätten Bismarck dazu verleitet, den Kulturkampf gegen die Katholische Kirche zu führen, um vom Gründerkrach abzulenken.[36]

Bismarcks erbittertste konservative Gegner trafen sich Mitte der 1870er Jahre im sogenannten Niendorf-Kreis, einer Gruppe von Publizisten und Aristokraten um den Berliner Verleger Anton Niendorf. Zu dem Kreis gehörten unter anderem Otto Glagau, Franz Perrot, der Herausgeber der *Deutschen Reichsglocke* Joachim Gehlsen und Rudolph Hermann Meyer. Im Niendorf-Kreis organisierten sich sozialkonservative Strömungen und Interessen adeliger Grundbesitzer. Der Kreis trat für Schutzzölle ein, agitierte gegen Bismarck und führte einen radikalen antikapitalistischen Antisemitismus in die deutsche Debatte ein. Dabei tat sich vor allem Otto Glagau hervor, der die Juden und insbesondere Bleichröder für die grassierende Käuflichkeit in Politik und Gesellschaft verantwortlich machte.[37] Bei der Gründung der Deutsch-Konservativen Partei 1876 spielte der Kreis eine gewisse Rolle, lehnte aber die spätere Annäherung an den Kanzler ab. Ein einflussreiches Mitglied im Niendorf-Kreis war Otto von Diest-Daber. Diest-Daber, ein Pommerscher Gutsbesitzer, ehemaliger Landrat in Elberfeld und konservativer Abgeordneter, hatte schon vor Jahrzehnten über endemische Beamtenbestechung in der Rheinprovinz geklagt. Er besaß hervorragende Kontakte an den preußischen Königshof, doch schützte ihn das nicht vor einer dreimonatigen Haftstrafe wegen Verleumdung Bismarcks. Diest-Daber war ein besonders hartnäckiger Bismarck-Kritiker. Er publizierte nämlich nicht nur während der Hochphase der Gründerkritik in den 1870er Jahren, sondern führte an der Wende zu den 1890er Jahren eine weitere Kampagne gegen Bleichröder und Bismarck.[38]

1876 eröffnete die *Deutsche Reichsglocke* (bis 1875 *Deutsche Eisenbahnzeitung*) einen weiteren Schauplatz. Stein des Anstoßes war die Preußische Central-Bodenkredit-AG, ein Bankhaus, das Grundbesitz belieh.

Gegründet von einem Konsortium um Bleichröder, hatte sie erhebliche staatliche Privilegien erhalten, angeblich dank direkter Bestechung von Abgeordneten und Bismarcks selbst. Die *Reichsglocke* machte unverhohlen Stimmung für eine protektionistische und agrarfreundliche Außenhandelspolitik.[39]

Otto von Bismarck begegnete diesen unterschiedlichen Angriffen zunächst ausweichend, ab 1876 dann zunehmend offensiv mit einer Mischung aus Empörung, Repression und Entgegenkommen. Zum einen rief er zum Boykott der *Kreuzzeitung* auf und überzog notorische Kritiker wie Rudolph Hermann Meyer und Otto von Diest-Daber mit Verleumdungsklagen. Zugleich machte er den Konservativen ein Angebot: Er forderte ein Ende der Kampagnen gegen seine Politik und opferte dafür Delbrück. Die Korruptionsvorwürfe hatten den Kanzler am Ende gezwungen, sich öffentlich zu äußern und stärker um die Belange der Konservativen zu kümmern.

Einen materialreichen Beitrag lieferte 1877 Rudolph Hermann Meyer. In seinem Pamphlet *Politische Gründer und die Corruption in Deutschland* führte er die wichtigsten Vorwürfe der Debatte zusammen.[40] Meyer verkörperte einen neuen Typus konservativer Politik. Er entstammte nicht dem Adel und arbeitete zunächst als Hauslehrer, später als Journalist. Meyer vertrat einen sozialen Konservatismus und predigte eine Allianz von Monarchie, Großgrundbesitz und Arbeitern gegen die Kapitalisten. Seiner Verurteilung wegen Verleumdung entzog er sich durch Flucht ins Exil. Dort blieb er dem Antikapitalismus treu und lehnte sich zunehmend an die marxistische Lehre an.[41]

Meyer skizzierte eine antisemitisch-antikapitalistische Verschwörungstheorie. In seiner Darstellung beherrschte der »Disconto-Bleichröder-Ring« die preußische und deutsche Politik. Gemeint war eine Gruppe jüdischer Bankiers um das Kreditinstitut Deutsche Disconto Gesellschaft. Bismarck selbst habe deren Macht begründet, denn zunächst habe er die Bankiers für seine Zwecke eingespannt, doch mittlerweile hätten sie die Machtverhältnisse umgedreht. Beunruhigt beschrieb Meyer die Verflechtungspraktiken und die verdeckte Einflussnahme der Bankiers in Gesellschaft und Politik. Insbesondere die nationalliberale Partei sei »durch Ankauf ihrer Führer corrumpirt« – und seitdem Befürworterin der Freihandelspolitik. Auch Meyer beschäftigte sich mit der Preußischen Central-Bodenkredit-AG. Dabei wiederholte er den Vorwurf systematischer Bestechung, auch gegenüber Bismarck. In der Bodenkredit AG sah Meyer ein Instrument der preußischen Finanzoligarchie, Grundbesitzer zur Überschuldung zu verleiten und ihnen letztlich ihre Güter abzunehmen. Unter dem Einfluss der liberalen Bankiers habe der Staat sich von seiner landesväterlich fürsorglichen Politik verabschiedet und das Volk zur Ausplünderung freigegeben. Sein Weckruf sei dringend nötig, sonst drohten neue Gefahren: So müsse er feststellen, »dass die Corruption der höheren Schichten der Gesellschaft weit genug fortgeschritten ist, um diese Gesellschaft zur leichten Beute der Socialdemokratie zu machen«. Der Bedrohung durch die Sozialdemokratie setzte Meyer typisch konservative Gewissheiten entgegen. Allein der Adel sei gegen Spekulation und Gründertum immun. Allein in der Armee regierten Prinzipientreue und Selbstbeherrschung statt Gier. Nur bei Soldaten finde man noch »selbstlose Hingebung an das Ganze«.[42]

Mit Meyers Schrift versiegte die konservative Korruptionskritik vorläufig: Bismarck hatte für einen Wechsel in der Redaktionsspitze der *Kreuzzeitung* gesorgt und verabschiedete sich 1878 von der liberalen Wirtschaftspolitik. Während viele liberale Politiker dem Kanzler die Gefolgschaft kündigten, reihten sich die Deutsch-Konservativen nun unter die Regierungsanhänger. Mit seiner aktiven Sozialpolitik griff Bismarck ab den 1880er Jahren auch die Forderungen der Sozialkonservativen auf. Die Korruptionsdebatte über die Gründer war sicher nicht die Hauptursache für Bismarcks Politikwechsel. Doch hatte sie ihm das publizistische Drohpotential am rechten Rand des politischen Spektrums vor Augen geführt – und die Verunsicherung großer Bevölkerungsgruppen in der Wirtschaftskrise. Die konservative Antikorruptionskampagne der 1870er Jahre hatte begrenzte politische Folgen. Doch nur wenige Jahrzehnte später etablierten sich überall in Europa Strömungen, die mit den gleichen Argumenten zum Generalangriff auf die parlamentarischen Systeme bliesen: Kapitalismus und Verelendung, Herrschaft der Juden, Käuflichkeit der Politik.

Unbehagen am Kapitalismus verspürten nicht nur die Konservativen. Im Gegenteil, Kapitalismuskritik war das Herzstück linker und sozialistischer Gegenwartsdiagnosen. Und auch die Linken hielten Korruption für ein Hauptmerkmal des Kapitalismus. Auf den ersten Blick glichen sich die Vorwürfe an beiden Enden des politischen Spektrums sehr.

Für die linken und sozialistischen Autoren war die Korruption Ausdruck der gesellschaftlichen Beziehungen im Kapitalismus schlechthin, und ganz konkret ein Herrschaftsmittel der Bourgeoisie. Schuld an der Korruption sei nicht die Unmoral Einzelner, sondern das Prinzip der privaten Aneignung und Ausbeutung von Besitz und Menschen. Die Kapitalisten herrschten auf doppelte Weise: direkt über ihr Eigentum an Kapital und Fabriken; indirekt dadurch, dass sie durch Bestechung sämtliche gesellschaftlichen Institutionen und Kräfte abhängig machten.[43] Der französische Journalist Gustave Rouanet beschrieb 1893 am Beispiel des Panama-Skandals, wie Parlament, Regierung und Presse, aber auch Wissenschaft, Kunst und Justiz von Kapitalinteressen gekauft würden. Korruption reiche weit über die Politik hinaus, durchziehe alle Bereiche der Gesellschaft – ein Befund, den schon die Frühsozialisten der 1840er Jahre formuliert hatten.[44]

Überraschenderweise beschäftigten sich die großen Theoretiker des Sozialismus nur selten und eher am Rande mit dem Thema Korruption. Karl Marx bemerkte beiläufig in zwei kleinen Schriften über das politische System in England, dass der Kapitalismus alle Beziehungen in Geldbeziehungen verwandelt habe. Bestechung und Stimmenkauf passten folgerichtig in dieses Bild. In seiner berühmten Polemik gegen Napoleon III. schilderte er den Zusammenbruch der Juli-Monarchie als Folge allgemeiner Korruption – das war freilich kein origineller Gedanke, sondern weitverbreitete Meinung inner- und außerhalb Frankreichs.[45]

Originellere Beiträge finden sich bei Autoren ›aus der zweiten Reihe‹, allerdings auch hier kaum mit Bezügen zur marxistischen Theorie – das gilt jedenfalls für die Zeitungen der deutschen Sozialdemokratie im Kaiserreich ebenso wie für die französische *Revue Socialiste* um die Jahrhundertwende.[46] Korruptionskritik war also auch für Sozialisten ein Mittel in der konkreten politischen Auseinandersetzung, jedoch kaum Stoff für die Theoriebildung.

Für einzelne Linke gaben die vielen Korruptionsskandale des späten 19. Jahrhunderts gleichwohl Anlass zu hoffnungsvollen Prophezeiungen: Sie zeigten das nahende Ende des bourgeoisen Zeitalters. Folgt man Rouanet, so würde der Kapitalismus nicht durch eine Revolution, sondern durch inneren Zerfall und Korruption enden. Der sozialistische Journalist und Schriftsteller Auguste Chirac legte Ende der 1880er Jahre dem Publikum gar eine statistisch abgesicherte Berechnung vor, die beweisen sollte, dass der Kapitalismus binnen fünf Jahren an Korruption eingehen werde.[47] Der äußerst undogmatische italienische Linke Napoleone Colajanni verband seine Korruptionskritik mit einer offenbar durch Charles Darwins Schriften inspirierten Theorie von Evolution und Degeneration. Der Sozialismus werde nur durch Evolution erreicht werden, so behauptete Colajanni. Ein wesentliches Element dieser Höherentwicklung der Gesellschaft sei eine verbesserte politische Moral. Korruption sei das Zeichen von moralischer Degeneration, die alte Kräfte wie Monarchen oder Kapitalisten nutzten, um den Fortschritt zum Sozialismus zu verhindern. Ganz konkret betreibe die liberale politische Elite Italiens eine »Negativselektion« des politischen Personals, um die öffentliche Moral auf dem Tiefpunkt zu halten.[48]

Jenseits solcher Theorien mit geringer Wirkung beteiligten sich die linken und sozialistischen Gruppierungen in der Regel an den Korruptionsdebatten. Sie stimmten in die Klage über die Machenschaften von Bankiers und Börsenspekulanten mit ein, kritisierten die politische Einflussnahme von Industriellen und Lobbyisten. Die deutsche Sozialdemokratie kommentierte alle großen Korruptionsdebatten des Kaiserreichs, ja stieß gelegentlich auch selbst solche an. Anlässlich von Eduard Laskers Enthüllungen des Jahres 1873 beteiligten sich die Sozialdemokraten aktiv an den Angriffen auf konservative Politiker und Beamte. Lasker musste sich aber auch Kritik gefallen lassen: Er mache falsche Versprechungen, wenn er eine bessere Moral fordere. Ursache für den Amtsmissbrauch sei der Kapitalismus, und ohne eine radikale Abkehr hiervon bleibe die Korruption bestehen.

Bevorzugte Zielscheibe sozialdemokratischer Kritik war Otto von Bismarck, der die Partei mit seinen Sozialistengesetzen zwischen 1878 und 1890 faktisch verbieten ließ. In der Gründerdebatte hielten die Sozialdemokraten dem Kanzler korrupte Beziehungen zu Bleichröder vor. Sie bezichtigten ihn, sich im Amt durch Beteiligung an einer Papierfabrik zu bereichern, die für die Regierung produzierte. 1893 förderte die Parteizeitung *Vorwärts* konkrete Hinweise auf Bismarcks und Bleichröders Umgang mit dem Welfenfonds zutage, was immerhin internationale Aufmerksamkeit erregte. Der Hauptvorwurf lautete, Bismarck habe die deutsche Presse mit Geld manipuliert. 1913 sorgten Enthüllungen von Karl Liebknecht für den sogenannten Kornwalzer-Skandal: Ein Mitarbeiter der Rüstungsfirma Krupp hatte im Gegenzug für kleine Gefälligkeiten jahrelang vertrauliche Informationen aus dem Kriegsministerium erhalten. Dies zeigte aus sozialdemokratischer Sicht einmal mehr, wie eng Schwerindustrie und Staat, Unternehmer und preußische Obrigkeit miteinander verflochten waren.[49]

Jedoch gelang es der SPD zu keinem Zeitpunkt, die Debatte über Korruption zu dominieren oder gar die Deutungshoheit zu erringen. In vielen Fällen schreckten Presse und Politiker der SPD davor zurück, die Anschuldigungen ähnlich konkret zu machen wie die radikalen Konservativen der 1870er Jahre. Die Welfenfonds-Kampagne brach nach einem Monat jäh ab. Ähnliches geschah 1914. In diesem Jahr deckte der *Vorwärts* gleich zwei Korruptionsaffären auf, den sogenannten »Titelschacher« und die Siemens-Affäre. Im ersten Fall ging es um den Verkauf von staatlichen Ehrentiteln, im zweiten um Auslandsvertreter von Siemens, die japanische Beamte bestachen. Beide Kampagnen endeten schon nach kurzer Zeit. Die Gründe dafür sind noch nicht geklärt. Vermutlich schätzten die Sozialdemokraten den möglichen politischen Ertrag von Antikorruptionskampagnen gering ein, obwohl die Fälle regelmäßig große Aufmerksamkeit erhielten. Außerdem gab es im späten Kaiserreich andere Themen der Kritik, denen die Sozialdemokraten sich intensiver widmeten, vor allem die Affären um den Industriellen Friedrich Krupp 1902 und den Kaiservertrauten Philipp Fürst zu Eulenburg 1907.[50]

Auch in Frankreich beteiligten sich die Sozialisten an Korruptionsdebatten und profitierten davon. 1893, unmittelbar nach dem Panama-Skandal, errangen sie ihren ersten nennenswerten Wahlerfolg mit rund fünf Prozent Stimmenanteil. Zwei Jahre später unterstützte die Parteizeitung *La Petite République* eine Kampagne gegen den ehemaligen Minister für Öffentliche Arbeiten, David Raynal. Anlass waren offenbar fingierte Bestechungsvorwürfe bei der Vergabe von Eisenbahnkonzessionen in den 1880er Jahren. Raynal stand vor allem deshalb im Visier der Linken, weil er als Innenminister 1893/1894 maßgeblich für die sogenannten »Schurkengesetze« verantwortlich war, harte Sicherheitsgesetze und Repressionsmaßnahmen gegen Anarchisten und Linke.[51] Doch auch in Frankreich blieb ein großer Teil der Sozialisten vergleichsweise zurückhaltend, wenn es um politische Korruption ging. Zwischen 1910 und 1914 engagierte sich der wohl einflussreichste sozialistische Politiker, Jean Jaurès, als Vorsitzender einer Untersuchungskommission zur

Affäre Rochette. Hier waren Polizeibehörden und Politiker beschuldigt, gegen finanzielle Begünstigung betrügerische Finanzgeschäfte zu decken. Zur großen Enttäuschung radikaler Sozialisten wie Jules Guesde oder Edouard Vaillant und in scharfem Kontrast zu rechten Politikern wie Maurice Barrès weigerte sich Jaurès, diese Affäre im Wahlkampf auszuschlachten oder als Anlass für eine Generalattacke auf die Eliten der Dritten Republik zu nutzen. Ihm kam es auf Differenzierung an: Die Finanzoligarchie sei schuldig, nicht aber das politische System.[52]

Damit kommen wir zu einem überraschenden Befund. Obwohl Sozialisten und Linke den Kapitalismus radikal ablehnten, beteiligten sie sich gewissermaßen nur verhalten an der Korruptionskritik. Damit überließen sie das Feld den Gegnern des Parlamentarismus.

Die Korruption der Parlamente: Beispiel Italien

»[Ich werde] als Volksvertreter keinerlei bezahlte Tätigkeit annehmen; nicht versuchen, mein privates Vermögen auf Kosten des Staates zu vergrößern; die Angelegenheiten des Landes und nicht meine eigenen verfolgen; in einem Wort: weder ehrgeizig sein noch intrigant; als politische Devise Rechtschaffenheit, Selbstlosigkeit, Patriotismus wählen – das ist mein politisches Glaubensbekenntnis.«[53] Mit diesen Worten stellte sich der Landwirt Victor Pigeon den Wählern im französischen Département Seine-et-Oise als Kandidat für die revolutionäre Nationalversammlung 1848 vor. Pigeon formulierte einen Anspruch, den wohl alle seine Mitbewerber unterschrieben hätten. Zugleich lässt diese ausführliche Verzichtserklärung jene Vorwürfe durchscheinen, mit denen Parlamentarier konfrontiert waren.

Weil das moderne politische Denken die Grenzen zwischen privat und öffentlich so unerbittlich zog, setzten sich auch die neuen Institutionen dem Korruptionsvorwurf aus. Dafür waren im Wesentlichen zwei Umstände verantwortlich. Den einen haben wir bereits kennengelernt: die Industrialisierung. Sie hatte gewaltige Auswirkungen in der Politik, zumal Unternehmer und Interessenvertreter in die Parlamente drängten. Zugleich bot sie den Abgeordneten zahlreiche Gelegenheiten zum Geldverdienen neben ihrer Mandatstätigkeit. Der andere Umstand ist im Wesen moderner politischer Betätigung zu suchen. In einer immer weniger nach Geburtsrang geordneten Welt mussten die politisch Mächtigen ihre Position aktiv erwerben und sich beständig gegen den Verlust von Mandat oder Macht absichern. Dazu gehörte neben den schon behandelten Angeboten an die Wähler erfolgreiche Mikropolitik unter Kollegen, gegenüber der Regierung oder anderen Mächtigen, darunter auch Industriellen. Hier lag das Einfallstor für eine Form der Korruptionskritik, die sich zu einem massiven Antiparlamentarismus auswuchs – letztlich mit dramatischen Folgen für die Akzeptanz der Volksvertretungen.

Doch blicken wir noch einmal kurz zurück. Wir erinnern uns daran, wie der radikale Korruptionskritiker Jeremy Bentham um 1820 ein allgemeines Wahlrecht in England als Heilmittel für eine moralische Regeneration des politischen Systems empfahl. Noch in der Mitte des 19. Jahrhunderts, nach einigen Jahrzehnten Erfahrung mit Volksvertretungen auf dem Kontinent, setzten liberale Publizisten eher auf mehr als auf weniger Parlamentarismus. Das gilt etwa für die bereits erwähnten Franzosen Prosper Léon Duvergier de Hauranne oder François-Vincent Raspail, die Deutschen Karl Theodor Welcker und Robert von Mohl sowie die Vertreter der italienischen Einigungsbewegung. Zwar beklagten vor allem die beiden genannten Franzosen grassierende Korruption im real existierenden Parlament der Juli-Monarchie. Doch ihnen galt die Krone als Quelle von Korruption. Festzuhalten bleibt aber auch, dass schon die liberalen Korruptionskritiker der Jahrhundertmitte die beiden wichtigsten Vorwürfe gegen Parlamentarier und Parlamentarismus vortrugen. Louis-Marie De Lahaye de Cormenin, ein scharfer Kritiker der Juli-Monarchie, warf seinen Parlamentskollegen 1846 die Neigung zur Bereicherung und zum Karrierismus vor.[54]

Auf dem Gebiet der politischen Moral wurden allzu einfache Fortschrittsszenarien jedenfalls enttäuscht. In den folgenden Jahrzehnten trugen Liberale immer weniger zu den Korruptionsdebatten bei, teils weil sie nun den Parlamentarismus verteidigten, teils weil sie sich dem Vorwurf ausgesetzt sahen, ihre eigenen politischen Werte zu verraten. So jedenfalls verlief die Debattenfront in den Niederlanden in der Auseinandersetzung über die Affäre Limburg und in weiteren Skandalen wie dem sogenannten Billiton-Fall von 1882, in dem es um Bestechung im Rahmen von Zinnabbaulizenzen ging.[55]

Besonders ausgeprägt, aber auch besonders merkwürdig war die antiparlamentarische Korruptionsdebatte in Italien. Schon kurz nach der Gründung des italienischen Nationalstaats waren sich Publizisten und Politiker einig, dass Parlament und Parlamentarier, aber auch Regierung und Verwaltung korrupt seien. Das war gewissermaßen parteiübergreifender Konsens. Die kritische Rede vom *Trasformismo* hatte sich schon wenige Jahre nach der Staatsgründung verbreitet. Dennoch waren die so heftig beklagten Strukturen der italienischen Politik sehr stabil.

Die nationale Einigung Italiens ging von den liberalen Eliten des Nordens sowie von einer revolutionären, teilweise republikanischen

Strömung aus. Hochgesteckte Erwartungen verbanden viele Italiener mit dem Projekt einer politisch geeinten Nation. Herolde des neuen Italien wie Giuseppe Mazzini begründeten dies mit düsteren Diagnosen und glänzenden Vorhersagen. Das noch nicht vereinigte Italien, so formulierte er um 1860, sei durch Zersplitterung, Niedergang, Dekadenz und Korruption gezeichnet, ganz so wie das spätrömische Reich. Für besonders verkommen hielten die Anhänger des neuen Italien den Kirchenstaat. Dessen politische und sittliche Korruption beschwor kein Geringerer als der Nationalheld Giuseppe Garibaldi in seinem politischen Roman »Clelia« von 1870. Die korrupte Herrschaft der Geistlichkeit war in seinen Augen gleichbedeutend mit Unterdrückung. Gegen die Rückschrittlichkeit der mittel- und süditalienischen Verhältnisse setzten die Propheten des Nationalstaats ein übersteigertes Zukunftsversprechen. Die noch zu schaffende Nation erschien bei Mazzini fast religiös aufgeladen als politisches Paradies auf Erden, das auch Korruption und Sittenlosigkeit überwinden werde.[56]

Solche überspannten Projektionen hatten wohl den Vorteil, Begeisterung zu wecken. Ihr Nachteil war, dass sie in den Niederungen der Realität enttäuscht werden mussten. Schon der politisch isolierte und verbitterte Garibaldi nutzte den erwähnten Roman für heftige Angriffe auf die nationale Regierung, die das noch nicht völlig geeinte Italien von Florenz aus regierte. Garibaldi bezichtigte die Regierung der Feigheit gegenüber Frankreich als Beschützer des Kirchenstaates. Vor allem aber beschrieb er die neue Staatsführung als »Korruptionsagentur«. Er warf Regierung und Parlament vor, eine Hälfte des italienischen Volkes gekauft zu haben, um so die andere Hälfte weiter in Unfreiheit zu halten.[57] Enttäuscht zeigten sich freilich nicht nur der alternde Revolutionär, sondern bald auch die neuen Techniker der Macht.

Kritik an korrupten Machenschaften des politischen Personals begleitete die gesamte Geschichte des liberalen Italien zwischen 1862 und 1922, ja diese Selbstkritik war fester Teil der politischen Identität Italiens in dieser Epoche. Generell standen die Praktiken des *Trasformismo* im Fokus. In Italien berief man sich immer wieder auf ein Zitat des Ökonomen und Abgeordneten Stefano Jacini aus dem Jahr 1870. Er hatte festgestellt: »Es gibt ein reales Italien, das nicht das legale Italien ist, und das dazu neigt, sich Letzterem zu widersetzen.«[58] Die Korruptionskritiker beklagten die Diskrepanz zwischen dem »paese legale« und dem »paese reale«, und in diesem Geist suchten sie stets hinter der Fassade nach den Abgründen der Politik.

Noch bevor der Einigungsprozess völlig abgeschlossen war, gab der linksliberale Literaturhistoriker und Politiker Francesco de Sanctis den Ton vor: Die meisten Abgeordneten würden nur an die Interessen ihres Wahlkreises denken. Damit werde das Werk der nationalen Einigung gefährdet, die Zersplitterung des Landes zementiert.[59] Der rechtsliberale mehrfache Minister und Regierungschef Marco Minghetti wiederholte diese Einschätzung 1881. Kandidaturen zum Parlament und Regierungsbeteiligung von Abgeordneten seien eine Art gewinnorientierte Spekulation.[60]

Innerhalb des liberalen Grundkonsenses gab es durchaus Verschiebungen – so geschehen vor allem 1876, als die »Historische Linke« die »Historische Rechte« von der Macht verdrängte. Die Linke hatte im Unterschied zur Rechten eine breitere Basis in den süditalienischen Regionen. Somit verlor der Norden zumindest im Parlament relativ an Einfluss. Bereits einige Jahre zuvor hatten politisch aktive Intellektuelle damit begonnen, das alte Bild vom rückständigen Süden weiter zu kultivieren. Die Bewegung des sogenannten »Meridionalismus« beschäftigte sich kritisch mit den kulturellen und sozialen Zuständen im Mezzogiorno. Analphabetentum, soziales Elend, Dominanz von Großgrundbesitz, geringe Industrialisierung – all dies widersprach den liberalen Vorstellungen einer modernen Gesellschaft. Nach ihrem Urteil verharrte der Süden weiter im vormodernen Zustand, nur halb zivilisiert, regiert von der Mafia und absolut unwillig, Recht und Gesetz zu befolgen.

Mit derartigen Thesen profilierte sich ab 1878 die Zeitschrift *Rassegna Settimanale*, beeinflusst von rechtsliberalen meridionalistischen Abgeordneten und Intellektuellen wie Sidney Sonnino, Leopoldo Franchetti und Giustino Fortunato. Da man feststellen musste, dass die Einigung diese Probleme nicht gelöst hatte, drehten die Meridionalisten den Spieß in der Korruptionsdebatte um. Klientelismus, Wählerbestechung, korrupte Abgeordnete: All dies sei die Folge eines zunehmenden Einflusses aus dem Süden. Die rechten Liberalen erklärten sich auf diese Weise auch ihre Niederlagen gegen die Linke: Diese sei süditalienisch dominiert und verderbe mit ihren Sitten die nationale Politik.[61] Freilich blieb es nicht bei einem klaren Nord-Süd-Konflikt, weil auch viele linksliberale Politiker des Südens in die Korruptionsschelte einstimmten. Außerdem entwickelte sich die Debatte weiter. An deren Ende glaubten viele, der italienische *National*charakter begünstige die Korruption: Pasquale Turriello sprach 1882 von den angeblich italienischen Eigenschaften Individualismus und Disziplinlosigkeit.[62]

Auch wenn der italienische Antimythos lange wirksam blieb, verschoben sich die Argumente im letzten Jahrzehnt des 19. Jahrhunderts. Immer mehr Stimmen machten nun das politische System des Parlamentarismus selbst für die Missstände verantwortlich. Viele Politiker jener Zeit gehörten dem Universitätsmilieu an, oder sie waren als Schriftsteller, Kritiker und Journalisten aktiv. Deshalb fanden Zeitschriften mit vermischten Inhalten aus Wissenschaft, Kunst, Literaturkritik, Recht und Philosophie vergleichsweise viel Gehör – darunter neben der *Rassegna Settimanale* nicht zuletzt die *Nuova Antologia*. In der *Nuova Antologia* erschien denn auch eine Reihe von einflussreichen korruptionskritischen Artikeln aus der Feder Ruggero Bonghis. Der Literaturprofessor, Journalist und ehemalige Unterrichtsminister verwies bereits 1884 auf europaweit wirksame Defekte des Parlamentarismus, der gewissermaßen aus einer inneren Notwendigkeit allerlei korrumpierende Einflüsse entwickele.[63] Mitte der 1890er Jahre zog Carlo Morini eine Bilanz über den Zustand des politischen Italien. Er zeichnete das Bild eines korrupten Kreislaufs, in dem die Deputiertenkammer ihre Zusammensetzung durch Wählerbestechung selbst bestimme und sich damit über alle anderen Staatsgewalten erhebe. Ganz im Gegensatz zur klassischen liberalen Position beklagte er, dass so der König unrechtmäßig entmachtet worden sei.[64]

Ab etwa 1900 zielten die Antikorruptionsklagen immer konkreter auf die Politik des virtuosen Machttechnikers Giovanni Giolitti. Seine Gegner warfen ihm vor, die öffentliche Moral vollends zu untergraben. Der Historiker Guglielmo Ferrero beklagte 1900 in einem Zeitungsartikel den Kompromisscharakter der italienischen Politik. Echte inhaltliche Differenzen gebe es in der politischen Klasse nicht, daher beherrschten alleine sekundäre Interessen wie »affarismo«, also Geschäftemacherei, Machterhalt und Freundschaftsdienste das politische Geschehen.[65]

Man kann es nicht deutlich genug unterstreichen: Die italienischen Korruptionskritiker waren in der Regel Politiker, gehörten zum System und kritisierten, was sie tagtäglich selbst betrieben. Ein Beispiel unter vielen war Michele Torraca, linksliberaler Journalist aus Neapel, Leiter mehrerer Zeitungen und wichtiges Glied im Klientelnetzwerk von Agostino Depretis, seines Zeichens einer der einflussreichsten Politiker der »Historischen Linken« und mehrfacher Ministerpräsident in den 1870er und 1880er Jahren. Torraca geißelte Geschäftemacherei, Cliquenherrschaft und die politische Instrumentalisierung von Verwaltung und Justiz, zunächst in Neapel und später auf nationaler Ebene.[66] Damit verschaffte er sich offenbar eine Art Eintrittskarte in die Politik. Mit wachsendem Einfluss gewann er in Rom wichtige Verbündete. Gemeinsam mit Depretis und dem Journalisten und Lobbyisten Maraini bildete er ein enges Dreierbündnis. Torracas Rolle war es, innerhalb der Presse den von Depretis ›erfundenen‹ *Trasformismo* abzusichern, also jene Praxis von Geschäften auf Gegenseitigkeit, die stabile Regierungsmehrheiten garantieren sollte. Torracas Engagement für den Ministerpräsidenten zahlte sich finanziell und politisch aus. 1886 wurde er in die Deputiertenkammer gewählt.[67]

Für die Korruptionskritik im liberalen Italien gab es eine ganze Reihe von Motiven: Ernüchterung im Prozess der inneren Vereinigung, idealistische liberale Intellektuelle, die einen erstaunlichen Einfluss hatten, weil sie zum politischen Personal gehörten, Konflikte zwischen Nord und Süd, parteipolitische Auseinandersetzungen und vor allem eine tief verwurzelte Mentalität der nationalen Selbstanklage. In Italien wird ein Umstand besonders deutlich, der sich in vielen anderen modernen Gesellschaften bereits beobachten ließ: Die Kritiker bewegten sich in zwei miteinander völlig unversöhnlichen Normenwelten. Sie verurteilten mit erhobenem Zeigefinger, was sie selbst praktizierten. In beiden Welten waren sie jeweils konsequent, handelten oder argumentierten sie schlüssig. Erstaunlich ist aber doch, dass dieser Widerspruch unausgesprochen erhalten blieb.

Ähnliche antiparlamentarische Äußerungen finden sich in vielen europäischen Ländern, wenn auch in unterschiedlichem Maß. Vergleichsweise stark ausgeprägt war die Debatte im Frankreich der Dritten Republik, wo sich ebenfalls eine liberal geprägt Elite an der Macht befand und dank der »radikalen Patronage« über viele Jahrzehnte dominierte. Hier kam die Kritik freilich meist von den politischen Mitbewerbern. Ein wichtiges Dokument dieser Kritik war die »Republik der Kameraden« aus der Feder des rechtsgerichteten Journalisten Robert de Jouvenel, erschienen kurz vor Ausbruch des Ersten Weltkriegs. Jouvenel schilderte das Parlament in düsteren Farben. Hauptübel sei die Kameraderie der Parlamentarier. Mit Ausnahme der Sozialisten bildeten sie eine einzige, untereinander engverflochtene Gruppe mit gemeinsamen Interessen, wie etwa dem ihrer Wiederwahl. Der Wähler erscheine ihnen als Feind, seine politischen Auffassungen interessierten sie nicht. Dieser Vorwurf der Kumpanei und Abschottung der politischen Klasse gegenüber dem Volk fand sich vielerorts, in Spanien etwa und bei den britischen Autoren Hilaire Belloc und Cecil Chesterton (Kapitel 9). Jouvenel ging auch auf das moderne Trennungsgebot ein: Kameraderie und Geschäfte auf Gegenseitigkeit gebe es zwischen Parlamentariern, Regierungsmitgliedern, Journalisten und Richtern. Damit sei die Gewaltenteilung gegenstandslos und das System unkontrollierbar.[68]

Auch in Deutschland und Großbritannien ließen sich, wie bereits geschildert, parlamentskritische Stimmen vernehmen. Die Korruptionskritik bezog sich hier aber stärker auf konkrete Verhaltensweisen; systematische Angriffe auf den Parlamentarismus waren eher selten. Das liegt vermutlich an zwei entgegengesetzten Ursachen: In Großbritannien war das Parlament spätestens seit dem 18. Jahrhundert das Machtzentrum und Kernbestand politischer Identität. Dagegen besaßen die deutschen Volksvertretungen gegenüber den Regierungen deutlich weniger Einfluss als in den romanischen Ländern. So finden sich allenfalls in den deutschen Kommentaren über den Panama-Skandal Beteuerungen, diese Affäre beweise die moralische Unterlegenheit des parlamentarischen Systems gegenüber den deutschen Verfassungen. Freilich sollte sich dies in der Weimarer Zeit dramatisch ändern.

Nur gelegentlich fand der Parlamentarismus auch um 1900 noch Unterstützer in der Korruptionsdebatte. Dazu gehörten in erster Linie die Sozialisten in Frankreich und Italien sowie die deutschen Sozialdemokraten. Sie alle betrachteten das parlamentarische System als wichtige Errungenschaft. Ein Standardargument für den Parlamentarismus trug Napoleone Colajanni vor, als er unterstrich, dass die Korruption in autoritären Monarchien vorhanden sei, aber verschwiegen werde. Parlamentarische Systeme mit einer freien Presse wirkten auf den ersten Blick korrupter, da sie Missstände aufdeckten und diskutierten. Doch nur auf diesem Weg könne man sie erfolgreich bekämpfen – im Endeffekt also trügen sie zur Überwindung der Korruption bei. Ähnlich kommentierten die deutschen Sozialdemokraten und Liberalen den Panama-Skandal; und so ist auch Jean Jaurès' ostentative Gelassenheit im Umgang mit der Affäre Rochette zu erklären. Für Spanien unterstrich der republikanische Politiker und spätere Regierungschef Manuel Azaña, das Kazikentum sei kein Ergebnis des parlamentarischen Systems. Mit Blick auf Italien rief der junge Rechtswissenschaftler Vittorio Emanuele Orlando 1884 zur Besonnenheit auf – übrigens sollte auch er noch politische Karriere als Abgeordneter und Ministerpräsident der Jahre 1917 bis 1919 machen. In direkter Erwiderung auf Bonghi hob er die Leistungen des italienischen Parlamentarismus hervor: Trotz aller Vorwürfe korrupter Kirchturmpolitik schaffe das System doch ein Mindestmaß an nationalem Zusammenhalt. Es binde die auseinanderstrebenden politischen, sozialen und wirtschaftlichen Interessen im parlamentarischen Geschäft zusammen. Orlando argumentierte pragmatisch und enthielt sich moralischer Bewertungen. Er lobte vor allem die »Elastizität« des parlamentarischen Systems. Hierzu gebe es keine Alternative. Kurz, es sei ungerecht, dem Parlamentarismus alle Übel und das Unbehagen an den Zumutungen der Moderne in die Schuhe zu schieben. Als Grund dafür vermutete auch Orlando die Ernüchterung nach der Vereinigung: Habe man früher Wunder vom Parlamentarismus erwartet, schreibe man ihm nun Probleme zu, die er nicht produziere.[69] Sehr zahlreich waren die Verteidiger des Parlamentarismus in der Korruptionsdebatte allerdings nicht. Einschlägige Reformbewegungen schlugen zunehmend antiparlamentarische Töne an.

Reformbewegungen um 1900: Das Beispiel der spanischen Regenerationisten

Das Ateneo de Madrid, der Kulturverein der spanischen Hauptstadt, lud im März 1901 knapp 200 Intellektuelle zu einer Diskussion ein. Das Thema war ein heißes Eisen: »Oligarchie und Kazikentum als aktuelle Regierungsform in Spanien. Dringlichkeit und Mittel der Änderung«. Die Veranstaltung galt als eine der Sternstunden im politisch-intellektuellen Leben Spaniens und war zugleich einer der seltenen Triumphe für den bereits in Kapitel 5 erwähnten Rechtsanwalt Joaquín Costa y Martínez, Vordenker der spanischen Regenerationisten und Initiator der Diskussion. Seinem Ruf folgten Ärzte, Ingenieure, Ökonomen, Juristen und Geisteswissenschaftler aus Universitäten, Akademien und wissenschaftlichen Gesellschaften, aber auch Praktiker aus Justiz, Presse, Landwirtschafts-, Industrie- und Handelskammern, also die Crème des spanischen Geisteslebens. Alle waren sie sich im Prinzip einig; Costa formulierte den Leitvortrag, umrahmt von den Interventionen der Mitstreiter. Er war es auch, der die Beiträge wenig später publizierte.[70] Das Aufsehen war entsprechend groß. Und so blieb Costas Buch bis in die 1930er Jahre einer der Klassiker der spanischen Korruptionskritik.

Um 1900 entstanden in einigen Ländern unter dem Eindruck grassierender Korruption Reformbewegungen. Spanien ist mit Abstand das ausgeprägteste Beispiel. Ganz im Trend der Zeit erhoben die Fachleute und Akademiker den Anspruch, die Geschicke des Landes besser zu lenken als der korrupte Schlendrian der Politiker. Diese Vorstellung war bereits in den letzten beiden Jahrzehnten des 19. Jahrhunderts aufgekommen, doch das nationale Trauma von 1898 wirkte wie ein Brandbeschleuniger der Unzufriedenheit.

Denn 1898 war das Jahr, in dem die Geschichte der ältesten europäischen Kolonialmacht endete. In einem kurzen Feldzug nahmen die Vereinigten Staaten den völlig chancenlosen Spaniern ihre drei letzten Überseegebiete von Belang, nämlich Kuba, Puerto Rico und die Philippi-

nen. Obwohl dieses Ergebnis für die Regierung nicht ganz unerwartet kam und obwohl die wirtschaftlichen Folgen eher positiv ausfielen, gelang es den Intellektuellen, das Ereignis zum nationalen Desaster umzudeuten.[71]
Die groben Linien für die spätere Interpretation von 1898 zeichneten sich bereits seit den 1880er Jahren ab.[72] Die Kritiker forderten nichts weniger als eine totale Erneuerung des Landes – daher werden sie auch als Regenerationisten bezeichnet. Als Hauptübel identifizierten sie das Kazikentum. Die Kaziken seien verantwortlich für die Rückständigkeit Spaniens, würden Agrarreformen verhindern und die Landbevölkerung in vorsintflutlichen Abhängigkeitsverhältnissen halten. Anstelle eines spanischen Patriotismus würden regionale Egoismen dominieren. Die öffentliche Moral sei wegen einer Politik der Gefälligkeiten ohnedies auf einem Tiefpunkt angelangt. Der Bergbauingenieur und Geologe Lucas Mallada formulierte diese »Missstände im Vaterland« 1890: Seit Jahrhunderten ächze Spanien unter dem Joch der Kaziken. Daher fehle es den Spaniern auch an den nötigen Tugenden wie Fleiß und Strebsamkeit.[73] Mallada hoffte ganz konkret auf eine Revolution und eine neue Republik in Spanien.

Die Niederlage von 1898 verdichtete und beschleunigte die Debatte. Letztlich gab es zwei Vorschläge zur Überwindung von Trägheit und Kazikenherrschaft. Der erste stand in liberaler Tradition und zielte darauf, die Bevölkerung wachzurütteln und dazu zu bringen, ihr politisches Schicksal selbst in die Hand zu nehmen. Vor allem der nationale Gedanke sollte die Menschen aus ihrer politischen Lethargie reißen. 1913 entstand aus dieser Idee die von dem Philosophen José Ortega y Gasset geführte Liga para la Educación Política. Ähnlich wie die italienischen Futuristen forderten 1914 viele spanische Intellektuelle, ihr Land solle in den Ersten Weltkrieg eintreten. Dabei ging es ihnen kaum um Außenpolitik, sondern sie wollten durch die Kriegsteilnahme die Bevölkerung zum Patriotismus erziehen. Ortega y Gasset traf im gleichen Jahr die oft zitierte Unterscheidung zwischen dem »offiziellen Spanien« der kraftlosen politischen Kaste und dem »lebenden Spanien«, das es zu aktivieren gelte.[74]

Andere Intellektuelle wollten das Land durch paternalistische Expertenherrschaft heilen. Costa y Martínez legte in seinem Ateneo-Beitrag dafür die Basis. Auch Costa teilte die verbreitete Diagnose: Spanien werde von einer informellen Oligarchie der Kaziken regiert. Korruption sei das Prinzip ihrer politischen Herrschaft. Und da die Kaziken sich nur für ihre Macht interessierten, seien sie unfähig zu Reformen. Sie hielten das Land in der Vormoderne fest. Dafür hatte Costa ähnlich wie Colajanni für Italien eine sozialdarwinistische Erklärung zur Hand: Die Kaziken träfen eine negative soziale Auslese, begünstigten die schlechtesten Kräfte des Landes und entmachteten die »vitalen« Gruppen. Seit Jahrhunderten verstünden es die Kaziken, jene »natürliche Aristokratie« von der Macht fernzuhalten, »ohne die menschliche Gesellschaften keinen Fortschritt erzielen«, nämlich »die intellektuelle und moralische Elite des Landes«.[75] Diese Elite sei nun aufgerufen, durchzugreifen und das Volk aus dem Mittelalter in die Moderne zu führen. Costa hatte dabei seine Mitstreiter im Ateneo fest im Blick. Es ging darum, den technischen und intellektuellen Eliten die Macht anzuvertrauen, eine Art Selbstermächtigung der Fachleute gegenüber den Politikern.

Costa predigte eine Politik der Tat und forderte nichts Geringeres als eine Revolution von oben. Zwar sei die demokratische Republik sein Ziel, doch müssten die einfachen Spanier erst einmal reif dafür werden. Hier brachte er das Bild des wohlmeinenden Chirurgen ins Spiel, eine Metapher, auf die sich später Diktator Primo de Rivera bis zur Erschöpfung berufen sollte. Die krankhaften Stellen im Staatsleben, so Costa, müssten rasch und mit harter Hand kuriert werden.[76] Nach drei Jahrzehnten ohne Staatsstreich brachte Costa wieder die Vorteile eines *Caudillo* ins Spiel, eines militärischen Führers, wie Spanien sie im frühen 19. Jahrhundert mehrfach erlebt hatte.

Allerdings blieb der Umsturz vorerst aus. Das politische System war einigermaßen flexibel, und die Apostel der Erneuerung tappten in eine selbstgestellte Falle. Dabei stand ihnen das im Weg, worauf sie stolz waren: ihr Anspruch auf moralische Integrität und ihre Verachtung für Parteipolitik. Die Regenerationisten der ersten Stunde fanden ihre politische Heimat in den lokalen Agrar- und Handelskammern. Hier artikulierte sich Unmut von Landwirten und Getreidehändlern über die liberale Außenhandelspolitik. Die Agrar- und Handelskammern erwiesen sich zunächst als schlagkräftige Organisationszentralen. Sie koordinierten ab Sommer 1899 einen Steuerstreik und schlossen sich 1900 zur Unión Nacional zusammen. In vielen Städten des Landes organisierten sie Demonstrationen. Es kam zu sozialen Unruhen, und die Regierung musste den Ausnahmezustand verhängen. Doch die Regenerationisten waren sich uneins über ihre politische Strategie. Die Radikalen, allen voran Costa, wollten die Regierung stürzen. Dagegen verfolgte die Mehrheit der engagierten Regenerationisten eine unpolitische Linie. Letztere wollten sich darauf beschränken, die wirtschaftlichen Interessen ihrer Mitglieder durchzusetzen, begnügten sich also mit Lobbyismus. So kam es, dass die Unión ihre Handlungsfähigkeit verlor. In der ersten Jahreshälfte 1900 ebbte der Steuerstreik ab, und im Sommer war der Widerstand gescheitert. Nachdem das Volk nicht hatte revoltieren wollen, blieb Costa nur noch die Mobilisierung der Intellektuellen.[77] Dabei sah das Establishment freilich nicht tatenlos zu. Die Regierung setzte mehrere Reformen im Sinne der Regenerationisten in Gang. Dazu gehörten Investitionen in technische Infrastrukturen. Außerdem kümmerte sich Madrid um den Bildungsnotstand. 1900 wurde das Erziehungsministerium gegründet.

Die spanischen Regenerationisten waren nicht allein. Um 1900 gab es in vielen Ländern Bewegungen aus der gebildeten Mittelschicht, die mit Verweis auf politische Korruption einen neuen Politikstil und die Herrschaft der Fachleute forderten. Dazu gehörten Portugal[78] und – allen voran – Italien. Die Gegner von Giovanni Giolitti waren meist junge Intellektuelle, welche die kompromissorientierte Politik des Regierungschefs verachteten. Im Geist des neuen, aggressiven Nationalismus beklagten sie die Korruption als Grund für einen ineffizienten und schwachen Staat in Italien, der mit der internationalen Entwicklung nicht mithalte. Das liberale Staatsmodell sei gescheitert mit seinem Parlament, das in kleinlicher Klientelpolitik versinke. Vor allem habe es nicht vermocht, das Volk zu mobilisieren und von der Größe der Nation zu begeistern. In der Zeitschrift *La Voce* versammelten sich zwischen 1908 und 1916 ehemals liberale, katholische, nationalistische und syndikalistisch-revolutionäre Stimmen, geeint durch ihre tiefe Unzufriedenheit mit der politischen Wirklichkeit und zunehmend durch antidemokratische Grundüberzeugungen.[79] Ein wichtiger Kronzeuge dieser Strömungen war der Staatsrechtler und Historiker Gaetano Mosca, der später auch politisch Karriere machte. In zwei Büchern aus den 1880er und 1890er Jahren verwarf er das parlamentarische System. Es habe eine Herrschaft von gutverflochtenen Minderheiten hervorgebracht, zementiere die Macht der Wohlhabenden über die Armen. Mosca trat für eine unparteiische Expertenherrschaft ein. Sie sollte durch Sozialpolitik die gesellschaftlichen Ungerechtigkeiten mindern. Er glaubte, in den Mitgliedern der gutausgebildeten Mittelschichten eine Personengruppe zu erkennen, die sich dem Gemeinwohl verpflichtet fühle und diese Aufgabe übernehmen solle.[80]

In England gab es um 1900 keine größere Reformbewegung, die mit den Regenerationisten Spaniens vergleichbar wäre. Immerhin entstanden zwei private Organisationen, die sich den Kampf gegen die Korruption auf die Fahnen schrieben: 1906 die Secret Commissions and Bribery Prevention League sowie 1913 die National League for Clean Government. Die Bribery Prevention League trat an mit dem Ziel, die Bestimmungen eines Antikorruptionsgesetzes aus dem Jahr 1906 bekanntzumachen und Verstöße dagegen vor das Parlament oder ein Gericht zu bringen. Mitglieder in der League waren Vertreter aller Parteien, auch wenn sich zu dieser Zeit vor allem die *Tories* darum bemühten, der liberalen Regierung Verfehlungen nachzuweisen. Die League lobbyierte zudem für Gesetze gegen den Titelhandel, scheiterte jedoch bald.[81] Im Gegensatz zum überparteilichen Charakter der Bribery Prevention League stand die National League for Clean Government. Ihr Ansinnen war es, die liberale Regierung durch Korruptionsvorwürfe in Schwierigkeiten zu bringen. Die National League war im Umfeld der antisemitischen Zeitschrift *The New Witness* von Hilaire Belloc und Cecil Chesterton entstanden und genoss die Unterstützung konservativer Publizisten. Sie wandte sich gegen den Verkauf von Adelstiteln durch die liberale Partei und bemühte sich, die öffentliche Empörung über Insidergeschäfte von liberalen Ministern im Rahmen des Marconi-Skandals anzuheizen. Mit einem Fragebogen setzte sie Kandidaten mehrerer Nachwahlen offenbar erfolgreich unter Druck.[82]

Auch in Deutschland entstand 1911 eine private Organisation, die sich dem Kampf gegen die Korruption verschrieb und enge Beziehungen mit der Bribery Prevention League unterhielt: Dem Verein gegen das Bestechungsunwesen ging es jedoch überhaupt nicht um politische Reformen, und er trat in keiner Weise für technokratische Politikmodelle ein. Er war schlicht eine Lobbyorganisation zur Bekämpfung von Wettbewerbsverzerrungen. Mitglieder des Vereins waren Industrieunternehmen, vor allem Großbetriebe aus der Textil- und Chemiebranche, aber auch öffentliche Verwaltungen und Kommunen. Der Vorsitz lag durchgängig in den Händen von Spitzenmanagern der BASF, ab 1927 der IG Farben. Die Mitglieder fürchteten unlautere Konkurrenz durch Bestechung staatlicher und kommunaler Auftraggeber in Deutschland sowie im Ausland. Außerdem wollten sie gegen korrupte Beschaffungsabteilungen in den Betrieben kämpfen. Der Verein trat als Kläger vor Gericht auf und versuchte internationale Konventionen anzuregen. Insbesondere ging es ihm darum nachzuweisen, dass seine Aktivitäten im öffentlichen Interesse lägen. Zwei Argumente brachte er dazu vor: Zum einen höben seine Aktivitäten die öffentliche Moral, zum anderen dienten sie der gesamten deutschen Volkswirtschaft.[83]

Die englischen und deutschen Vereine zeigen: Um 1900 bedienten sich ganz unterschiedliche Interessengruppen einer Korruptionsdebatte, die ihren Protagonisten augenscheinlich moralischen Mehrwert und öffentliches Prestige verhieß. Zugleich erlebten viele Länder die Korruptionsdiagnose als Anlass für tiefgreifendes Unbehagen an den liberalen, parlamentarisch verfassten Systemen. In all diesen Debatten tauchte das Bild eines zweigeteilten Landes auf: die verrotteten politischen Verhältnisse hier, die verschütteten Fähigkeiten und Kräfte des Volkes dort. Die Lösung suchte man oft in straffer Führung. Von solchen Bildern sollten in Zukunft die rechtsautoritären Strömungen profitieren.

8.

Empörung: Die Zeit der großen Korruptionsskandale zwischen 1880 und 1935

Korruption ist ein Skandal. Das ist keine Leerformel, denn Korruption ist ein Wort für Vergehen, die es nicht geben dürfte, weil die Moral sie verbietet und der historische Fortschritt sie hätte überwinden müssen. Korruption ist nicht einfach ein Problem, ein Funktionsfehler oder ein Thema für Reformer. Korruption gilt als Schandfleck der Gesellschaft. Korrupte und Korrumpierte sind des Betrugs schuldig, wirtschaftlich wie politisch.

Ab etwa 1870/1880 begegnet uns politische Korruption meist in der Erzählform des Skandals – als Abfolge von Enthüllung, Empörung und Ahndung. Die Geschichte der europäischen Politik ist seitdem eben auch eine Geschichte unzähliger Korruptionsaffären. Sie gingen ins kollektive Gedächtnis einzelner Länder ein – oft auch über Grenzen hinweg. Sie bildeten im Lauf der Jahrzehnte ein dichtes Gewebe, einen kollektiven Erinnerungsschatz über die Defizite moderner Politik und Wirtschaft. Sie akkumulierten ihre Wirkung quer durch Europa über rund 50 Jahre hinweg, so lange, bis Parlamentarismus und liberale Demokratie als politische Ideale weitgehend bloßgestellt waren. Daher steht die Geschichte der Korruptionsskandale auch vermittelnd zwischen der zweiten und der dritten Welle der Korruptionskritik, zwischen Ernüchterung und Zerstörung. Sachlich wie auch zeitlich verknüpfen sie die Phase der Enttäuschung über die liberalen Systeme mit der Geschichte ihrer Selbstaufgabe und Unterminierung durch autoritäre Gegenvorschläge.

Skandale verdichteten die politische Korruption dramaturgisch. Sie boten unerhörte Geheimnisse, pikante Details über prominente Politiker und Unternehmer, erstaunliche Geschichten über obskure Gestalten der Halbwelt. Sie orientierten sich an den einfachen Gegensätzen von betrogener Unschuld und Schuld, Gut und Böse, Opfern und Tätern – auch wenn die tatsächlichen Verhältnisse häufig komplizierter waren.

Die Dynamiken von Skandalen boten gute Voraussetzungen für Fortsetzungsgeschichten, deren neue Wendungen die geneigten Adressaten mit Spannung erwarten durften. Diese Merkmale machten Skandale zu idealen Stoffen für die Massenpresse. Die Geschichte des modernen Medienskandals war deshalb von Beginn an häufig eine Geschichte der Korruptionsskandale. In der Zeit um 1900 beherrschten vor allem Sexual-, Finanz- und Korruptionsskandale die gerade entstehende Empörungskultur.[1]

Über Massenpresse und Skandalisierung wurde das Korruptionsverbot mit seinen moralischen und politischen Urteilen weit in die Bevölkerung hineingetragen. Um 1800 war Korruption ein Thema für die neuen Eliten gewesen. Um 1900 verbreiteten sich Kenntnis und Bewusstsein für das Thema weit über die Klassenschranken hinweg. Damit erhielten auch die Logiken des modernen Korruptionsbegriffs eine Massenbasis. All dies gilt indes nicht nur für das Thema politische Korruption. Um 1900 kam es zu einer Entwicklung, die in der Forschung als Fundamentalpolitisierung bezeichnet wird. Politik war nun nicht mehr allein etwas für Aristokraten und Bildungsbürger, sondern zog auch die einfachen Menschen in ihren Bann. Neben auflagenstarken Massenblättern sorgten dafür auch Parteien, Gewerkschaften, Interessenverbände, Demonstrationen, Streiks oder Petitionen. Zwar erreichte das nicht alle Menschen und nicht alle Regionen gleichermaßen – vor allem ländliche Gebiete brauchten in der Regel länger. Und dennoch erhielt das Sprechen über Korruption auf diesem Wege einen erweiterten Resonanzraum. Dieser neue Resonanzraum verstärkte die politische Wirkung von Korruptionsvorwürfen. Kurzfristig, indem unmittelbare Folgen wie Rücktritte und Regierungswechsel häufiger und rascher kamen. Langfristig bedeutete dies aber auch, das Vertrauen in die politischen Eliten aufzuzehren.

Der Weg in und durch das frühe 20. Jahrhundert war mit Korruptionsskandalen gepflastert. Es ist unmöglich, eine konkrete Zahl anzugeben, schon weil es größere und kleinere, bedeutendere und unbedeutendere Affären gab. In dem halben Jahrhundert ab 1880 finden sich in kaum einem Land Westeuropas längere Phasen ohne Korruptionsfälle. Besonders dicht war die Skandalkette im Frankreich der Dritten Republik, aber auch Großbritannien, Deutschland, die Niederlande, Italien und Spanien bekamen ihre Skandale. Diese Vielfalt ist Reichtum und Last zugleich für die Darstellung. Die Fälle bieten ausreichend Stoff für Anekdoten und Geschichten. Und sie erlauben es, Aussagen auf eine recht breite Materialgrundlage zu stellen. Doch weder können alle Anekdotenschätze gehoben werden, noch sollte sich die Beschreibung auf abstrakte Auswertungen beschränken. Deshalb werde ich die wichtigsten Fälle nach Ländern geordnet vorstellen, bevor allgemeine Schlüsse folgen. Zuvor gehe ich kurz auf die Tradition der Transparenzforderung ein, ein wesentliches Element der Skandale.

Transparenz und Verschwörung

Aufdeckung und Empörung sind fest in der modernen Korruptionserzählung verankert. Das Wesen von Skandalgeschichten besteht in der Aufdeckung, also in der Herstellung von Transparenz über verabscheuungswürdige Verhältnisse, auch wenn die Vokabel »Transparenz« im 19. und frühen 20. Jahrhundert noch nicht geläufig war. Korruptionskritik und die Forderung nach Aufdeckung, Informationsgewinnung und Aufklärung traten schon früh gemeinsam auf, lange vor der Entstehung des modernen Medienskandals. Die Ursprünge reichen bis in die Frühe Neuzeit zurück.

Man erinnere sich: In der Frühen Neuzeit waren öffentlich überreichte Geschenke an städtische Amtsträger akzeptabel, heimlich überreichte Gaben dagegen zogen den Verdacht der Korruption nach sich. Öffentlichkeit des Politischen war auch ein zentrales Motiv der Aufklärer, Revolutionäre und Reformer der Sattelzeit. Sie wandten sich gegen die Vorstellung, das Politische sei allein Sache des Fürsten. Daher legten wichtige Korruptionskritiker um 1800 ihre Bücher als Faktensammlungen an. Hans von Helds »Schwarzes Register« war nichts anderes als eine Auflistung von Güterschenkungen des preußischen Staates an Adelige und Würdenträger. Auch John Wade präsentierte in seinem »Black Book« über Dutzende Seiten hinweg Tabellen mit Namen und Zahlen über staatliche Pensionen, Sinekuren und andere Belege für Bereicherung unter den Bedingungen der *Old Corruption*.

Beide Autoren setzten darauf, dem Publikum exakte Informationen über das zu liefern, was sie als Missbrauch inszenierten. Offenbar wollten sie damit auch Empörung wecken. Ähnliche Darstellungsweisen finden sich bei den Kritikern der Juli-Monarchie, etwa bei Duvergier de Hauranne. Er untermauerte 1847 mit einer Statistik über Beamte in der Abgeordnetenkammer seine Behauptung, die Regierung habe sich durch Korruption ein abhängiges Parlament geschaffen.[2] Ab der Jahrhundertmitte rückten dann die komplizierten Verhältnisse im Industriekapitalismus in den Fokus. Autoren wie Rudolph Hermann Meyer und Franz Perrot verwendeten viele Buchseiten darauf, die geschäftlichen Beziehungen zwischen Banken, Regierungsbeamten, Abgeordneten, Zeitungen und Unternehmen detailliert aufzuzeigen[3] – später ein Dauerbrenner in den Korruptionsskandalen.

In der Rückschau muss man freilich feststellen, dass der Anspruch, Transparenz herzustellen, von den Skandalisierern selbst oft nicht eingelöst wurde. Zwar erhielten die Zeitungsleser informative Einblicke in wirtschaftliche Verflechtungen, mikropolitische Zusammenhänge und verschwiegene Machtverhältnisse – die Geschichte von Wilson und Grévy war vor dem Herbst 1887 nur den Eingeweihten der Politikszene bekannt gewesen. Doch neigten die Skandalisierer zu kreativen Deutungen. Sie machten Verhältnisse scheinbar ›transparent‹, die sie tatsächlich zusammenfabulierten.

Zu groß war offenbar die Versuchung, politisches Misstrauen durch erfundene Fakten zu ›belegen‹. Ein Beispiel sind Berichte über angebliche Verflechtungen zwischen dem konservativen deutschen Reichspräsidenten Hindenburg und der Sozialdemokratie. Die *Nachtpost* aus Glatz behauptete 1925, Hindenburg treffe sich regelmäßig mit dem preußischen Ministerpräsidenten Otto Braun zu geselligen Skatabenden. Abgeschieden von der Öffentlichkeit, bei edlen Tropfen und Zigarrenrauch, würden politische Absprachen getroffen und die Macht verteilt. Diese Geschichte erschien in der vom Misstrauen gegenüber Politikern geprägten Atmosphäre der Weimarer Republik glaubwürdig. Tatsächlich war sie frei erfunden.[4]

Aufdeckungseifer und Verschwörungstheorien sind zwei Seiten einer Medaille. Die linke Variante der Verschwörungsgeschichte betonte die Komplizenschaft zwischen allen Eliten der bürgerlichen Gesellschaft zum Schaden der Arbeiter. Den Panama-Skandal erklärte Gustave Rouanet als eine solche »Konspiration« unter der Fahne des Kapitalismus: Selbst die Wissenschaft sei gekauft worden.[5] Die rechte Variante der Korruptionsverschwörung wurde ebenfalls schon in den letzten Jahrzehnten des 19. Jahrhunderts formuliert – ihr sollte in den 1920er und 1930er Jahren noch eine unheilvoll-erfolgreiche Karriere beschieden sein. Demnach waren letztverantwortlich Juden, ausländische Geldmächte und, vor allem in Frankreich, die Freimaurer. Später wurde dies auf die griffige Formel der angeblichen »jüdischen Weltverschwörung« gebracht. Auch dieses Motiv hatte eine längere Tradition in der Korruptionsdebatte, beginnend um 1800 mit der Kritik an den Geheimgesellschaften und gefolgt in der Jahrhundertmitte vom Antijudaismus der Frühsozialisten.[6]

Skandale im Überfluss:
Ein westeuropäischer Überblick

Das Urereignis der Korruptionsskandalgeschichte war Panama.[7] Der Panama-Skandal von 1892/93 war nicht der erste seiner Art. Dennoch blieb Panama in Frankreich und über alle Grenzen hinweg das sprichwörtliche Musterbeispiel für Korruptionsvergehen – wollte man einen Skandal besonders hervorheben, dann beschwor man fortan ein zweites Panama, ein deutsches, britisches oder italienisches; oder man leugnete genau dies, um abzuwiegeln.[8] Panama wurde deshalb zum Symbol, weil hier alle Merkmale des Korruptionsskandals wie in grotesker Überzeichnung aufschienen: gierige Politiker, ein betrogenes Volk, Komplizenschaft zwischen Parlament, Presse, Wirtschaft und Justiz, dubiose Finanzgeschäfte und vor allem gekaufte Entscheidungen.

Panama wurde zum Skandal, weil weite Teile der französischen Elite viel zu lange an einem unmöglichen Großprojekt festhielten, dem Bau des Panama-Kanals in Mittelamerika. Geleitet wurde dieses Projekt von einem ehemaligen Diplomaten, Ferdinand de Lesseps. Lesseps war so etwas wie ein Nationalheld, seitdem er in den 1860er Jahren den Suez-Kanal in Ägypten errichtet hatte. Panama sollte eine weitere zivilisatorische Großtat Frankreichs in Übersee werden. Das Projekt war für die regierenden Republikaner so attraktiv, weil es das Zeug dazu hatte, den Ruf des jungen Staates als Wohltäter der Menschheit zu begründen. Durchgeführt wurden die Arbeiten von einer eigens gegründeten Kanalbaugesellschaft auf Aktienbasis. De Lesseps war weitgehend auf Investitionen von Kleinanlegern angewiesen, denn die großen Banken waren von Beginn an skeptisch und hatten nie viel Geld in das Projekt stecken wollen. Und so gingen Kanalgesellschaft, Presse und Politik eine unheilige Allianz ein, die sich später bitter rächen sollte.

1881 begannen die Bauarbeiten. Doch de Lesseps beging eine Reihe schwerwiegender Planungsfehler. Er glaubte, die Erfahrungen aus Ägyptens flacher Wüste auf den gebirgigen Dschungel Mittelamerikas übertragen zu können. So erlebten die Franzosen immer wieder herbe Rückschläge etwa bei dem technisch absurden Versuch, die Wasserstraße ohne Schleusen zu bauen. Die hygienischen Verhältnisse waren unerträglich und Tausende Arbeiter fanden den Tod durch Infektionen und Malaria. Die Arbeiten kamen nur sehr schleppend voran, und die Kosten explodierten. Nach einigen verzweifelten Rettungsversuchen musste die Gesellschaft 1889 Insolvenz anmelden, Zehntausende von Kleinanlegern verloren ihr Geld.

Die Bitterkeit der Anleger war groß, doch der eigentliche Skandal begann erst im Herbst 1892. Jacques de Reinach, ein deutschstämmiger Jude und Bankier in Paris, wurde tot aufgefunden. Bis heute ist nicht geklärt, ob es sich um Selbstmord handelte, ob seine Gegner oder gar die Polizei ihre Hand im Spiel hatten. Reinach hatte als Mittelsmann und Finanzier zwischen de Lesseps und einem gewerbsmäßigen Lobbyisten fungiert, Cornelius Herz, ebenfalls jüdischen Glaubens mit französischen, deutschen und amerikanischen Wurzeln. Besagter Herz hatte Reinach erpresst. Tröpfchenweise ließ er Details über die Finanzierung der Panama-Gesellschaft öffentlich machen – Herz war nämlich davon überzeugt, dass Reinach ihn um Teile seiner Provision prellte. Wenige Stunden vor Reinachs Tod hatte noch ein aufstrebender Politiker versucht zu vermitteln: Georges Clemenceau, der sich als Kriegspremier gegen Ende des Ersten Weltkriegs noch den Status eines Nationalhelden erarbeiten sollte. Zunächst fiel er allerdings vor allem mit radikalen Reden im Parlament und mit dubiosen Geschäften auf.

Herz besaß tatsächlich extrem brisantes Material. Er hatte im Auftrag der Kanalbaugesellschaft einen Beschluss der französischen Deputiertenkammer gekauft – einen Beschluss, dessen Opfer vor allem die Kleinanleger der Panama-Gesellschaft waren. Gut einhundert Abgeordnete und mindestens ein Minister erhielten 1888 Bargeld von Herz und weiteren Mittelsmännern, damit sie dem Gesetz über eine Zwangsanleihe zustimmten. Dieses Gesetz verschaffte der maroden Kanalbaugesellschaft zwar frisches Geld, was aber nur einen Aufschub vor dem sicheren Bankrott bedeutete. Herz, de Reinach und seine Mitstreiter legten ihre Aktivitäten sehr breit an; sie bedachten Abgeordnete, Regierungsmitglieder und Verwaltungsspitzen (fast) jeglicher Couleur. Selbst die Opposition wurde nicht vergessen: Herz finanzierte beispielsweise über längere Zeit Georges Clemenceaus Sprachrohr, die Zeitung *La Justice*.

Spätestens 1888 konnten eingeweihte Politiker wissen, dass das Bauprojekt kaum noch zu retten war. Die breite Öffentlichkeit war dagegen weniger gut informiert. Denn die Kanalgesellschaft hatte die Nachrichten über den Bau manipuliert. Von Beginn an gab sie enorme Summen für Öffentlichkeitsarbeit aus. In den letzten Jahren floss mehr Geld in die Imagepflege als in die Bauarbeiten selbst. Wobei man sich unter Imagepflege in diesem Fall eine sehr aktive Pressearbeit vorstellen muss: Die Gesellschaft finanzierte Zeitungen, bestach Journalisten, kaufte sich genehme Berichte.

Von einem Unternehmen bestochene Abgeordnete, die mit ihrem Beschluss Zehntausende Kleinaktionäre schädigten – das war selbstverständlich Stoff für einen heftigen Korruptionsskandal. In diesem Vorfall bestätigten sich die düsteren Ahnungen der Kapitalismus- und Parlamentarismuskritiker. Edouard Drumont, Herausgeber der gerade erst gegründeten rechtsgerichteten und antisemitischen Zeitung *La Libre Parole*, bekam die kompromittierenden Informationen zugespielt. Er veröffentlichte im Herbst 1892 Schritt für Schritt Vorwürfe und Namen. Drumont versah die Auseinandersetzung über Panama mit dem für ihn typischen antisemitischen und fremdenfeindlichen Unterton. Über den Winter 1892/93 zeichnete sich das ganze Ausmaß politischer ›Landschaftspflege‹ in Paris ab. Das französische Parlament setzte eine Untersuchungskommission ein, die Regierung stürzte. Auch die Gerichte wurden tätig: Mehrere Deputierte und Senatoren, der Minister für Öffentliche Arbeiten, Charles Baïhaut, eine Reihe von Finanziers und Managern wie Ferdinand de Lesseps, sein Sohn Charles und der Stahlbautycoon Gustave Eiffel mussten sich verantworten. Zwar wurden sie teilweise zu hohen Haftstrafen verurteilt, doch hoben höhere Instanzen die Urteile später auf, mit Ausnahme desjenigen gegen den ehemaligen Minister. Er war der Einzige gewesen, der ein umfassendes Geständnis abgelegt hatte. Viele Abgeordnete verloren bei den Wahlen von 1893 ihre Sitze, so wie Georges Clemenceau.

Das internationale Echo auf den Panama-Skandal war enorm. Deutsche Zeitungen beschäftigten sich über Monate damit. Konservative Blätter sahen in Panama den Beweis für die Schwäche und Unterlegenheit der Republik gegenüber dem Kaiserreich. Liberale und sozialdemokratische Stimmen wie die *Vossische Zeitung* und der *Vorwärts* lobten dagegen, dass die französische Öffentlichkeit so ausführlich über die Vergehen diskutierte. Solche Offenheit gebe es im Kaiserreich nicht.[9]

Grévy und Panama waren indes nur einzelne Stationen in der langen Kette von Korruptionsskandalen der Dritten Republik.[10] In der Regel ging es dabei um politische Unterstützung für dubiose Finanzjongleure. Bereits 1881 hatte es eine ähnliche Debatte gegeben, als die Bank Union Générale zusammenbrach. Von 1908 bis 1914 hielt die Affäre Rochette die Öffentlichkeit in Atem: Ein betrügerischer Anleger hatte von guten politischen Kontakten profitiert, und es entstand der Eindruck, dass Polizei und Justiz aus Rücksichtnahme nicht ernsthaft ermittelten. 1928 diskutierte Frankreich über den Zusammenbruch der Bank von Marthe Hanau, ebenfalls verbunden mit Investitionen von Kleinanlegern und politischer Protektion von höchster Stelle. 1930 brach das Geschäftsmodell des Börsenspekulanten Albert Oustric zusammen, der über beste Beziehungen zum Finanzminister Raoul Péret verfügte. Die in Südamerika tätige französische Fluggesellschaft Aéropostale geriet 1931 wegen eines Interessenkonflikts ins Visier öffentlicher Kritik: Die Regierung subventionierte die Gesellschaft, während Minister Pierre-Etienne Flandin in seinem Brotberuf als Anwalt mehrfach für das Unternehmen tätig war.[11]

Anfang 1934 brachte schließlich der Skandal um Alexandre Stavisky das Land in Aufruhr.[12] Stavisky, ein aus Russland stammender jüdischer Geschäftsmann, hatte sich wie schon Marthe Hanau mit scheinbar volksfreundlichen Anlageformen einen Namen gemacht und damit das Interesse republikanischer, teilweise auch sozialistischer Politiker geweckt. Allerdings beruhte sein Erfolg auf einem Schneeballsystem. Mit gefälschten Sicherheiten baute er ab Ende der 1920er Jahre eine Reihe von Kommunalbanken auf, in die vor allem mittlere und kleinere Städte investierten. Auch in seinem Fall waren exzellente Kontakte zu Beamten, Aufsichtsbehörden und Kommunalpolitikern entscheidend für den Erfolg – und auch hier mussten Kleinsparer sowie beteiligte Kommunen erhebliche Verluste hinnehmen.

Während die Dritte französische Republik regelmäßig in Korruptionsskandalen versank, kam es im deutschen Kaiserreich zu drei Wellen von Korruptionsdebatten. Die erste in den 1870er Jahren habe ich bereits dargestellt: Hier ging es um Laskers Enthüllungen über Eisenbahnkonzessionen und konservative Kritik an Bismarcks Wirtschaftspolitik. Die zweite Welle kam in den 1890er Jahren, als man über Bismarcks Welfenfonds diskutierte, Lehren aus Panama zu ziehen versuchte und antisemitisch motivierte Korruptionsvorwürfe gegen Bleichröder noch einmal intensiviert wurden. Schließlich entwickelten sich unmittelbar vor dem Ersten Weltkrieg mehrere Affären, unter denen der Kornwalzer-Skandal von 1913 wohl die wichtigste war: Der Sozialdemokrat Karl Liebknecht erhielt einen Tipp über die Aktivitäten eines Lobbyisten der Rüstungsfirma Krupp in Berlin. Dieser Lobbyist, ein ehemaliger preußischer Offizier, stand mit alten Kameraden aus dem Kriegsministerium in freundschaftlicher Verbindung. Er machte ihnen regelmäßig Geschenke und erhielt dafür Informationen über die Rüstungsbeschaffung im Ministerium, vor allem Hinweise über die Angebote der Konkurrenz. Aus Sicht der SPD bewies dieser Fall, dass Regierung, Verwaltung und Waffenindustrie eine symbiotische Verbindung eingegangen waren. Der Vorfall bestärkte die sozialdemokratische Kritik am Militarismus im preußisch beherrschten Reich. Debattiert wurde vor allem, ob es sich um einen Einzelfall handelte. Die Militärpolitik Preußens wurde am Ende zwar nicht korrigiert, doch musste Kriegsminister Josias von Heeringen zurücktreten.[13]

Ungleich dichter wurden die Korruptionsdebatten in Deutschland nach dem Ersten Weltkrieg, als so gut wie kein Jahr mehr ohne heftigste Auseinandersetzungen verging. Während des Kaiserreichs waren die Sozialdemokraten recht zurückhaltend mit ihren Schlussfolgerungen aus den Skandalen geblieben. Weniger Skrupel kannten die nun Entmachteten und die neuen Systemgegner. Nach der Revolution von 1918 schossen nationalkonservative, kommunistische und zunehmend auch nationalsozialistische Publizisten und Zeitungen bekanntermaßen aus vollen Rohren auf die Republik – und die Korruptionsskandale gehörten zu ihrer wichtigsten Munition.

Den Auftakt machte 1919 die Affäre um Matthias Erzberger, Finanzminister aus der Zentrumspartei und Mitunterzeichner des Friedensvertrags von Versailles. Ihm warfen die Nationalkonservativen Bereicherung im Krieg vor, und zwar durch Aktienbeteiligungen und staatliche Aufträge an die Firma einer befreundeten Familie.

Im Fall Barmat richteten sich 1924 die Blicke auf geschäftliche Kontakte führender Politiker der Weimarer Koalition, vor allem aus der SPD. Ihnen wurde von links wie von rechts vorgeworfen, in der Nachkriegs-

und Inflationszeit Importeure von knappen Waren unrechtmäßig gefördert und persönlich davon profitiert zu haben. Berichte über teure Geschenke und gemeinsame Gelage machten die Runde. Insbesondere die KPD warf den Sozialdemokraten Arbeiterverrat vor, kaum dass sie an der Macht seien. Reichspräsident Friedrich Ebert geriet kurz vor seinem Tod noch in den Strudel dieses Skandals.

Glaubten sich viele Zeitgenossen schon jetzt in der »Barmat-Republik«, sollte der Sklarek-Skandal von 1929 endgültig das Vertrauen in die Moral der politischen Elite erschüttern. Dazu trug wohl bei, dass sich hier einige Elemente des Barmat-Falls wiederholten. Die drei Sklarek-Brüder waren ebenso wie die Barmats jüdische Unternehmer mit osteuropäischer Familiengeschichte, die erst in den wirtschaftlichen Nachkriegswirren der Armut entkommen waren. Sie engagierten sich ebenfalls im Bereich knapper Versorgungsgüter und kauften ein insolventes kommunales Unternehmen der Stadt Berlin. Es handelte sich um einen Monopolisten, der die sozialen Einrichtungen der Hauptstadt mit Kleidern belieferte, welche wiederum an bedürftige Einwohner ausgegeben wurden. Auch die Sklareks bemühten sich sehr intensiv um politische Landschaftspflege und versorgten Stadtverordnete und Magistratsmitglieder jeder Couleur mit freundlichen Aufmerksamkeiten. Auch die Sklareks führten einen demonstrativ luxuriösen Lebenswandel – und auch ihr Unternehmen brach schließlich zusammen. Der Fall Sklarek blieb nicht auf die Stadt Berlin beschränkt, weil die Brüder mit preußischen Landes- und mit Reichspolitikern Kontakte pflegten. Obwohl Vertreter fast aller Parteien zu den Kunden und Freunden der Sklareks gehörten, wurde diese Affäre wieder hauptsächlich den Sozialdemokraten angelastet.[14]

In der Spätphase der Weimarer Republik beschleunigte sich das Affärenkarussell nochmals. Kurzzeitig rückte sogar Reichspräsident Paul von Hindenburg in den Fokus der Korruptionskritik: Sein ehemaliger Feldherrenkollege Erich Ludendorff warf ihm vor, er habe sich von der ostelbischen preußischen Junkerlobby kaufen lassen. Hintergrund war ein Geschenk zum 80. Geburtstag des Staatsoberhaupts, das von Gutsbesitzern und vor allem von Industriellen durch Spenden aufgebracht worden war. In einer Spendenaktion hatten sie Geld zusammengetragen, um das überschuldete Familiengut der von Hindenburgs für die Familie zurückzukaufen. Im Gegenzug, so Ludendorff, hätten Hindenburg und sein Sohn Oskar in der sogenannten »Osthilfe« Subventionen für ostpreußische Rittergutsbesitzer lockergemacht.[15]

Auch Großbritannien erlebte eine Reihe größerer Korruptionsskandale, etwa die Hooley-Affäre 1898 über einen betrügerischen Anleger, der die *Tories* unterstützte, und 1902 einen ähnlich gelagerten Fall, als die Wright's London & Globe Corporation zusammenbrach, für deren Seriosität mehrere Mitglieder des Ober- und des Unterhauses gebürgt hatten. 1904 kam es zum *War Stores Scandal* um die Bereicherung von *Tory*-Ministern an Waffenlieferungen im Burenkrieg, 1912/13 folgten der *Silver Scandal*, bei dem das britische India Office eine Privatbank begünstigte, in der Verwandte eines Unterstaatssekretärs arbeiteten, sowie mehrere Affären um Personalentscheidungen in der neuen Renten- und Gesundheitsversicherung kurz vor dem Ersten Weltkrieg.[16]

Hier seien nur die zwei prominentesten Affären ausführlicher erwähnt, der Marconi-Skandal von 1912 und die *Honours*-Affäre von 1922. In beide Vorgänge war der liberale Politiker David Lloyd George verwickelt. Der Marconi-Skandal entzündete sich an Insidergeschäften liberaler Regierungspolitiker. Kurz vor einem größeren Regierungsauftrag für ein drahtloses Kommunikationssystem im britischen Empire schlugen führende Liberale zu. Kronanwalt Rufus Isaacs, Postminister Herbert Samuel, Finanzminister Lloyd George und *Chief Whip* Alexander Murray of Elibank kauften Aktien der vom Bruder des Kronanwalts geführten Marconi-Gesellschaft mit dem Ziel, sie bald darauf mit Gewinn wieder abzustoßen. Das rief zunächst eine antisemitische Kampagne gegen Samuel und Isaacs auf den Plan, die aber vorerst wenig Gehör fand. Als jedoch im Lauf einer parlamentarischen Untersuchung weitere Details bekanntwurden, gerieten die Politiker in Bedrängnis. So erfuhr die Öffentlichkeit zum einen, dass Murray das Geschäft nicht auf persönliche Rechnung durchgeführt hatte, sondern mit dem Ziel, die Parteikasse der Liberalen zu füllen. Damit stand das kontroverse Thema Parteienfinanzierung im Raum. Und zum anderen machten Lloyd George und Isaacs vor dem Parlament teils unwahre Angaben – ein ernster Verstoß gegen die Verhaltensregeln des Unterhauses. Trotz öffentlicher Entschuldigung, großer Empörung und einer breiten Debatte über Moral blieben die konkreten Folgen freilich begrenzt; niemand musste zurücktreten oder gar vor Gericht erscheinen.[17]

Zehn Jahre später löste der *Honours*-Skandal ein größeres politisches

Beben aus.[18] Hintergrund war der Verkauf von Adelstiteln als Mittel der Parteienfinanzierung. Als die Regierung unter David Lloyd George 1922 für das Oberhaus einen südafrikanischen Unternehmer vorschlug, der für höchst fragwürdige Geschäfte bekannt war, regte sich breiter Widerstand. Dazu trug ein breites Spektrum an Unzufriedenen bei: die erstarkende *Labour*-Partei, die traditionalistische Gruppe der sogenannten *Diehards* am rechten Rand der *Tories*, schließlich große Gruppen innerhalb der liberalen Partei, welche die Koalitionsregierung aus Konservativen und einem abtrünnigen Teil der Liberalen nicht mittrugen. Selbst die Krone äußerte Vorbehalte, denn der König war immer weniger bereit, die Monarchie mit zweifelhaften Nobilitierungen in Misskredit zu bringen. Auch einige konservative Regierungsmitglieder sahen keinen Grund, die Debatte zu stoppen, da Lloyd George den Bogen für ihren Geschmack durchaus überdehnte. Im Sommer 1922 erörterten Zeitungen und Parlament den Fall sehr intensiv. Zwar überstand der Premier eine heftige Parlamentsdebatte im Juli, doch dies nur dank eines Verfahrenstricks. Drei Monate später war die seit 1916 amtierende Koalitionsregierung am Ende. Lloyd George blieb weiter aktiv in der Politik, doch sorgten neue Affären um seinen geheimen Parteifonds mit für den Niedergang der Liberalen Partei in den 1920er Jahren.

Auch Italien erlebte eine Reihe von Affären: von Unregelmäßigkeiten in der Tabakverwaltung 1869 über einen Skandal um die Belieferung der Marine 1904, die Auftragsvergabe beim Bau des Justizpalastes in Rom 1912 bis hin zum Rücktritt des Kriegsministers Dallolio wegen Mauscheleien bei Rüstungsgeschäften im Jahr 1918.[19] In allen Fällen ging es um staatliche Aufträge, Bereicherung von Politikern und Behördenmitarbeitern. Der berühmteste italienische Korruptionsfall war indes der Banca-Romana-Skandal von 1892/93.[20] Die Banca Romana war eine Privatbank, der das junge Königreich Italien zusammen mit fünf anderen Geldhäusern das Privileg übertragen hatte, Banknoten auszugeben. Dies galt als Übergangsregelung bis zur Gründung einer Nationalbank. Doch die privaten Emissionsbanken lobbyierten erfolgreich dafür, den Übergangszustand zu verlängern. Die Banca Romana machte sich diese Verhältnisse zunutze. Zwar stand sie unter staatlicher Aufsicht, doch faktisch war es ein Leichtes, sich an dem Privileg zu bereichern. Das Geldinstitut druckte ganze Serien von Banknoten doppelt, mindestens im Wert von

40 Millionen Lire: Eine der italienischen Emissionsbanken war in Wahrheit die größte Falschgeldpresse im Land. Diese Aktivitäten deckten 1889 ein staatlicher Kontrolleur namens Biagini sowie der Senator Giuseppe Alvisi auf. Beide informierten den damaligen Finanzminister Giovanni Giolitti, und vermutlich befasste sich auch Regierungschef Francesco Crispi mit dem Fall. Doch die Regierung ließ den Bericht verschwinden. Der Grund: Die Banca Romana war so etwas wie ein nie versiegender Geldquell für die politische Klasse. Die Untersuchung war offenbar ein ›Unfall‹, denn Crispi hatte eigentlich nur belastendes Material über einen Direktor der Banca di Napoli ermitteln wollen. Unterdessen trat der Direktor der Banca Romana, Bernardo Tanlongo, als Wohltäter im politischen Rom auf. Er gewährte Abgeordneten und Ministern Privatkredite, die sie nicht zurückzahlen mussten, und finanzierte ihre Wahlkampagnen – zuletzt geschehen vor den Wahlen vom Herbst 1892. Auf diese Weise erhielt der ausgewiesene Korruptionskritiker Rocco de Zerbi zwischen 1878 und 1892 rund eine halbe Million Lire für seine politischen Unternehmungen. Es blieb davon offenbar genug für persönlichen Grundbesitzerwerb im Wert von rund 200000 Lire übrig. Innenminister Nicotera stockte einen Geheimfonds seines Ministeriums mit Hilfe Tanlongos um 190000 Lire auf, auch Giovanni Giolitti profitierte von der Freigebigkeit der Banca Romana. Zudem betätigte sich Tanlongo als Netzwerker und Patron für Menschen, die Kontakte in die Politik und zu den Ministerien suchten.

Schon seit Jahren lautete der unausgesprochene Deal: Tanlongo stellte Bargeld, im Gegenzug verlängerte das Parlament alle paar Jahre die Emissionslizenz. Ähnlich wie im Fall Panama finanzierte die Banca Romana auch die politische Presse, die bis zur Jahreswende 1892/93 einhellig die Bankenpolitik lobte. Ende 1892 stand Tanlongo kurz vor dem Höhepunkt seiner Karriere: Er sollte auf Vorschlag des aktuellen Ministerpräsidenten Giolitti Mitglied im Senat werden. Doch die kommenden Wochen führten ihn nicht in die obere Parlamentskammer, sondern ins Gefängnis. Zur gleichen Zeit gelangte nämlich der bereits mehrfach erwähnte linke Abgeordnete Napoleone Colajanni an erste Informationen über die vertuschte Untersuchung. Alvisi, kurz zuvor verstorben, hatte testamentarisch verfügt, die Informationen nach seinem Tod öffentlich zu machen. In einer dramatischen Parlamentsrede kurz vor der Weihnachtspause breitete Colajanni diese Neuigkeiten vor seinen Kollegen aus.

Zwar versuchte die Regierung in den nächsten Monaten, möglichst wenige Details an die Öffentlichkeit gelangen zu lassen, etwa durch Manipulation der Polizeiarbeit. Doch drei Faktoren sorgten dafür, dass die Vorgänge bekanntwurden. Erstens sah sich die Presse genötigt, den Vorwürfen nachzugehen, um ihren Ruf nicht völlig zu verlieren. Zum zweiten bemühte sich Colajanni intensiv um Aufklärung. Er leitete 1893 eine parlamentarische Untersuchungskommission mit gerichtsähnlichen Kompetenzen und sezierte hartnäckig die ›Lobbyarbeit‹ der Bank bei Politikern und Journalisten. Der dritte Faktor war möglicherweise der wichtigste: Zwei Schwergewichte der italienischen Politik, Giolitti und Crispi, nutzten die komplizierte Gemengelage, um einander durch kompromittierende Enthüllungen zu schaden. Das kostete Giolitti im Herbst 1893 sein Amt als Regierungschef. Auch Crispis Weste blieb keineswegs rein. Es wurde bekannt, dass er sich 1891 für den Panama-Lobbyisten Cornelius Herz beim König von Italien verwendet hatte mit dem Ziel, ihm einen Orden zu verschaffen. Freilich war das nicht ganz uneigennützig geschehen, hatte doch Jacques de Reinach Crispi dafür 50000 Francs überwiesen.[21]

Im Kampf um die Deutungshoheit über den Skandal wandten sich zahlreiche Politiker ganz gezielt an die Presse, indem sie Interviews gaben, Indiskretionen streuten, Ablenkungsmanöver starteten. Das Ergebnis des Banca-Romana-Skandals: Italien bekam eine Nationalbank, die Banca Romana wurde abgewickelt und das Vertrauen in Parlament und Presse hatte einen weiteren erheblichen Dämpfer erhalten. Die Kritiker des politischen Systems im Königreich Italien hatten nun ähnlich wie ihre französischen Kollegen ein Symbol für all die Missstände, die sie beklagten.

Aus der spanischen Skandalgeschichte sei nur eine Episode herausgegriffen, der Straperló-Fall.[22] Er ereignete sich in der Zweiten Republik. Nach dem Ersten Weltkrieg erlebte das Land eine rasche Folge unterschiedlicher politischer Systeme: Die liberale Restaurationsära fand mit dem Staatsstreich von General Miguel Primo de Rivera 1923 ein Ende. Auf die Militärdiktatur folgte 1931 die Republik, welche dann zwischen 1936 und 1939 im Spanischen Bürgerkrieg unterging. Dessen Sieger war General Francisco Franco, der Spanien bis zu seinem Tod 1975 autoritär beherrschen sollte. Der Straperló-Skandal beruht auf einer recht simplen Betrugsgeschichte. Der Belgier Daniel Strauss hatte eine Roulette-Anlage erfunden, mit der man die Spielergebnisse manipulieren konnte. Die gezinkte Anlage namens Straperló erhielt in Spanien eine Betriebserlaubnis, und zwar dank der tätigen Mithilfe prominenter Politiker der Radikalen Partei – darunter etwa Innenminister Aurelio Lerroux –, eine Mithilfe, die sich Strauss einiges an Bestechungsgeld hatte kosten lassen. Die Radikalen, in der Mitte des politischen Spektrums angesiedelt, regierten von 1933 bis 1936 in einer Koalition mit der konservativen Partei CEDA. Strauss' Deal platzte, als die Regierung das Gerät 1934 verbieten musste. Strauss verlangte nun von seinen heimlichen Geschäftspartnern eine Kompensation für ausbleibende Lizenzgebühren über 400 000 Peseten. Da ihm die niemand geben wollte, wandte er sich mit seinem Wissen an die politischen Gegner der Radikalen, insbesondere die Sozialisten sowie den Staatspräsidenten Niceto Alcalá-Zamora. Zusammen mit einem weiteren Skandal um einen ehemaligen Mitarbeiter von Lerroux sorgte die Straperló-Affäre dafür, dass die Regierung bei Wahlen Anfang 1936 ihre Mehrheit verlor. Von nun an rückte die Republik nach links, und auch die rechten Radikalen um Franco profitierten.

Akteure und Folgen der Skandale

Antiparlamentarismus und Antikapitalismus dominierten die Empörungsgeschichten. In den Skandalen wird besonders deutlich, wie erfolgreich die um 1800 eingeforderte Sphärentrennung war – zumindest als Maßstab, wenn schon nicht in der Praxis. Skandalisierung funktionierte so gut, weil das Publikum wie selbstverständlich davon ausging, dass Politik und Wirtschaft nicht vermischt werden dürften. Auch die Idee der Gewaltenteilung war im Rahmen der Korruptionsskandalisierung erstaunlich populär. Jedenfalls nährten milde Gerichte und zurückhaltende Polizeibehörden regelmäßig den Vorwurf der Komplizenschaft und den Ruf nach Eigenständigkeit für Justiz und Strafverfolgung. Das Zeitalter der Massenmedien brachte sogar ein neues Trennungsgebot hervor: Die Öffentlichkeit erwartete, dass die Presse unabhängig von Politik und Wirtschaft berichte, obwohl fast sämtliche Blätter in der Realität an Parteien oder einzelne Politiker und ihr Programm angebunden waren. Im Fahrwasser der Korruptionsaffären folgten daher nicht selten Presseskandale. Gerade die Käuflichkeit einzelner Zeitungen oder ihre Hörigkeit gegenüber politischen Parteien erschienen als Korruption.

Bestätigen politische Skandale die Werte einer Gesellschaft, oder verändern sie diese? Eine Frage, die in der Skandalforschung gelegentlich gestellt und unterschiedlich beantwortet wird.[23] Im Fall der Korruptionsskandale kommt wohl nur eine Mittelposition in Frage. Alle Skandalisierer bezogen sich auf Werte, über die Konsens herrschte; so erreichten sie maximale Empörungswerte. Und was besonders wichtig war: In der Regel mussten ihnen bei der Bewertung der Vorgänge auch die Beschuldigten oder ihre Unterstützer recht geben. Die gar nicht so große Herausforderung für die Skandalisierer bestand darin, die Vorgänge als Bruch fundamentaler Regeln darzustellen.

Jenseits dieser Grundwerte führten die Korruptionsskandale aber auch neue Werte ein oder veränderten bestehende Werthaltungen. Das betrifft zum Beispiel Regeln im Umgang der politischen Akteure miteinander. Nach den Worten von Bentley Gilbert läutete der Marconi-Skandal einen politischen Stilwandel ein, nämlich das Ende der britischen Gentleman-Politik. Erstmals seien persönliche Angriffe auf Politiker und auch im Parlament geduldet worden – im europäischen Vergleich begannen die Briten damit eher spät.[24] Ähnliches belegt die Nachgeschichte des Panama-Skandals: Die französischen Journalisten entwickelten unter dem Eindruck harter Kritik an gekauften Zeitungsberichten einen neuen Verhaltenskodex. Langfristig trug dies zur Professionalisierung des schreibenden Gewerbes in Frankreich bei.[25]

Um die politischen Folgen der Korruptionsskandale ermessen zu können, ist ein Blick auf die Akteure unerlässlich, vor allem auf die treibenden Skandalisierer. Nun war die Korruptionsklage eine scharfe politische Waffe – das haben wir bereits mehrfach gesehen. Und sie war eine Waffe, die hauptsächlich destruktiv wirkte. Meist trat hier die radikale Systemopposition in Erscheinung. Gemeint sind jene Kräfte, die entweder vom Machtspiel um die Regierungsbildung weitgehend ausgeschlossen waren oder die eine andere politische Ordnung befürworteten. Je nach Land und Zeitraum lässt sich das unterschiedlich ausbuchstabieren. In der französischen Dritten Republik skandalisierten vorzugsweise rechte, wahlweise nationalistisch, monarchisch oder klerikal gesinnte Kräfte – von den Boulangisten der 1880er Jahre bis zu den quasifaschistischen Ligen der 1930er Jahre. Den Banca-Romana-Skandal im Königreich Italien deckte ein linksorientierter Republikaner auf. Den britischen Marconi-Skandal trieben neben konservativen Gegnern der Regierung enttäuschte Liberale um Hilaire Belloc voran, die sich einem zunehmend radikalen Antisemitismus hingaben. Der *Honours*-Skandal wurde maßgeblich von der konservativen, wenn nicht rückwärtsgewandten *Diehard*-Bewegung auf dem rechten Flügel der *Tories* und von der *Labour*-Partei betrieben. Zwar waren all diese Strömungen nicht im engeren Sinn verfassungsfeindlich, doch sie standen am Rande des politischen Spektrums. Während die *Diehards* das Oberhaus in seine angestammten Rechte wieder einsetzen wollten, forderte *Labour* die Abschaffung des Erbadels. In der Weimarer Republik meldeten sich vor allem linke und rechte Republikgegner skandalisierend zu Wort: Kommunisten und Deutschnationale, ab den späten 1920er Jahren dann die Nationalsozialisten.

Letztlich gilt für alle Länder: Linke und rechte Ränder griffen Korruptionsvorwürfe bevorzugt auf und wendeten sie gegen die bestehenden Machtverhältnisse. Allerdings nicht mit gleicher Konsequenz. Zumindest die deutschen Sozialdemokraten vor 1918 und die französischen Sozialisten um Jaurès hielten sich erkennbar zurück. Doch dieses Bild ist nicht ganz vollständig: In fast allen Fällen beteiligten sich nicht nur die politischen Ränder. Zu den eifrigsten Skandalisierern gehörten meist auch wichtige Teile der jeweiligen ›Systemparteien‹ und ganz konkret Personen, die von den kritisierten Praktiken direkt profitiert hatten.

In sehr vielen Fällen kam die Erstinformation nämlich aus dem Kreis unmittelbar Beteiligter – so gut wie nie waren investigative Journalisten beteiligt. Meist ging es darum, mit Indiskretionen eine alte persönliche Rechnung zu begleichen. Panama kam ans Licht, als Herz Reinach erpresste; die Informationen über Krupps Bestechungssystem brachte ein Kruppmitarbeiter nach seiner Entlassung an die Öffentlichkeit. Der Betrüger Strauss höchstpersönlich lieferte führenden spanischen Sozialisten die Informationen über Straperló. Eine persönliche Retourkutsche fuhr auch der ehemalige kaiserliche Staatssekretär Karl Helfferich, als er 1919 Matthias Erzberger der Korruption anklagte. Denn kein anderer als Erzberger hatte 1904 als junger Abgeordneter der Zentrumspartei den Ministerialbeamten Helfferich wegen Unregelmäßigkeiten in der Kolonialverwaltung attackiert.

Häufig ging es aber um mehr als nur um persönliche Verletzungen. Korruptionsskandale waren auch innerhalb der jeweiligen Führungsgruppen ein gern aufgegriffenes Mittel, um eine Regierung zu Fall zu bringen oder eine politische Strömung von der Macht zu verdrängen. Georges Clemenceau heizte den Grévy/Wilson-Skandal an, um den regierenden gemäßigten Republikanern zu schaden. Besonders dramatisch fiel das Schattengefecht zwischen dem jungen Giovanni Giolitti und dem alten Kämpen Francesco Crispi im Banca-Romana-Skandal aus. Beide Politiker erpressten und desavouierten einander über Monate, wobei vor allem Crispi den im Gefängnis einsitzenden Geschäftsführer der Bank für seine Zwecke einspannen konnte.[26] Crispi verbuchte dann auch den größeren Erfolg: Die Enthüllungen zwangen Giolitti zum Rücktritt als Regierungschef, und Crispi übernahm den Posten. Im Rahmen des Barmat-Skandals nutzte der linke Flügel der SPD die Vorwürfe gegen Reichspräsident Ebert und den ehemaligen Reichskanzler Gustav Bauer für parteiinterne Flügelkämpfe. Der Straperló-Skandal wiederum wurde gezielt von den tragenden Kräften der Zweiten spanischen Republik genutzt, um die Radikale Partei zu schwächen. Staatspräsident Niceto Alcalá-Zamora und die konservative CEDA-Partei heizten die Debatte nach Kräften an, obwohl die CEDA Koalitionspartnerin der Radikalen war. Alcalá-Zamora erreichte sein Ziel, nämlich eine Niederlage der Koalition bei den nächsten Wahlen.

Die Korruptionsskandale lebten mithin auch dank solcher Kräfte, die eigentlich kein Interesse daran hatten, die Machtverhältnisse grundlegend umzuwälzen. Das verwundert, denn die Skandale hatten langfristig eine verheerende Wirkung auf den Ruf der jeweiligen politischen Klasse. Doch die Akteure dachten kurzfristig. Sie hatten die nächste Wahl oder die nächste Regierungskrise im Auge, bezahlten für dieses Verhalten aber über längere Zeit mit einem erheblichen Ansehensverlust. Nicht nur machtpolitische Berechnung machte sie zu Mitspielern in der Skandaldramaturgie. Es gab dafür noch einen anderen Grund: ihre politischen Ideale. Von den französischen Opportunisten der Grévy/Wilson-Periode bis hin zu den deutschen Sozialdemokraten der Sklarek-Zeit Ende der 1920er Jahre fühlten sich die meisten Politiker, zumal die liberalen, durchaus einer Politik ohne Begünstigung und Bestechlichkeit verpflichtet. Jene unter ihnen, die nicht unmittelbar Teil der Begünstigungsnetze gewesen waren, hielten Aufklärung und die Verfolgung der Beteiligten für geboten. Wiederum ergibt sich daraus der Schluss: Die parlamentarischen Systeme der Jahrhundertwende scheiterten auch an ihrer moralischen Selbstüberforderung; sie orientierten sich an Idealen, denen sie nicht gerecht werden konnten.

Für die Geschichte der Skandale ist nicht nur entscheidend, wer die Enthüllungen veranlasste und vorantrieb, sondern auch in welchen politischen Arenen sie stattfanden. Hier ist die Lage recht eindeutig: Presse und Parlamente waren die bevorzugten Orte für den Auftakt der Skandalisierungen. Wahlweise kam Journalisten oder Abgeordneten die Aufgabe der Ersthüllung zu. Den ersten öffentlichen Angriff auf Lloyd Georges Adelstitelverkauf führte 1922 Lord Harris in einer Oberhaussitzung; Karl Liebknecht informierte die Öffentlichkeit über die Kornwalzer 1913 im Deutschen Reichstag; der nationalistische Abgeordnete Jean Guyot de Villeneuve berichtete in der Deputiertenkammer 1904 von der Freimaurerkartei, Napoleone Colajanni wählte im Dezember 1892 die Tribüne der italienischen Abgeordnetenkammer für seinen Enthüllungsauftritt, so wie es Eduard Lasker 1873 im preußischen Landtag getan hatte. In den gleichen Ländern konnten aber auch Zeitungen diese Rolle übernehmen – Edouard Drumonts *Libre Parole* etwa für Panama, der sozialdemokratische *Vorwärts* in mehreren Skandalen des Kaiserreichs. Für alle Fälle gilt, dass Presse und Volksvertretungen gemeinsam die Debatten bestimmten. Die Parlamente in Großbritannien, Frankreich, Italien und im republikanischen Spanien begleiteten nahezu jeden größeren Korruptionsskandal mit einer Untersuchungskommission. Nicht selten rivalisierten Zeitungen, Parlamente und schließlich auch die Justiz um den ersten Rang bei der Korruptionsbekämpfung.

Das hieß allerdings nicht, die Gerichte hätten immer streng geurteilt. Meist schonten sie das politische Personal, wohingegen die anderen Beteiligten mit härteren Strafen zu rechnen hatten. Eine Ausnahme bildete die fünfjährige Haftstrafe für den französischen Minister Charles Baïhaut in der Panama-Affäre. Für gewöhnlich sorgten spätestens die Revisionsprozesse dafür, dass Minister und Abgeordnete ihre Freiheit behielten. Eine besondere Rolle hatten die Gerichte in Deutschland und Großbritannien, weil hier häufig gar nicht die verdächtigten Politiker auf der Anklagebank saßen, sondern diejenigen, die sie beschuldigten und den Skandal befeuerten. Hintergrund waren die vergleichsweise strengen Gesetze gegen Verleumdung und üble Nachrede, denn sie erlaubten es den Angegriffenen, gegen ihre Kritiker vorzugehen. Die Urteile fielen häufig zugunsten der Kritisierten aus; so erhielt Bismarck recht gegenüber Meyer und Diest-Daber. Politisch profitierten dennoch nicht selten die Skandalisierer, weil sie die Gelegenheit erhielten, ihre Vorwürfe nochmals in der Öffentlichkeit auszubreiten.[27] Anders war die Lage in der Weimarer Republik. Angegriffen wurden hier meist Demokraten. Selbst wenn sie ihre Gegner der Verleumdung anklagten, half ihnen das wenig. Die im Allgemeinen konservativen Richter äußerten häufig Verständnis selbst für überzogene oder offensichtlich ungerechtfertigte Anschuldigungen. Daher musste sich Finanzminister Matthias Erzberger vom Gericht sagen lassen, die meisten Vorwürfe Helfferichs seien zwar haltlos, doch habe er sie in gutem Glauben und aus patriotischen Motiven erhoben. Der Minister sei dagegen ein notorischer Lügner. Mit solchen Urteilsbegründungen verwandelten sich die juristischen Sieger in moralische Verlierer. Tatsächlich gelang es rechtsgerichteten

Skandalisierern der Weimarer Zeit regelmäßig, Verfahren wegen übler Nachrede in Tribunale über die Unmoral der Republik zu verwandeln – unter den wohlwollenden Blicken und mit Hilfe der Richter.[28]

Politische Skandale sind dynamische Prozesse, der Umgang damit stellt die betroffenen Politiker vor große Herausforderungen. Auch die ursprünglichen Skandalisierer haben das Geschehen oft nicht unter Kontrolle. Bis auf den heutigen Tag erlebt man immer wieder, dass die Öffentlichkeit sich weniger über die ursprünglichen Beschuldigungen empört, als über den Umgang der Beteiligten damit. Der eigentliche Skandal ist dann eine Lüge oder eine falsche Reaktion auf Anschuldigungen. Das war auch um 1900 oft nicht anders. Grévys größter Fehler war, dass er sich nicht sofort von Wilson trennte. Im politischen Establishment Londons echauffierte man sich kaum darüber, dass Lloyd George Marconi-Aktien gekauft hatte, wohl aber kritisierten ihn seine Kollegen dafür, das Parlament nicht korrekt informiert zu haben. Auch Giovanni Giolitti stürzte letztlich über seine Aussage, er habe von dem Untersuchungsbericht über Unregelmäßigkeiten in der Banca Romana nichts gewusst – eine Behauptung, die Crispi widerlegen konnte.

Welche politischen Folgen hatten Korruptionsskandale? Hier muss man zwischen kurzfristigen und langfristigen Ergebnissen unterscheiden. Kurzfristig gab es sehr häufig Rücktritte von Ministern und Regierungen. Wir sahen bereits am Beispiel des Präsidenten Grévy, dass sich in einem parlamentarischen System ein skandalisiertes Staatsoberhaupt nicht mehr halten konnte, wenn die eigenen Leute ihm die Unterstützung aufkündigten. Die Folgen von Eduard Laskers Enthüllung über die Eisenbahnkonzessionen sowie der Rücktritt des Kriegsministers von Heeringen in der Kornwalzer-Affäre zeigen aber auch, dass selbst in einem Land wie Preußen mit starker Krone und mächtiger Exekutive Köpfe rollten. Häufig waren Rücktritte dann unumgänglich, wenn weitere Faktoren hinzukamen. Den Marconi-Skandal überlebte die liberale Regierungsmannschaft um Herbert Asquith und Lloyd George, da die Reihen der Partei geschlossen blieben angesichts gemeinsamer Reformprojekte, welche die *Tories* nur zu gerne blockiert hätten. Dagegen war die von Lloyd George geführte Koalitionsregierung schon vor Ausbruch des *Honours*-Skandals zerstritten und angezählt; ihr Ende kam wenige Monate später. Besonders spektakulär waren die Folgen des Stavisky-Skandals, denn ihm fielen innerhalb von zehn Tagen gleich zwei Regierungen in einer extrem destabilisierten Republik zum Opfer. Als Reaktion darauf begann die französische Linke damit, ein breites politisches Bündnis gegen rechts zu schmieden, das schließlich zwei Jahre später in die Volksfrontregierung mündete.

Nicht alle Korruptionsskandale trieben die Menschen auf die Straße. Doch wenn die politische Lage ohnehin schon angespannt war, vermochten die Korruptionsfälle wütende Mengen zu mobilisieren. Üblicherweise waren solche Ereignisse jedoch begrenzt, wie in dem Vorfall, der dem Berliner Oberbürgermeister Böß auf dem Höhepunkt des Sklarek-Skandals widerfuhr: Das Stadtoberhaupt kehrte gerade von einer Reise aus Nordamerika zurück. Bei der Ankunft in der Hauptstadt begrüßte ihn eine johlende, schimpfende und pfeifende Menge. Des Bürgermeisters Heimfahrt unter Polizeischutz geriet zum öffentlichen Spießrutenlaufen. Eine andere Form politischer Gewalt gab es im Fall Erzberger. Am 26. Januar 1920 besuchte der Weltkriegsveteran Oltwig von Hirschfeld den Prozess, den der Finanzminister gegen Helfferich angestrengt hatte. Nach dem Ende des Termins folgte Hirschfeld dem Minister, drängte sich in sein Auto und schoss zweimal auf ihn – was ein Teil der rechten Presse als vaterländische Tat guthieß.

Korruptionsskandale konnten natürlich auch friedlichere Formen politischen Engagements motivieren. So startete die konservative *Morning Post* auf dem Höhepunkt der *Honours*-Affäre 1922 eine Spendenkampagne zugunsten der *Diehards*. Sie sollte beweisen, dass Parteienfinanzierung auch ohne den Verkauf von Adelstiteln möglich war. Immerhin kamen rund 22 000 Pfund vor allem über Kleinspenden zusammen – das war freilich viel weniger, als ein einziger verkaufter Sitz im Oberhaus den Parteien einbringen konnte.

Wenn im zeitlichen Umfeld von Skandalen Wahlen stattfanden, konnte das selbstverständlich auch Auswirkungen haben. Nur wenige Monate nach dem Höhepunkt der Panama-Krise erlebten die regierenden Opportunisten eine krachende Wahlniederlage. Ebenso sorgte der Sklarek-Skandal bei den Berliner Kommunalwahlen im November 1929 und bei den Reichstagswahlen 1930 für Erfolge der Kommunisten und der Nationalsozialisten.

Die Skandale zeigen besonders drastisch, wie schwierig die Verteidigung im Fall einer Korruptionsanschuldigung war. Hier wurde das absolute Mikropolitikverbot der Moderne ganz konkret greifbar. Dies haben wir bereits am Fall Grévy nachverfolgen können. Noch unvorsichtiger handelte David Lloyd George unter dem Eindruck der *Honours*-Affäre. In der großen Unterhausdebatte am 17. Juli 1922 verfolgte er eine offensive Strategie. Er unterstrich zunächst, dass es Kritik an Adelserhebungen mit den immer gleichen Argumenten seit 30 Jahren gebe – er habe keine Neuerung eingeführt. Zwar bestritt er heftig (und wahrheitswidrig), die Titel verkauft zu haben. Doch verteidigte er die Praxis der »politischen« Nobilitierung und der Parteipatronage. Er ließ durchblicken, dass es völlig normal sei, Unterstützer einer Partei zu belohnen, und hielt dies auch für eine Stärke der britischen Politik. Lloyd George behauptete gar, Deutschland wäre 1918 nicht zusammengebrochen, hätte es ein Parteiensystem wie in Großbritannien gehabt. Der Premier rannte mit diesen Ausführungen in eine argumentative Falle, weil er Klartext redete und korrupte Handlungen auch noch als Vorteil des britischen Systems bezeichnete. Damit rettete er nicht seine Ehre, sondern er lief Gefahr, die gesamte britische Politik in den Schmutz zu ziehen. Beobachter wie Winston Churchill empfanden diese Rede Lloyd Georges denn auch als eine seiner schlechtesten. Um ein Haar hätte die Regierung anschließend eine wichtige Abstimmung verloren. Die Autorität des Premiers hatte schwer gelitten, und er musste bald darauf sein Amt aufgeben.[29]

Nicht nur die einzelnen Betroffenen konnten sich der Angriffe kaum erwehren. Der Parlamentarismus insgesamt erwies sich als schutzlos. Das zeigt der Fall Stavisky recht deutlich. Zwar hatte der Betrüger von politischem Wohlwollen profitiert, doch waren seine Geschäfte nicht wissentlich von führenden Politikern unterstützt worden. Staviskys Machenschaften gediehen vor allem, weil Bankangestellte, Bankenaufsichten, Fahnder, Beamte, Rechtsanwälte, Journalisten und Lokalpolitiker auf seine Tricks hereinfielen oder ihn deckten. Dennoch richtete sich die öffentliche Empörung undifferenziert gegen die politische Elite, die Regierung und die Nationalversammlung.[30] Wie viele andere Fälle auch zeigt Stavisky, dass die Skandale die Korruptionsdebatten keineswegs individualisierten. Natürlich empörte man sich über Grévy und die Sklareks, über Bleichröder und Bismarck, Lloyd George und Giovanni Giolitti. Doch dahinter standen immer die politischen Systeme und die sie tragenden Eliten am Pranger.

Wie so häufig in der Geschichte des politischen Skandals stehen sich auch in den Korruptionsfällen zwei Wirklichkeiten gegenüber. Auf der einen Seite sehen wir eine überaus komplizierte Praxis von Mikropolitik, Geschäften auf Gegenseitigkeit, von wirtschaftlichen Verflechtungen gesetzlich verbotener wie auch erlaubter Art. Auf der anderen Seite eine Korruptionsauffassung, die mit den einfachen Kategorien von öffentlich und privat, Unschuld und Schuld operiert. Da jede Form der Mikropolitik verboten ist, wird im Korruptionsskandal folgerichtig nicht differenziert. Mikropolitik gab es überall, und so gab es auch beständig etwas zu skandalisieren. Der Eindruck vom »Sumpf« entstand auch deshalb, weil in Zeiten des Skandals besonders genau hingesehen wurde. Gefährlich ist oft nicht die eigentliche Missetat, die zwar in der Regel ein außergewöhnliches Ausmaß hat, in sich aber begrenzt ist. Neben dem Hauptärgernis werden aber im Kielwasser der Affäre die vielen ›gewöhnlichen‹ mikropolitischen Praktiken sichtbar. So entstand das Bild endemischer Missstände, die von den Gegnern des Parlamentarismus angeprangert wurden. Dem hielten die Befürworter entgegen, der Skandal sei eigentlich ein gutes Zeichen, denn er zeige die Selbstreinigungskräfte in offen diskutierenden Gesellschaften. Für diese Einschätzung sprachen die vielen parlamentarischen Untersuchungskommissionen. Doch auch dieses Argument hatte eine entscheidende Schwachstelle: Es gab in den meisten Fällen zu viele Politiker, die versuchten, den Skandal zu instrumentalisieren, so dass man an der Ernsthaftigkeit des Aufklärungswillens zweifeln musste. Besonders krass zeigte sich dies in der Enthüllungsfehde zwischen Giolitti und Crispi beim Banca-Romana-Skandal.

Häufig bemühten sich die Systemgegner, die heraufbeschworenen Selbstreinigungskräfte gezielt bloßzustellen. In geradezu grotesker Verzerrung der tatsächlichen Verhältnisse wurden Nationalkonservative und Nationalsozialisten nicht müde zu behaupten, die Justiz der Weimarer Republik sei marxistisch durchseucht und schütze die Korruption von Sozialdemokraten und Demokraten. In einem populären Pamphlet kam Gottfried Zarnow 1931 zu dem Schluss: »An den Säulen des Staates nagen die Kräfte der moralischen Zersetzung.«[31] Ziel und Ergebnis solcher Debatten war es, die parlamentarischen Regierungsformen als unreformierbar hinzustellen. Justizschelte war freilich keine Besonderheit der Weimarer Zeit. Ähnliche Kritik hatte die Gerichte schon im Fall Panama und Rochette getroffen; nach der Banca-Romana-Affäre bemängelte gar der italienische Justizminister die Parteilichkeit der Gerichte.[32]

Für die unterstellte Doppelmoral der Eliten sprachen denn auch die vielen Fälle, in denen erklärte Korruptionsbekämpfer in den Sog der Ereignisse gerieten. Einer der traurigen Helden dieser Art war Rocco de Zerbi. De Zerbi war bis 1893 ein hochgeachteter italienischer Politiker, Veteran der Einigungskriege, Journalist, Bankenaufseher und scheinbar unbestechlicher Kämpfer gegen die Korruption. So jedenfalls inszenierte er sich in Artikeln und Reden. Die Banca-Romana-Affäre machte dem ein jähes Ende. Es tauchten Dokumente auf, die bewiesen, dass de Zerbi Hunderttausende Lire von der Bank erhalten hatte, als Dank für politisches Entgegenkommen. Das Parlament hob seine Immunität auf, und de Zerbi sah keinen anderen Ausweg als Selbstmord.[33]

Konnte man die Skandalisierung von Korruption unter diesen Bedingungen eindämmen? Das war ein äußerst schwieriges Unterfangen. Mitunter gelang es mit gezielten Maßnahmen, eine Affäre abklingen zu lassen, so im Fall des Kornwalzer-Skandals im späten Kaiserreich. Die SPD hatte eigentlich bezweckt, den Skandal für eine Abrechnung mit der Verflechtung von konservativen Eliten, preußischer Verwaltung und Rüstungsindustrie zu nutzen. Doch es gelang der Regierung mit tatkräftiger Hilfe der Strafgerichte, die Affäre einzugrenzen. Dabei half ihr der eigentümliche, aber populäre Mythos vom unbestechlichen preußischen Beamten. Gerichte und kaisertreue Presse waren sich nämlich darin einig, dass in deutschen Behörden weitgehend sauber gearbeitet werde. Daher könne es sich bei den Vergehen nur um Einzelfälle handeln. Sogar im Gerichtsurteil wurde festgestellt, es gebe kein deutsches Panama.[34]

Aus Sicht einer Regierung konnte es existentiell wichtig sein, einen Korruptionsskandal zu vermeiden. Dieser Ansicht war auch Benito Mussolini, der daraus eine brutale Konsequenz zog. Im Juni 1924 war der *Duce* zwar schon Regierungschef, aber noch kein Diktator. Einstweilen war er noch auf das Parlament und eine günstige öffentliche Meinung angewiesen. Sein Prestige hatte der Faschist damit gewonnen, dass er erklärtermaßen mit der Korruption der liberalen Ära kurzen Prozess machen würde. In dieser Situation drohte ihn eine unangenehme Geschichte einzuholen. Sein Bruder hatte rund ein halbes Jahr zuvor ein lukratives Geschäft eingefädelt. Durch seine Intervention erhielt die American Sinclair Oil Company von der Regierung ein Monopol auf die Ölförderung in Italien. Als Gegenleistung wurden er und führende Faschisten offenbar großzügig belohnt. Der Vertrag mit der Sinclair Oil war bereits vor dem Bekanntwerden der mikropolitischen Verflechtungen und insbesondere der Geldzahlungen hoch umstritten gewesen und hatte Mussolini beinahe sein Amt gekostet. Hinzu kam, dass Mussolinis Bruder für die gesamte Familie die Rolle eines Patronagechefs spielte und systematisch daran arbeitete, den Clan zu bereichern.

Nun erhielt der sozialistische Abgeordnete Giacomo Matteotti belastendes Material über die Bestechungen, geliefert von der britischen Regierung, die Miteigentümerin einer Konkurrentin von Sinclair Oil war. Matteotti drohte im Juni 1924, die Machenschaften in einer Parlamentsrede aufzudecken. Kurz vorher zog Mussolini die Reißleine und ließ Matteotti von einem faschistischen Geheimkommando ermorden.[35] Diese Erfahrung wirkte wie eine Initialzündung für den faschistischen Staat, denn wenig später zog der Ministerpräsident die politischen Konsequenzen aus der nur knapp abgewendeten Gefahr: Er leitete die Phase der Diktatur und der totalitären Herrschaft ein, beendete die Meinungsfreiheit und verbot die konkurrierenden politischen Parteien.

Beide, Kritiker wie Verteidiger der liberalen parlamentarischen Systeme, fühlten sich im Recht. Die Korruptionsskandale offenbarten stets Verhältnisse und Machttechniken, die den politischen Grundwerten in allen westeuropäischen Staaten massiv widersprachen. Sie zeigten, dass die regierenden Eliten das Versprechen der republikanischen oder liberalen Theoretiker, Reformer und Revolutionäre um 1800 nicht einlösen konnten, nämlich Politik untadelig und uneigennützig zu betreiben. Dies scheiterte an dem Widerspruch zwischen dem moralischen Ideal und den Notwendigkeiten der politischen Praxis – ein Widerspruch, der in der Kommunikationsform des Skandals wirkungsvoll ins Licht gerückt wurde. Die liberalen und sozialdemokratischen Verteidiger des Parlamentarismus und der Pressefreiheit wiederum argumentierten, dass es nur unter freiheitlichen Bedingungen eine Chance gebe, Missstände aufzudecken und zu diskutieren. Nicht ohne Grund – denn unter Mussolini, Primo de Rivera oder Hitler sollte dies nicht mehr möglich sein.

Das Credo der Verteidiger des Parlamentarismus formulierte der deutsch-französische Nationalökonom und Statistiker Maurice Block schon in seinem politischen Wörterbuch von 1895: »Es ist die Öffentlichkeit, die die freiheitlichen Regierungen moralisiert. Die Korruption kann nämlich nicht lange den Angriffen aus der Abgeordnetenkammer, der Presse und den Pamphleten widerstehen.«[36] Hinsichtlich der politischen Wirkung des Korruptionsvorwurfs hatte er sicher recht: Die Korrupten mussten politisch weichen. Ob die angedeutete erzieherische Wirkung eintrat, ist dagegen fraglich. Oft führte der Korruptionsvorwurf nicht zu mehr, sondern zu weniger Freiheit und Demokratie: Bismarcks Wende von den Liberalen zu den Konservativen wurde sicher auch durch die Korruptionsdebatten beeinflusst; Crispi zog verfassungsrechtliche Konsequenzen aus dem Banca-Romana-Skandal, von denen im nächsten Kapitel die Rede sein wird; Lloyd Georges Liberale galten nach der *Honours*-Affäre als korrupter Haufen im Niedergang, die Ermordung Matteottis war ein Startsignal für die faschistische Diktatur. Die Praktiken der Mikropolitik indes wurden von anderen Faktoren beeinflusst als von Skandalisierungen, auch wenn die konkreten Netzwerke von Wilson, der Banca Romana oder den Sklareks selbstverständlich ein Ende fanden. Strukturell änderte sich Mikropolitik in langsameren Rhythmen. Daher thematisierten die Skandale über Zeit und Länder hinweg recht ähnliche Phänomene. Allenfalls wuchs die Vorsicht, mit der man über Mikropolitik und Insidergeschäfte sprach.

9.
Zerstörung:
Von der Korruptionskritik zur Diktatur

»Was will Hitler?«, fragte ein Flugblatt der NSDAP aus dem Jahr 1932. Eine von fünf Antworten auf dem Papier lautete: »Nicht Korruption, sondern Sauberkeit und Ordnung in der Verwaltung.« Und weiter: »Ruhe, Ordnung, Sparsamkeit, Sauberkeit im Staate! Mit dem Grundsatz: Gemeinnutz geht vor Eigennutz!«[1] Die Nationalsozialisten empfahlen sich den Wählern hauptsächlich als Kämpfer gegen die Missstände der Republik – und Korruption war aus ihrer Sicht eines der wichtigsten Probleme. Nun haben die Nationalsozialisten ihre Mehrheiten sicher nicht in erster Linie als Korruptionsbekämpfer erhalten. Doch sie profitierten gewaltig von dem durch die Korruptionsskandale der 1920er Jahre hervorgerufenen Eindruck, die parlamentarische Demokratie habe sich in Deutschland schon gut ein Jahrzehnt nach ihrer Gründung moralisch selbst diskreditiert. So erschien es in den Augen vieler Deutscher als attraktiv, die Macht einer scheinbar willensstarken und straff organisierten politischen Strömung mit radikalen Lösungsvorschlägen anzuvertrauen. In diesem Punkt glich die Lage hierzulande der Situation vieler anderer westeuropäischer Länder.

In der Zeit zwischen den beiden Weltkriegen gingen viele Staaten Europas den Weg in eine (rechte) Diktatur; hinzu kam die kommunistische Diktatur in der Sowjetunion. Für die Länder, die in diesem Buch im Mittelpunkt stehen, machten Italien und Spanien den Auftakt. Zwischen 1922 und 1924 errichtete Benito Mussolini die faschistische Diktatur in Italien. Miguel Primo de Rivera putschte 1923; sein Regime wurde 1931 durch eine Republik abgelöst, die aber im Bürgerkrieg zwischen 1936 und 1939 in die Franco-Diktatur mündete. In Deutschland rissen die Nationalsozialisten 1933 die Macht an sich. Im südlichen Teil Frankreichs, der nach dem Krieg mit Hitlerdeutschland unbesetzt blieb, erhielt 1940 Marschall Philippe Pétain die Macht. Keine dieser Diktaturen etablierte sich aus heiterem Himmel. In allen Fällen gab es neben vielen anderen einen Entwicklungsstrang von der antiparlamentarischen Korruptionskritik hin zur autoritären Regierung. Das gilt selbst für Großbritannien. Zwar blieb das Königreich von der Diktatur verschont. Doch die britischen Faschisten waren in den 1930er Jahren eine ernstzunehmende politische Bewegung, und sie wurzelten teilweise in der antisemitisch gefärbten Korruptionskritik der Jahrhundertwende.

Ziel dieses Kapitels ist es, die Verbindungen zwischen Korruptionskritik und den autoritären Regimen herauszuarbeiten, denn Korruption war eine ihrer wichtigsten Begründungen für außergewöhnliche Maßnahmen. Das heißt nicht, die großen Unterschiede zwischen den Regimen zu leugnen. Doch zu ihren Gemeinsamkeiten gehört, dass ihre Angriffe auf die bestehenden Systeme stark vom Korruptionsvorwurf profitierten. Anders gewendet: Das Ende der liberalen politischen Systeme in der Zwischenkriegszeit ist nicht ohne die Korruptionsdebatten zu verstehen; sie wirkten wie ein Abbruchunternehmen des Parlamentarismus.

In diesen Korruptionsdebatten kamen unterschiedliche negative Urteile zum Ausdruck. Zunächst einmal stellten sie die moralischen Qualitäten gewählter Volksvertretungen grundsätzlich in Zweifel. Weitere Zweifel kamen hinzu: In Spanien und Italien, später auch in Frankreich nährten nicht zuletzt die Korruptionsdebatten unter herrschenden Parteien Unsicherheit darüber, ob das parlamentarische System leistungsfähig genug sei, um das Land aus der Krise zu führen. In vielen Ländern, nicht zuletzt in Großbritannien, kamen Korruptionskritiker zu dem Schluss, dass der Volkswille im Parlamentarismus gerade nicht berücksichtigt werde – paradoxerweise führten hier also Enttäuschungen über mangelhafte Volksvertretung und Forderungen nach mehr Teilhabe zu autoritären Modellen. Schließlich bündelte die Korruptionskritik eine ganze Reihe von immer aggressiver vorgetragenen Ressentiments gegen bestimmte soziale Gruppen. Schon seit etwa 1900 wurde Antisemitismus in den meisten Ländern integraler Bestandteil der Korruptionsdebatte. Auch der angebliche Einfluss von ausländischen Investoren und (nach dem Ersten Weltkrieg) Kriegsgewinnlern beherrschte die Auseinandersetzungen, vor allem in Großbritannien, Frankreich und Deutschland. In dieser Debatte bündelte sich die auch auf anderen Feldern sichtbare Furcht vieler Zeitgenossen vor bestimmten Folgen der Moderne in ihrer hochindustrialisierten Phase: der Einfluss des international verflochtenen Kapitals, konfliktreiche Interessenvertretungen in der Tagespolitik, Bedeutungsverlust der europäischen Nationen, diffuse Angst vor ausländischen Mächten. Die Veränderungen nach 1918 machten aus der Korruptionsdebatte endgültig einen Kampf gegen den Parlamentarismus – dabei änderten sich die Rahmenbedingungen, nicht aber die Argumente. Bis 1914 war in Westeuropa die liberale, parlamentarisch geprägte Monarchie die am weitesten verbreitete Regierungsform – mit Ausnahme der Republik in Frankreich und des Deutschen Kaiserreichs mit seiner vom Kaiser abhängigen Regierung. Den politischen Ton gaben bürgerliche und in abnehmendem Maß adelige Eliten an (Letztere vor allem in Großbritannien und Deutschland). In allen Ländern, auch in Deutschland, bewegten sich die politischen Systeme vorsichtig in Richtung Demokratisierung, etwa durch Ausweitung des Wahlrechts, Entstehung von Massenparteien, nicht zuletzt auch durch zunehmende Pressefreiheit und öffentliche Debatten. Trotz protektionistischer Tendenzen und erster Pflänzchen staatlicher Sozialpolitik blieb die Wirtschaft einigermaßen frei von staatlichen Eingriffen. Grob gesagt, waren also viele Hoffnungen aus der Reformzeit von 1800 um 1900 Wirklichkeit geworden.

Nach dem Krieg änderte sich die Lage dramatisch. Den vormals beherrschenden liberalen Strömungen erwuchsen radikale Konkurrenten in der Parteienlandschaft: Kommunisten auf der Linken und nationalistische bis faschistische Strömungen auf der Rechten. Diese Kräfte dachten nicht mehr in den bestehenden Kategorien von Fortschritt versus Konservatismus, sondern sie forderten eine radikale Abkehr von den bisherigen Lösungswegen; es schien an der Zeit, politische Brüche und Neuanfänge zu wagen. Die Rechten sannen darauf, all das zu revidieren, was sie für die Folgen der Französischen Revolution hielten, freilich ohne zum Ancien Régime zurückzukehren. Die Kommunisten betrieben die Revolution mit dem Ziel einer Diktatur des Proletariats. Unmittelbar nach Kriegsende schien das auch zum Greifen nahe. Inspiriert von der Oktoberrevolution in Russland kam es in vielen westeuropäischen Ländern zu revolutionären Bewegungen. Vor allem in der Revolution von 1918 in Deutschland und in Italien im sogenannten »roten Doppeljahr« 1919/20 schien der linke Traum kurzzeitig zum Greifen nahe. Auf lange Sicht siegten freilich die Gegenkräfte mit ihrer Diktatur von rechts, meist getragen von einer verunsicherten Mittelschicht, die seit dem Krieg von Arbeitslosigkeit und Armut bedroht war.

Generell war das Thema des gesellschaftlichen Zusammenhalts in der Zwischenkriegszeit beherrschend. Auf dem Gebiet der Wirtschafts- und Sozialpolitik war die Zeit des *Laissez faire* endgültig vorbei. In allen Lagern zeigte man sich überzeugt, dass die Wirtschaft nicht mehr allein dem freien Spiel der Kräfte anvertraut werden könne, sondern nach den gesellschaftlichen Bedürfnissen geformt werden solle. Während die Linke nach der Planwirtschaft rief, setzten gemäßigte Kräfte auf einen Ausgleich zwischen Arbeitgeber- und Arbeitnehmerinteressen und einen Ausbau der Sozialpolitik, zum Teil auch auf Konjunkturprogramme. Vor allem auf der rechten Seite gewannen korporatistische Konzepte viel Einfluss, wie sie das faschistische Italien ab Mitte der 1920er Jahre scheinbar erfolgreich umsetzte. Danach sollten Interessengegensätze durch berufsständische Organisationen eingefangen und gewissermaßen im vorpolitischen Bereich bereinigt werden.[2]

Obwohl der politische Liberalismus nach dem Krieg tot war und die Entwicklung eindeutig in Richtung linke oder rechte Diktatur zeigte, nennt der Politikwissenschaftler Jan-Werner Müller diese Phase ein »Zeitalter der Demokratie«.[3] Mit dieser durchaus provozierenden Formulierung zielt er auf den Umstand, dass Politik und Macht nun endgültig nicht mehr durch Tradition und Herkommen begründbar waren. Keine politische Strömung konnte ihre Ziele ohne Rückgriff auf Werte wie Gleichheit und Teilhabe sowie vor allem ohne den Volkswillen begründen. Das Volk war endgültig der zentrale politische Akteur; Gemeinwohl konnte außerhalb des vorgeblichen Volkswillens nicht mehr behauptet werden. Das gilt für die echten Demokraten in dieser Zeit, aber eben auch für die unterschiedlichen Spielarten der Diktatur. Die autoritären Regime begriffen sich stets als Sachwalter des »objektiven Volkswillens« – so formulierte es der deutsche Verfassungsrechtler Ernst Rudolf Huber 1937 für den Nationalsozialismus.[4] Linke wie rechte Extremisten setzten auf politische Mobilisierung ihrer Anhänger, auch wenn sie ihnen kein wirkliches Wahlrecht zugestehen wollten. Kommunistische, faschistische und nationalsozialistische Einheitsparteien sollten einerseits den politischen Meinungskampf beenden und soziale Harmonie schaffen. Andererseits war es ihre Aufgabe, die Bevölkerung dauerhaft am politischen Geschehen zu beteiligen und zu begeisterter Zustimmung zu motivieren, zu einem ständigen Plebiszit für die neue Obrigkeit.

Die große Karriere des Volkswillens als einzige Quelle politischer

Legitimität verschärfte allerdings die Wirkung des Korruptionsvorwurfs. Wenn die herrschenden Eliten nur an ihren persönlichen Vorteil dachten, wenn sie von der Wirtschaft oder, noch schlimmer, von international tätigen Juden gekauft waren, schien dies zu beweisen, dass der Parlamentarismus in seiner liberalen Variante nicht in der Lage war, seine Versprechen zu erfüllen. Er schien als politische Methode gescheitert, weil er echte Volksherrschaft niemals erlauben würde.

Europäischer Antisemitismus und die Entstehung des britischen Faschismus

In der Zwischenkriegszeit wurden gewisse Ängste und Verschwörungstheorien vor allem auf der politischen Rechten zu einer alles beherrschenden Obsession – einer Obsession, mit der erfolgreich Politik gemacht werden konnte. Die Vorgeschichte dieser Obsessionen haben wir am Beispiel von Kapitalismus- und Parlamentskritik und von Verschwörungstheorien teilweise schon kennengelernt. Ein wichtiges Thema muss noch ergänzt werden: Die Korruptionskritik erhielt ab der Jahrhundertwende in Frankreich, Deutschland und England eine entschieden antisemitische Note.

Diese Entwicklung begann zunächst auf dem Kontinent, und das in ersten Ansätzen bereits sehr früh: Schon in der Zeit um 1800 garnierten anti-jüdische Ressentiments bisweilen den Korruptionsvorwurf gegenüber Geheimgesellschaften und gegenüber der Verwaltung.[5] Doch erst seit dem späten 19. Jahrhundert entfaltete sich der Antisemitismus zu einer eigenen Denkrichtung, einem ideengeschichtlichen Phänomen mit großem Zuspruch und enormer gesellschaftlicher Resonanz. Dabei verschob sich sein Charakter von religiöser Intoleranz hin zu gesellschaftlich-kulturellen Ressentiments, bis schließlich ›rassische Merkmale‹ die angebliche Fremdartigkeit der jüdischen Bevölkerung untermauern sollten. Durchweg wurden Juden dabei als Ärgernis und Fremdkörper in der Gesellschaft dargestellt. Zunehmend sah der moderne Antisemitismus in der jüdischen Bevölkerung einen Grund für Konflikte und Probleme der Moderne, bis nach dem Ersten Weltkrieg das Zerrbild von der jüdisch-bolschewistischen Weltverschwörung die Runde machte.[6]

Die Judenfeindschaft nahm auch innerhalb der Korruptionskritik einen festen Platz ein. Sie wurzelte in einem sowohl antikosmopolitischen wie auch antikapitalistischen Musterbild. Zunächst fand es sich auch auf der politischen Linken. Der französische Bankier und Eisenbahnunternehmer James de Rothschild galt schon in den 1840er Jahren als prominentes Beispiel für den korrumpierenden Einfluss international agierender jüdischer Geldgeber in der französischen Politik. Für die Frühsozialisten Toussenel und Leroux waren Juden gleichbedeutend mit Finanziers und Spekulanten.[7] Der französische Sozialist Auguste Chirac veröffentlichte Anfang der 1880er Jahre eine »Geschichte der Judereien«, und sein Gesinnungsgenosse Jaclard sah den »jüdischen Bazillus« als Keim für die grassierende politische Korruption. Für beide war »Jude« vor allem ein Begriff für das kapitalistische Prinzip, für die Ausbeutung der Massen, weniger für eine ethnische Gruppe. Chirac geißelte das Treiben »politischer Juden« – damit meinte er all jene, die das Prinzip des Handels und des Kapitalismus auf die Politik übertrugen, jene also, die Politik zu einer käuflichen Ware machten. Solche »Judereien« waren in Chiracs Augen nicht an eine Glaubensgemeinschaft gebunden. Es gebe sie auch unter Katholiken und Protestanten, wenn auch besonders gehäuft unter den Juden. Ähnlich äußerte sich Jaclard.[8] Die französischen Linken gaben ihren Antisemitismus aber um die Jahrhundertwende weitgehend auf. Das lag wohl daran, dass »Jude« hier nur ein anderer Begriff für »Kapitalist« war und dass sich die Linke in der Dreyfus-Affäre klar aufseiten des zu Unrecht beschuldigten jüdischen Offiziers engagierte. Für die klerikalen und konservativen Kräfte wurde Antisemitismus dagegen ein Erkennungszeichen, Teil ihrer politischen Identität.

Gleichwohl: Der rechte Antikapitalismus blieb mit dem Antisemitismus aufs engste verbunden, ja verstärkte diesen Aspekt noch deutlich. Die konservativen Kritiker Bismarcks würzten ihre Angriffe regelmäßig mit antisemitischen Vorwürfen, nicht zuletzt weil sie damit dessen jüdischen Vertrauten Bleichröder treffen konnten. Nach Bismarcks Entlassung 1890 verselbstständigte sich dieser Trend. Zur gleichen Zeit wurde der politische Antisemitismus langsam salonfähig, zumal sich auch der Berliner Hofprediger Adolf Stoecker an dessen Spitze setzte. Der Publizist und Reichstagsabgeordnete Hermann Ahlwardt profilierte sich in dieser Zeit mit zahlreichen Veröffentlichungen als Antisemit. Es ging ihm in erster Linie darum, den angeblich schädlichen Einfluss von Juden auf die Gesellschaft zu dokumentieren. Dabei beschäftigte er sich auch mehrfach mit Gerson von Bleichröder. In seiner Person bündelte Ahlwardt unterschiedliche Vorwürfe. Er griff zum einen die alte Kritik an Bleichröders Rolle bei der Preußischen Central-Bodenkredit AG wieder auf – mithin politische Korruption. Außerdem warf er ihm Beamtenbestechung und sittlich-moralische Korruption vor. Der Bankier bestritt zu dieser Zeit einen Prozess gegen eine ehemalige Geliebte, den er angeblich manipuliert habe.[9] Ebenfalls ein antisemitischer Grundtenor herrschte in den Kommentaren der konservativen *Kreuzzeitung* zum Panama-Skandal.[10]

In der französischen Korruptionsdebatte gab zu dieser Zeit Edouard Drumont den antisemitischen Ton an. Drumont hatte 1885 mit seinem Buch »La France juive« große Aufmerksamkeit erregt. Über Drumont gelangten 1892 die Informationen über die Praktiken der Panama-Gesellschaft an die Öffentlichkeit, und Drumont interpretierte Panama denn auch als Bestätigung seiner früheren Schriften. In seinen Augen waren Juden fremde Eindringlinge und Parasiten. Mit Hilfe der käuflichen Politik hätten sie sich am französischen Volk bereichert. Drumont hob dabei noch wenig auf die Rasse ab. In seinen Augen gefährlich war der angeblich internationale, kosmopolitische Charakter der Juden, die kein Heimatland kennen würden. Jüdische Banken und die jüdische Presse hätten die französische Politik ins Panama-Desaster gesteuert. Drumont und seine Panama-Interpretation in der Zeitschrift *La Libre Parole* waren Geburtshelfer der antisemitischen Bewegung in Frankreich. Die französische Rechte mit Autoren wie Georges Bernanos pflegte dieses Bild von Panama bis in die 1930er Jahre.[11]

Auch in England sammelten sich im Bodensatz der Korruptionskritik zunehmend Antisemitismus, Antiparlamentarismus, Nationalismus und rechter Antikapitalismus. Gemeinsam bereiteten sie den Weg für eine faschistische Bewegung. In London fand sich um 1910 eine bunte Gruppe von Intellektuellen und Politikern zusammen, die von der Politik enttäuscht waren. Der wichtigste Kopf dieser Gruppe war zunächst der katholische Schriftsteller Hilaire Belloc. Belloc stammte aus einer britisch-französischen Ehe und kannte die französischen Debatten über Panama und Dreyfus sehr genau. Von Autoren wie Drumont übernahm er den Antisemitismus. Seine politische Heimat in Großbritannien waren nicht die Konservativen, sondern die liberale Partei; für sie saß er auch zwischen 1906 und 1910 als Abgeordneter im Unterhaus, bevor er die Partei unter Protest verließ.

Belloc war ein produktiver Autor mit einem sehr kritischen Blick auf die Tagespolitik – Korruption, Bereicherung und jüdische Verschwörungen waren Schlüsselbegriffe in seiner Weltsicht. Zwischen 1900 und 1910 schrieb er vier Romane über das politische Milieu. Schon im ersten Buch, »Emmanuel Burden«, inszenierte er eine auf den ersten Blick glaubwürdige Geschichte über Insidergeschäfte und private Profite in der Regierung und jüdisch-kosmopolitische Verschwörungen. Er zeichnete das Bild einer internationalen jüdischen Finanzelite, die mit williger Kooperation der Parteien die britische Regierung kontrollierte.[12] Obwohl noch Mitglied der liberalen Partei, beteiligte sich Belloc in Parlamentsreden und Artikeln an der Kampagne der *Tories* gegen die sogenannten »liberalen Plutokraten«. Die Opposition warf den seit 1905 regierenden Liberalen nämlich vor, sie würden sich an die Neureichen verkaufen, wobei vor allem der Titelhandel Stein des Anstoßes war. Belloc tat sich in diesen Jahren mit seinem Schriftstellerkollegen Cecil Chesterton zusammen; gemeinsam bereiteten sie ab 1910 eine publizistische Kampagne gegen Korruption, Juden und das herrschende Parteiensystem vor. »Chesterbelloc«, wie sie bald schon genannt wurden, veröffentlichten 1911 eine vernichtende Kritik am britischen Parlamentarismus in Buchform.

Das Pamphlet über das britische »Parteiensystem« zeigt Autoren, die aus Enttäuschung über mangelnde Demokratie in eine rechtsautoritäre Vorstellungswelt abglitten. Ausgangspunkt war die Feststellung: »Demokratie ist Regierung durch den allgemeinen Willen«; doch das gebe es in England nicht, so die Autoren. Vielmehr herrsche eine winzige Gruppe, die Führungsmannschaften der beiden großen Parteien. Ihre politischen Kämpfe seien nichts als Showveranstaltungen. Tatsächlich hielten sie das Parlament gemeinsam im eisernen Griff, und zwar durch direkte wie »indirekte Korruption«. Sie ermöglichten es den Abgeordneten, sich auf Kosten des Landes zu bereichern, doch wenn diese unbotmäßig würden, drohten sie mit Parlamentsauflösung. Da die Parteien keine echten Überzeugungen verträten, seien sie für Reiche oder für Interessengruppen käuflich – daher die Macht der Plutokraten.[13]

Im gleichen Jahr gründeten die beiden Autoren eine Wochenzeitschrift mit Namen *Eye-Witness*, die ab 1912 unter dem Titel *New Witness* erschien. Der *New Witness* wurde das zentrale Propagandaorgan der britischen Antisemiten vor dem Ersten Weltkrieg. Anders als die parteigebundene Presse erhob der *New Witness* einen investigativen Anspruch; galt es doch, die verdeckten jüdischen Einflüsse aufzuspüren. Die große Stunde des *Witness* kam mit dem im vorigen Kapitel geschilderten Marconi-Skandal 1912. Ähnlich wie Drumont im Fall Panama sah Belloc seinen antisemitischen Verdacht bestätigt, den er bereits in seinen Romanen ausgemalt hatte: Waren nicht Herbert Samuel und die Brüder Rufus und Godfrey Isaacs Juden? Bewies dies nicht, dass jüdische Aufsteiger und Spekulanten die britische Politik beherrschten? Zwar reagierten die großen Tageszeitungen nicht auf die antisemitische Interpretation des Skandals; Antisemitismus galt noch als unfein. Doch der Skandal gab der radikalen Rechten einen großen Schub. Auch die Zeitschrift *National Review* des ultranationalistischen Leopold Maxse reihte sich in den Chor der Kritiker ein. Der von Intellektuellen dominierte Herausgeber- und Autorenkreis des *New Witness* gründete 1913 die Antikorruptionsgesellschaft National League for Clean Government. Die National League verfolgte das Ziel, die ›Erkenntnisse‹ aus dem *New Witness* in praktische Politik umzusetzen. Sie organisierte mehrere Konferenzen und versuchte Einfluss auf eine Reihe von Nachwahlen zum Parlament zu nehmen, freilich mit geringem Erfolg.[14]

National League und *New Witness* begründeten ideologisch und organisatorisch eine Tradition, auf die der britische Faschismus der Zwischenkriegszeit unter seinem Führer Oswald Mosley später aufbauen sollte. »Chesterbelloc« und der *Witness*-Kreis formulierten einen fremdenfeindlichen Antisemitismus; sie setzten Juden mit Ausländern gleich und forderten, diese aus allen politischen Ämtern zu entfernen. Mit Judenherrschaft drohe Fremdherrschaft. Dieses Argument erhielt im Ersten Weltkrieg eine doppelte Erweiterung: Nun schienen Juden, Deutsche und Bolschewisten gemeinsame Sache zu machen. Im Lauf der Jahre schwenkte der *New Witness* dabei auf eine autoritäre Linie ein. Gemeinsam mit der Zeitschrift *New Age* förderte er eine Fusion oppositioneller Ideen mit linkem wie rechtem Ursprung, eine intellektuelle Grundlage des späteren Faschismus.[15]

Neben den Artikeln im *New Witness* leistete Arnold White 1917 hierzu einen stilbildenden Beitrag. Sein Buch über die angeblich herrschende »versteckte Hand« versorgte das England der Zwischenkriegszeit mit seiner wohl populärsten Verschwörungstheorie. White war Journalist und hatte sich schon vor dem Weltkrieg für Kolonialpolitik und für Korruption interessiert. Ähnlich wie Belloc kandidierte er damals für die Liberalen, blieb aber ohne Erfolg. Bereits 1901, kurz nach dem Burenkrieg, führte er die mangelnde Leistungsfähigkeit der Kolonialverwaltung und die allgemeine »Dekadenz« des Landes auf kosmopolitische Plutokraten und »schlechte fremde Juden«, insbesondere deutsche Juden, in England zurück.[16] Diese Themen griff er während des Ersten Weltkriegs wieder auf – nur noch weiter radikalisiert. Hier schilderte er den angeblichen »Plan für eine deutsche Weltherrschaft«, und zwar durch heimliche Infiltration und wirtschaftliche Beherrschung. Die »versteckte Hand« sei ein perfides Manipulationssystem. Während der letzten 40 Jahre sei das britische »Regierungssystem mit deutscher List und deutschem Gold korrumpiert und verschmutzt« und völlig fremdgesteuert worden. Parlamentsabgeordnete hätten ihre Befehle direkt aus »Potsdam« erhalten. Daher müsse Deutschland von der Landkarte getilgt sowie Juden und deutsche Immigranten interniert oder zumindest von politischer Betätigung ferngehalten werden.[17] Andere Stimmen wie die *National Review* oder die 1922 vom Herzog von Northumberland gegründete Zeitschrift *The Patriot* verbreiteten die Vorstellung, dass auch die Oktoberrevolution von den Juden und den Deutschen angezettelt worden sei – so ergab sich das Bild einer deutsch-jüdisch-bolschewistischen Konspiration, dem der vermeintlich viel zu schwache Parlamentarismus nichts entgegenzusetzen habe.[18]

Eine weitere intellektuelle Tradition des britischen Faschismus errichteten »Chesterbelloc« mit ihrer Vision für eine neue Wirtschaftsform, den Distributismus. Als Antwort auf soziale Schieflagen, aber auch auf die Korruptionsmacht von Finanzkapital und Monopolisten, wollten sie das Eigentum an Boden und an Produktionsmitteln möglichst gleichmäßig auf die Bevölkerung verteilen. Vor allem in den 1920er und 1930er Jahren arbeiteten Belloc und sein neuer Partner G. K. Chesterton, Bruder des 1918 verstorbenen Cecil Chesterton, an diesem Konzept. Der Distributismus gab sich modernekritisch, berief sich auf das Mittelalter und den katholischen Glauben. Doch hoben seine Erfinder auch ihre Nähe zum Korporatismus der Faschisten hervor. Der Schwenk von der Korruptionskritik zum Distributismus zeigte sich auch auf organisatorischem Gebiet: 1925 folgte die Zeitschrift *G. K.s Weekly* dem 1923 eingestellten *New Witness* nach. Die neue Zeitschrift ging wiederum 1938 in der *Weekly Review* auf, einer verlässlichen Unterstützerin Mosleys. Auf die National League for Clean Government folgte ab 1926 die Distributist League als politischer Arm von Belloc und Chesterton.[19]

Belloc und G. K. Chesterton zählten zu den Bewunderern der British

Union of Fascists, Mosleys 1932 gegründeter Sammlungspartei. Belloc bereiste Italien und besuchte Mussolini; in den 1930er Jahren war er ein regelmäßiger Autor der *New English Weekly*, die zu den Unterstützern von Oswald Mosley zählte.[20] Umgekehrt berief Mosley sich exakt auf den Antisemitismus, den Belloc und Chesterton schon vor dem Krieg formuliert hatten: Er war nicht rassisch begründet, sondern durch die angebliche internationale Verschwörung und die Finanzmacht der Juden.[21] Folgerichtig stützte sich Mosleys Propaganda auf die vermeintlichen Binsenweisheiten der Rechten. Selbstverständlich galt die Demokratie in der Parteizeitschrift *The Blackshirt* als korrupt: Je demokratischer ein Staat, desto größer sei die Korruption. Um dem »korrupten Netzwerk, das Demokratie genannt wird«, zu entkommen, gebe es nur einen Weg: Beitritt zur faschistischen Bewegung. Die vermeintliche Lösung bot das Führerprinzip. Es sorge mit seiner klaren Verantwortlichkeit dafür, korrupten Postenschacher und Nepotismus zu beseitigen.[22]

Spaniens »Eiserner Chirurg« tritt auf

Großbritannien war das einzige größere europäische Land, das in der Zwischenkriegszeit den Weg in die Diktatur vermied. Davor bewahrte es die lange Tradition eines starken Parlaments, dem auch die Korruptionsdiskussion letztlich nichts anhaben konnte. Ganz anders standen die Dinge auf dem europäischen Kontinent, wo Enttäuschungen über korrupte Parlamente und Politiker wichtige Bausteine für die rechten Diktaturen lieferten. Am deutlichsten zeigte sich das in Spanien. Die Debatte über die Niederlage von 1898 lieferte genug Stoff und Entrüstung für mehrere Jahrzehnte Reformdiskussion, bis Miguel Primo de Rivera sich als Retter der Nation in Uniform präsentierte.

Dabei war Joaquín Costa, der Vordenker der Regenerationisten, im Grunde Anhänger einer freiheitlichen Verfassung gewesen. Doch sein Beitrag zur Reformdiskussion war alarmistisch und doppeldeutig genug, um dem *caudillismo* neue Nahrung zu geben, der spanischen Variante des Glaubens an die heilsame Wirkung militärischer Führer. Costa war 1902 überzeugt, das Volk sei noch nicht reif, sich aus eigener Kraft vom Kazikenfeudalismus zu befreien. Also rief er nach der »natürlichen Aristokratie« und nach einer »chirurgischen Politik«, die das Land von der Krankheit der Korruption befreien solle. So empfahl er eine Herrschaft von Experten und Gebildeten, doch das Fernziel blieb eine parlamentarische Regierung.[23] Die Kritik der Regenerationisten war populär; ihre Aussagen über Korruption und Kaziken wurden immer wieder zitiert und gingen als Binsenweisheiten ins kollektive Gedächtnis ein. Ähnlich wie in Italien florierte in den Jahren vor dem Ersten Weltkrieg in Spanien eine überhitzte Regenerationsliteratur, deren Autoren das Volk zu neuer Vitalität führen wollten.[24]

Spanien war vor wie nach dem Krieg beherrscht von einer Gemengelage politischer Unzufriedenheit, deren Schlüsselmotive Nationalismus und Korruptionskritik waren. Da war es nur eine Frage der Zeit, bis ein politischer Führer beherzt nach der Macht griff – zumal der *caudillismo* in Spanien eine respektable Tradition hatte. Dieser Moment kam 1923. Wie in vielen anderen Ländern Europas gab es auch in Spanien an der Wende zu den 1920er Jahren soziale Unruhen, in einigen Städten wie Barcelona mit regelrechtem Terror der Anarchisten und Gegenterror der Arbeitgeber. Zu allem Überfluss hatten spanische Streitkräfte schon 1921 eine Niederlage gegen marokkanische Truppen bei Annual erlitten. Das politische System befand sich in Auflösung. Da ergriff der General die Gelegenheit zum Staatsstreich. Im Unterschied zu den Faschisten, Nationalsozialisten und auch zu Franco gab sich Primos Diktatur pragmatisch und unideologisch, ja er berief sich weitgehend auf Ziele und Werte der konservativen Variante des *regeneracionismo*.

In seiner Proklamation vom 13. September 1923 verwendete er eine ganze Reihe von Schlüsselbegriffen aus Costas Gedankenwelt. Er nahm für sich in Anspruch, der Chirurg zu sein, auf den das Land seit 1902 warte, rief die »natürliche Aristokratie« um Hilfe an und versprach die Regeneration des Landes. In den ersten Wochen seiner Herrschaft behauptete er, nur kurze Zeit regieren zu wollen, bis die legitimen Institutionen des Landes ihre Aufgaben wieder übernehmen könnten. Ostentativ kümmerte sich der politische ›Heiler‹ persönlich um viele Kleinigkeiten, erließ Dutzende von Dekreten und kommentierte sie persönlich. Mit diesem Hyperaktionismus demonstrierte der Diktator nicht nur seinen guten Willen, sondern er wollte damit auch ganz konkret die Macht der Kaziken brechen, wollte die mikropolitischen Verflechtungen in den Eliten des Landes lösen. Wenige Wochen nach dem Putsch verbot beispielsweise ein Dekret ehemaligen Ministern, in Verwaltungsräte von Privatunternehmen einzutreten. Primo erntete zunächst viel Lob und Unterstützung, auch von liberalen Zeitungen wie *El Sol*. Die spanischen Hoffnungen auf eine konsequente Antikorruptionspolitik waren ernsthaft.

Primo de Riveras Herrschaft gründete nicht auf einer ausgefeilten politischen Idee. Sie verstand sich als Reparaturbetrieb, war eine Kazikenbeseitigungsdiktatur im Geist der Regenerationisten. So ging Primo de Rivera also ans Werk, die spanische Politik, den öffentlichen Dienst und vor allem die Lokalverwaltungen zu säubern und die Ehre der Nation wiederherzustellen. Einiges schien ihm auch zu gelingen. Den Kolonialkrieg in Nordafrika konnte er 1926 erfolgreich beenden. Er schob ein Beschäftigungs- und Investitionsprogramm an und setzte eine Landreform auf die Tagesordnung. Patriotismus und Zentralismus gehörten nun zur Staatsräson, der die Sonderrechte der Region Katalonien zum Opfer fielen. Primo setzte sogenannte Zivilgouverneure in den Provinzen ein, um lokale Netzwerke zu entmachten. Mit dem gleichen Ziel schaffte er die Kommunalräte ab. Nach eigenen Angaben reduzierte das Regime die Zahl der Staatsbediensteten um rund ein Viertel – was vermutlich aber nicht ansatzweise stimmte. Der Kampf gegen die Kaziken war denn auch Begründung genug dafür, Parlament und Parteien zu entmachten. Diese Maßnahmen waren indes populär. Nationalistische Intellektuelle hielten Primo lange die Treue, und anfänglich ging in der Verwaltung tatsächlich die Angst vor Säuberungen um.[25]

Doch stellte sich bald heraus, wie vermessen Primos Vorhaben war. Auch seine neuen Kommandostrukturen brauchten nämlich eine mikropolitische Verankerung, vor allem weil der *Caudillo* außerhalb der Armee und der staatlichen Verwaltung keine Machtbasis besaß. Und so blieben die Gesetze der spanischen Provinz- und Kommunalpolitik unangetastet.[26]

Nach rund zwei Jahren verwandelte Primo die als Übergang gedachte Militärherrschaft in eine auf Dauer angelegte Zivildiktatur. Zugleich machte er sich daran, eine politische Bewegung zu gründen, die das Regime tragen sollte. So entstand die Unión Patriótica als Staatspartei, völlig auf den politischen Führer Primo ausgerichtet. Die Unión lebte ebenfalls vom Ressentiment gegen die Eliten der Restaurationsära. Sie verstand sich als Antiparteienpartei und predigte die Abkehr vom liberalen Parlamentarismus, vom Meinungsstreit der Parteien und natürlich vom Kazikentum. Außer einem starken Katholizismus hatte sie freilich wenig eigene Inhalte zu bieten: Primos Herrschaft war eine Diktatur ohne Ideologie – äußerst ungewöhnlich im frühen 20. Jahrhundert. Immerhin überlebte die Partei Primos Sturz und rettete sich in die Zweite Republik, umbenannt in Unión Monárquica. 1936 ging sie dann in den Falanges von Franco auf und half mit, die zweite spanische Diktatur im 20. Jahrhundert zu errichten.

Als Primo die Herrschaft an sich riss, konnte er auf breite Sympathie zählen, auch wenn er diese schon bald wegen Missmanagement und erfolgloser Wirtschaftspolitik verlor. Zu den wenigen kritischen Stimmen gehörte der Republikaner Manuel Azaña, der 1931 Premierminister und 1936 Staatspräsident der Zweiten Republik werden sollte. Auch Azaña geißelte 1923 das Kazikentum und wiederholte viele Elemente aus Costas Diagnose – etwa die Vorstellung, es handele sich hier um eine vormoderne Oligarchie. Nur zog er andere politische Folgerungen. Da die Kazikenherrschaft älter als jede Verfassung sei, könne man sie nicht dem Parlamentarismus anlasten. Deshalb könne man auch nicht mit einem Staatsstreich gegen sie vorgehen. Der *Caudillo* mache nichts anderes, als die illegitime Herrschaft der Kaziken durch seine eigene zu ersetzen. Azaña hielt nichts von einer moralisierten Politik. Er erkannte durchaus hellsichtig, dass die Mikropolitik der Kaziken gewissermaßen von unten nach oben wachse. Die einzige tragfähige Lösung: wirtschaftliche und soziale Entmachtung der Kaziken vor Ort. Dabei setzte Azaña ganz auf den Klassenkampf der Arbeiter und Landarbeiter.[27]

Mit dem vorläufigen Ende von Diktatur und Monarchie 1931 bekamen die Republikaner Gelegenheit, ihre Ansätze zur Bekämpfung der Korruption auszuprobieren. Der Fall Straperló sollte vier Jahre später zeigen, dass das Image einer sauberen Republik schnell zerstört war. Zunächst hatte die Republik davon profitiert, dass sie der Rivera-Diktatur im Nachhinein den Spiegel vorhalten konnte. Ab 1931 bemühte sich die Comisión de responsabilidades des spanischen Parlaments um Aufklärung von Verbrechen der Diktatur. Obwohl politisch eher zweitrangig, hob die Kommission den Fall des mallorquinischen Unternehmers Juan March hervor, der von Primo persönlich mit einem Tabakmonopol für die Kolonien Ceuta und Melilla begünstigt worden war. Der Fall hatte hohe symbolische Bedeutung, konnte man doch im Nachhinein nachweisen, dass auch der *Caudillo* nicht frei von mikropolitischen Verstrickungen gewesen war.[28]

Kaziken- und Korruptionskritik blieben der spanischen Öffentlichkeit erhalten, doch verloren sie schrittweise ihre zentrale Bedeutung. Auf der politischen Rechten bemühte man sich, die Ideologieferne Primos zu überwinden. Primos Sohn José, Gründer der Bewegung der Falanges, und auch die rechtsradikale Zeitschrift *Acción Española* erhoben die Diktatur nun zum Selbstzweck, zum ideologischen Prinzip. Der Regenerationismus klang dabei nur noch indirekt an, dafür machten sich Einflüsse des italienischen und französischen Faschismus sowie der Nationalsozialisten bemerkbar.[29] Franco selbst definierte seine Politik stärker über Antiparlamentarismus, Antimarxismus, Antisemitismus, Antifreimaurerei und den politischen Katholizismus. Zwar behauptete der Generalissimus ebenfalls, die Kaziken entmachten zu wollen. Doch gelang auch ihm dieses Kunststück nicht – die kazikilen Strukturen in Städten und Provinzen zeigten sich ideologisch sehr flexibel und retteten sich über die Regimewechsel der 1920er und 1930er Jahre hinweg. Auch Bestechlichkeit in den höchsten Kreisen war gang und gäbe. So bedachte der britische Geheimdienst im Zweiten Weltkrieg zahlreiche spanische Kommandeure im Umfeld des Diktators mit Geld. Das Ziel: Spanien sollte um jeden Preis neutral bleiben.[30]

Der *Duce* und die Hebung öffentlicher Moral

In gewisser Weise glichen sich Italien und Spanien auf ihren Wegen in die Diktatur. Beide Länder vollzogen diesen Wechsel schon in den frühen 1920er Jahren. Mussolini griff wie Primo de Rivera in seinen Reden und Schriften medizinische Metaphern auf und versprach, Italien zu regenerieren und zu heilen, empfahl sich als eine Art Arzt – freilich etwas radikaler, denn dies schloss ausdrücklich auch die Entfernung von vorgeblich ungesunden Teilen der Bevölkerung ein.[31] In beiden Ländern hatten liberale Politiker schon sehr früh die Idee vorgetragen, das Problem der Mikropolitik mit mehr Autorität zu lösen, und man debattierte schon um 1900 ernsthaft über ein Ende der Parlamentsherrschaft.

Zu den frühen Sympathisanten einer starken Regierung für Italien gehörte der liberal-konservative Rechtswissenschaftler und Publizist Ruggero Bonghi. Nach dem Desaster des Banca-Romana-Skandals lag dieser Gedanke gewissermaßen in der Luft. Bonghi rief den König von Italien dazu auf, seine verfassungsmäßigen Rechte ernst zu nehmen. Er solle sich bei der Regierungsbildung nicht von parlamentarischen Mehrheiten leiten lassen, sondern allein von den Fähigkeiten des designierten Regierungschefs. Auch wenn diese Intervention sehr moderat war, vereinnahmte der italienische Faschismus Bonghi später für sich. Der faschistische Vordenker Giovanni Gentile veröffentlichte dessen Schriften.[32] Zur gleichen Zeit träumte auch Francesco Crispi von einer stabilen und unabhängigen Regierung nach deutschem Vorbild. Nachdem er Giovanni Giolitti vom Sessel des Ministerpräsidenten verdrängt hatte, versuchte er sich in einer Politik militärischer Stärke nach außen und strafferer Führung im Innern, scheiterte aber mit beiden Projekten. Immerhin formulierte er in unveröffentlichten Papieren die Hoffnung, eines Tages könne Italien ohne gewählte Abgeordnete auskommen und das Volk werde seinen politischen Willen in anderer Weise zum Ausdruck bringen – eine Idee, die in sämtlichen Diktaturen des 20. Jahrhunderts wiederauftauchte. Auch in Italien entwickelte sich um 1900 ein radikaler Nationalismus, der sein Betätigungsfeld unter anderem in Projekten kolonialer Expansion und im Kampf gegen die angeblich süditalienische Korruption in der Politik suchte.

Korruption galt hier, ähnlich wie in Spanien, als gleichbedeutend mit Regionalismus und lokalen Egoismen. Der *Trasformismo* schien ein Grund für nationale Schwäche, moralische Apathie und mangelnden Patriotismus – so jedenfalls formulierten es Nationalisten wie Enrico Corradini und Giovanni Papini kurz vor dem Ersten Weltkrieg. Der Krieg galt in diesen Kreisen als ein letztes Mittel, um den mangelhaften Charakter der Italiener neu zu formen. Nach dem Krieg mit seinen katastrophalen Folgen plädierten führende Intellektuelle schließlich dafür, dass nicht die selbstsüchtigen Politiker, sondern Fachleute und Techniker das Land regieren sollten. Sie hofften, so den wirtschaftlichen Rückstand auf andere Länder zu verkürzen – ein Gedanke, der neben anderen von Mussolini aufgegriffen wurde und sein Modell des Korporatismus stützte.[33]

Am Vorabend des Weltkriegs verliefen die Konflikte oftmals nicht so sehr zwischen rechten und linken Gruppen, sondern zwischen Moderaten und jenen Radikalen, die das politische System möglichst schnell und nachhaltig verändern wollten. Die sich langsam abzeichnende Bewegung des späteren Faschismus sammelte linke wie rechtsliberale Kritiker von Parlament, Parteien, *Trasformismo* und Klientelismus in ihren Reihen.[34] Giovanni Gentile formulierte das später so: Mussolini habe schon vor dem Krieg »der parlamentarischen Korruption des Reformismus die idealistischen Forderungen der Revolution und der Gewalt entgegengesetzt«. Jetzt, so Gentile im Rückblick, hätten sich Gewerkschafter, Idealisten und Nationalisten erstmals zum gemeinsamen Kampf gegen das liberale Regime zusammengefunden; sie hätten die »dumme und verlogene Zusammenarbeit« mit ihm beendet. Nach dem Krieg habe Mussolini sich dann daran gemacht, das »kranke« Italien Giolittis zu überwinden und einen neuen Staat zu schaffen, der mit klarem Willen und großer Kraft ausgestattet sei. Dieser faschistische Staat stelle das Volk in den Mittelpunkt. Er sei ein »in diesem Sinne ausgesprochen demokratischer Staat«.[35]

Parteisekretär Augusto Turati griff diesen Gedanken 1929 wieder auf. Er versicherte, Begünstigungen, Korruption und Freimaurerei hätten die italienische Nation in der liberalen Ära kraftlos gemacht. In der faschistischen Gesellschaft dagegen müsse jeder sich seinen Rang durch persönlichen Einsatz im Konkurrenzkampf erarbeiten, und dies stähle auch die Nation.³⁶ Der Faschismus fand auch deshalb viele Anhänger, weil weite Teile der Eliten glaubten, das italienische Volk brauche eine umfassende Therapie seines sozialen und moralischen Verhaltens; der *Trasformismo* und die Käuflichkeit von Politik schienen da nur ein Symptom zu sein.

Korruptionsbekämpfung war ein wichtiges Versprechen des faschistischen Regimes. Das hatte auch für die Auseinandersetzungen innerhalb der Bewegung Konsequenzen. Ein Beispiel ist Massimo Rocca, Anführer des »revisionistischen« Flügels der Faschisten. Er setzte sich nach dem Amtsantritt Mussolinis für eine moderate Politik ein, und er sah die Macht einiger lokaler Parteiführer mit Sorge. Rocca nutzte seine Zeitschrift *Critica Fascista*, um Position zu beziehen. Er erinnerte 1923 an Mussolinis Versprechen, es anders zu machen als die liberalen Politiker und Bitten um Begünstigungen auch von »Beschaffern« im faschistischen Gewand abzulehnen. Rocco warnte seine Partei davor, die »Satrapen« und »Politisierer« der Giolitti-Ära durch neue von faschistischer Couleur zu ersetzen. Mussolini habe dem Land nichts Geringeres als eine moralische Revolution verordnet, und die Partei müsse ihn dabei unterstützen, dürfe sich nicht verselbstständigen oder in alte Fehler verfallen.³⁷ Dieser Aufruf macht auch noch einmal deutlich, wie gefährlich die Informationen Matteottis in den Augen der Faschisten sein mussten – sie hatten das Zeug, einen der Gründungsmythen des Regimes zu entlarven.

Die Wirklichkeit im faschistischen Italien war von den genannten Idealen weit entfernt. Gerade deshalb war die Denunziation von Korruptionsfällen ein beliebtes Mittel, um parteiinterne Machtkämpfe auszutragen. Wo inhaltliche Auseinandersetzungen zunehmend weniger gestattet waren, blieb oftmals nur die Möglichkeit, den Ruf des parteiinternen Gegners zu ruinieren. Solche Kämpfe blieben nicht verborgen, und die Bevölkerung maß das Regime durchaus an seinen Versprechungen. Zahlreiche Protestbriefe an die Parteiführung zeigen, dass ein großer Teil der Bevölkerung vor allem die lokalen Parteiführer ab den 1930er Jahren für korrupt und eigennützig hielt. Die vor Ort heißdiskutierten Bereicherungs- und Korruptionsaffären beschädigten den Ruf des Regimes nachhaltig, so jedenfalls lautete die Einschätzung der Geheimpolizei. 1940 kam es zu Unruhen in Pomigliano d'Arco bei Neapel, wo der örtliche Parteiführer Arbeitslosen gegen Bestechung Jobs versprach. Mussolini selbst trafen die Vorwürfe zwar lange Zeit nicht, doch die Partei stand in dem Ruf, ein Selbstbedienungsladen zu sein.[38] Grundsätzlich war der Parteiführung dieses Problem bekannt. In der Existenzkrise des Faschismus von 1943 ging der neue Parteisekretär Carlo Scorza diese Missstände in seiner Kampagne zur Remobilisierung von Volk und Partei für den Krieg offensiv an und gab zu, dass – außer natürlich Mussolini – viele Parteiführer vom Pfad der Tugend abgekommen waren.[39] Freilich rettete diese Kampagne das Regime nicht mehr.

Erosion der Republik in Deutschland und Frankreich

Die deutsche Situation unterschied sich von denen in anderen Ländern dadurch, dass der Parlamentarismus erst 1918/1919 Wirklichkeit geworden und sofort von den Rändern des politischen Spektrums her unter schweren Beschuss geraten war: Für die Kommunisten war er das Ergebnis eines angeblichen Verrats der Sozialdemokratie an der Arbeiterklasse, für die Rechten ein Kind des schändlichen »Diktatfriedens« von Versailles. Indes hatte die Korruptionsdebatte auch in Deutschland eine längere Tradition – und sie war hier wie in Frankreich besonders eng mit dem Antisemitismus verbunden. Aus all diesen Gründen lag es für die nationalsozialistische Bewegung nahe, sich als Lösung für das Korruptionsproblem zu präsentieren.

Wie schon beschrieben, untergruben vor allem die nicht enden wollenden Skandalketten das öffentliche Bild von der ersten deutschen Demokratie. Seit dem Sklarek-Skandal war Korruption dann nicht mehr nur ein Wort für den angeblichen Webfehler der Demokratie, sondern Korruption stand schlicht für alles, was Nationalsozialisten ablehnten. In ihrer Ausgabe vom 19./20.3.1930 fasste die nationalsozialistische Parteizeitung *Völkischer Beobachter* einen bunten Reigen von behaupteten Missetaten unter diesem Begriff zusammen: Landesverrat, Schwächung der deutschen Verteidigung, Verfremdung der deutschen Kultur, Rassenverrat, Weitergabe wirtschaftlicher Errungenschaften an das feindliche Ausland, Verunglimpfung deutscher Kriegshelden und so fort. Entscheidend war hier nicht die Analyse, sondern allein die Macht der korruptionskritischen Polemik. Da störten auch offensichtliche Widersprüche kaum, und der *Völkische Beobachter* konnte titeln:»Kapitalismus und Korruption triumphieren unter der marxistischen Herrschaft. Das ausgeplünderte Volk zahlt die Zeche«.[40] Einen zusätzlichen Schub erhielt die nationalsozialistische Korruptionserzählung durch die Weltwirtschaftskrise von 1929. Arbeitslosigkeit und soziales Elend verlangten nach Erklärungen, und mit Korruption ließen sich komplizierte Zusammenhänge scheinbar einfach auflösen in einem Schema von der Unmoral und der Schuld einzelner Finanziers und Politiker. Auch in Deutschland war das Thema also geeignet, weitgespannte Krisenursachen und -phänomene auf den Punkt zu bringen und Hoffnungen auf eine einfache Lösung zu wecken; eine Lösung, die in der Hand eines starken Führers liege, wie die Nationalsozialisten behaupteten.

Die neuen Herrscher machten sich nach der Machtübernahme im Januar 1933 daran, nicht nur die Debatte über Korruption, sondern auch deren Verfolgung zu kontrollieren. Einige Fälle aus der Weimarer Zeit wurden wiederaufgenommen. In Preußen schuf das Regime besondere Strafverfolgungsbehörden, um aktuelle Korruptionsvergehen und solche aus der Republikzeit zu ahnden. Schon nach einem halben Jahr waren hier rund 1500 Verfahren anhängig. Es ging darum, die neue Sittenstrenge zu demonstrieren und der Republik auch im Nachhinein ihre Legitimität abzusprechen. Allerdings wurden diese Aktivitäten bald eingestellt, denn oft genug kamen Unterschlagungen und Veruntreuungen von NSDAP-Amtsträgern ans Licht.[41]

Jetzt öffnete sich jene Korruptionsfalle, in die alle autoritären Regime tappten: Den hohen moralischen Erwartungen konnten sie nicht entsprechen. In Kapitel 3 haben wir gesehen, dass die Parteimitglieder unmittelbar nach dem Regimewechsel ihren mikropolitischen Anteil an der Staatsbeute einforderten. Wie im italienischen Faschismus entwickelte die breite deutsche Bevölkerung schnell ein Sensorium für die »Bonzenwirtschaft« in der NS-Führung. Auch in Deutschland fürchteten Partei und Propagandabehörden Imageschäden für das Regime. Mit vereinzelten Schauprozessen versuchte man den Anschein zu erwecken, dass die Obrigkeit hart durchgreife. Auch gegen jene, welche die Partei durch Veruntreuung oder Korruption schädigten, ginge man stets konsequent vor. Ähnlich wie in Italien waren Korruptionsvorwürfe in Nazideutschland ein Mittel innerparteilicher Macht- und Verdrängungskämpfe. Trotz allem war die Zustimmung der Deutschen zum Nationalsozialismus bis kurz vor Kriegsende sehr hoch. Selbst die offen zur Schau gestellte Bereicherungssucht von Nazigrößen wie Hermann Göring änderte daran nichts.[42]

Während sich die parlamentarischen Systeme in Spanien, Italien und Deutschland von innen aushöhlten, fiel Frankreich scheinbar erst durch den Krieg an die Diktatur. Lange Zeit galt das Vichy-Regime des Marschall Philippe Pétain als politische Marionette Nazideutschlands, das Frankreich 1940 in einem raschen Feldzug besiegte. Allerdings stimmt diese Einschätzung nur bedingt – die Dritte Republik änderte schon in den letzten zwei Jahrzehnten ihres Bestehens ihren Charakter und bewegte sich auf einen autoritäreren Politikstil zu, wenn auch nur in winzigen Schritten. Die Sehnsucht nach starken Politikern war stetig gewachsen, seitdem Georges Clemenceau das Land scheinbar allein durch seine Willenskraft aus der sicher geglaubten Niederlage im Ersten Weltkrieg zum Sieg geführt hatte. Spätestens in den 1930er Jahren vermuteten viele Franzosen, ihr Land könne neben den erfolgreichen Modellen des italienischen Faschismus und des deutschen Nationalsozialismus auf Dauer nicht bestehen. Während diese Länder von Erfolg zu Erfolg zu stürmen schienen, blieb Frankreich von wirtschaftlichen und politischen Krisen erschüttert.

Ein Erklärungsmuster für diesen bedauerlichen Zustand konnten die Franzosen seit den 1880er Jahren regelmäßig in der Zeitung lesen: die grassierende Korruption ihrer republikanischen Elite, die von Freimaurern und Juden gesteuert und bezahlt werde. Der Schriftsteller Georges Bernanos wiederholte Anfang der 1930er Jahre Drumonts historische, antisemitische Interpretation des Panama-Skandals und nahm sie als Beweis für die Unfähigkeit des republikanischen Parlamentarismus. Bernanos leitete daraus die Forderung ab, die Nation müsse mit Eisen und Feuer erneut zu moralischer und religiöser Einheit geschmiedet werden.[43] Für Bernanos war die Republik unreformierbar, und diesen Ansatz teilten die meisten katholischen, konservativen und rechten Gruppierungen der 1930er Jahre. Bis zum Ersten Weltkrieg hatten immerhin noch Teile der Rechten darauf gesetzt, das System könne reformiert werden.[44]

In diesem Licht muss man auch die außergewöhnliche Wirkung der im vorigen Kapitel erwähnten Stavisky-Affäre betrachten. Sie brachte das Land am berühmten 6. Februar 1934 an den Rand des Bürgerkriegs. Schon seit Tagen waren die Abgeordneten der Nationalversammlung Schmähungen ausgesetzt, wenn sie in der Öffentlichkeit erschienen. Die Gunst der Stunde nutzten nun die sogenannten Ligen: mehr oder minder militant auftretende rechtsnationalistische Massenorganisationen. Eine der wichtigsten unter ihnen, die Action Française, gehörte seit ihrer Gründung um die Jahrhundertwende zu den konsequentesten Kritikern der republikanischen Korruption. Ihr gemeinsames Motto für diesen Tag: »Nieder mit den Dieben« – gemeint war die gesamte politische Klasse. Die Ligen mit Namen wie Action Française, Camelots du Roi, Jeunesses Patriotes, Croix-de-feu und Ligue des Patriotes brachten Zehntausende Anhänger auf die Straße, um Richtung Parlamentsgebäude zu marschieren. Es gab einen vagen Plan, das System zu stürzen; eine Übergangsregierung machte sich bereit. Unterstützung kam von rechten und kommunistischen Frontkämpferverbänden. In letzter Minute brachte die Polizei die Marschkolonnen auf der Place de la Concorde zum Stehen. Zurück blieben viele hundert Verletzte und knapp 20 Tote sowie der Eindruck, die Republik sei durch rechte Gewalt bedroht. Zu keinem anderen Zeitpunkt stand Frankreich so dicht vor einer Machtübernahme ultrarechter Gruppen.

Es ist in der Forschung viel darüber gerätselt worden, warum sie die Gelegenheit verstreichen ließen. Möglicherweise fehlte den Ligen neben einem gemeinsamen Dach auch der unbedingte Wille zur Macht. Auf diese Frage konzentrierte sich im Übrigen eine ausgedehnte Debatte über den französischen Faschismus. Auf der einen Seite stehen vor allem englischsprachige Autoren, die unter Verweis auf politische Ideen und Schriften einen französischen Faschismus beschreiben, der seit der Jahrhundertwende erheblichen Einfluss im In- und Ausland entfaltete. Zu nennen seien hier die Schriften von Georges Sorel, der bei den italienischen Faschisten großen Anklang fand.[45] Auf der anderen Seite stehen vornehmlich französische Historiker. Sie argumentieren, es habe in Frankreich keine ultrarechte Gruppe gegeben, die sich ernsthaft darum bemüht habe, die Macht im Lande an sich zu reißen – im Gegensatz zu den italienischen Faschisten und den deutschen Nationalsozialisten. Außerdem sei die politische Landschaft auf der Rechten extrem zersplittert gewesen. Auch habe die extreme Rechte in Frankreich nie zu einer gemeinsamen Ideologie gefunden.

Der Skandal um Stavisky zeigt gleichwohl, wie zerbrechlich die französische Demokratie in der Mitte der 1930er Jahre war, als sich die öffentliche Empörung gleichsam reflexartig gegen Politiker und Parlament richtete. Ähnliches war schon 1928/29 zu beobachten gewesen, als das

Bankimperium von Marthe Hanau zusammenbrach; auch hier hatten Politiker kaum eine Rolle gespielt, und dennoch lastete man den Ruin Tausender Kleinsparer der linken Regierungskoalition des sogenannten »Kartells der Linken« an.[46] Marschall Pétain, Held des Ersten Weltkriegs und in den späten Jahren der Republik so etwas wie ein rechter, katholischer und scheinbar selbstloser Hoffnungsträger, erhielt von der Nationalversammlung im Juni 1940 den Auftrag, einen Waffenstillstand mit dem Deutschen Reich zu schließen. Als er anschließend daran ging, die bislang dauerhafteste französische Republik zu liquidieren, bediente er sich selbstverständlich bei der schwarzen Legende des korrupten Parlamentarismus. Vollmundig kündigte das »Oberhaupt des französischen Staates« (chef de l'Etat Français) an, die Korruptionsmacht privater Unternehmen zu brechen. Persönliche Interessen von Politikern würden fortan keine Rolle mehr spielen, und die Herrschaft des Geldes finde nun ein Ende.[47] Es versteht sich fast von selbst, dass auch diese Ankündigungen blieben, was sie waren: Propaganda.

Auch im autoritären Staat machte sich Unmut breit, Korruption der Herrschenden schien den Beherrschten bald lästige Normalität zu sein. In Frankreich haderten die Menschen zu Beginn der 1940er Jahre vor allem mit der schlechten Lebensmittelversorgung. Das Regime von Pétain versprach den Franzosen mehr soziale Gerechtigkeit, und das trotz der schmerzlichen Niederlage gegen Hitlerdeutschland. Wenn es auch wenig zu essen gab, so sollten doch alle gleich versorgt werden. Die Regierung gründete also eine bürokratische Maschinerie, die damit beschäftigt war, den Menschen einen gerechten Anteil an den Nahrungsmitteln zuzuteilen, das sogenannte *ravitaillement*. Allerdings schlug der Versuch fehl, denn die Manipulationsmöglichkeiten waren enorm. Auch in Vichy-Frankreich schnappte am Ende die Korruptionsfalle zu und kostete das Regime viel von dem geringen Kredit, den es bei den Franzosen ohnehin nur hatte. Schon wenige Monate nach der Machtübernahme kam es in der Regierung des französischen Rumpfstaates, der nicht direkt von Deutschland besetzt, aber weitgehend von der deutschen Militärregierung abhängig war, zu einem Machtkampf. Ende 1940 entließ Staatschef Pétain seinen wichtigsten Mitarbeiter, Pierre Laval. Laval war eine Symbolfigur forcierter Kollaboration; er stand für jene Kräfte, die es den Deutschen besonders recht machen wollten und im

Prinzip des vorauseilenden Gehorsams die beste Strategie erblickten, um in einem von Hitler dominierten Europa dauerhaft zu überleben. Tatsächlich hatte der greise Marschall sich mit der Entlassung einen kleinen Handlungsspielraum bewahren wollen.

Daraufhin rüsteten sich die kollaborationistischen Kräfte in der von den Deutschen besetzten Hauptstadt Paris zum Gegenschlag. Sie fanden in der Nahrungsmittelversorgung mit ihren Unregelmäßigkeiten einen geeigneten Hebel, um der Regierung von Vichy zuzusetzen, und zwar teilweise mit den Instrumenten, die sich in den langen Jahren der Republik herausgebildet hatten. Sie starteten eine von den Deutschen geduldete, wenn nicht unterstützte Pressekampagne gegen den Staatssekretär für Nahrungsmittelversorgung, Jean Achard. Kollaborationistische Politiker wie Marcel Déat und Verleger wie Jean Luchaire warfen ihm die schon aus vergangenen Jahrzehnten wohlbekannten Verfehlungen vor: Nepotismus, Begünstigung, Käuflichkeit – kurz: Korruption. Nach einem guten halben Jahr musste Pétain den von ihm hoch geschätzten Staatssekretär im Sommer 1941 entlassen. Der Ruf seiner Nahrungsmittelpolitik war durch die monatelange Kampagne ruiniert, und es gelang dem Regime trotz einiger Reformanstrengungen auch in der folgenden Zeit nicht mehr, ihn wiederherzustellen.[48] Wie in Italien endeten Korruptionsvorwürfe im Regime von Vichy damit, dass das System aus seiner Mitte heraus erodierte.

Schluss

Mikropolitik ist nicht gleich Korruption, obwohl Korruptionskritik in der Regel Mikropolitik meint. Diese Unterscheidung mag auf den ersten Blick spitzfindig erscheinen. Es zeigten sich im Verlauf dieses Buches jedoch einige Vorteile, die diese Trennung rechtfertigen. Die Geschichten von Mikropolitik und Korruptionskritik sind zwar miteinander verwoben, doch sie sind nicht identisch.

In der Vormoderne kam Patronage den Vorstellungen von idealer Gesellschaft sehr nahe. Sie spiegelte grundlegende Werte des Sozialen, ja lieferte ein Modell gesellschaftlicher Ordnung, denn sie bekräftigte gesellschaftliche Vorstellungen wie das hierarchische Denken, die soziale Verantwortung der Ranghöheren, den Grundsatz der Tradition und langen Dauer, die Kultur der Face-to-face-Gesellschaft, kurz: Patronage war gottgefällig, und sie war häufig auch sozial geboten. Dennoch war Mikropolitik nie völlig unproblematisch. Auch die Menschen der Frühen Neuzeit hatten ein Bewusstsein dafür, dass öffentliche Amtsträger dem Wohl aller Untertanen und nicht nur ihrer Klientel verpflichtet waren. Verstöße dagegen galten schon in der Vormoderne als Korruption. Diesen Widerspruch lösten die Zeitgenossen nicht auf, vielmehr gab es eine offene Konkurrenz sich widersprechender Normen. Im Unterschied zur Moderne waren beide Werte nämlich gleichberechtigt: Patronage wie auch die Orientierung am Gesamtwohl. Die Lage war kompliziert, weil die Grenzen zwischen dem Öffentlichen und dem Privaten sich kaum abzeichneten und weil Gesamtwohl und Gruppeninteresse gelegentlich ineinanderfielen.

Wenn es zu einem Konflikt kam, urteilten die Menschen nicht pauschal, sondern sie entschieden fallweise, also kasuistisch darüber, welche Norm in einer konkreten Situation gelten sollte. Darüber gab es nicht selten Uneinigkeit, auch dies ganz anders als in der Moderne. Allerdings kamen die Beurteilungen solcher Situationen nicht zufällig zustande. Denn meist regulierte Korruptionskritik die Patronage: Korruptionskritik wurde dann laut, wenn die Grundsätze des Maßhaltens in den Patronagesystemen verletzt wurden oder wenn Patrone ihre Aufgaben nicht mehr erfüllten. So war Korruptionskritik kein Instrument für die Bekämpfung von Mikropolitik, sondern sie wirkte als ein Korrektiv innerhalb der Patronagekultur. Außerdem gilt schon für die Frühe Neuzeit, was bis in die Gegenwart nicht an Aktualität verloren hat: Mit der Korruptionskritik ließen sich politische Machtkämpfe austragen, vor allem in der Öffentlichkeit und vor Gericht.

Mikropolitik ist freilich kein vormodernes Phänomen. Vielmehr trug Mikropolitik zur politischen Modernisierung bei, und sie nahm im Verlauf der Moderne neuartige Formen an. Neben die Patronage traten stärker horizontal angelegte Verflechtungen. Politische Gesinnung und Mitgliedschaft in politischen Organisationen wurden immer wichtigere Kriterien für Begünstigung. Beamte und Bürokratisierung beeinflussten die Techniken der Mikropolitik. Das Geld der Industriellen, die Posten in der Staatsverwaltung und schließlich die Sozialsysteme lieferten neue Ressourcen der Begünstigung. Unternehmer, Spitzenbeamte und Politiker lösten die adeligen Magnaten und Kirchenfürsten als mikropolitische Hauptakteure ab. Die Kreise der mikropolitischen Klienten weiteten sich sozial aus auf die Mittel- und Unterschichten. An die Stelle der höfischen Patronage trat die parlamentarische Mikropolitik. Will man die Modernisierungsfaktoren in der Mikropolitik mit Schlagworten auf den Punkt bringen, so gehören dazu Bürokratisierung, Monetarisierung und Organisationspatronage sowie eine tiefgreifende soziale Transformation.

Zuvor hatten die Schriftsteller der Aufklärung die Voraussetzungen für ein neues Denken über politische Moral geschaffen, und damit auch über Korruption. In dem Bemühen, eindeutige Kategorien und Normen zu errichten, verpflichteten sich die modernen Gesellschaften einem vermeintlich klaren Normgerüst. Ziel war es, die ungelöste Konkurrenz unterschiedlicher Normsysteme zu überwinden. Um dies zu erreichen, zogen die Zeitgenossen scheinbar eindeutige Grenzen. Eine der wichtigsten Grenzen war diejenige zwischen dem privaten und dem öffentlichen Handeln. Die epochalen Staats- und Verwaltungsreformen der Zeit um 1800 folgten diesem Ideal, und die politische Moderne gründete darauf in der Praxis wie in der Theorie. Korruption bekam nun eine neue Bedeutung als Wort für Grenzübertretungen. Das neue Denken versprach ein absolutes Verbot von Mikropolitik. Korruption war nun nicht mehr eine Frage des Maßes, wie bei der aus dem Ruder gelaufenen Patronage, sondern ein grundsätzliches Problem, dass jegliche Form persönlicher Begünstigung im politischen Amt betraf. Via Korruptionsdiagnose verbannten die Zeitgenossen Mikropolitik in das Reich des Ancien Régime, in die Vormoderne, ja in die Halbbarbarei. Überwindung oder Abwesenheit von Korruption machten das gute Gemeinwesen aus. So erfand sich die politische Moderne auch durch ihr beständiges Reden über Korruption.

Für die Geschichte des modernen Zeitalters eröffnen die Befunde aus der Korruptionsgeschichte eine interessante Perspektive. Vor nicht allzu langer Zeit hat der Historiker Christof Dipper den Vorschlag gemacht, die Geschichte der Moderne und der Modernisierung zweigleisig zu untersuchen, gewissermaßen als einen Beziehungstanz zwischen sogenannten Basisprozessen und Ordnungsmustern. Gemeint ist damit der Versuch, anonyme soziale und wirtschaftliche Strukturen *einerseits* und die Selbstdeutungen der Menschen und Gesellschaften *andererseits* als die zwei untrennbaren und aufeinander bezogenen Seiten einer Medaille zu untersuchen.[1] Ein ähnlicher Ansatz lag diesem Buch zugrunde, in dem ich die Praktiken von den Deutungen getrennt habe. Die Ergebnisse deuten darauf hin, dass sich Wandlungen in den Praktiken auf die Debatten auswirkten und umgekehrt, sie sich also wechselseitig in ihrer ›Modernisierungsgeschichte‹ beeinflussten. Dies lässt vermuten, dass der Ansatz von Basisprozessen und Ordnungsmustern auch auf anderen Gebieten der Modernisierungsgeschichte gewinnbringend angewendet werden kann.

Die modernen Gesellschaften, so zeigt die Korruptionsgeschichte, gerieten bald in eine selbstgestellte Falle. Die Grenzen zwischen öffentlich und privat ließen sich niemals ganz sauber bestimmen; je genauer man die Grenze zu ziehen suchte, umso mehr Übertretungen mussten zum Vorschein kommen. Außerdem blieben Mikropolitik und Verflechtung trotz allen Wandels bis heute unabdingbare Machttechniken. Die politischen Gemeinwesen orientierten sich also an einem Ideal, das prinzipiell nicht erreichbar war. Der Kampf gegen Korruption erzeugte eine gegenläufige politische Dynamik: Einerseits gab er Anstöße zur Reform, andererseits war deren moralisches Scheitern vorprogrammiert.

Die Epoche der Moderne war im Unterschied zur Frühen Neuzeit eine

Zeit der Politisierung und Ideologisierung. Doch unter der Oberfläche politischer Glaubenskämpfe finden sich in der Korruptionsdebatte gemeinsame Grundlagen europäischer Politik, über alle ideologischen Gräben hinweg. Dazu zählte nicht nur das verhältnismäßig eingeschränkte Ziel, Bestechung einzudämmen. Vielmehr verpflichteten sich die Beteiligten mit ihrer Korruptionskritik einem gemeinsamen Ordnungsmodell. Politik als Dienst am Gemeinwohl anstelle partikularer Interessen und eine Staatlichkeit, die allein diesem Zweck dient, erscheinen uns heute selbstverständlich. Dies ist eine Folge der erstaunlichen Tatsache, dass dieser Grundsatz in der europäischen Geschichte der Moderne über Revolutionen, Machtergreifungen und Eiserne Vorhänge hinweg gültig blieb.[2]

Die Geschichte der Korruptionskritik ist aber vor allem auch eine Geschichte von Auseinandersetzungen, Konflikten und Umstößen. Am Beginn um 1800 stand ein begeisterter Aufbruch, befeuert vom Bewusstsein moralischer Überlegenheit der neuen Kräfte. Der neue Staat sollte eine ganze Reihe von Problemen lösen, darunter auch die »alte Korruption« überwinden. Das Projekt einer politischen Moderne ohne Korruption stand den Zeitgenossen rund ein Jahrhundert lang vor Augen. Doch die Hoffnung darauf verblasste Jahrzehnt um Jahrzehnt ein wenig mehr. Ernüchterung machte sich breit, schlicht weil es immer neuen Stoff für Korruptionskritik gab. Parteienkonkurrenz und Massenpresse sorgten dafür, dass immer genauer hingeschaut wurde; sie bereiteten den Boden für wachsende Empörung und Skandale. Um 1900 galten die bekannten Formen von Politik als moralisch verrottet. Das galt vor allem für Wahlen und Parlamente – sie erschienen geradezu infiziert vom Eigennutz der Politiker. Soziale Aufsteiger und die Gewinner des Kapitalismus standen unter besonders kritischer Beobachtung. Mit anderen Worten: Die Eliten und das politische Modell des liberalen Verfassungsstaates waren nun bevorzugte Zielscheiben der Korruptionskritik – und häufig waren ihre Vertreter selbst an der Kritik beteiligt. Die Geschichte des Parlamentarismus in Westeuropa ist auch eine Geschichte moralischer Selbstüberforderung, die vielerorts in der Selbstaufgabe endete.

Freilich wollte und konnte keine ernstzunehmende Kraft zurück zum Ancien Régime. Ab etwa 1900 taten sich autoritäre Bewegungen mit dem Versprechen hervor, nichtgewählte, »natürliche« oder fachlich ausgewiesene Eliten oder Führer würden durchgreifen, um das Gemeinwesen zu bessern. Der Kampf gegen Korruption stand auf den Fahnen aller autoritären Bewegungen der Zwischenkriegszeit. Neben vielen anderen Einflüssen half dieses Argument, die Diktatur in den Jahren nach dem Ersten Weltkrieg zur dominanten Herrschaftsform in Europa zu machen. Doch wurde auch sie dem Anspruch nicht einmal ansatzweise gerecht. Gerade die diktatorischen Regime mit ihren gegen Kritik abgeschotteten Strukturen ließen politischen Klientelismus und Mikropolitik neu erblühen. Korruptionskritik wurde aus der Presse in die Alltagsgespräche der Bevölkerung gedrängt oder für interne Flügelkämpfe instrumentalisiert. Zwar konnten die Diktaturen Wähler und Parlamente entmachten, grundlegende Mechanismen der politischen Moderne stellten sie allerdings nicht ab.

In diesem Buch habe ich das Augenmerk auf allgemeine Trends im westlichen Europa gelegt. Nationale Unterschiede kommen nur am Rande zur Sprache, obwohl es diese natürlich gab. Die politischen Begünstigungssysteme des späten 19. und frühen 20. Jahrhunderts zeigten bei aller Ähnlichkeit länderspezifische Profile, die sich aus den verschiedenartigen Verfassungen und vor allem aus unterschiedlichen sozialen Strukturen und Machtverhältnissen ergaben. In den Debatten über Korruption fallen ebenfalls länderspezifische Merkmale auf. Die größten ›Ausschläge‹ finden sich in Deutschland. Dort gab es vor 1918 vergleichsweise wenige Skandale und Affären, was an einem recht starken Mythos von der Unkorrumpierbarkeit deutscher, vor allem preußischer Verwaltung lag. In der Weimarer Republik erlebte das Land dann freilich eine äußerst schrille Debatte über die angeblich korrupte Demokratie. Dagegen verliefen die Korruptionsdiskussionen in Großbritannien eher routiniert und begleiteten Reformprojekte. In Frankreich entfaltete die Korruptionsdiskussion seit 1789 ein revolutionäres, regelmäßig abgerufenes und gelegentlich die Massen mobilisierendes Potential, selbst wenn die Dritte Republik ihre Korruptionskrisen letztlich sieben Jahrzehnte lang überstand. Im geeinten Italien gab es fast seit der Staatsgründung eine Art Konsens darüber, dass das System korrupt sei. Die intellektuelle Elite Spaniens war ebenfalls ab etwa 1900 davon überzeugt, das Land sei rückständig und sein politisches System korrupt. Beide Länder gehörten denn auch zu den ersten, in denen Diktatoren scheinbare Auswege zeigten.

Seit etwa 20 Jahren fehlt Korruption in kaum einer pessimistischen Zeitdiagnose. Korruption sei verantwortlich für die grassierende Armut in an Bodenschätzen reichen Entwicklungsländern. Korruption sei der Grund für die steckengebliebene Demokratisierung in vielen Staaten des ehemaligen Ostblocks. Korruption ist das sprichwörtliche Merkmal autoritärer Regime, sei es in China oder Nordkorea. Korruption verhindere Wohlstand und Stabilität in Krisenregionen wie Afghanistan oder Irak, sie behindere Wirtschaftswachstum und Chancengleichheit.

Selbst vor unserer Haustür, in der Europäischen Union, lauert Korruption: Korruption in Griechenland gilt als wichtiger Grund für die Schuldenkrise. Die tschechische Regierung stürzte 2013 über korrupte Verwicklungen bis hinauf ins Kabinett. Das demokratisch wenig gefestigte EU-Sorgenkind Rumänien musste sich im gleichen Jahr von der *Frankfurter Allgemeinen Zeitung* vorwerfen lassen, »Grünes Licht für Korruption« zu geben, weil bereits eingeführte Antikorruptionsgesetze abgeschafft wurden.[3] Auch in den westeuropäischen Ländern kommt man kaum noch mit, alle Korruptionsaffären und -skandale zu zählen. So entsteht das Bild einer in der Tendenz korrupten Politik. Korruption bleibt mithin ein politisches Grundübel unserer Welt. Glaubt man Stimmen, die der Antikorruptionsorganisation Transparency International nahestehen, so ist Korruption verantwortlich für eine lange Reihe politischer Misserfolge, sogar im Kampf gegen den Klimawandel.[4]

Diese Diagnose ist ebenso zeitgebunden wie alle früheren Korruptionsdebatten und auf eine bestimmte Weise neu. Nach dem Ende des Zweiten Weltkriegs besaß Korruptionskritik zunächst keinen großen Stellenwert. Dies war ganz besonders auffällig in Westdeutschland. Hier gab es immer wieder Affären mit dem Potential für große politische Skandale – jedoch ohne dass sie ausbrachen. Schon 1949 haben sich offenbar mehrere Abgeordnete der Bayernpartei ihre Zustimmung für Bonn als Bundeshauptstadt bezahlen lassen. 1958 geriet ein enger Mitarbeiter von Bundeskanzler Adenauer ins Visier der Justiz, der sich im Gegenzug für kostenlose Leihwagen von Daimler-Benz für die politischen Interessen des schwäbischen Autobauers einsetzte. Immer wieder fiel auf Verteidigungspolitiker, darunter vor allem Franz Josef Strauß, der Verdacht, von Beschaffungsaufträgen der Bundeswehr persönlich zu profitieren. In den frühen 1970er Jahren warben sowohl die Union als auch die SPD und der ostdeutsche Geheimdienst mit Geld um die Stimmen von Abgeordneten im Deutschen Bundestag.[5] Diese Affären erweckten zwar kurz die öffentliche Aufmerksamkeit, galten aber eher als Verfehlungen einzelner Personen. Eine ähnlich dichte Debatte über die Korruption, wie um 1900 oder wie wir sie heute kennen, gab es nicht.

Dieses Verschwinden der deutschen Korruptionsdebatten nach 1945 ist auffällig. Solange dazu keine detaillierteren Studien vorliegen, darf man wohl vermuten, dass dafür die unguten Erinnerungen der Demokraten an die Korruptionsdebatten der Weimarer Zeit verantwortlich waren. Welchen Schaden die heftigen Korruptionsanklagen vom rechten und linken Rand der ersten deutschen Demokratie beschert hatten, war den Handelnden wohl noch sehr bewusst.

Ähnlich lag die Sache in den anderen westeuropäischen Ländern. Zwar kam es dort häufiger zu Korruptionsskandalen, und diese erhielten mehr Aufmerksamkeit als in Westdeutschland. Zugleich aber blieb der Ton gemäßigter als vor dem Krieg, und die Beobachter beanspruchten nicht mehr, grundlegende Fehler der Demokratie zu benennen.

Die Skandale spiegeln gleichwohl die wichtigsten Themen ihrer Zeit. In Frankreich und in Großbritannien gab es gegen Ende und kurz nach dem Krieg einige Affären im Bereich der Lebensmittelversorgung. In Frankreich debattierte man zwischen 1946 und 1950 die sogenannte »Weinaffäre« um Unterschlagungen und Begünstigungen im Nahrungsmittelministerium, wobei vor allem die Kommunisten Stimmung gegen die linksbürgerliche Mehrheit der Vierten Republik machten. In Großbritannien untersuchte 1949 das sogenannte Lynskey-Tribunal die Rolle des polnischen Emigranten, Geschäftsmannes und Lobbyisten Sydney Stanley. Er hatte Unternehmern in Aussicht gestellt, die strengen Regeln der Nahrungsmittel- und Rohstoffbewirtschaftung zu umgehen. Mehrere Kabinettsmitglieder hatten sich offenbar von Stanley kaufen lassen und Ausnahmegenehmigungen erteilt.[6]

In den folgenden Jahrzehnten dominierten andere Themen. An die Stelle von korrupten Geschäften mit der Not der Menschen trat die Korruption im Wirtschaftsboom. Bezeichnend hierfür war die Poulson-Affäre im Großbritannien der frühen 1970er Jahre. John Poulson war ein extrem erfolgreicher Bauunternehmer aus Nordengland. In den 1950er und 1960er Jahren profitierte er von den großzügigen staatlichen Neubauprogrammen. Er bestach die oftmals fachlich überforderten Gemeinderäte und kam so an unzählige Aufträge für Großprojekte. Erst als in der Krise die öffentlichen Baugelder versiegten und Poulson insolvent wurde, kamen seine Praktiken ans Licht. Auch in Spanien beschäftigten

Bauskandale die Öffentlichkeit der späten Franco-Ära. In die Kritik gerieten die kommunalen Architekten, denn sie waren sowohl für die öffentlichen Bebauungspläne verantwortlich als auch selbst als Bauunternehmer tätig.[7]

In der Zeit der verhaltenen Korruptionskritik galt selbst die Korruption in Ländern der Dritten Welt meist nicht als gravierend. Angesichts der Systemkonkurrenz zwischen dem Westen und dem Ostblock schien es offenbar nicht opportun, Korruption als politisches Problem zu benennen. Wenn eine Staatsführung ideologisch und machtpolitisch ›auf der richtigen Seite‹ stand, war dies aus europäischer und nordamerikanischer Sicht bedeutender als die Frage, ob das politische System ›sauber‹ war.[8] Jenseits solchen Zynismus sorgte ein weiterer Grund dafür, Korruption nicht allzu schwerzunehmen. In den 1950er und 1960er Jahren gab es einige ökonomische Theorien, die in der Korruption einen Entwicklungsfaktor sahen. Politische Korruption könne eine Möglichkeit sein, wirtschaftliche Entwicklungshemmnisse aus dem Weg zu räumen. Viele Ökonomen glaubten zu dieser Zeit, das Heil der unterentwickelten Länder liege in forcierter Industrialisierung. Man hoffte, auf die wirtschaftliche Modernisierung folge später unweigerlich auch sozialer, politischer und kultureller Fortschritt. Daher schien jedes Mittel recht, um den Sprung aus der vermeintlichen Vormoderne in die Gegenwart zu beschleunigen. Korruption war in dieser Sicht ein vorübergehender Brandbeschleuniger von zweifelhafter Moral, der aber langfristig von selbst verschwinden und Positives bewirken werde.[9]

Seit den 1990er Jahren zeichnet sich wieder eine strengere Bewertung der Korruption ab. Das belegen die nun häufiger auftretenden Korruptionsskandale in vielen Ländern. In Westdeutschland machte schon in den frühen 1980er Jahren die erste Parteispendenaffäre um den Unternehmer Friedrich Karl Flick Schlagzeilen. Hierin waren Spitzenpolitiker aller Parteien mit Ausnahme der Grünen verwickelt. Es folgten in den 1990er Jahren diverse kommunale Müll- und Bauskandale sowie die CDU-Spendenaffäre um den ehemaligen Bundeskanzler Helmut Kohl.[10] In Frankreich steht stellvertretend für die neue Welle von Korruptionsskandalen die Affäre um den Staatskonzern ELF Aquitaine, der im Auftrag von Präsident Mitterrand in Afrika mit dem Scheckbuch eine Art Nebenaußenpolitik betrieb. Zu den vielen Details dieser Affäre gehört auch die Rolle der ELF als mögliche Begünstigte in der CDU-Parteispendenaffäre von 1999/2000 in Deutschland. Der wichtigste Korruptionsfall der Ära Sarkozy war vermutlich die Affäre Bettencourt aus dem Jahr 2010 um die steinreiche Erbin des Konzerns L'Oréal: Sie hatte sich wohl mit illegalen Parteispenden politische Freunde und eine nachsichtige Steuerfahndung gesichert.[11] In Großbritannien knüpfte der *Cash for Honours*-Skandal im Jahr 2007 an die alten Debatten über den Titelverkauf an: Die *Labour*-Partei hatte zahlungskräftigen Gönnern Sitze im Oberhaus verschafft. Im Zuge dieser Angelegenheit wurde Premierminister Blair sogar polizeilich in seinem Amtssitz vernommen – ein einmaliger Vorgang in der britischen Geschichte. Parteienfinanzierung war offenbar auch der Hintergrund für den Skandal um die spanischen Konservativen unter Ministerpräsident Rajoy, der 2012 und 2013 debattiert wurde. Selbst hochrangige Mitglieder der spanischen Königsfamilie mussten sich vor Gericht wegen Korruptionsdelikten verantworten.

All diese Affären trugen zum Misstrauen gegen die politischen Eliten in Europa bei. In Italien ging das Unbehagen noch ein wenig weiter. Kampf gegen politische Korruption war eines der zentralen Motive der Aktionen von *mani pulite*, jener Reinigungsbewegung von Staatsanwälten und Richtern in den frühen 1990er Jahren, die das Parteiensystem der Nachkriegszeit zu Fall brachte.[12] Man kann also resümieren, dass Korruption seit rund 20 bis 30 Jahren wieder ein wichtiges Thema ist, und zwar eines, das die politische Moral in den demokratischen Staaten durchaus grundlegend in Zweifel zieht.

Neben den nationalen Affären hat die Korruptionsdiskussion der Gegenwart eine neuartige globale Dimension. Dabei spielt die Nichtregierungsorganisation Transparency International eine Schlüsselrolle. Schon kurz nach seiner Gründung 1993 in Berlin ist es diesem Verein gelungen, die Berichterstattung über Korruption zu dominieren. Der wichtigste medienpolitische Coup von Transparency war die Erfindung des Corruption Perception Index, eines jährlich veröffentlichten Rankings von Korruption in den Ländern der ganzen Welt. Diese Rangliste nehmen Medien in schöner Regelmäßigkeit dankbar zum Anlass, um über Defizite der Korruptionsbekämpfung zu berichten, so dass die Debatte auch jenseits konkreter Affären niemals abbricht. Auf die konkrete Politikgestaltung hat Transparency als weltweit agierende Antikorruptionslobby gewaltigen Einfluss genommen. Zu den wichtigsten politischen Erfolgen gehört die UN-Konvention gegen Korruption aus dem

Jahr 2003. Die Konvention hat weitgehende Konsequenzen, da sie die Unterzeichnerstaaten verpflichtet, eine Reihe bestimmter Tatbestände unter Strafe zu stellen. Nicht nur in den Medien und in der UN-Diplomatie hat Transparency viel Unterstützung gefunden, sondern genauso bei einer Reihe von multinationalen Großkonzernen, bei Wirtschaftswissenschaftlern und vielen zivilgesellschaftlichen Akteuren auf der ganzen Erde. Der Einsatz gegen Korruption scheint also auf einem globalen Konsens der Rechtschaffenen zu ruhen, dem sich nur lichtscheue Potentaten an den Rändern der zivilisierten Welt entziehen.

Tatsächlich hat der Erfolg von Transparency unterschiedliche Ursachen. Dazu gehört sicher ein Mentalitätswandel in den westlichen Gesellschaften. Seit den 1970er Jahren gibt es zunehmend Forderungen nach Transparenz, Offenlegung von politischen Entscheidungsstrukturen, Zugang zu behördlichen Daten – einhergehend mit dem Trend zu mehr Bürgerbeteiligung sowie dem Ideal eines Staates, der sich stärker als Dienstleister denn als Obrigkeit verstehen soll. Transparency ist in dieser Perspektive nur ein Sprachrohr unter vielen. Daneben wird aber häufig übersehen, dass Transparency eine klar benennbare wirtschaftspolitische Agenda verfolgt und mit genau diesem Ziel gegründet wurde.

Ivan Krastev hat Gründungsgeschichte und Ziele von Transparency unter der Perspektive politischer und ökonomischer Interessenvertretung untersucht.[13] Nach seinen Erkenntnissen fanden gemeinsame Interessen von multinationalen Konzernen, US-Außenpolitik, neoliberalen Wirtschaftswissenschaftlern und Weltbank in Transparency einen idealen Fürsprecher – also die Betreiber und Profiteure der ökonomischen Globalisierung. Die Geschichte geht laut Krastev so: Schon seit den 1970er Jahren implementierten die USA ein weltweit einmaliges, sehr restriktives Wirtschaftsstrafrecht, das auch Bestechung durch US-Firmen im Ausland unter Strafe stellte. Solange andere Staaten weniger konsequent vorgingen, hatten die international tätigen Firmen aus Nordamerika einen Nachteil gegenüber ihren Wettbewerbern, die munter weiter bestechen konnten, ohne den Staatsanwalt in ihrem Heimatland fürchten zu müssen. US-Firmen übten folglich Druck auf ihre Regierung aus, entweder die eigenen Bestimmungen zu lockern oder für gleiche Wettbewerbsbedingungen weltweit zu sorgen.

Die Weltbank interessierte sich bis in die späten 1980er Jahre kaum für das Phänomen Korruption. Das änderte sich erst, als es sich zur Erklärung für ihr Versagen anbot. Kurz nach dem Fall des Eisernen Vorhangs engagierte sich auch die Weltbank in den Staaten des ehemaligen Warschauer Pakts mit Krediten und machte wirtschaftspolitische Auflagen. Doch der Übergang in den Kapitalismus war steinig, Wachstum und vor allem allgemeiner Wohlstand stellten sich im besten Fall nur schleppend ein. Um ihren Misserfolg zu erklären, verwiesen Vertreter der Weltbank nun auf die grassierende Korruption in den sogenannten Transformationsstaaten des Ostens. Der Gründer von Transparency war der ehemalige Weltbankdirektor Peter Eigen, womit die Washingtoner Weltfinanzinstitutionen von Anfang an über gute Verbindungen in die Führungsetage des Vereins verfügten.

Multinationale Konzerne und liberale Ökonomen hatten ein weiteres Motiv, gegen Korruption vor allem bei der Vergabe von Staatsaufträgen in Drittwelt- und Schwellenländern einzuschreiten. Erwarten lokale Beamte oder Regierungsangehörige Gegenleistungen für Aufträge oder Genehmigungen, so stellt das eine Marktzugangsbeschränkung dar, die den Wettbewerb verzerrt und zusätzliche Transaktionskosten mit sich bringt. Wenn es, wie in den meisten Fällen, nicht nur um Geld geht, sondern auch darum, das Vertrauen des Beamten oder Politikers zu erringen, wenn also intensive mikropolitische Bemühungen erwartet werden, dann verursachen diese Verhältnisse nicht nur Mehrkosten. Vielmehr begünstigen sie stets Unternehmen, die vor Ort gut aufgestellt sind, die über kulturelle Kompetenz verfügen, also schlicht und ergreifend die mikropolitische Kultur eines Landes kennen, die landeskundige Mitarbeiter beschäftigen und die wissen, wie das ›Spiel‹ gespielt wird. In einem solchen Kontext sind lokale und nationale Unternehmen immer im Vorteil; je globaler ein Unternehmen agiert und je neuer es auf einem bestimmten Markt ist, desto geringer sind zunächst einmal seine Erfolgschancen. Korruptionsbekämpfung ist im Fall von Transparency zugleich der Kampf gegen Zugangsbeschränkungen auf Märkten – und daher finden sich auch so viele international tätige Großunternehmen westlicher Prägung unter den Unterstützern des Kampfes gegen Korruption.

Transparency reagiert nicht nur auf die Herausforderungen der Globalisierung, sondern ist ein sehr aktiver Akteur in ihrem Dienst. Die Organisation wirkt daran mit, westliche Moralvorstellungen zu verbreiten. Nicht durch Zufall reproduziert der Corruption Perception Index recht zuverlässig die Logik politischer Himmelsrichtungen, also unsere nord-/

westeuropäischen Vorstellungen von ›guten‹ und moralisch ›sauberen‹ Staaten und Wirtschaftssystemen. Regelmäßig rangieren skandinavische und protestantisch geprägte Länder an den ersten Stellen, während die ehemaligen Staaten des Ostblocks, autoritäre Regime wie in China und die nachkolonialen Staaten Afrikas und Asiens sich die hinteren Ränge teilen. Kandidaten für die hinteren Plätze sind auch jene Gebiete, die von Bürgerkriegen heimgesucht werden oder kaum staatliche Strukturen aufweisen, wie der Sudan oder Afghanistan. Ausnahmen von dieser Regel bilden Singapur und Hongkong, die häufig weit höher rangieren als die benachbarten Länder.[14]

Sowenig also Transparency International die selbstlose Stimme des objektiv Guten in der Welt ist, so wenig sollte man dessen Geschichte auf eine Art neoliberale Verschwörung reduzieren. Denn die Organisation ist mittlerweile in vielen unterschiedlichen Bereichen tätig. Neben Wirtschaftshemmnissen thematisieren die nationalen Unterorganisationen zugleich demokratische Defizite, in Deutschland zunehmend Verbraucherthemen, Patientenrechte und Verflechtungen im Gesundheitswesen, nicht zuletzt persönliche Bereicherung in Sportverbänden. In all diesen Debatten kommen auch die Defizite westlicher Gesellschaften zur Sprache.

Wie schon im 19. Jahrhundert ist es aber selbst heute noch so, dass die Korruptionsdebatte von den ›peripheren‹ oder ›vormodernen‹ Gesellschaften nicht rundheraus abgelehnt wird, inklusive der wenig schmeichelhaften Position, die ihnen darin zugewiesen ist. Interessanterweise hat die postkoloniale Kritik an informellen und kulturellen Machtungleichgewichten es nicht vermocht, den universellen, nordwestzentrierten Korruptionsdiskurs als postimperialistisch zu brandmarken. Das hat vermutlich seinen Grund in der Ambivalenz der Korruptionskritik. Einerseits gilt der Kampf gegen Korruption immer noch als emanzipatorisch, also als ein Kampf der Nichtmächtigen gegen die Herrschenden. Und solange die postkoloniale Debatte sich analog als Hilfe für die Ohnmächtigen begreift, spricht wenig dafür, es im Fall der Korruption anders zu halten. Ungefähr in diesem Schema wurde in den letzten Jahren über Korruption in Indien berichtet. Die Elite der ehemaligen britischen Kolonie wurde in westlichen Medien als käuflich, ausbeuterisch und korrupt dargestellt – ganz so, wie Indien seit dem frühen 19. Jahrhundert in Europa beschrieben wurde. Die heftigen Korruptionsdebatten im

Lande deuteten westliche Medien folgerichtig als Aufstand der Armen und Unterdrückten gegen die Oberschicht. Das erklärt, warum aufstrebende Politiker in peripheren Regionen ein gewisses Interesse daran haben können, ihr Land als korrupt zu beschreiben.

Freilich gibt es auch mediale Lernprozesse, etwa im Fall der politischen Auseinandersetzungen in Thailand. Reflexartig hatten hiesige Medien zunächst mit Sympathie von den regierungskritischen Massendemonstrationen der Jahre 2006 und 2013/14 berichtet, nicht zuletzt, weil die Demonstranten der jeweiligen Staatsmacht Korruption vorwarfen. Erst nach und nach berichtete man über die soziopolitischen Hintergründe von ›Volksaufständen‹, die in Wirklichkeit von den alten Eliten gegen den politischen Willen der ländlichen Mehrheitsbevölkerung angeführt wurden. 2006 nahm das Militär die Unruhen zum Anlass für einen Putsch; in den jüngsten Auseinandersetzungen versuchten die Korruptionskritiker, demokratische Wahlen zu behindern.

Angesichts solcher Deutungen verweisen Kritiker von allzu ausufernden Antikorruptionskampagnen auf die politischen Kosten der Antikorruptionspolitik. Wird eine Regierung oder ein Regierungssystem hauptsächlich unter dem Aspekt der Korruption kritisiert, so droht die Entpolitisierung der Auseinandersetzung. Nicht politische Systemfehler, konkrete Entscheidungen oder inhaltliche Kontroversen, sondern moralisches Fehlverhalten stehen im Mittelpunkt. In den Ländern Osteuropas hat die Konzentration auf Korruptionskritik nach 1990 dazu geführt, dass weniger über unterschiedliche Programme oder wirtschaftspolitische Fehlentscheidungen diskutiert wurde. Vielmehr dominierte undifferenzierte Kritik an der politischen und ökonomischen Elite, es kam zu Politikverdrossenheit und zum Rückzug ins Private, so jedenfalls die Diagnose des bereits erwähnten Politikwissenschaftlers Ivan Krastev.[15]

Auch wegen ihrer entpolitisierenden Wirkung mag Korruption nach wie vor in vielen autoritär regierten Ländern ein probates Mittel gegen unliebsame Einwohner sein. Regime in Ländern wie China bedienen sich regelmäßig des Korruptionsvorwurfs, um politische Gegner zu verfolgen oder bestimmte Faktionen aus der Staatsverwaltung zu entfernen. Das wohl prominenteste Beispiel der letzten Jahre lieferte Bo Xilai, ehemaliger Gouverneur von Chongqing und Mitglied im Politbüro der KP, der 2013 in China wegen Korruption und Betrugs zu lebenslanger Haft verurteilt wurde. Hintergrund war ganz offensichtlich ein Machtkampf zwischen zwei Flügeln der Kommunistischen Partei, in dem Bo sich als Protagonist einer neomaoistischen Renaissance gab. In solchen Fällen profitieren die Herrschenden ironischerweise vom Geruch der Korruption ihres eigenen Systems, indem sie ihren politischen Abrechnungen das Mäntelchen moralisch schwer anfechtbarer Strafverfolgung umhängen können. Ein System, in dem illegale Transaktionen von Beamten an der Tagesordnung sind, macht jeden Amtsträger eben auch von oben angreifbar.

Eine Neuheit unserer Tage ist generell die Ausweitung der Korruptionsdebatten über den politisch-staatlichen Bereich hinaus. Das gilt zum einen für den bereits erwähnten Sport: Selbstbereicherung im Rahmen der großen internationalen Sportverbände IOC und FIFA sind seit rund einer Dekade Dauerbrenner in den Korruptionsdebatten. Anlass ist vermutlich der Widerspruch zwischen Anspruch und Wirklichkeit im professionellen Sport. Geben sich die Verbände formal als gemeinnützige Organisationen, die nach eigenen Angaben nichts anderes umtreibt als Völkerverständigung und fairer Wettkampf, so handelt es sich faktisch um milliardenschwere Unternehmen mit erheblichem politischem Einfluss. Ähnlich wie beim Thema Doping funktioniert auch die Korruptionsdebatte im Sport als eine Debatte über Heuchelei des Führungspersonals. Das Musterbild vom korrupten Funktionär ist längst fester Teil der Sportmythen unserer Tage und ein gern bemühtes Gegenbild zum emsigen Athleten.

Ein weiteres Phänomen betrifft die Rolle größerer Wirtschaftskonzerne. Unternehmen wie ELF Aquitaine oder im deutschen Fall Siemens und die Volkswagen AG rücken in den Korruptionsdebatten immer häufiger in Positionen, die früher staatlichen Stellen vorbehalten blieben. Besonders auffällig war dies in der Debatte über Korruption im Volkswagen-Konzern in den Jahren ab 2005. Als Korruption kritisierten die Medien dabei Vergünstigungen, welche die Arbeitnehmervertreter im Konzernbetriebsrat von Managern erhielten. Ihre Rolle als gewählte Vertreter der Beschäftigten werteten die Medien ähnlich wie die Verantwortung von Politikern oder Beamten: Sie sollten allein dem Gemeinwohl dienen. Private Vorteile anzunehmen war eine Grenzüberschreitung und galt als Korruption, interessanterweise aber kaum als ›Arbeiterverrat‹. Ähnlich verlief 2007 die Diskussion über die Rolle der Arbeitsgemeinschaft Unabhängiger Betriebsangehöriger (AUB) bei Siemens, die offenbar über

Jahre verdeckt vom Konzernvorstand als arbeitgeberfreundliche Scheingewerkschaft finanziert wurde. Diese Fälle zeigen, dass großen Wirtschaftsunternehmen in der aktuellen Debatte staatsähnliche Bedeutung zugeschrieben wird. In diesen Zeiten hat sich denn auch die Korruptionskritik von der Kapitalismuskritik weitgehend gelöst – wir sahen ja bereits, wie Korruptionskritik und Lobbyarbeit für die wirtschaftliche Globalisierung Hand in Hand gingen.

Nahezu völlig verschwunden aus der Debatte sind zwei weitere Komponenten, die um 1900 noch sehr deutlich hervortraten, nämlich die sexuelle Promiskuität und der körperlich-moralische Verfall ganzer Völker. Kulturkritik und Korruptionsdebatten gehören nicht mehr zusammen, vor allem weil Biologismen und Eugenik keine akzeptierten Deutungsmuster mehr sind. Der Zusammenhang zwischen Sexualmoral und politischen Sitten ist zumindest komplizierter geworden. Im Umfeld vieler Korruptionsfälle tauchen sexuell konnotierte Vorwürfe durchaus noch auf: Die Volkswagen-Betriebsräte erhielten kostenlose Bordellbesuche. Im Skandal um ELF Aquitaine ging es auch um Aufträge für eine Geliebte von Außenminister Roland Dumas, die sich später selbst als »la putain de la République« titulierte (»die Hure der Republik«).[16] In der Affäre Wulff kursierte mehrfach die Behauptung, seine Ehefrau habe einst als Callgirl gearbeitet. Sex ist also weiterhin ein interessanter Stoff für Skandalisierung, wohl weil er die Integrität der Handelnden in Frage stellt und voyeuristische Interessen bedient. Anders als um 1900 taugt Sex aber nicht mehr für eine Debatte über Sittenverfall im Allgemeinen.

Wenn Korruptionskritik sich in westlichen Ländern auf Politiker bezieht, dann schwingt in der Gegenwart gleichwohl das Motiv moralischer Fragwürdigkeit mit. Es gilt wieder wie um 1900 die Annahme, dass öffentliche Amtsträger ihre Stellung aufgrund niederer Motive missbrauchen – und dass dies sehr häufig vorkomme. Dabei scheint ein tiefverwurzeltes Misstrauen gegenüber der Integrität der Führungseliten auf, das sich spätestens seit den 1970er Jahren auch auf anderen Gebieten zu formieren begann. In den großen Affären wie ELF Aquitaine, *Cash for Honours*, *mani pulite* oder den deutschen Parteispendenskandalen standen die politischen Eliten insgesamt und vor allem die Parteiendemokratie als System am Pranger. Im Unterschied zum frühen 20. Jahrhundert allerdings wurde die Demokratie als solche dabei nicht in Frage gestellt.

Trotz aller Unterschiede fallen überraschend starke Kontinuitäten in der modernen Korruptionsdebatte ins Auge. Ihre wichtigsten Merkmale scheinen sich erhalten zu haben: die hochmoralische Aufladung der Diskussionen, die ›moderne‹ Konzeption des Öffentlich-Politischen als Gegenstück zum Privaten, das Bemühen um Grenzziehung, klare Kategorien und Reinigung, der Versuch, Normenkonkurrenz zu vermeiden, das absolute Mikropolitikverbot mit der Unmöglichkeit, sie zu verteidigen, die Furcht vor der Kontamination der Politik durch wirtschaftliche Interessen, das Verhältnis zwischen globalen Zentren und Peripherien, der Gegensatz von moralischer Rückschrittlichkeit und politischem Fortschritt – jeweils abzulesen am Korruptionszustand.

Vor allem aber ist es überraschend, dass über die Hintergründe, Interessen und Agenden der Korruptionskritik kaum reflektiert wird. Unsere Vorstellungen von Korruption und Korruptionsbekämpfung scheinen einer der letzten lebendigen Mythen der Moderne zu sein – ein Mythos, in dem sogar die zutiefst diskreditierte Fortschrittsidee weiterlebt. In einer Epoche der Dekonstruktion, in der das Projekt der Moderne schon längst von Wissenschaft und Feuilleton seines Nimbus beraubt, als gescheitert abgeschrieben, als normativ entlarvt und als Herrschaftsinstrument konkreter Gruppen identifiziert wurde, bleibt ein zentrales Denkmuster dieser gleichen politischen Moderne unhinterfragt, ja es erlebt eine Renaissance. Während die technische Moderne mit ihrer Heldentruppe aus Experten und Planern seit den 1970er Jahren fast jeden Kredit verlor, erlebte die Korruptionsdebatte eine Art Wiederauferstehung.

Schwer erklärlich ist vor allem der Absolutheitsanspruch in der Korruptionsdiskussion. Denn unsere Zeit ist doch geprägt von der alltäglichen Erfahrung des Grenzverlusts. Die Linie zwischen privat und öffentlich, zwischen Staat und Unternehmen, zwischen vertraulich und allgemein bekannt verschwimmt, ja wird schrittweise gegenstandslos. Ehemals staatliche Aufgaben erledigen heute private Unternehmen, Renten werden durch staatlich verordnete und privat organisierte Vorsorgemodelle ergänzt, Arbeit und Freizeit gehen ineinander über, vor allem bei jenen, die am Rechner auch von zu Hause aus arbeiten. Intimste Informationen werden via Internet öffentlich gemacht. Auch die klassischen Rollenmodelle erodieren – Mütter und Väter, Männer und Frauen werden in vielerlei Hinsicht austauschbarer. Selbststilisierung und Milieubildung erlauben zunehmend multiple Identitäten; soziale Festlegungen scheinen immer weniger zu greifen. Da scheint es schwer vorstellbar, ausgerechnet bei Politikern, die vom Aufstehen bis zur Nachtruhe unter ständiger Beobachtung im Einsatz sind, festzustellen, ob ein Essen, ein Kurzurlaub, eine Unterredung mit einem Unternehmer privat, geschäftlich oder politisch veranlasst sind. Um solche Fragen jedenfalls kreiste der Fall Wulff über Monate. Bei ehrlicher Betrachtung wird man sie wohl nie eindeutig beantworten können – weder als Beteiligter noch als Beobachter.

Obwohl unsere Zeit in der Psychologie als Epoche der Ambiguitätstoleranz gilt, obwohl die Klassiker der postmodernen Theorie wie Latour und Bauman uns zu sehen gelehrt haben, dass klare Kategorien Illusionen sind – mitunter sogar gefährliche Illusionen –, lebt ein Teil der politischen Debatte weiter von der Wunschvorstellung, moralische Eindeutigkeit sei erreichbar.

In die Kritik an Mikropolitik spielt sicher ein weiterhin aktuelles Ideal unserer Gesellschaften hinein, nämlich die Vorstellung, dass Eliten grundsätzlich durchlässig sein und den Tüchtigen offenstehen sollten. Diesem Ideal widersprechen die sprichwörtlichen Hinterzimmer, kleinen Zirkel und *closed shops*. Beim Marktzugang argumentiert ja der Wirtschaftsliberalismus von Transparency International auf einer ähnlichen Linie. Hinzu kommt sicherlich eine Art Missbehagen, das sich an den neuen Insignien von Macht entzündet – dafür spricht jedenfalls die Resonanz von Dienstwagen-, Privatreisen- und Bonusmeilenaffären, die so unterschiedlichen deutschen Politikern wie Rita Süssmuth, Lothar Späth (beide 1991), Cem Özdemir, Gregor Gysi (beide 2002) und Ulla Schmidt (2009) endgültig oder vorübergehend die politische Karriere kosteten. Auch das Verlangen nach Transparenz, das zu einer universalen Formel in der Beobachtung von Politik wurde, kann sich auf die moderne Korruptionsvorstellung stützen.

Historiker weisen heute weit von sich, was ihre Vorväter vor hundert Jahren noch vehement für sich reklamierten: Aus der Geschichte lernen ist aus gutem Grund ein verpöntes Ansinnen, zumal einige Klassiker der Zunft einst glaubten, der Politik Blaupausen für ihr Handeln vorlegen zu können. Dennoch, der Blick in die Geschichte erweitert unbestreitbar den Horizont und regt im Idealfall dazu an, Selbstverständliches in Frage zu stellen.

Diese Reise durch die Geschichte der politischen Korruption wirft zumindest ein paar nachdenkenswerte Fragen auf. Sie zeigt das enorme Potential der Korruptionskritik zur Unterstützung politischer Modernisierung. Korruptionskritik hat mehrfach dazu beigetragen, vormoderne, vordemokratische oder undemokratische Regierungen als das zu beschreiben, was sie waren. Doch gilt auch das Gegenteil. Korruptionskritik führte zu einer moralischen Selbstüberforderung, vor allem der parlamentarischen Systeme des 19. und frühen 20. Jahrhunderts; sie lieferte autoritären und verbrecherischen Regimen Munition für ihre Angriffe auf die repräsentative Demokratie. Motive und Ziele von Korruptionskritik entsprachen nicht notwendigerweise dem, was wir heute als politischen Fortschritt bezeichnen würden. Das scheint mir auch in der aktuellen Debatte völlig unterbelichtet. Vielleicht kann die Geschichte der Korruptionskritik dazu anregen, sensibler für die Frage sein, wer warum Korruption kritisiert, statt reflexhaft davon auszugehen, dass dort, wo Rauch aufsteigt, ein Feuer sein muss. Selbst wenn die Vorwürfe gerechtfertigt sind, schließt das keineswegs aus, dass Whistleblower, Journalisten, Antikorruptionsagenturen und Skandalierer konkrete eigennützige Motive verfolgen. Dies ist im Übrigen auch dann wichtig, wenn diese Motive ehrenwert sind. Transparenz in eigener Sache ist häufig Mangelware bei denen, die sonst Transparenz fordern.

Die Geschichte kann dafür sensibilisieren, dass Korruption und ihre Bekämpfung ein Mythos der Moderne sind, dass die soziale Wirklichkeit den strengen Vorschriften nach Grenzen und Trennlinien schlicht nicht entspricht und nie entsprochen hat. Der Korruptionsvorwurf ist ein recht altes, nicht aber zeitloses, sondern ein historisches Interpretationsmuster aus der Phase um 1800. Es erhebt ein bestimmtes politisches Ideal aus Westeuropa zu einem universalen moralischen Wert. Dessen sollte man sich bewusst sein, denn in mehrfacher Hinsicht haben wir die intellektuellen und sozialen Grundlagen für diesen Korruptionsbegriff lange hinter uns gelassen.

Soll das heißen, auf Korruptionsverfolgung zu verzichten? Nein. Korruptionskritik kann einen positiven Nutzen haben. Sie kann etwa dabei helfen, den Zugang in politische Führungspositionen offenzuhalten, Ungerechtigkeit und Verkrustungen zu bekämpfen, ›Selbstbedienung‹ im Amt einzudämmen. Nur läuft sie eben auch Gefahr, gut funktionierende Systeme moralisch zu überlasten. Wann dieser Punkt erreicht ist, lässt sich schwer vorhersehen und kaum verallgemeinern. Umso achtsamer sollte man gegenüber dieser Frage sein.

Viel könnte gewonnen werden, wenn man die analytische Trennung zwischen Vorgang und Vorwurf, zwischen Handlungen und Bewertung, zwischen Mikropolitik und Korruptionskritik ernst nähme. Dann allerdings müsste man sich ernsthaft die durchaus unangenehme Frage stellen, wie Mikropolitik in der Gegenwart zu bewerten ist. Viel spricht dafür, dass weder heute noch in Zukunft große Politik ohne persönliche Netzwerke, Vorteilsgewährung und Patronage gemacht werden kann. Interessant wird dann die Frage, wie und warum es manchen Politikern gelingt, ihre mikropolitischen Aktionen als integer erscheinen zu lassen, während andere schnell in den Ruf eigennütziger Hinterzimmerpolitik geraten.

Die Mikropolitik als eine Realität anzuerkennen muss nicht Gleichgültigkeit bedeuten. Denn die unbequeme Wahrheit ist wohl folgende: Mikropolitik und Gabentausch sind zwar unumgängliche, trotzdem aber kaum je legitime Mittel der Mehrheitsbeschaffung in Demokratien. Wem an einem gutfunktionierenden Gemeinwesen gelegen ist, der sollte Amigo-Wirtschaft, heimliche Begünstigung, Geschäfte auf Gegenseitigkeit, Käuflichkeit und Filz durchaus bekämpfen. Anders als in der klassischen Korruptionsdebatte, die nur die Kategorien korrupt oder nicht korrupt kennt, sollte man sich allerdings Gedanken über das Ausmaß machen. Denn wenn Mikropolitik kein vormodernes, historisch überwindbares Übel ist, sondern eine wandelbare und offenbar notwendige Machttechnik, dann kommt es auf ihre Dosis an. Beobachter sollten darüber diskutieren, unter welchen Umständen mikropolitisches Handeln akzeptabel ist. Politiker sollten ihre mikropolitischen Aktivitäten nicht leugnen, sondern reflektieren. Kritiker sollten Verantwortung übernehmen und entscheiden, in welchem Fall die Akzeptanz und in welchem Fall die Aufdeckung des Übels mehr Schaden anrichtet. Vielleicht kann uns der vormoderne Umgang mit Normenkonkurrenz zu einem pragmatischeren Umgang anregen, auch wenn »Kasuistik« heute keinen guten Ruf hat. Auf das absolute Verbot der Mikropolitik in der Moderne könnte ein relatives Verbot folgen, ein Verbot, das dem Stand unseres Wissens über soziale Mischwesen und moralische Hybride Rechnung trägt.

Pragmatismus gilt in Moralfragen als verdächtig. Vielleicht hilft es, statt über die Moral in der Politik über ihre Funktionsfähigkeit zu debattieren. Dann wäre der Fall Wulff weniger ein Sittengemälde. Stattdessen könnte danach gefragt werden, wann der Ministerpräsident und der Bundespräsident sachfremde Entscheidungen getroffen hat, welche seiner Verhaltensweisen der Autorität seiner Ämter schadete und welche Folgen Ermittlungen und Medienberichte für das politische System hatten. Wir könnten uns wie in der Frühen Neuzeit verstärkt mit dem Ausmaß von Mikropolitik und den Grenzen des zu Duldenden beschäftigen. Abhanden kämen dabei die klaren Moralurteile. Am Ende steht, worauf Wissenschaftler sich zum Frust der Praktiker oft versteifen: Nichts ist einfach – und in Wirklichkeit noch viel komplizierter.

Anhang

Dank

Das Buch hätte nicht entstehen können ohne den intensiven Austausch mit meinen Mitarbeiterinnen und Mitarbeitern aus unterschiedlichen Projekten zur Korruptionsgeschichte, von denen manche ihre Doktorarbeiten niederschrieben, während ich an diesem Buch arbeitete. Mit ihnen diskutierte ich die Konzeption des Buches, und von ihrer Expertise und ihren Forschungsergebnissen durfte ich ausgiebig profitieren. Außerdem lasen sie jeweils Teile des Manuskripts. Dafür danke ich Robert Bernsee, Christian Ebhardt, Annika Klein, Volker Köhler, Andrea Perthen, Anna Rothfuss und Ralf Schumacher. Auch meine Lehrstuhlmitarbeiterin Birte Förster war so freundlich, mir mit ihrer großen Lektoratserfahrung beizustehen.

Mein wichtigster Gewährsmann, Sparringpartner, Informationslieferant und Korrektor für die Frühe Neuzeit, für Mikropolitik und natürlich für das Konzept der Normenkonkurrenz war Hillard von Thiessen. Seit dem Beginn meiner Beschäftigung mit Korruption durfte ich auf seine freundschaftliche Kritik und seinen Rat zählen. Ohne unsere Gespräche sähe dieses Buch völlig anders aus.

Bei der Beschaffung von Materialien und Dokumenten halfen mir mit nimmermüdem Engagement vor allem Kathrin Reichert und Christina Kessler. Nicht vergessen möchte ich Thomas Mießeler, der noch in meiner Freiburger Zeit eine Magisterarbeit über den Fall Wilson/Grévy verfasste und mir später seine umfangreiche Quellensammlung zur Verfügung stellte. Auch die Abschlussarbeit von Jan Schubert habe ich verwendet. Karena Kalmbach besorgte mir freundlicherweise ein Dokument aus einer Florentiner Bibliothek, dessen Auswertung dann den Kürzungen im Manuskript zum Opfer fiel.

Dank gilt den Projektpartnern in Deutschland und Frankreich, insbesondere aber Frédéric Monier, der mir nicht nur die Welt der südeuropäischen Mikropolitik eröffnete, sondern mich hinsichtlich meines

Ansatzes immer sehr bestärkt hat. Den Kontakt hatte vor langer Zeit Vincent Duclert vermittelt. Zu unterschiedlichen Aspekten führte ich intensive Gespräche mit Christof Dipper, Martin Geyer, Ronald Kroeze und Peter Niesen. Auch von der gemeinsam mit Birgit Emich und Ronald G. Asch im Jahr 2009 veranstalteten Tagung profitierte ich sehr. Der Deutschen Forschungsgemeinschaft bin ich zu großem Dank verpflichtet. Sie hat Forschungsprojekte großzügig gefördert und es mir vor allem durch die Finanzierung eines Forschungsfreisemesters ermöglicht, die Niederschrift des Buchmanuskripts entscheidend voranzubringen.

Schließlich gilt ein großes Dankeschön meiner Lektorin Tanja Hommen. Sie hat das Buch in das Programm des S. Fischer Verlags aufgenommen und sich intensiv um das Manuskript gekümmert – dabei brachte sie mich in den für Wissenschaftler mittlerweile selten gewordenen Genuss eines sensiblen und professionellen Lektorats. Davon hat das Buch sehr profitiert.

Gewidmet ist das Buch jenen, die mir am nächsten stehen: Magdalena, Serafin und Emilian.

Anmerkungen

Einleitung

1 Barthes 1964. Der Titel im Original heißt schlicht »Mythologies«.
2 Tänzler/Maras/Giannakopoulos 2012.
3 Zur Veränderung der Rechtslage für Unternehmen in den USA und Deutschland seit den 1990er Jahren Berghoff 2013.
4 Erste Überlegungen dazu in Engels 2006.
5 Zum Zusammenhang von Korruption und Armut, mangelnder Demokratie, »failed states«, Ungerechtigkeit, Unsicherheit z. B. Cockcroft 2013, S. 231.
6 Ausführlichere Darstellungen der älteren Forschung in Engels/Fahrmeir/ Nützenadel 2009 sowie in Grüne 2010.
7 Engels 2006, S. 317–319; Angermund 1995, S. 383; Bajohr 2005; Rohrer 2006.
8 Engels/Monier 2011; Kerkhoff/Kroeze/Wagenaar 2013; Monier/Engels/Dard 2014; Jensen 2013. Im Einzelnen zu nennen sind das kürzlich abgeschlossene Projekt »Under construction. The genesis of public value systems« in Amsterdam und Leiden mit einer Folgegruppe um James Kennedy und Ronald Kroeze in Amsterdam, die Arbeitsgruppen um Frédéric Monier (Avignon), Olivier Dard (Sorbonne, Paris), Cesare Mattina (Marseille), Andreas Fahrmeir (Frankfurt am Main) und Jens Ivo Engels (Darmstadt), ferner ein mittlerweile ausgelaufenes Projekt zur Korruption in der Frühen Neuzeit in Bielefeld, das von Niels Grüne (Innsbruck) und Simona Slanička (Bern) aber weiter verfolgt wird. Für Skandinavien sind zu nennen Mette Frisk Jensen (Aarhus) und Ola Teige (Oslo).

Was ist Korruption? Was ist Mikropolitik?

1 Diese Darstellung beruht auf einer Rekonstruktion aus Prozess- und Polizeiakten von Mießeler 2009; vgl. auch Dansette 1936; Chabannes 1972.
2 Mollier 1991, S. 268–269.
3 Beide Motive sind denkbar aber nicht eindeutig zu klären; vgl. Mießeler 2009, S. 59–65.

4   Johnston 1996, S. 331.
5   Reinhard hat seit den 1970er Jahren zu diesem Thema publiziert. Ich beziehe mich hier vor allem auf Reinhard 2011, insbes. S. 633–639.
6   Burns 1961.
7   Crozier/Friedberg 1977.
8   Reinhard 2011, S. 655.
9   Mauss 1984.
10 Kirner 2003, S. 170. Vgl. auch Kettering 1986; Eisenstadt 1976.
11 Descharmes 2011.

Patronage und Korruptionskritik in der Frühen Neuzeit

1   Asch 2003; Elliott/Brockliss 1999.
2   Luh 2003.
3   Dade 2010.
4   Horowski 2004.
5   Zur Kurie Emich 2001; zum Reich Knake 2010.
6   Karsten 2006.
7   Jendorff 2003.
8   Nützenadel 2009, insbes. S. 129–134.
9   Wellenreuther 1982; Woodfine 2004; Hellmuth 2011.
10 Gwyn 1962, S. 11.
11 Bourne 1986, S. 76–77.
12 McCahill 2009, S. 303.
13 Vgl. hierzu die klassische Aufzählung von Verwandtschaft, Landsmannschaft, Freundschaft und Patronage bei Reinhard 1979.
14 Asch 2011.
15 Münch 1992.
16 Thompson 1995, S. 192.
17 Thiessen 2010, S. 393–397.
18 Engels 2000, Kap. 1.
19 Thiessen 2011.
20 Thiessen 2010, S. 269.
21 Thiessen 2010, Kap. 5.3.
22 Peck 1990, insbes. S. 208.
23 Engels 2000, Kap. 1.
24 Zu Caetani Thiessen 2010, S. 172–181.
25 Kerkhoff 2012, insbes. S. 93–98.
26 Hoenderboom 2013, Kap. 7.
27 So geschildert bei Peck 1990, S. 106–115.
28 Groebner 1998, S. 171–173.

29 Klaveren 1957, S. 292.
30 Emich 2011.
31 Waquet 1984, S. 236.
32 Emich 2001.
33 Kettering 1986; Peck 1990.
34 Zur Illustration siehe die Beiträge in Abschnitt I von Asch/Emich/Engels 2011, als Fallstudie auch Emich 2005.
35 Darstellung des Prozesses bei Peck 1990, S. 191–196.
36 Lindemann 2012, S. 587–588; Hoenderboom/Kerkhoff 2008, S. 15–16.
37 Sellert 1994, S. 334.
38 Zu Richtern und Behörden Ehrenpreis 2010; Sellert 1994; Prest 1991.
39 Krischer 2010, S. 312–313.
40 Thiessen 2009; Thiessen 2012.
41 Die Schilderung folgt der offiziellen Darstellung auf der Homepage der belgischen Monarchie: http://www.monarchie.be/fr/histoire/baudouin, aufgerufen am 19.9.2013.
42 Groebner 2000.
43 Lindemann 2012, S. 593–595.
44 Lecuppre-Desjardin 2010.
45 Moos 1998; Schulze 1986, insbes. S. 597–601.
46 Grüne 2011b.
47 Bernsee 2014, Kap. 1.1.
48 Peck 1980.
49 Lindemann 2012.
50 Emich 2011, S. 46.
51 Thiessen 2010, Kap. 2.2.2.4.
52 Thiessen 2011.
53 Zitat aus dem Regentenbuch des Mansfelder Kanzlers Georg Lauterbeck von 1556, nach Grüne 2011b, S. 221.
54 Lindemann 2012, S. 594.
55 Kaiser 2003.
56 Bluche 1986, S. 153–156; Horowski 2004.
57 Vgl. Bernsee 2014, S. 44–45.
58 Asch 1998; Grüne 2011b.
59 Bolingbroke 1734.
60 Wellenreuther 1982; Woodfine 2004, S. 189–190.

Unverzichtbar im Wandel: Mikropolitik in der Moderne

1 »The Irish Party […] is thoroughly honest and unselfish; the ways in which its members keep clear of government patronage and government jobs of

every kind is simply marvelous«; *Wicklow People*, 11.2.1914, zitiert nach McConnel 2005, S. 114.
2   Belloc/Chesterton 1911, S. 78.
3   McConnel 2005.
4   Den Hinweis auf diesen Vorgang verdanke ich Volker Köhler, der eine Arbeit über Mikropolitik in der Weimarer Republik vorbereitet. Die Akten sind zu finden in Stadtarchiv Köln, Bestand 902 OB Konrad Adenauer, Personalangelegenheiten/Einstellungsgesuche, Band 1. Zu Adenauers Netzwerken Köhler/ Bour 2014.
5   Gerstenberger 2001, S. 456–459; Scheuch 2002, S. 88.
6   Zurita 1994; Carter/May 1998; ähnlich Balla 2012.
7   Kritik an Stereotypen in wissenschaftlichen Beiträgen über Italien bei Mastropaolo 2009.
8   Kirner 2003; Briquet 1998; Pro Ruiz 2004; Monier 2011a; Wagner 2004.
9   Bourne 1986, insbes. S. 191.
10 Connolly 2010. Ähnlich positive Bewertung des älteren *Spoils System* bei Arnold 2003.
11 Liedtke 2006, S. 219, 227.
12 Zeldin 1958, S. 57.
13 Bernsee 2014, S. 226–227.
14 Die folgenden Ausführungen beziehen sich vor allem auf Fried 1963; Klimó 1997; Nicolò 2001; Wagner 2004; Wagner 2005; Zeldin 1958.
15 Zeldin 1958, S. 82–83.
16 Zeldin 1958, S. 159–161.
17 In Persignys Memoiren wurde dieses Memorandum posthum publiziert; Persigny 1896, S. 313–314, 318.
18 Wagner 2005, S. 424.
19 Daly 1999, S. 193.
20 Wagner 2005, S. 413–419.
21 Fried 1963, S. 147–152.
22 Moore/Rodger 2007, S. 53–54.
23 Zur internationalen Verflechtung Langendijk 2008; Schot 2010. Zur Wende in den 1970er Jahren Engels/Hertzog 2011.
24 »We don't take any interest in politics. It seems to us that there is not much difference between Conservatives and Liberals. But we do take a deep interest in our place of worship.« »Those who help us most [...] are our best friends, and will get our votes«; zitiert nach Gwyn 1962, S. 69.
25 Fried 1963, S. 121–122; Romero/Caballero 2006, S. 16.
26 Hoppen 1996, S. 554.
27 Crook/Crook 2011; Garrigou 1992, S. 182.
28 Dompnier 2014.

29 Anderson 2000, S. 8.
30 »You are an honest man; and you would sell your vote for £10 and would have liked £30 better? Certainly«; zitiert nach Hoppen 1996, S. 565.
31 Hoppen 1996, S. 559–561.
32 Zu Frankreich Dompnier 2014.
33 Huard 2001.
34 Kühne 1994, S. 57.
35 Hodgkins 2002.
36 Ebhardt 2013. Zu Rothschild Jeanneney 2001.
37 Gwyn 1962.
38 Kostenangaben zu Großbritannien bei O'Leary 1962, S. 156. Zu Frankreich Garrigou 1992, S. 153.
39 Howe 1979–80; Blaxill 2011; Rix 2008 zur Isle of White S. 86, Zitat »We no longer bribe, but subscribe«, S. 94.
40 Severini 1998, S. 160.
41 Briquet 1998, S. 30: »Un mode particulier d'introduction de cette modernité«.
42 Carter/May 1998.
43 Dardé 2001.
44 Pro Ruiz 2001; Pino Artacho 1969; Varela Ortega 2001; Moreno Luzón 2007.
45 Pro Ruiz 2004, S. 625.
46 López Blanco/Yanini 2001, S. 592.
47 Dardé 2001, S. 582.
48 Beschrieben bei López Blanco/Yanini 2001, S. 598.
49 Varela Ortega 2001, S. 506–507.
50 López Blanco/Yanini 2001, S. 594.
51 Moreno Luzón 2007, S. 429, zu Lobbyarbeit und Interessenvertretung auch S. 426–428.
52 Carter/May 1998; Moreno Luzón 2007.
53 Graziosetto 2010, S. 27.
54 Musella 1985, S. 438–439.
55 Schininà 2008.
56 Zur Geschichte des *Trasformismo* Sabbatucci 2003.
57 Cammarano 2002; Musella 1994.
58 Musella 1994, S. 58–66.
59 Das zeigt Severini 1998 am Beispiel der Provinz Marken, insbes. S. 159.
60 Engels 2007.
61 Monier 2007, S. 10–11.
62 Beyen 2014.
63 Monier 2011a, S. 106.
64 Ausführlicher Engels 2013.

65 Monier 2007.
66 Sawicki 1998, v. a. S. 229–235; am Beispiel der radikalen und sozialistischen Kommunalpolitik in Toulouse Nevers 1983.
67 Der Fall wird geschildert bei Monier 2007, S. 158.
68 Bour 2011.
69 Hierzu sowie zum gesamten Abschnitt Bourne 1986.
70 Zahlen zur Verwaltung bei Bourne 1986, S. 22; zur Bevölkerung bei Ehmer 2004, S. 7.
71 Hanham 1960a.
72 Hanham 1960a, S. 82.
73 Hanham 1960a, S. 80–83.
74 Bourne 1986, S. 42.
75 Hanham 1960b; Searle 1987, S. 80–93.
76 Cregier 1967, insbes. S. 200–202; Cullen 1974.
77 Osterhammel 2009.
78 Ebhardt 2011.
79 Ebhardt 2014.
80 Bagwell 1965, S. 83–84.
81 Robb 1992, S. 39. Zum *Railway Interest* allgemein bereits Alderman 1973.
82 Rydz 1979.
83 Bagwell 1965.
84 Ebhardt 2014.
85 Ebhardt 2014, Kap. 3.6–3.8.
86 Puhle 1975, S. 216. Ich danke Volker Köhler für diesen Hinweis.
87 Weisbrod 1978.
88 Dubos 2002, S. 74–77.
89 Garrigues 2002, S. 305.
90 Bouyer 1990.
91 Gueslin 2007, Kap. III.
92 Garrigues 1997, zu Léon Say u. a. S. 26–33, Verwaltungsratssitze S. 82.
93 Garrigues 1997, S. 156–162.
94 Stern 1978, S. 580.
95 Stern 1978, S. 330–332.
96 Thiveaud 1997, S. 42–45.
97 Liedtke 2006, S. 206–226.
98 Stern 1978, S. 313–314, 387.
99 Stern 1978, S. 581–582.
100 Searle 1987, S. 126–127.
101 Ferrari 2003, S. 170.
102 Garrigues 1997, S. 199–205.
103 Ebhardt 2014, S. 256.

104 Bösch 2009b; Gilbert 1989.
105 Fortescue 2002.
106 Bourne 1986, S. 154. Zitat: »Governmant Patronage was profusely showered on any Elector who exhibited democratic principles.«
107 Sofsky/Paris 1991, S. 169–172, Zitat S. 170.
108 Kirner 2003, S. 175.
109 Agethen 1984; Bernsee 2011a.
110 Hoffmann 2000; Lotze 2010; Beaurepaire 2002.
111 Klimó 1997, S. 203–204.
112 Monier 2011a, S. 105.
113 Garrigues 2003, S. 59–69.
114 Bourne 1986, S. 77–78.
115 Barbier/Bernsee 2014.
116 Pessen 1978.
117 Severini 1998, S. 160–161.
118 Klimó 1997, S. 235–242.
119 Nevers 1983, S. 444–448.
120 Levy 1989, insbes. S. 204–206.
121 Zeldin 1958, S. 15.
122 McConnel 2005, S. 122.
123 Levy 1989, S. 204.
124 Köhler/Bour 2014.
125 Etwa Dardé 2001, S. 566; Carter/May 1998.
126 Raphael 2011.
127 Bajohr 2001, S. 17–33.
128 Angermund 1995, insbes. S. 376–378.
129 Ueberschär/Vogel 1999, zu politischen Gegnern S. 76.
130 Bajohr 2001, S. 12–13.
131 Berg 2003.
132 Rohrer 2006; Bajohr 2001, S. 11–12.
133 Bajohr 2005.
134 Dunnage 2002, S. 106; Bosworth 2006.
135 Klimó 1997, S. 246–250.
136 Dunnage 2002, S. 59–62; Bosworth 2006, S. 194–195.
137 Bach/Breuer 2010, z. B. S. 419.
138 Bosworth 2006, S. 192–193.
139 Bosworth 2006, S. 238.
140 Bosworth 2000.
141 Corner 2009.
142 Rodríguez Barreira/Cazorla Sánchez 2008.
143 Izquierdo Jerez 1985; Cazorla Sánchez 1999.

144 Cabrera 2000; Fernández Roca 2012; Vaz 2014.
145 Bancaud 2002, S. 35-38.
146 Cammarano 2002, S. 676.
147 Bosworth 2000, S. 367.
148 Pro Ruiz 2004, S. 630-634.
149 Wagner 2005. Zur Unterscheidung »vormoderner« Patrone und moderner Broker Wagner 2004.

Die Entstehung des modernen Korruptionsbegriffs

1 Hammer 1914, Zitate S. 3, 5, 9, 15.
2 Angelehnt an Heidenheimer/Johnston/LeVine 1990, S. 8; Génaux 2002b, S. 527.
3 Corruption; in: *Der Volksstaat* 22. 1. 1873.
4 Schuller 1982; Wankel 1982; Plumpe 2009, S. 30.
5 Isenmann 2006, S. 208-210, 214.
6 Génaux 2002a, S. 110.
7 Génaux 2002b.
8 Grüne 2011a.
9 Grüne/Tölle 2013.
10 Saurbier 2010.
11 Gembicki 1994, S. 14.
12 »Corruption religieuse« bei Dumesnil 1824, S. 74; »Corruption of Christianity« bei Vaughan 1852.
13 Gembicki 1994, S. 40-42.
14 Hill 2006, S. 658-660.
15 Die Abschnitte zu englischen und deutschen Nachschlagewerken sind in Teilen wörtlich oder dem Sinn nach meinem Artikel Engels 2006 entnommen.
16 Ogilvie 1883-1884.
17 *Muret-Sanders enzyklopädisches Wörterbuch der englischen und deutschen Sprache*, Berlin 1906-1908, Lemma corrupt; vgl. auch Larousse, Pierre (Hrsg.): *Grand dictionnaire universel du XIXe siècle*, Paris 1866-1876, Lemma corruption.
18 Académie Française 1835. Geschmacksverwirrung bei Würtz 1833-1844, Lemma corruption.
19 Wagener 1859-1867, Lemma Bestechung. Ähnlich Rotteck/Welcker 1834-1843, Lemma Bestechung, und Pierer 1849.
20 »Verderben (besonders in sittlicher Beziehung)«; *Meyers Lexikon*, Leipzig [7]1924-1935, Lemma Korrumpieren.
21 »Salt is usually considered to be a preservative against corruption; but in

this instance it has turned otherwise«; Corruption in France; in: *Punch* 13 (1847), S. 11.
22 Wellenreuther 1982, S. 38-39; Cormenin 1846, S. 30, 38.
23 Pick 2004.
24 Weichbrodt 1905.
25 Meyerstein 1900; Burg 1905.
26 Am Beispiel Spaniens, mit Kritik an dieser Sicht Uría 2003.
27 Münkler 2010, insbes. S. 245-246. Niklas Luhmann prägte die Formulierung, das Gemeinwohl sei die »Kontingenzformel« des politischen Systems, ebenda.
28 Am Beispiel der Niederlande dargestellt bei Kerkhoff/Hoenderboom/Kroeze/Wagenaar 2010.
29 Ottmann 2002, Kap. 3.2; Bluhm/Fischer 2002, S. 11; Münkler 2010, S. 254-256.
30 Gembicki 1994, S. 13; Génaux 2002a, S. 116; Génaux 2002b, S. 527-528.
31 Nadeau 2007.
32 Chalmin 2010.
33 Bluhm/Fischer 2002, S. 13; Chalmin 2010, S. 167-176.
34 Chalmin 2010, S. 195-199.
35 Montesquieu 1992, vor allem Buch 2, Kap. 2 bis 5, Buch 4, Buch 5.
36 Vgl. Roza 2012.
37 Plumpe 2009.
38 Holbach 1773, Band 2; Ferguson 1767, Kapitel »Corruption and political slavery«; Hill 2006.
39 Nadeau 2007.
40 Zu James Burgh Kramnick 1994, S. 60-75. Zu den Kernvorstellungen des Republikanismus vgl. auch Dwan 2007, S. 36-37 sowie Ménissier 2007.
41 Schulze 1986, S. 604-606; Mandeville 1724.
42 Smith 1776, Book IV, Chapter 2: »He intends only his own gain, and he is in this, as in many other cases, led by an invisible hand to promote an end which was no part of his intention.«
43 Hill 2006, S. 644-649.
44 »The interest of the community is [...] the sum of the interests of the several members who compose it.« »It is in vain to talk of the interest of the community, without understanding what is the interest of the individual«; Bentham 1970 (1789), Kap. I, Abs. 4 u. 5, S. 12. Zur Aufgabe des Gesetzgebers S. 34; zu den Handlungsmotiven Kap. XI.

Korruption, ein Ordnungsmodell für die politische Moderne

1 Mießeler 2009, S. 67–74, mit Verweisen auf *Le Paris*, 18.10.1887, 29.10.1887; *Le Figaro*, 16.11.1887.
2 Vgl. dazu bereits Engels 2010.
3 Latour 1995.
4 Bauman 1991. Auf die Bedeutung Baumans für die Korruptionsgeschichte bin ich erstmals bei der Vorbereitung auf einen Vortrag im Jahr 2008 gestoßen, publiziert als Engels 2010, hier S. 40–41. Unabhängig davon weist Lennerfors 2009, S. 413, auf diesen Zusammenhang hin, und zwar unter Berufung auf Bratsis 2006, Kap. 3.
5 Douglas 1966.
6 Bratsis 2003, S. 15.
7 »The party interests of a Government are in the long run much better promoted by the honest exercise of patronage than by the perversion of it for the purpose of satisfying individual supporters«, zitiert nach Bourne 1986, S. 146.
8 Spinetti 1964, S. 76–77.
9 Held 1807, Zitat S. 73.
10 »What services we wonder has Sarah Bates rendered to the community, to entitle her to £ 7000 of the public money? Probably she is indebted for her good fortune solely to being the wife or sister of Edward Bates. The introduction of one person on the pension-list, generally prepares the way for the family; and the reader must have remarked, that the names seldom come single«; Wade 1820, S. 17.
11 Hugo 1972, S. 444–445 (6.5.1847).
12 »Je disais hier à Charles Dupin: ›M. Guizot est personellement incorruptible et il gouverne par la corruption. Il me fait l'effet d'une femme honnête qui tiendrait un bordel‹«; Hugo 1972, S. 454 (20.6.1847).
13 Pro Ruiz 2004, S. 628–629.
14 Severini 1998, S. 162–164.
15 Briefwechsel abgedruckt bei Johnson 1958.
16 Zitiert nach Klimó 1997, S. 151.
17 Raspail in *Le Réformateur*, 7.3.1835, zitiert nach Barbier/Bernsee 2014; Colajanni 1893, S. 318.
18 »La corruption est toujours et en tous cas un crime«; Block 1896, S. 177.
19 Bratsis 2003, S. 14.
20 »France, in the hands of Louis Philippe, is as much the instrument for his private gain [...] as any tradesman's stock is the means of making his profit«; »a constitutional monarch is a trustee for the nation, and is bound to discharge his trust with regard only to the public interest«; The Highest

Corruption in France; in: *Littell's Living Age* 180 (1847), S. 157–158, beide Zitate S. 157.
21 Welcker 1856–1866.
22 Prochaska 1995.
23 Schulze 1862, v. a. S. 5, 9. Dank an Robert Bernsee für den Hinweis auf diese Quelle.
24 Dirks 2006, S. 80–81; Pavarala 2004.
25 Krischer 2010, S. 322–323.
26 Ebhardt 2014, Kap. 5.8.
27 »La finance, le parlement, la presse: voilà les trois complices […]. La première mesure à prendre à l'égard des criminels consiste à les isoler les uns des autres«; Jaclard 1893, S. 135.
28 »Io e i miei colleghi […] abbiamo sempre procurato di rimanere scrupulosamente nei confini del nostro compito amministrativo […] noi abbiamo sempre tenuto rigorosamente separata l'amministrazione dalla politica«; »una amministrazione immune affatto da ogni influenza politica«; »confusione, regnante nello spirito politico«; zitiert nach Banti 1995, S. 17.
29 Anonym 1887, S. 8.
30 Mallada 1969 (1890), S. 151–152, 200.
31 McCord 2000.
32 Rouanet 1893, S. 374–378.
33 Costa y Martínez 1902, S. 699–700.
34 Costa y Martínez 1902, S. 18–25, 41, 59, 62–63 (»naciones decadentes de Asia«), 700.
35 Zygmunt Bauman weist darauf hin, dass die Vormoderne durch Projektion aus der Moderne konstituiert werde; Bauman 1991, S. 4–9.
36 Zitiert nach Spinetti 1964, S. 70–71, 52, 87.
37 Schaefer 1931, S. 25–29.
38 »La popolazione milanese è assai migliore, per tutte quelle virtù che distinguono davvero i popoli moderni«; zitiert nach Banti 1995, S. 17.
39 »C'est l'effet de cette longue suite de transformations politiques qui ont réduit à rien la conscience de l'homme; c'est le résultat inévitable de cette terreur qui a tout brisé«; Dumesnil 1824, S. 76–77.
40 Anonym 1887, S. 54.
41 »Mögen Staat und Beamte stets ihrer alten glorreichen Vergangenheit eingedenk sein, damit sich einst das Geibel'sche Wort bewahrheite: Es mag am deutschen Wesen/Einmal noch die Welt genesen«; Warner 1914, S. 139.
42 Schubert 2007, S. 38–39; Perrot 1873.
43 Nagel 2012, Kap 5.7.
44 »In the absolute government of Russia, corruption prevails in every branch

of the administration; justice is notoriously sold«; The Patronage of Commissions; in: *Westminster Review* XLVI (1846), S. 107–119, hier S. 108.
45 Mohl 1860–1869, Bd. 2, S. 64.
46 »Sarà la Turchia d'occidente«; Morini 1895, S. 231.
47 »Un Levantin français«; *L'Intransigeant*, 8. 4. 1911. Dank an Nicolas Pitzos für diesen Hinweis.
48 Thielmann 1875, S. 315–316.
49 Corruption; in: Larousse, Pierre (Hrsg.): *Grand dictionnaire universel du XIXe siècle*, Paris 1866–1876.
50 »It is difficult to get the Oriental mind to understand how it is reasonable to expect the temptation of a bribe to be resisted«; *Encyclopaedia Britannica*, London ⁹1875–1889, Lemma bribery.
51 Seeley 1883, S. 242–243.
52 Dirks 2006, S. 23; vgl. Pavarala 2004.
53 Doig 1984, S. 55.
54 Schattenberg 2009.
55 »Tribus salvajes de los otros continentes«; Mallada 1969 (1890), S. 170.
56 Blando 2012; Briquet 2001, S. 263–265; Schininà 1999; Banti 1995, S. 17.
57 Vgl. dazu Ruderer 2014.

Revolution: Der Abschied vom Ancien Régime um 1800

1 »Il y a dans la République une conjuration ourdie par l'étranger, dont le but est d'empêcher par la corruption que la liberté ne s'établisse«; Saint-Just 1988, S. 155.
2 Zum gesamten Abschnitt bereits ausführlich Engels 2009.
3 Mason 1998.
4 Baecque 1993.
5 Zitiert nach Engels 2009, S. 149.
6 »Une assemblée de propriétaires organisée de manière que le relâchement, la corruption, l'intérêt personnel ne puissent s'y introduire, correspondant directement avec le souverain, établirait la confiance réciproque, seul moyen de réunir tous les intérêts; par là le citoyen s'attacherait plus particulièrement aux intérêts de la patrie«; *Archives parlementaires de 1787 à 1860. États généraux. Cahiers des sénéchaussées et bailliages. Série 1, Tome 5*, Paris 1879, S. 417. »À la vérité, la corruption, moyen puissant employé par le gouvernement, amène le désordre dans les finances; et ce désordre force à recourir aux assemblées nationales«; ebenda S. 366.
7 Goutal-Arnal 2000; Jones 1998.
8 *Archives parlementaires de 1787 à 1860. Assemblée nationale constituante. Du 5 mai 1789 au 15 septembre 1789. Série 1, Tome 8*, Paris 1875, S. 438.

Anmerkungen zu Kapitel 6   391

9   Blanc 1992; Lestapis 1956.
10 Zu Robespierres Korruptionsauffassung ausführlich Chalmin 2010, Kap. 5 und Van der Hallen 2007.
11 Benoît 2008; Blanc 1992; Guilleminault/Singer-Lecocq 1975.
12 »N'ayant pu me corrompre, ils m'ont assassiné«; Chalmin 2010, S. 314.
13 »Corrompre l'esprit public«; Nadeau 2007, Randnummer 21 der Online-Ausgabe http://ahrf.revues.org/8393 (14. 04. 2013).
14 Blanc 1992, S. 176–177.
15 Brown 1990; vgl. auch Bruguière 1986.
16 Engels 2009.
17 »Le gouvernement d'alors avait pris, sur la fin, les allures d'une compagnie industrielle, où toutes les opérations se font en vue du bénéfice que les sociétaires en peuvent retirer«; »un prince [...] singulièrement dangereux et corrupteur«; Tocqueville 1964 (1893), S. 31–32.
18 Fortescue 2002.
19 Das gesamte Kapitel orientiert sich an seiner Studie; Kerkhoff 2013.
20 Doyle 1992.
21 Dieses Kapitel beruht auf Bernsee 2014. Siehe dazu auch Bernsee 2013.
22 Zum Fall Zerboni/Hoym Bernsee 2011b.
23 Vgl. Bernsee 2011a.
24 Aretin 1802, S. v. Dank an Robert Bernsee für den Hinweis.
25 Cölln 1807–1809, Bd. 1, S. 83.
26 Held 1807, S. 70.
27 Bernsee 2011a.
28 Bernsee 2014, Kap. 3.3.
29 Harling 1996, S. 1; Rubinstein 1983, S. 57.
30 »And the duped people, hourly doom'd to pay/The sums that bribe their liberties away«; Moore 1841, S. 24, erstmals veröffentlicht 1808.
31 Zu Nordamerika Burrows 1978; Keller 1978. Für eine deutsche Variante der *Country*-Ideologie im späten 18. Jahrhundert Muller 1990.
32 Rubinstein 1983.
33 Hellmuth 1999.
34 Harling 1996, S. 45.
35 Weinstein 2002.
36 Alle Zahlen nach Harling 1996, S. 136 und 145.
37 Sweet 2007.
38 Bentham 1818; Wade 1820. Hierzu auch Clayson/Frow/Frow 1994.
39 Bentham 1818, insbes. S. 8–9; Wade 1820, S. 6.
40 Wade 1820, S. 132, 166, »parade of crowns and coronets, of gold keys [...] and black rods«, S. 110.
41 Wade 1820, S. 1–2.

42 Hamilton 2000.
43 Shinner 2007; Smith 1965; Toy 1968.
44 Tocqueville 1835–1840. Zur Korruption in unterschiedlichen Staatsformen: Buch 1, Kap. 13. Zu den Vorteilen der Demokratie Buch 1, Kap. 6. Zum Individualismus Buch 2, Kap. 2 und 8.
45 Mill 1861, insbes. Kap. 2 und 6.
46 Stahl 1845, S. iv.
47 Mohl 1966. Zitate S. 152, 156, 153, 151.
48 Mohl 1966, S. 186–187.
49 Mazzini 1835, S. 7, 17; Mazzini 1850, insbes. S. ix, 198.
50 Wade 1820, S. 132, 166.

Ernüchterung: Von Zumutungen und Defekten moderner Politik in der zweiten Hälfte des 19. Jahrhunderts

1 »The stream of corruption flows on […]. It is a disgrace to us all. Foreigners and foreign journals can point with derision to its existence in the midst of a constitution for which we ever claim superiority, and to such criticisms now reply must be absent«; House of Commons, 7.1.1881, *Hansard's Parliamentary Debates*, 3rd series, Bd. 257, S. 271.
2 Mauvillon 1776–1777, Bd. 1, S. 189 ff: »Über die Beschaffenheit des Unterhauses im englischen Parlamente. Eine Abhandlung, worinn das Hauptgebrechen der englischen Staatsverfassung untersucht wird.«
3 Hoppen 1996; Saunders 2011, S. 89.
4 Gwyn 1962, S. 74–75.
5 Garrigou 1992, S. 132–135.
6 Saunders 2011, S. 89, 202.
7 Gwyn 1962, S. 77.
8 *The Morning Chronicle*, 14.8.1845; zitiert nach Ebhardt 2014, Kap. 4.4, S. 182.
9 Mill 1988.
10 »The old influences of a man's name, or position, or worth, were gradually being destroyed by the mere fact of the wealth, and often the unmeritorious wealth, of his opponent«, House of Commons, 4.6.1883; *Hansard's Parliamentary Debates*, 3rd series, Bd. 279, S. 1609.
11 O'Leary 1962, S. 178.
12 O'Leary 1962, S. 158.
13 So etwa George Russell am 4.6.1883 im House of Commons; *Hansard's Parliamentary Debates*, 3rd series, Bd. 279, S. 1661.
14 Hoppen 1996, S. 564–565; Gwyn 1962, S. 68–75.
15 »Corruption personnelle«, »corruption locale«; Cormenin 1846, S. 31.

16 Musella 1994, S. 210.
17 In einer Unterhausrede am 27.7.1870; *Hansard's Parliamentary Debates*, 3rd series, Bd. 203, S. 1029–1030.
18 Duvergier de Hauranne 1847, S. 10.
19 Musella 1994, S. 55–57.
20 Cormenin 1846, S. 49.
21 Kroeze 2008.
22 Anderson 2000; Arsenschek 2003; Kühne 1994.
23 Stern 1978, S. 304.
24 Roth 2001.
25 Meyer 1877, S. 201.
26 Eine Kapitelüberschrift lautet »Corruption des mœurs publiques par la bourse«; Proudhon 1857, S. 163 (Zitat), 165, 490.
27 Ponsonby 1910.
28 Perrot 1873, S. 57 (Zitat), 105, 206.
29 »Féodalité financière«, »aristocratie de l'argent«, »absolutisme des écus« bei Anonym 1861, S. 6. Vgl. auch Duchêne 1867.
30 Mathieu-Dairnvaell 1846; Perrot 1873, S. 89; zu Cato: Ebhardt 2014, Kap. 2.6.
31 Barbier/Bernsee 2014.
32 Ebhardt 2014, Kap. 2.1, S. 75.
33 Ebhardt 2011; Ebhardt 2014.
34 In Buchform veröffentlicht als Glagau 1876.
35 Perrot 1876.
36 *Germania*, 4.8.1875; zitiert nach Schubert 2007, S. 30.
37 Glagau 1876.
38 Kardorff 1936, S. 101–109; Diest-Daber 1897.
39 Schubert 2007.
40 Meyer 1877.
41 Stern 1978, S. 614–617.
42 Meyer 1877, Zitate S. 23, 196, 200.
43 Jaclard 1893, S. 141–142.
44 Rouanet 1893; Leroux 1848.
45 Bluhm 2002, S. 171–172; Marx 1973.
46 Engels/Rothfuss 2013; Portalez 2013.
47 Rouanet 1893, S. ix; Chirac 1888, S. xiv, xx–xxiii.
48 Colajanni 1988 (1888), insbes. S. 60–61.
49 Zur Korruptionskritik der Sozialdemokraten ausführlich Engels/Rothfuss 2013; zum Kornwalzer-Skandal auch Bösch 2005.
50 Bösch 2009b, S. 97–154.
51 Marnot 2002, S. 344–346.
52 Monier 2013.

53 »N'accepter, comme Représentant, aucun emploi, ni chercher à augmenter ma fortune privée aux dépens de l'État; faire les affaires du pays et non les miennes; n'être, en un mot, ni ambitieux, ni intrigant; prendre pour devise politique: Probité, Désintéressement, Patriotisme: Telle est ma profession de foi«; Stockinger 2012, S. 508.
54 Cormenin 1846, S. 15–23.
55 Kroeze 2013, Kroeze 2011.
56 Pick 2004, S. 6–7; vgl. Mazzini 1850.
57 »Agenzia di corruzione«; Garibaldi 1870, S. 364.
58 »C'è un'Italia reale che non è l'Italia legale e che tende anzi a ribellarsi a guest'ultima«; Jacini 1870, S. 13.
59 Musella 1994, S. 55.
60 Minghetti 1881.
61 Blando 2012, S. 56–62.
62 Banti 1995, S. 11.
63 Bonghi 1884.
64 Morini 1895, insbes. S. 24–27.
65 Spinetti 1964, S. 89–91.
66 Torraca 1877.
67 Torracas Doppelrolle geschildert bei Musella 1994, Kap. 3.
68 Jouvenel 1914, insbes. S. 16, 28, 41, 56.
69 Colajanni 1988 (1888), S. 75–77; Engels/Rothfuss 2013; Azaña 1966, S. 472; Orlando 1884.
70 Costa y Martínez 1902.
71 Álvarez Junco 2011, S. 358–359.
72 Pro Ruiz 2004, S. 614–617; Pozo Andrés/Braster 1999.
73 Mallada 1969 (1890), insbes. S. 169–171.
74 Ortega y Gasset 1983; Moreno Luzón 2007, S. 420; Álvarez Junco 2011, S. 362.
75 »Selección invertida«, »aristocracia natural«, »la élite intelectual y moral del país, sin la que los grupos humanos no progresan«; Costa y Martínez 1902, S. 41–42.
76 Costa y Martínez 1902, insbes. S. 79–88, 108–110, 647–653, 724–731. Vgl. auch Ramos 2006, S. 34–49.
77 Varela Ortega 2001, S. 374–386.
78 Ramos 2006.
79 Schininà 2008, S. 182–188.
80 Ramos 2006, S. 37–50.
81 Searle 1987, S. 104–105.
82 Searle 1987, S. 160–161; zu den politischen Zusammenhängen Bösch 2009b, Kap. VII.2.

83 *Vereins-Mitteilungen. Verein gegen das Bestechungsunwesen*, 6.6.1914, S. 191. Hierzu erscheint ein Beitrag von Anna Rothfuss und Volker Köhler in Engels/Fahrmeir/Monier/Dard 2015.

Empörung: Die Zeit der großen Korruptionsskandale zwischen 1880 und 1935

1 Vgl. zu Deutschland und Großbritannien Bösch 2009b.
2 Held 1807; Wade 1820; Duvergier de Hauranne 1847, S. 140–141.
3 Meyer 1877.
4 Archiv der sozialen Demokratie, Nachlass Carl Severing, Mappe 41, Brief Lehmann an Severing vom 12.11.1925 mit Zeitungsausschnitt. Dank an Volker Köhler für diesen Hinweis.
5 Rouanet 1893, S. 363.
6 Bernsee 2014, Kap. 1.3.; Ebhardt 2014, Kap. 2.9.
7 Blic 2005; Mollier 1991; McCullough 1977; Chabannes 1972; Bouvier 1964; Drumont 1896; Rouanet 1893.
8 Engels/Rothfuss 2013 mit der unmittelbaren Reaktion in Deutschland; Klein 2014 am Beispiel der Korruptionsskandale in der Weimarer Zeit.
9 Engels 2014.
10 Monier 2011b; Engels 2009; Garrigues 2003; Chabannes 1972.
11 Neiertz 1989.
12 Jankowski 2000; Pellissier 2000.
13 Bösch 2009b; Engels/Rothfuss 2013.
14 Ich stütze mich insbesondere auf Klein 2014 sowie auf Geyer 2010, Malinowski 1996.
15 Klein 2014, Kap. IV.6; Weßling 1977.
16 Searle 1987; Bösch 2009a; Bösch 2009b.
17 Gilbert 1989; Bösch 2009b, S. 432–445; Donaldson 1962.
18 Cregier 1967; Searle 1987, Kap. 15; Cullen 1974.
19 Gerbore 1954; Ferrari 2003.
20 Magrí 1993; Grand 2001, S. 43–64; Colajanni 1893; Vitale 1972.
21 Magrí 1993, S. 125–127.
22 Townson 2000.
23 Hondrich 2002; Neckel 1989; Blic/Lemieux 2005, S. 11–12.
24 Gilbert 1989.
25 Blic 2006.
26 Grand 2001, S. 45–64.
27 Bösch 2009b.
28 Klein 2014.

29 House of Commons, 17.7.1922, *Hansard's Parliamentary Debates*, 5th series, Bd. 156, S. 1755–1770, insbes. 1767–1768; zu Churchill Searle 1987, S. 369.
30 Jankowski 2000, S. 330–331.
31 Zarnow 1931, zitiert nach Klein 2014, S. 418.
32 Magrí 1993, S. 241–244.
33 Rosa 2010, S. 140–141; Magrí 1993, S. 88–92 vermutet allerdings eine Herzattacke als Todesursache.
34 Bösch 2005, S. 361–367.
35 Canali 2009.
36 »Ce qui moralise dans les gouvernements libres, c'est la publicité. La corruption ne saurait résister longtemps«; Block 1896, S. 176.

Zerstörung: Von der Korruptionskritik zur Diktatur

1 Zitiert nach Klein 2014, S. 373.
2 Zur Lage vor und nach dem Krieg Raphael 2011.
3 »Age of democracy«; Müller 2011, S. 4.
4 Huber 1937, S. 195.
5 Bernsee 2013, S. 66–68.
6 Bergmann 2010; Benz 2008–2013.
7 Diesen Hinweis verdanke ich Christian Ebhardt; Toussenel 1845, Leroux 1848.
8 Chirac 1888, »histoire des juiveries« im Untertitel, »juif politique« S. 347–348; Jaclard 1893, »bacille juif« S. 133.
9 Ahlwardt 1892; vgl. Stern 1978, S. 646–654.
10 *Kreuzzeitung* vom 19.12.1892, 15.3.1893.
11 Drumont 1885; Drumont 1896, z. B. S. viii-xi, 68; Favi 1985, insbes. S. 36–37.
12 Cheyette 1989.
13 Belloc/Chesterton 1911, »Democray is government by the general will«, S. 15–16; »system of indirect corruption«, S. 52.
14 Bauerkämper 1991, S. 82–86; Bösch 2009b, S. 433–435.
15 Villis 2006.
16 White 1901, »bad foreign jews« S. 78. Dekadenz in Kap. III.
17 White 1917, S. 13, 20, 180; »German scheme of world dominion«, S. 240; »our whole political system was corrupted and polluted with German intrigue and German gold«, S. 238.
18 Linehan 2000, S. 47–49.
19 Lunn 1980, S. 33–36; Corrin 1981.
20 Dorrill 2006, S. 205, 250–251.
21 Dorrill 2006, S. 205–209.
22 »The more democratic the institutions of a country, the greater the corrup-

tion«; *The Blackshirt*, 18.11.1937, S. 8; »this gigantic network of corruption called Democracy«; *The Blackshirt*, 8.1.1938, S. 8. Zum Führerprinzip *Action*, 24. 4.1937, S. 10.
23 Costa y Martínez 1902: »aristocracia natural« S. 41, »política chirúrgica« S. 86, vgl. auch S. 100–102, 108–111, 647–653, 724–731. Vgl. Ramos 2006, S. 36–49.
24 Álvarez Junco 2011, S. 360–362; González Calbet 1987, S. 261–263.
25 Ben-Ami 2012, S. 92–97; González Calbet 1987, S. 261–266; Álvarez Junco 2011, S. 363.
26 Izquierdo Jerez 1985.
27 Azaña 1966.
28 Cabrera 2000.
29 Morodo 1980.
30 Rodríguez Barreira/Cazorla Sánchez 2008; Smyth 1991.
31 Müller 2011, S. 114–115.
32 Bonghi 1933, erstmals veröffentlicht am 15.12.1893 in der *Nuova Antologia*.
33 Banti 1995, S. 28; Duggan 2010, S. 336–337; Blando 2012.
34 Lupo 2003, S. 23.
35 Gentile 1936; Zitate in der deutschen Übersetzung, S. 25, 19, 43.
36 Bosworth 2006, S. 237.
37 »Procaccianti«, »satrapi«, »politicanti«; Rocca 1923, S. 130.
38 Corner 2009, S. 130–132.
39 Bosworth 2006, S. 492.
40 Zitiert nach Klein 2014, S. 472–473 und S. 335.
41 Angermund 1995, S. 374–376.
42 Bajohr 2001; Bajohr 2004; ein Beispiel unter vielen auch bei Gruchmann 1994.
43 Favi 1985, S. 35.
44 Etwa Maurice Barrrès; vgl. Dard 2013.
45 Müller 2011, S. 93–108.
46 Engels 2007, S. 196–199.
47 Radioansprache vom 10.10.1940, abgedruckt in Pétain 1974, S. 475; Botschaft Pétains vom 12.8.1941, abgedruckt in Pétain 1989, S. 166–167.
48 Grenard 2012, insbesondere Kap. IV.

Schluss

1 Dipper 2010, Abschnitt 4.2.
2 Kerkhoff/Hoenderboom/Kroeze/Wagenaar 2010, S. 467.
3 *Frankfurter Allgemeine Zeitung*, 14.12.2013.
4 Cockcroft 2013, Kap. 10.

5   Huge/Schmidt/Thränhardt 1989; Roth 1985; Darge 2009.
6   Grenard 2012, Kap. XVIII; Roodhouse 2002; Gross 1963.
7   Jones 2012; Vaz 2014.
8   Cockcroft 2013, S. 103–114.
9   Leff 1964; Krastev 2009, S. 147.
10 Darge 2009, S. 61–75; Lindemann 2005.
11 Monier 2011b.
12 Burnett/Mantovani 1998.
13 Meine Darstellung in den nächsten Zeilen folgt Krastev 2009. Eine ähnliche Darstellung auch bei Berghoff 2013, S. 19–27.
14 Vgl. http://www.transparency.de/Corruption-Perceptions-Index.2164.0.html, aufgerufen am 2.1.2014. Vgl. allgemein auch den Befund bei Lennerfors 2009, S. 208.
15 Krastev 2004, S. 69–70.
16 Deviers-Joncour 1998.

Literatur

Académie Française (Hrsg.): *Dictionnaire de l'Académie Française*, Paris ⁶1835.

Agethen, Manfred: *Geheimbund und Utopie. Illuminaten, Freimaurer und deutsche Spätaufklärung*, München 1984.

Ahlwardt, Hermann: *Der Verzweiflungskampf der arischen Völker mit dem Judentum, Teil 2: Der Eid eines Juden*, Berlin 1892.

Alderman, Geoffrey: *The Railway Interest*, Leicester 1973.

Álvarez Junco, José: *Spanish Identity in the Age of Nations*, Manchester 2011.

Anderson, Margaret L.: *Practicing Democracy. Elections and Political Culture in Imperial Germany*, Princeton 2000.

Angermund, Ralph: Korruption im Nationalsozialismus. Eine Skizze; in: Jansen, Christian (Hrsg.): *Von der Aufgabe der Freiheit. Politische Verantwortung und bürgerliche Gesellschaft im 19. und 20. Jahrhundert*, Berlin 1995, S. 371–383.

Anonym: *M. Mirès et M. de Rothschild*, Paris 1861.

Anonym: *Der Skandal Caffarel-Boulanger und die Corruption in Frankreich*, Berlin 1887.

Aretin, Johann Georg v.: Vorerinnerung; in: *Der Genius von Baiern unter Maximilian IV*. 1 (1802), S. iii–viii.

Arnold, Peri E.: Democracy and Corruption in the 19th Century United States: Parties, »Spoils« and Political Participation; in: Tiihonen, Seppo (Hrsg.): *The History of Corruption in Central Government*, Amsterdam 2003, S. 197–211.

Arsenschek, Robert: *Der Kampf um die Wahlfreiheit im Kaiserreich. Zur parlamentarischen Wahlprüfung und politischen Realität der Reichstagswahlen 1871–1914*, Düsseldorf 2003.

Asch, Ronald G.: Der Sturz des Favoriten. Der Fall Matthäus Enzlins und die politische Kultur des deutschen Territorialstaates an der Wende vom 16. zum 17. Jahrhundert; in: *Zeitschrift für Württembergische Landesgeschichte* (1998), S. 37–63.

Asch, Ronald G.: »Lumine solis«. Der Favorit und die politische Kultur des Hofes in Westeuropa; in: Kaiser, Michael/Pečar, Andreas (Hrsg.): *Der zweite Mann im Staat. Oberste Amtsträger und Favoriten im Umkreis der Reichsfürsten in der frühen Neuzeit*, Berlin 2003, S. 21–38.

Asch, Ronald G.: Freundschaft und Patronage zwischen alteuropäischer Tradition und Moderne: Frühneuzeitliche Fragestellungen und Befunde; in: Descharmes, Bernadette (Hrsg.): *Varieties of Friendship*. *Interdisciplinary Perspectives on Social Relationships*, Göttingen 2011, S. 265–286.

Asch, Ronald G./Emich, Birgit/Engels, Jens Ivo (Hrsg.): *Integration, Legitimation, Korruption. Politische Patronage in Früher Neuzeit und Moderne*, Frankfurt am Main/ New York 2011.

Azaña, Manuel: Caciquismo y democracia; in: Azaña, Manuel (Hrsg.): *Obras completas*, Mexico 1966, S. 471–474.

Bach, Maurizio/Breuer, Stefan: *Faschismus als Bewegung und Regime. Italien und Deutschland im Vergleich*, Wiesbaden 2010.

Baecque, Antoine de: *Le corps de l'histoire. Métaphores et politique (1770–1800)*, Paris 1993.

Bagwell, Philip S.: The Railway Interest, its Organisation and Influence, 1839–1914; in: *Journal of Transport History* 7 (1965), S. 65–86.

Bajohr, Frank: *Parvenüs und Profiteure. Korruption in der NS-Zeit*, Frankfurt am Main 2001.

Bajohr, Frank: Der folgenlose Skandal. Korruptionsaffären im Nationalsozialismus; in: Sabrow, Martin (Hrsg.): *Skandal und Diktatur. Formen öffentlicher Empörung im NS-Staat und in der DDR*, Göttingen 2004, S. 59–76.

Bajohr, Frank: The Holocaust and Corruption; in: Feldman, Gerald D./Seibel, Wolfgang (Hrsg.): *Networks of Nazi Persecution. Bureaucracy, Business, and the Organization of the Holocaust*, New York/Oxford 2005, S. 118–138.

Balla, Bálint: Soziologie und Korruption; in: Balla, Bálint/Dahmen, Wolfgang/ Sterbling, Anton (Hrsg.): *Korruption, soziales Vertrauen und politische Verwerfungen. Unter besonderer Berücksichtigung südosteuropäischer Gesellschaften*, Hamburg 2012, S. 27–56.

Bancaud, Alain: *Une exception ordinaire. La magistrature en France, 1930–1950*, Paris 2002.

Banti, Alberto Mario: Retoriche e idiomi. L'antiparlamentarismo nell'Italia di fine Ottocento; in: *Storica* 3 (1995), S. 7–41.

Barbier, Jonathan/Bernsee, Robert: Continuity of Patronage? Favours and the Reform Movement in France and Germany from 1800 to 1848; in: Monier, Frédéric/Dard, Olivier/ Engels, Jens Ivo (Hrsg.): *Patronage et corruption politiques dans l'Europe contemporaine*, Paris 2014, S. 85–103.

Barthes, Roland: *Mythen des Alltags*, Frankfurt am Main 1964.

Bauerkämper, Arnd: *Die »radikale Rechte« in Großbritannien. Nationalistische, antisemitische und faschistische Bewegungen vom späten 19. Jahrhundert bis 1945*, Göttingen 1991.

Bauman, Zygmunt: *Modernity and Ambivalence*, Cambridge 1991.

Beaurepaire, Pierre-Yves: *L'Europe des francs-maçons. XVIIIe-XXIe siècles*, Paris 2002.

Belloc, Hilaire/Chesterton, Cecil: *The Party System*, London 1911.
Ben-Ami, Shlomo: *El cirujano de hierro. La dictadura de Primo de Rivera (1923–1930)*, Barcelona 2012.
Benoît, Michel: *1793, la République de la tentation. Une affaire de corruption sous la 1ère République*, Précy-sous-Thil 2008.
Bentham, Jeremy: *Plan of Parliamentary Reform, in the Form of a Catechism, with Reasons for each Article*, London ²1818.
Bentham, Jeremy: *An Introduction to the Principles and Morals of Legislation*, London 1970 (1789).
Benz, Wolfgang: *Handbuch des Antisemitismus. Judenfeindschaft in Geschichte und Gegenwart*, Berlin 2008–2013.
Berghoff, Hartmut: From the Watergate Scandal to the Compliance Revolution. The Fight against Corporate Corruption in the United States and Germany, 1972–2012; in: *Bulletin of the German Historical Institute* 53 (Fall 2013), S. 7–30.
Bergmann, Werner: *Geschichte des Antisemitismus*, München ⁴2010.
Berg, Thomas v.: *Korruption und Bereicherung: Politische Biographie des Münchner NSDAP-Fraktionsvorsitzenden Christian Weber (1883–1945)*, München 2003.
Bernsee, Robert: Interplay of corruption and bureaucratisation: The administrative reforms in Bavaria under Minister Montgelas (1799–1808); in: Engels, Jens Ivo/Monier, Frédéric/Petiteau, Natalie (Hrsg.): *La politique vue d'en bas. Pratiques privées et débats publics 19e-20e siècles*, Paris 2011a, S. 149–168.
Bernsee, Robert: Zur Legitimation von Patronage in Preußens fürstlicher Verwaltung. Das Beispiel der Korruptionskritik des Kriegs- und Domänenrates Joseph Zerboni (1796–1802); in: Asch, Ronald G./Emich, Birgit/Engels, Jens Ivo (Hrsg.): *Integration, Legitimation, Korruption. Politische Patronage in Früher Neuzeit und Moderne*, Frankfurt am Main/New York 2011b, S. 267–284.
Bernsee, Robert: Corruption in German Political Discourse between 1780 and 1820: A Categorisation; in: *Journal of Modern European History* 11 (2013), S. 52–71.
Bernsee, Robert: *Korruption und Bürokratisierung. Debatten, Praktiken und Reformen in Deutschland während der Sattelzeit (1780–1820)*, Dissertation Darmstadt 2014.
Beyen, Marnix: Lieux de politisation, lieux de corruption? Les permanences parlementaires à Paris, 1890–1920; in: Monier, Frédéric/Dard, Olivier/Engels, Jens Ivo (Hrsg.): *Patronage et corruption politiques dans l'Europe contemporaine*, Paris 2014, S. 167–183.
Blanc, Olivier: *La corruption sous la Terreur (1792–1794)*, Paris 1992.
Blando, Antonino: La tentazione autoritaria. L'Italia liberale e il governo dei migliori; in: *Intrasformazione* 1 (2012), S. 54–73.
Blaxill, Luke: Electioneering, the Third Reform Act, and Political Change in the 1880s; in: *Parliamentary History* 30 (2011), S. 343–373.
Blic, Damien de: Moraliser l'argent. Ce que Panama a changé dans la société française (1889–1897); in: *politix* 71 (2005), S. 61–82.

Blic, Damien de: La contribution des scandales financiers à l'autonomisation de l'univers journalistique: De Panama à la loi de 1935; in: Chupin, Ivan/Nollet, Jérémie (Hrsg.): *Journalisme et dépendances*, Paris 2006, S. 117–140.

Blic, Damien de/Lemieux, Cyril: Le scandale comme épreuve. Eléments de sociologie pragmatique; in: *politix* 71 (2005), S. 9–38.

Block, Maurice: Corruption; in: Block, Maurice (Hrsg.): *Petit dictionnaire politique et social*, Paris 1896, S. 175–177.

Bluche, François: *Louis XIV*, Paris 1986.

Bluhm, Harald: Zwischen invisibler und visibler Macht. Machttheoretische Verortungen politischer Korruption; in: Bluhm, Harald/Fischer, Karsten (Hrsg.): *Sichtbarkeit und Unsichtbarkeit der Macht. Theorien politischer Korruption*, Baden-Baden 2002, S. 167–193.

Bluhm, Harald/Fischer, Karsten: Einleitung: Korruption als Problem politischer Theorie; in: Bluhm, Harald/Fischer, Karsten (Hrsg.): *Sichtbarkeit und Unsichtbarkeit der Macht. Theorien politischer Korruption*, Baden-Baden 2002, S. 9–22.

Bolingbroke, Henry: *Copy of the Craftsman, Containing an Abstract of the Act Against Bribery and Corruption*, Edinburgh 1734.

Bonghi, Ruggero: Una questione grossa. La decadenza del regime parlamentare; in: *La Nuova Antologia* (1884), S. 483–497.

Bonghi, Ruggero: Il diritto del principe in uno stato libero; in: Gentile, Giovanni (Hrsg.): *Opere di Ruggero Bonghi; Bd. 1: Programmi politici e partiti*, Firenze 1933, S. 525–536.

Bösch, Frank: Krupps »Kornwalzer«. Formen und Wahrnehmungen von Korruption im Kaiserreich; in: *Historische Zeitschrift* 281 (2005), S. 337–379.

Bösch, Frank: In Defence of the Taxpayers. Korruptionspraktiken und -wahrnehmungen im edwardianischen Großbritannien; in: Engels, Jens Ivo/Fahrmeir, Andreas/Nützenadel, Alexander (Hrsg.): *Geld – Geschenke – Politik. Korruption im neuzeitlichen Europa*, München 2009a, S. 175–201.

Bösch, Frank: *Öffentliche Geheimnisse. Skandale, Politik und Medien in Deutschland und Großbritannien 1880–1914*, München 2009b.

Bosworth, Richard J. B.: Per necessità famigliare: Hypocrisy and Corruption in Fascist Italy; in: *European History Quarterly* 30 (2000), S. 357–387.

Bosworth, Richard J. B.: *Mussolini's Italy. Life under the Dictatorship 1915–1945*, New York 2006.

Bour, Julie: Le clientélisme sous la Ve République. L'exemple du député Louis Jacquinot; in: Engels, Jens Ivo/Monier, Frédéric/Petiteau, Natalie (Hrsg.): *La politique vue d'en bas. Pratiques privées et débats publics 19e–20e siècles*, Paris 2011, S. 223–239.

Bourne, John M.: *Patronage and Society in Nineteenth Century England*, London 1986.

Bouvier, Jean: *Les deux scandales de Panama*, Paris 1964.

Bouyer, Christian: *Les hommes d'argent*, Paris 1990.

Bratsis, Peter: The Construction of Corruption, or Rules of Separation and Illusions of Purity in Bourgeois Societies; in: *Social Text* 21 (2003), S. 9–33.

Bratsis, Peter: *Everyday Life and the State*, Boulder 2006.

Briquet, Jean-Louis: La politique clientélaire. Clientélisme et processus politiques; in: Briquet, Jean-Louis/Sawicki, Frédéric (Hrsg.): *Le clientélisme politique dans les sociétés contemporaines*, Paris 1998, S. 7–37.

Briquet, Jean-Louis: Les infortunes de la vertu. La critique des mœurs parlementaires en Italie (1860–1890); in: Briquet, Jean-Louis/Garraud, Philippe (Hrsg.): *Juger la politique. Entreprises et entrepreneurs critiques de la politique*, Rennes 2001, S. 251–276.

Brown, Howard G.: A Discredited Regime: The Directory and Army Contracting; in: *French History* 4 (1990), S. 48–76.

Bruguière, Michel: *Gestionnaires et profiteurs de la Révolution. L'administration des finances françaises de Louis XVI à Bonaparte*, Paris 1986.

Burg, Albert: *Das schwarze Buch. Korruption und Prostitution der preußischen höheren Verwaltungsbeamten*, Zürich 1905.

Burnett, Stanton H./Mantovani, Luca: *The Italian Guillotine. Operation Clean Hands and the overthrow of Italy's First Republic*, Lanham 1998.

Burns, Tom: Micropolitics: Mechanisms of Institutional Change; in: *Administrative Science Quarterly* 6 (1961), S. 257–281.

Burrows, Edwin G.: Albert Gallatin and the Problem of Corruption in the Federalist Era; in: Eisenstadt, Abraham S./Hoogenboom, Ari/Trefousse, Hans L. (Hrsg.): *Before Watergate. Problems of Corruption in American Society*, New York 1978, S. 51–67.

Cabrera, Mercedes: Los escándalos de la Dictadura de Primo de Rivera y las responsabilidades en la República: el asunto Juan March; in: *Historia y Política: Ideas, Procesos y Movimientos Sociales* 4 (2000), S. 7–30.

Cammarano, Fulvio: Le notable à l'époque libérale; in: *Mélanges de l'Ecole française de Rome* 114 (2002), S. 673–678.

Canali, Mauro: The Matteotti murder and the origins of Mussolini's totalitarian Fascist regime in Italy; in: *Journal of Modern Italian Studies* 14 (2009), S. 143–167.

Carter, Nick/May, Eddie: Quasi-Democracy in Spain and Italy: 1870–1923; in: *Modern History Review* 9 (1998), S. 24–26.

Cazorla Sánchez, Antonio: Dictatorship from below: Local Politics in the Making of the Francoist State, 1937–1948; in: *Journal of Modern History* 71 (1999), S. 882–901.

Chabannes, Jacques: *Les scandales de la ›Troisième‹. De Panama à Stavisky*, Paris 1972.

Chalmin, Ronan: *Lumières et corruption*, Paris 2010.

Cheyette, Bryan: Hilaire Belloc and the ›Marconi Scandal‹ 1900–1914: A Reassessment of the Interactionist Model of Racial Hatred; in: *Immigrants & Minorities* 8 (1989), S. 131–143.

Chirac, Auguste: *Les rois de la République*. *Histoire des juiveries*, Paris ²1888.

Clayson, Jim/Frow, Edmund/Frow, Ruth: John Wade and The Black Book; in: *Labour History Review* 59 (1994), S. 55.

Cockcroft, Laurence: *Global Corruption. Money, Power and Ethics in the Modern World*, London ²2013.

Colajanni, Napoleone: *Banche e Parlamento. Fatti, discussioni e commenti*, Milano 1893.

Colajanni, Napoleone: *Corruzione politica*, Monreale 1988 (1888).

Cölln, Friedrich von: *Vertraute Briefe über die innern Verhältnisse am preußischen Hofe seit dem Tode Friedrichs II.*, Amsterdam/Cölln 1807–1809.

Connolly, James J.: *An Elusive Unity. Urban Democracy and Machine Politics in Industrializing America*, Ithaca/London 2010.

Cormenin, Louis-Marie de Lahaye de: *Ordre du jour sur la corruption électorale et parlementaire*, Paris 1846.

Corner, Paul: Fascist Italy in the 1930s: Popular Opinion in the Provinces; in: Corner, Paul (Hrsg.): *Popular Opinion in Totalitarian Regimes. Fascism, Nazism, Communism*, Oxford/New York 2009, S. 122–146.

Corrin, Jay P.: *G.K. Chesterton & Hilaire Belloc. The Battle Against Modernity*, Athens 1981.

Costa y Martínez, Joaquín: *Oligarquía y caciquismo como la forma actual de gobierno en España. Urgencia y modo de cambiarla*, Madrid ²1902.

Cregier, Don M.: The Lloyd George Political Fund; in: *Research Studies* 35 (1967), S. 198–219.

Crook, Malcolm/Crook, Tom: L'isoloir universel? La globalisation du scrutin secret au XIXe siècle; in: *Revue d'histoire du XIXe siècle* 43 (2011), S. 41–55.

Crozier, Michel/Friedberg, Erhard: *L'Acteur et le système*, Paris 1977.

Cullen, Tom: *Maundy Gregory, Purveyor of Honours*, London 1974.

Dade, Eva Kathrin: *Madame de Pompadour. Die Mätresse und die Diplomatie*, Köln 2010.

Daly, Gavin: Conscription and Corruption in Napoleonic France. The Case of the Seine-Inférieure; in: *European Review of History* 6 (1999), S. 181–197.

Dansette, Adrien: *L'Affaire Wilson et la chute du Président Grévy*, Paris 1936.

Dardé, Carlos: Características de la vida politica; in: Varela Ortega, José (Hrsg.): *El poder de la influencia. Geografía del caciquismo en España (1875–1923)*, Madrid 2001, S. 559–576.

Dard, Olivier: Le moment Barrès: nationalisme et critique de la corruption; in: *Cahiers Jaurès* 209 (2013), S. 93–111.

Darge, Ekkehard: *Korruption in der Bundespolitik Deutschlands. Fälle und Bekämpfungsstrategien*, Oldenburg 2009.

Descharmes, Bernadette (Hrsg.): *Varieties of Friendship. Interdisciplinary Perspectives on Social Relationships*, Göttingen 2011.
Deviers-Joncour, Christine: *La putain de la République*, Paris 1998.
Diest-Daber, Otto v.: *Bismarck und Bleichröder. Deutsches Rechtsbewußtsein und die Gleichheit vor dem Gesetze. Lebenserfahrungen aus Acten, Tagebüchern und Briefen. Ein ernster Mahnruf an jeden wahrhaften und festen deutschen Patrioten*, München 1897.
Dipper, Christof: Moderne. Version 1.0; in: *Docupedia-Zeitgeschichte*, URL: http://docupedia.de/zg/Moderne (2010).
Dirks, Nicholas B.: *The Scandal of Empire: India and the Creation of Imperial Britain*, Cambridge 2006.
Doig, Alan: *Corruption and Misconduct in Contemporary British Politics*, Harmondsworth 1984.
Dompnier, Nathalie: Corruption ou système d'échange local? Des normes en concurrence pour la définition de la légitimité électorale en France sous la IIIe République; in: Monier, Frédéric/Dard, Olivier/Engels, Jens Ivo (Hrsg.): *Patronage et corruption politiques dans l'Europe contemporaine*, Paris 2014, S. 127–140.
Donaldson, Frances: *The Marconi Scandal*, London 1962.
Dorrill, Stephen: *Blackshirt. Sir Oswald Mosley and British Fascism*, London 2006.
Douglas, Mary: *Purity and danger. An analysis of concepts of pollution and taboo*, London 1966.
Doyle, William: 4 August 1789. The Intellectual Background to the Abolition of Venality of Offices; in: *Australian Journal of French Studies* 29 (1992), S. 230–240.
Drumont, Edouard: *La France juive. Essai d'histoire contemporaine*, Paris 1885.
Drumont, Edouard: *De l'or, de la boue, du sang. Du Panama à l'anarchie*, Paris 1896.
Dubos, Joël: La Fédération des Industriels et des Commerçants Français, entre groupe de pression et syndicat d'union patronale; in: Garrigues, Jean (Hrsg.): *Les groupes de pression dans la vie politique contemporaine en France et aux Etats-Unis de 1820 à nos jours*, Rennes 2002, S. 65–83.
Duchêne, Georges: *Etudes sur la féodalité financière. La spéculation devant les tribunaux. Pratique et théorie de l'agiotage*, Paris 1867.
Duggan, Christopher: Francesco Crispi, the problem of the monarchy, and the origins of Italian nationalism; in: *Journal of Modern Italian Studies* 15 (2010), S. 336–353.
Dumesnil, Alexis: *Considérations sur les causes et les progrès de la corruption en France*, Paris 1824.
Dunnage, Jonathan: *Twentieth Century Italy. A Social History*, Harlow/London 2002.
Duvergier de Hauranne, Prosper Léon: *De la réforme parlementaire et de la réforme électorale*, Paris 1847.
Dwan, David: Civic Virtue in the Modern World. The Politics of Young Ireland; in: *Irish Political Studies* 22 (2007), S. 35–60.

Ebhardt, Christian: Eisenbahnlobbyismus in Großbritannien und Frankreich. Verflechtung von Industrie und Staat im 19. Jahrhundert; in: Asch, Ronald G./ Emich, Birgit/Engels, Jens Ivo (Hrsg.): *Integration, Legitimation, Korruption*. Politische Patronage in Früher Neuzeit und Moderne, Frankfurt am Main/New York 2011, S. 309–326.

Ebhardt, Christian: In Search of a Political Office. Railway Directors and Electoral Corruption in Britain and France, 1820–1870; in: *Journal of Modern European History* 11 (2013), S. 72–87.

Ebhardt, Christian: *Interessenpolitik und Korruption am Beispiel der Eisenbahnbranche. Großbritannien und Frankreich, 1830–1870*, Dissertation Darmstadt 2014.

Ehmer, Josef: *Bevölkerungsgeschichte und historische Demographie 1800–2000*, München 2004.

Ehrenpreis, Stefan: Korruption im Verfahren. Bestechung an den höchsten Reichsgerichten zwischen Gerichtsfinanzierung und Rechtsbeugung; in: Grüne, Niels/ Slanička, Simona (Hrsg.): *Korruption. Historische Annäherungen*, Göttingen 2010, S. 283–305.

Eisenstadt, Shmuel N.: Some Analytical Approaches to the Study of Patronage; in: Burkolter, Verena (Hrsg.): *The Patronage System*, Basel 1976, S. VII–XII.

Elliott, John Huxtable/Brockliss, L. W. B. (Hrsg.): *The World of the Favourite*, New Haven 1999.

Emich, Birgit: *Bürokratie und Nepotismus unter Paul V. (1605–1621). Studien zur frühneuzeitlichen Mikropolitik in Rom*, Stuttgart 2001.

Emich, Birgit: *Territoriale Integration in der Frühen Neuzeit. Ferrara und der Kirchenstaat*, Köln 2005.

Emich, Birgit: Staatsbildung und Klientel – Politische Integration und Patronage in der Frühen Neuzeit; in: Asch, Ronald G./Emich, Birgit/Engels, Jens Ivo (Hrsg.): *Integration, Legitimation, Korruption. Politische Patronage in Früher Neuzeit und Moderne*, Frankfurt am Main/New York 2011, S. 33–48.

Engels, Jens Ivo: *Königsbilder. Sprechen, Singen und Schreiben über den französischen König in der ersten Hälfte des achtzehnten Jahrhunderts*, Bonn 2000.

Engels, Jens Ivo: Politische Korruption in der Moderne. Debatten und Praktiken in Großbritannien und Deutschland im 19. Jahrhundert; in: *Historische Zeitschrift* 282 (2006), S. 313–350.

Engels, Jens Ivo: *Kleine Geschichte der Dritten französischen Republik*, Köln u. a. 2007.

Engels, Jens Ivo: Revolution und Panama. Korruptionsdebatten als Systemkritik in Frankreich vom 18. Jahrhundert bis zur Dritten Republik; in: Engels, Jens Ivo/Fahrmeir, Andreas/Nützenadel, Alexander (Hrsg.): *Geld – Geschenke – Politik. Korruption im neuzeitlichen Europa*, München 2009, S. 143–174.

Engels, Jens Ivo: Politische Korruption und Modernisierungsprozesse. Thesen zur Signifikanz der Korruptionskommunikation in der westlichen Moderne; in:

Grüne, Niels/Slanička, Simona (Hrsg.): *Korruption. Historische Annäherungen,* Göttingen 2010, S. 35–54.

Engels, Jens Ivo: La République est vivifiée par la vertu de ses hommes politiques; in: Fontaine, Marion/Monier, Frédéric/Prochasson, Christophe (Hrsg.): *Une contre-histoire de la IIIe République,* Paris 2013, S. 40–52.

Engels, Jens Ivo: Panama in Deutschland. Der Panama-Skandal in der deutschen Presse 1892/1893; in: Gelz, Andreas/Hüser, Dietmar/Ruß-Sattar, Sabine (Hrsg.): *Skandale zwischen Moderne und Postmoderne,* Berlin/New York 2014, S. 107–123.

Engels, Jens Ivo/Fahrmeir, Andreas/Monier, Frédéric/Dard, Olivier (Hrsg.): *Krumme Touren in der Wirtschaft,* Köln 2015.

Engels, Jens Ivo/Fahrmeir, Andreas/Nützenadel, Alexander: Einleitung; in: Engels, Jens Ivo/Fahrmeir, Andreas/Nützenadel, Alexander (Hrsg.): *Geld – Geschenke – Politik. Korruption im neuzeitlichen Europa,* München 2009, S. 1–15.

Engels, Jens Ivo/Hertzog, Philipp: Die Macht der Ingenieure. Zum Wandel ihres politischen Selbstverständnisses in den 1970er Jahren; in: *Revue d'Allemagne et des Pays de langue allemande* 43 (2011), S. 19–38.

Engels, Jens Ivo/Monier, Frédéric: Pour une histoire comparée des faveurs et de la corruption: France et Allemagne (XIXe-XXe siècles); in: Engels, Jens Ivo/Monier, Frédéric/Petiteau, Natalie (Hrsg.): *La politique vue d'en bas. Pratiques privées et débats publics 19e-20e siècles,* Paris 2011, S. 127–148.

Engels, Jens Ivo/Rothfuss, Anna: Les usages de la politique du scandale. La SPD et les débats sur la corruption politique pendant le Kaiserreich 1873–1913; in: *Cahiers Jaurès* 209 (2013), S. 33–51.

Favi, Dolcino: Bernanos e i demoni di Panama; in: *Critica Storica* 22 (1985), S. 29–48.

Ferguson, Adam: *An Essay on the History of Civil Society,* Dublin 1767.

Fernández Roca, Francisco Javier: El tráfico de influencias en la España franquista: Decisiones públicas, beneficios privados; in: *America Latina en la Historia Económica. Boletín de Fuentes* 38 (2012), S. 193–218.

Ferrari, Paolo: Corruption in Italy: A Structural Approach; in: Tiihonen, Seppo (Hrsg.): *The History of Corruption in Central Government,* Amsterdam 2003, S. 165–178.

Fortescue, William: Morality and Monarchy. Corruption and the Fall of the Regime of Louis-Philippe in 1848; in: *French History* 16 (2002), S. 83–100.

Fried, Robert C.: *The Italian Prefects. A Study in Administrative Politics,* New Haven 1963.

Garibaldi, Giuseppe: *Clelia. Il governo del monaco. Roma nel secolo XIX. Romanzo storico politico,* Milano 1870.

Garrigou, Alain: *Le vote et la vertu. Comment les Français sont devenus électeurs,* Paris 1992.

Garrigues, Jean: *La République des hommes d'affaires (1870–1900),* Paris 1997.

Garrigues, Jean: Conclusion; in: Garrigues, Jean (Hrsg.): *Les groupes de pression dans la vie politique contemporaine en France et aux Etats-Unis de 1820 à nos jours*, Rennes 2002, S. 301–308.

Garrigues, Jean: *Les scandales de la République. De Panama à l'affaire ELF*, Paris 2003.

Gembicki, Dieter: Corruption, Décadence; in: *Handbuch politisch-sozialer Grundbegriffe in Frankreich*, München 1994, S. 7–54.

Génaux, Maryvonne: Early Modern Corruption in English and French Fields of Vision; in: Heidenheimer, Arnold J./Johnston, Michael (Hrsg.): *Political Corruption. Concepts & Contexts*, New Brunswick/London 2002a, S. 107–122.

Génaux, Maryvonne: Les mots de la corruption. La déviance publique dans les dictionnaires d'Ancien Régime; in: *Histoire, Economie et Société* 21 (2002b), S. 513–530.

Gentile, Giovanni: *Grundlagen des Faschismus*, Stuttgart 1936.

Gerbore, Pietro: *Commendatori e deputati*, Milano 1954.

Gerstenberger, Heide: Öffentliche Staatsgewalt? Zum Verhältnis von Korruption und Staatsform; in: *Prokla* 31 (2001), S. 447–469.

Geyer, Martin H.: Der Barmat-Kutisker-Skandal und die Gleichzeitigkeit des Ungleichzeitigen in der politischen Kultur der Weimarer Republik; in: Daniel, Ute (Hrsg.): *Politische Kultur und Medienwirklichkeiten in den 1920er Jahren*, München 2010, S. 47–80.

Gilbert, Bentley B.: David Lloyd George and the Great Marconi Scandal; in: *Historical Research* 62 (1989), S. 295–317.

Glagau, Otto: *Der Börsen- und Gründungsschwindel in Berlin. Gesammelte und stark vermehrte Artikel der »Gartenlaube«*, Leipzig 1876.

González Calbet, María Teresa: *La Dictadura de Primo de Rivera. El Directorio Militar*, Madrid 1987.

Goutal-Arnal, Valérie: Réalité et imaginaire de la corruption à l'époque de la Révolution française; in: *Revue française de finances publiques* 69 (2000), S. 95–114.

Grand, Alexander J. de: *The Hunchback's Tailor. Giovanni Giolitti and Liberal Italy from the Challenge of Mass Politics to the Rise of Fascism, 1882–1922*, Westport 2001.

Graziosetto, Michele: *Trasformazione, trasformismo o transumanza?*, Soveria Mannelli 2010.

Grenard, Fabrice: *Les scandales du ravitaillement. Détournements, corruptions, affaires étouffées en France, de l'Occupation à la guerre froide*, Paris 2012.

Groebner, Valentin: Angebote, die man nicht ablehnen kann. Institution, Verwaltung und die Definition von Korruption am Ende des Mittelalters; in: Blänkner, Reinhard (Hrsg.): *Institutionen und Ereignis. Über historische Praktiken und Vorstellungen gesellschaftlichen Ordnens*, Göttingen 1998, S. 163–184.

Groebner, Valentin: *Gefährliche Geschenke. Ritual, Politik und die Sprache der Kor-*

ruption in der Eidgenossenschaft im späten Mittelalter und am Beginn der Neuzeit, Konstanz 2000.

Gross, John: The Lynskey Tribunal; in: Sissons, Michael/French, Philip (Hrsg.): *Age of Austerity*, Worcester/London 1963, S. 257-275.

Gruchmann, Lothar: Korruption im Dritten Reich. Zur »Lebensmittelversorgung« der NS-Führerschaft; in: *Vierteljahrshefte für Zeitgeschichte* 42 (1994), S. 571-593.

Grüne, Niels: »Und sie wissen nicht, was es ist.« Ansätze und Blickpunkte historischer Korruptionsforschung; in: Grüne, Niels/Slanička, Simona (Hrsg.): *Korruption. Historische Annäherungen*, Göttingen 2010, S. 11-34.

Grüne, Niels: Freundschaft, Privatheit und Korruption. Zur Disqualifizierung sozialer Nähe im Kräftefeld frühmoderner Staatlichkeit; in: Descharmes, Bernadette (Hrsg.): *Varieties of Friendship. Interdisciplinary Perspectives on Social Relationships*, Göttingen 2011a, S. 287-307.

Grüne, Niels: »Gabenschlucker« und »verfreundte rät«. Zur patronagekritischen Dimension frühneuzeitlicher Korruptionskommunikation; in: Asch, Ronald G./ Emich, Birgit/Engels, Jens Ivo (Hrsg.): *Integration, Legitimation, Korruption. Politische Patronage in Früher Neuzeit und Moderne*, Frankfurt am Main/New York 2011b, S. 215-232.

Grüne, Niels/Tölle, Tom: Corruption in the Ancien Régime: Systems-theoretical Considerations on Normative Plurality; in: *Journal of Modern European History* 11 (2013), S. 31-51.

Gueslin, André: *Mythologies de l'argent. Essai sur l'histoire des représentations de la richesse et de la pauvreté dans la France contemporaine (XIXe-XXe siècles)*, Paris 2007.

Guilleminault, Gilbert/Singer-Lecocq, Yvonne: *La France des gogos. Trois siècles de scandales financiers*, Paris 1975.

Gwyn, William B.: *Democracy and the Cost of Politics in Britain*, London 1962.

Hamilton, C. I.: John Wilson Croker. Patronage and Clientelage at the Admiralty, 1809-1857; in: *Historical Journal* 43 (2000), S. 49-77.

Hammer, Walter: *Die reichsdeutsche Krankenkassen-Korruption. Entartung der reichsdeutschen gesellschaftlichen Versicherung in ein gewohnheitsmäßiges Glücksspiel der großen Masse mit staatlicher Eintreibung der Spielgelder und besten Aussichten für Falschspieler*, Hamburg 1914.

Hanham, Harold J.: Political Patronage at the Treasury, 1870-1912; in: *Historical Journal* 3 (1960a), S. 75-84.

Hanham, Harold J.: The Sale of Honours in Late Victorian England; in: *Victorian Studies* 3 (1960b), S. 277-289.

Harling, Philip: *The Waning of »Old Corruption«. The Politics of Economical Reform in Britain, 1779-1846*, Oxford 1996.

Heidenheimer, Arnold J./Johnston, Michael/LeVine, Victor T.: Terms, Concepts, and Definitions. Introduction; in: Heidenheimer, Arnold J./Johnston, Michael/ LeVine, Victor T. (Hrsg.): *Political Corruption. A Handbook*, New Brunswick 1990, S. 3–14.

Held, Hans Heinrich Ludwig v.: Das schwarze Register oder General-Tableau sämmtlicher in Süd-Preußen, während der Minister von Hoym diese Provinz verwaltet hat, in den Jahren 1794 bis 1798, als Gratialgüter verschenkten, ehemaligen polnischen Kron- und geistlichen Güter; in: *Neue Feuerbrände* 1 Heft 2 (1807), S. 65–90.

Hellmuth, Eckhart: Why does Corruption Matter? Reforms and Reform Movements in Britain and Germany in the Second Half of the Eighteenth Century; in: *Proceedings of the British Academy* 100 (1999), S. 5–23.

Hellmuth, Eckhart: »The Power of Money is Real Power.« Zur Debatte über *Corruption* in Großbritannien in der Ära Walpole; in: Asch, Ronald G./Emich, Birgit/ Engels, Jens Ivo (Hrsg.): *Integration, Legitimation, Korruption. Politische Patronage in Früher Neuzeit und Moderne*, Frankfurt am Main/New York 2011, S. 247–266.

Hill, Lisa: Adam Smith and the Theme of Corruption; in: *Review of Politics* 68 (2006), S. 636–662.

Hodgkins, David: Railway Influence in Parliamentary Elections at Grimsby; in: *Journal of Transport History* 22 (2002), S. 159–177.

Hoenderboom, M. P./Kerkhoff, A. D. N.: Corruption and Capability in the Dutch Republic: The Case of Lodewijk Huygens (1676); in: *Public Voices* X (2008), S. 7–24.

Hoenderboom, Michel: *Scandal, Politics and Patronage. Corruption and Public Values in the Netherlands (1650–1747)*, Dissertation Vrije Universiteit Amsterdam 2013.

Hoffmann, Stefan-Ludwig: *Die Politik der Geselligkeit. Freimaurerlogen in der deutschen Bürgergesellschaft 1840–1918*, Göttingen 2000.

Holbach, Paul Thiry d': *Système social ou principes naturels de la morale et de la politique avec un examen de l'influence du gouvernement sur les mœurs*, Londres 1773.

Hondrich, Karl Otto: *Enthüllung und Entrüstung. Eine Phänomenologie des politischen Skandals*, Frankfurt am Main 2002.

Hoppen, K. Theodore: Roads to Democracy: Electioneering and Corruption in Nineteenth-Century England and Ireland; in: *History* 81 (1996), S. 553–571.

Horowski, Leonhard: Das Erbe des Favoriten. Minister, Mätressen und Günstlinge am Hof Ludwigs XIV.; in: Hirschbiegel, Jan/Paravicini, Werner (Hrsg.): *Der Fall des Günstlings. Hofparteien in Europa vom 13. bis zum 17. Jahrhundert*, Ostfildern 2004, S. 77–125.

Howe, J. R.: Corruption in the British Elections in the Early Twentieth Century. Some Examples from Gloucestershire; in: *Midland History* 5 (1979–80), S. 63–77.

Huard, Raymond: Comment on achetait les électeurs sous la IIIe République; in: *L'Histoire* 251 (2001), S. 52–53.

Huber, Ernst Rudolf: *Verfassungsrecht des Großdeutschen Reiches*, Hamburg 1937.

Huge, Dieter/Schmidt, Regina/Thränhardt, Dietrich: Politische Korruptionsskandale auf Bundesebene 1949-1986; in: Bellers, Jürgen (Hrsg.): *Politische Korruption – vergleichende Untersuchungen*, Münster 1989, S. 38-59.

Hugo, Victor: *Choses vues 1830-1848*, Paris 1972.

Isenmann, Moritz: »Rector est raptor«. Korruption und ihre Bekämpfung in den italienischen Kommunen des späten Mittelalters; in: Karsten, Arne/Thiessen, Hillard v. (Hrsg.): *Nützliche Netzwerke und korrupte Seilschaften*, Göttingen 2006, S. 208-230.

Izquierdo Jerez, Pedro: Morfologia y fracaso del regeneracionismo primorriverista en la provincia de Murcia (1923-1930); in: *Anales de Historia Contemporanea* 4 (1985), S. 161-202.

Jacini, Stefano: *Sulle condizioni della cosa pubblica in Italia dopo il 1866*, Firenze 1870.

Jaclard, Charles Victor: La Corruption Politique; in: *La Revue socialiste* 17 (1893), S. 129-142.

Jankowski, Paul F.: *Cette vilaine affaire Stavisky. Histoire d'un scandale politique*, Paris 2000.

Jeanneney, Jean-Noël: La république des »affaires«. Argent, politique et corruption; in: *L'Histoire* 251 (2001), S. 34-35.

Jendorff, Alexander: Der Mainzer Hofmeister Hartmut (XIII.) von Kronberg (1517-1591): Kurfürstlicher Favorit oder Kreatur des erzstiftischen Politiksystems?; in: Kaiser, Michael/Pečar, Andreas (Hrsg.): *Der zweite Mann im Staat. Oberste Amtsträger und Favoriten im Umkreis der Reichsfürsten in der frühen Neuzeit*, Berlin 2003, S. 39-57.

Jensen, Mette Frisk: *Korruption og embedsetik: danske embedsmænds korruption i perioden 1800-1866*, Odense 2013.

Johnson, Douglas: Guizot et Lord Aberdeen en 1852. Echange de vues sur la réforme électorale et la corruption; in: *Revue d'histoire moderne et contemporaine* 5 (1958), S. 57-70.

Johnston, Michael: The Search for Definitions. The Vitality of Politics and the Issue of Corruption; in: *International Social Science Journal* 48 (1996), S. 321-335.

Jones, Colin: Political Styles and Sites of Power in Ancien Régime France; in: *Historical Journal* 41 (1998), S. 1173-1182.

Jones, Peter: Re-thinking corruption in post-1950 urban Britain: The Poulson affair, 1972-1976; in: *Urban History* 39 (2012), S. 510-528.

Jouvenel, Robert de: *La République des camarades*, Paris 1914.

Kaiser, Michael: Der unhöfische Favorit. Eberhard von Danckelman (1643-1722), Oberpräsident in Brandenburg unter Kurfürst Friedrich III.; in: Kaiser, Michael/Pečar, Andreas (Hrsg.): *Der zweite Mann im Staat. Oberste Amtsträger und Favoriten im Umkreis der Reichsfürsten in der frühen Neuzeit*, Berlin 2003, S. 271-294.

Kardorff, Siegfried v.: *Wilhelm von Kardorff. Ein nationaler Parlamentarier im Zeitalter Bismarcks und Wilhelms II. 1828–1907*, Berlin 1936.

Karsten, Arne: Familienglanz und Reichsgedanke. Der Aufstieg des Hauses Schönborn; in: Karsten, Arne/Thiessen, Hillard v. (Hrsg.): *Nützliche Netzwerke und korrupte Seilschaften*, Göttingen 2006, S. 114–136.

Keller, Morton: Corruption in America: Continuity and Change; in: Eisenstadt, Abraham S./Hoogenboom, Ari/Trefousse, Hans L. (Hrsg.): *Before Watergate. Problems of Corruption in American Society*, New York 1978, S. 7–19.

Kerkhoff, Toon: *Hidden Morals, Explicit Scandals. Public Values and Political Corruption in the Netherlands (1748–1813)*, Dissertation Leiden 2012.

Kerkhoff, Toon: Corruption in the Netherlands. Changing Perceptions from Early Modern Pluralism to Modern Coherence; in: *Journal of Modern European History* 11 (2013), S. 88–108.

Kerkhoff, Toon/Hoenderboom, M. P./Kroeze, Ronald/Wagenaar, Pieter: Dutch Political Corruption in Historical Perspective. From Eighteenth-Century Value Pluralism to a Nineteenth-Century Dominant Liberal Value System and Beyond; in: Grüne, Niels/Slanička, Simona (Hrsg.): *Korruption. Historische Annäherungen*, Göttingen 2010, S. 443–467.

Kerkhoff, Toon/Kroeze, Ronald/Wagenaar, Pieter: Corruption and the Rise of Modern Politics in Europe in the Eighteenth and Nineteenth Centuries: A Comparison between France, the Netherlands, Germany and England – Introduction; in: *Journal of Modern European History* 11 (2013), S. 19–30.

Kettering, Sharon: *Patrons, Brokers, and Clients in Seventeenth-Century France*, New York/Oxford 1986.

Kirner, Guido O.: Politik, Patronage, Gabentausch. Zur Archäologie vormoderner Sozialbeziehungen in der Politik moderner Gesellschaften; in: *Berliner Debatte Initial* 14 (2003), S. 168–183.

Klaveren, Jacob van: Die historische Erscheinung der Korruption, in ihrem Zusammenhang mit der Staats- und Gesellschaftsstruktur betrachtet; in: *Vierteljahrschrift für Sozial- und Wirtschaftsgeschichte* 44 (1957), S. 289–324.

Klein, Annika: *Korruption und Korruptionsskandale in der Weimarer Republik*, Göttingen 2014.

Klimó, Árpád v.: *Staat und Klientel im 19. Jahrhundert. Administrative Eliten in Italien und Preußen im Vergleich 1860–1918*, Vierow 1997.

Knake, Sebastian: »Mietekiese« der Kurfürsten. Korruption bei römisch-deutschen Königswahlen 1346–1486; in: Grüne, Niels/Slanička, Simona (Hrsg.): *Korruption. Historische Annäherungen*, Göttingen 2010, S. 387–407.

Köhler, Volker/Bour, Julie: Recommandations et clientélismes en miroir: La France de la IIIe République et l'Allemagne de la république de Weimar; in: Monier, Frédéric/Dard, Olivier/Engels, Jens Ivo (Hrsg.): *Patronage et corruption politiques dans l'Europe contemporaine*, Paris 2014, S. 185–201.

Kramnick, Isaac: Corruption in Eighteenth-Century English and American Political Discourse; in: Matthews, Richard K. (Hrsg.): *Virtue, Corruption, and Self-Interest: Political Values in the Eighteenth Century*, Bethlehem/London 1994, S. 55–75.

Krastev, Ivan: *Shifting Obsessions. Three Essays on the Politics of Anticorruption*, Budapest/New York 2004.

Krastev, Ivan: Die Obsession der Transparenz. Der Washington-Konsens zur Korruption; in: Randeria, Shalini (Hrsg.): *Vom Imperialismus zum Empire. Nichtwestliche Perspektiven auf Globalisierung*, Frankfurt am Main 2009, S. 137–161.

Krischer, André: Korruption vor Gericht. Die Fälle Francis Bacon (1621), Warren Hastings (1788–1795) und der Strukturwandel bei der Bewertung politischer Delinquenz in England; in: Grüne, Niels/Slanička, Simona (Hrsg.): *Korruption. Historische Annäherungen*, Göttingen 2010, S. 307–326.

Kroeze, Ronald: Political Corruption Scandals in the Netherlands in the Nineteenth Century: The Letters Affair of 1865; in: *Public Voices* X (2008), S. 25–43.

Kroeze, Ronald: Dutch Political Modernization and the Billiton Case (1882–1892). The Usefulness of a Neoclassical Contextual Approach to Corruption; in: Asch, Ronald G./Emich, Birgit/Engels, Jens Ivo (Hrsg.): *Integration, Legitimation, Korruption. Politische Patronage in Früher Neuzeit und Moderne*, Frankfurt am Main/New York 2011, S. 285–307.

Kroeze, Ronald: *Een kwestie van politieke moraliteit. Politieke corruptieschandalen en goed bestuur in Nederland, 1848–1940*, Hilversum 2013.

Kühne, Thomas: *Dreiklassenwahlrecht und Wahlkultur in Preußen 1867–1914. Landtagswahlen zwischen korporativer Tradition und politischem Massenmarkt*, Düsseldorf 1994.

Langendijk, Vincent: *Electrifying Europe. The Power of Europe in the Construction of Electricity Networks*, Amsterdam 2008.

Latour, Bruno: *Wir sind nie modern gewesen. Versuch einer symmetrischen Anthropologie*, Berlin 1995.

Lecuppre-Desjardin, Elodie (Hrsg.): *De Bono Communi. The discourse and practice of Common Good in the European city (13th–16th c.)*, Turnhout 2010.

Leff, Nathaniel H.: Economic development through bureaucratic corruption; in: *American Behavioral Scientist* 8,3 (1964), S. 8–14.

Lennerfors, Thomas Taro: The Vicissitudes of Corruption. Degeneration, Transgression, Jouissance; in: *Business & Society* 48 (2009), S. 406–419.

Leroux, Pierre: *De la Ploutocratie, ou du Gouvernement des Riches*, Boussac 1848.

Lestapis, Arnaud de: Agiotage et corruption sous le Baron de Batz; in: *Miroir de l'Histoire* 79 (1956), S. 109–118.

Levy, David A.: From Clientelism to Communism. The Marseille Working Class and the Popular Front; in: Alexander, Martin S./Graham, Helen (Hrsg.): *The French and Spanish Popular Fronts*, Cambridge 1989, S. 201–212.

Liedtke, Rainer: *N. M. Rothschild & Sons. Kommunikationswege im europäischen Bankenwesen im 19. Jahrhundert*, Köln 2006.

Lindemann, Kai: *Korruption als Skandalierung informeller Einflusspolitik. Fallstudien aus der »CDU-Spendenaffäre«*, Berlin 2005.

Lindemann, Mary: Dirty Politics or »Harmonie«? Defining Corruption in Early Modern Amsterdam and Hamburg; in: *Journal of Social History* 45 (2012), S. 582–604.

Linehan, Thomas: *British fascism 1918–39. Parties, ideology and culture*, Manchester 2000.

López Blanco, Rogelio/Yanini, Alicia: Origen y naturaleza de la influencia política; in: Varela Ortega, José (Hrsg.): *El poder de la influencia. Geografía del caciquismo en España (1875–1923)*, Madrid 2001, S. 590–615.

Lotze, Siegfried: *Kurhessische Freimaurer im Exil, Konnubium und Kommerz. Eine Untersuchung zum Bürgertum am Beispiel des Netzwerkes um die Fabrikantenfamilien Habich im 19. Jahrhundert*, Dissertation Kassel 2010.

Luh, Jürgen: Vom Pagen zum Premierminister. Graf Heinrich von Brühl (1700–1763) und die Gunst des sächsisch-polnischen Kurfürsten und Königs August II. und August III.; in: Kaiser, Michael/Pečar, Andreas (Hrsg.): *Der zweite Mann im Staat. Oberste Amtsträger und Favoriten im Umkreis der Reichsfürsten in der frühen Neuzeit*, Berlin 2003, S. 121–136.

Lunn, Kenneth: Political Anti-Semitism before 1914: Fascism's Heritage?; in: Lunn, Kenneth/Thurlow, Richard C. (Hrsg.): *British Fascism. Essays on the Radical Right in Inter-War Britain*, London 1980, S. 20–40.

Lupo, Salvatore: *Le fascisme italien*, Paris 2003.

Magrí, Enzo: *I ludri di Roma. 1893 scandalo della Banca Romana. Politici, giornalisti, eroi del Risorgimento all'assalto del denaro pubblico*, Milano 1993.

Malinowski, Stephan: Politische Skandale als Zerrspiegel der Demokratie. Die Fälle Barmat und Sklarek im Kalkül der Weimarer Rechten; in: *Jahrbuch für Antisemitismusforschung* 5 (1996), S. 46–65.

Mallada, Lucas: *Los males de la patria y la futura revolución española*, Madrid 1969 (1890).

Mandeville, Bernard: *The Fable of The Bees: or, Private Vices, Publick Benefits*, London ³1724.

Marnot, Bruno: Un scandale parlementaire oublié: l'affaire Raynal (1888–1895); in: *Annales du Midi* 114 (2002), S. 331–349.

Marx, Karl: Der 18te Brumaire des Louis Bonaparte; in: Marx, Karl/Engels, Friedrich: *Werke*, Berlin 1973, S. 113–207.

Mason, Haydn (Hrsg.): *The Darnton Debate. Books and Revolution in the Eighteenth Century*, Oxford 1998.

Mastropaolo, Alfio: From the other Shore: American Political Science and the ›Italian Case‹; in: *Modern Italy* 14 (2009), S. 311–337.

Mathieu-Dairnvaell, Georges Marie: *Rothschild Ier, ses valets et son peuple*, Paris ³1846.

Mauss, Marcel: *Die Gabe. Form und Funktion des Austauschs in archaischen Gesellschaften*, Frankfurt am Main ²1984.

Mauvillon, Jacob v.: *Sammlung von Aufsätzen über Gegenstände aus der Staatskunst, Staatswirthschaft und neuesten Staaten Geschichte*, Leipzig 1776–1777.

Mazzini, Giuseppe: *De l'initiative révolutionnaire en Europe*, Paris 1835.

Mazzini, Giuseppe: *Royalty and Republicanism in Italy*, London 1850.

McCahill, Michael W.: *The House of Lords in the Age of George III (1760–1811)*, Malden 2009.

McConnel, James: »Jobbing with Tory and Liberal«. Irish Nationalists and the Politics of Patronage 1880–1914; in: *Past & Present* 188 (2005), S. 105–131.

McCord, James N.: Politics and Honor in Early-Nineteenth-Century England. The Dukes' Duel; in: *Huntington Library Quarterly* 62 (2000), S. 88–114.

McCullough, David: *The Path Between the Seas. The Creation of the Panama Canal 1870–1914*, New York 1977.

Ménissier, Thierry: L'usage civique de la notion de corruption selon le républicanisme ancien et moderne; in: *Anabases* 6 (2007), S. 83–98.

Meyer, Rudolph Hermann: *Politische Gründer und die Corruption in Deutschland*, Leipzig 1877.

Meyerstein, Ephraim: *Sternberg, Corruption und Kriminalpolizei*, Berlin ²1900.

Mießeler, Thomas: *Korruption in der Dritten Republik Frankreichs am Beispiel des Skandals der Dekorationen 1887*, Magisterarbeit Freiburg 2009.

Mill, John Stuart: *Considerations on Representative Government*, London 1861.

Mill, John Stuart: Corruption at Elections, 4 April 1864; in: *The Collected Works of John Stuart Mill, Volume XXVIII – Public and Parliamentary Speeches Part I November 1850–November 1868*, Toronto/London 1988.

Minghetti, Marco: *I partiti politici e la ingerenza loro nella giustizia e nell'Amministrazione*, Bologna 1881.

Mohl, Robert v.: *Staatsrecht, Völkerrecht und Politik*, Tübingen 1860–1869.

Mohl, Robert v.: Das Repräsentativsystem, seine Mängel und die Heilmittel; in: *Politische Schriften*, Köln/Opladen 1966, S. 118–224.

Mollier, Jean-Yves: *Le scandale de Panama*, Paris 1991.

Monier, Frédéric: *La politique des plaintes. Clientélisme et demandes sociales dans le Vaucluse d'Edouard Daladier (1890–1940)*, Paris 2007.

Monier, Frédéric: A »Democratic Patronage«. Social Integration and Republican Legitimacy in France (1880s–1930s); in: Asch, Ronald G./Emich, Birgit/Engels, Jens Ivo (Hrsg.): *Integration, Legitimation, Korruption. Politische Patronage in Früher Neuzeit und Moderne*, Frankfurt am Main/New York 2011a, S. 97–112.

Monier, Frédéric: *Corruption et politique. Rien de nouveau?*, Paris 2011b.

Monier, Frédéric: Enquêter sur la corruption: Jaurès et la commission Rochette; in: *Cahiers Jaurès* 209 (2013), S. 71–91.

Monier, Frédéric/Engels, Jens Ivo/Dard, Olivier/Fahrmeir, Andreas (Hrsg.): *Scandales et corruption à l'époque contemporaine*, Paris 2014.

Montesquieu, Charles Louis Secondat de: *Vom Geist der Gesetze*, Tübingen 1992.

Moore, James R./Rodger, Richard: Who Really Ran the Cities? Municipal Knowledge and Policy Networks in British Local Government, 1832–1914; in: Roth, Ralf (Hrsg.): *Who Ran the Cities? City Elites and Urban Power Structures in Europe and North America 1750–1940*, Aldershot 2007, S. 37–69.

Moore, Thomas: Corruption and Intolerance; in: Moore, Thomas (Hrsg.): *The Poetical Works of Thomas Moore*, London 1841, S. 3–60.

Moos, Peter v.: Das Öffentliche und das Private im Mittelalter. Für einen kontrollierten Anachronismus; in: Melville, Gert/Moos, Peter v. (Hrsg.): *Das Öffentliche und das Private in der Vormoderne*, Köln/Weimar/Wien 1998, S. 3–83.

Moreno Luzón, Javier: Political Clientelism, Elites, and Caciquismo in Restoration Spain (1875–1923); in: *European History Quarterly* 37 (2007), S. 417–441.

Morini, Carlo: *Corruzione parlamentare. Mali e rimedi*, Milano 1895.

Morodo, Raul: *Acción Española. Orígenes ideológicos del franquismo*, Madrid 1980.

Müller, Jan-Werner: *Contesting Democracy. Political Ideas in Twentieth-Century Europe*, New Haven/London 2011.

Muller, Jerry Z.: Justus Möser and the Conservative Critique of Early Modern Capitalism; in: *Central European History* 23 (1990), S. 153–178.

Münch, Paul: Die »Obrigkeit« im Vaterstand. Zu Definition und Kritik des »Landesvaters« während der Frühen Neuzeit; in: *Daphnis* 11 (1992), S. 15–40.

Münkler, Herfried: Gemeinwohl als Aufgabe von Politik und Reflexionsbegriff der Wissenschaft; in: Dreier, Horst/Willoweit, Dietmar (Hrsg.): *Wissenschaft und Politik*, Stuttgart 2010, S. 245–259.

Musella, Luigi: Clientélisme politique et rapport entre pouvoir local et système parlementaire dans le sud de l'Italie continentale à la fin du XIXe siècle; in: *Mélanges de l'Ecole française de Rome* 97 (1985), S. 431–440.

Musella, Luigi: *Individui, amici, clienti. Relazioni personali e circuiti politici in Italia meridionale tra Otto- e Novecento*, Bologna 1994.

Nadeau, Martin: Mœurs, vertu et corruption: Sade et le républicanisme classique; in: *Annales Historiques de la Révolution Française* 347 (2007), S. 29–46.

Nagel, Daniel: *Von republikanischen Deutschen zu deutsch-amerikanischen Republikanern. Ein Beitrag zum Identitätswandel der deutschen Achtundvierziger in den Vereinigten Staaten 1850–1861*, St. Ingbert 2012.

Neckel, Sighard: Das Stellhölzchen der Macht. Zur Soziologie des politischen Skandals; in: Ebbinghausen, Rolf/Neckel, Sighard (Hrsg.): *Anatomie des politischen Skandals*, Frankfurt am Main 1989, S. 55–80.

Neiertz, Nicolas: Argent, politique et aviation. L'affaire de l'aéropostale (1931–1932); in: *Vingtième Siècle* 24 (1989), S. 29–40.

Nevers, Jean-Yves: Du clientélisme à la technocratie. Cent ans de démocratie communale dans une grande ville, Toulouse; in: *Revue française de science politique* 33 (1983), S. 428–454.

Nicolò, Marco de: *Trasformismo, autoritarismo, meridionalismo. Il ministro dell'interno Giovanni Nicotera*, Bologna 2001.

Nützenadel, Alexander: »Serenissima corrupta«. Geld, Politik und Klientelismus in der späten venezianischen Adelsrepublik; in: Engels, Jens Ivo/Fahrmeir, Andreas/Nützenadel, Alexander (Hrsg.): *Geld – Geschenke – Politik. Korruption im neuzeitlichen Europa*, München 2009, S. 121–139.

O'Leary, Cornelius: *The Elimination of Corrupt Practices in British Elections 1868–1911*, Oxford 1962.

Ogilvie, John (Hrsg.): *The Imperial Dictionary of the English Language*, London 1883–1884.

Orlando, Vittorio Emanuele: La decadenza del sistema parlamentare; in: *Rassegna di scienze sociali e politiche* 2 (1884), S. 589–600.

Ortega y Gasset, José: Vieja y nueva política (1914); in: Ortega y Gasset, José: *Obras completas*, Madrid 1983, S. 267–299.

Osterhammel, Jürgen: *Die Verwandlung der Welt. Eine Geschichte des 19. Jahrhunderts*, München 2009.

Ottmann, Henning: *Geschichte des politischen Denkens. Band 2.1 Die Römer und das Mittelalter. Die Römer*, Stuttgart 2002.

Pavarala, Vinod: Cultures of Corruption and the Corruption of Culture: The East India Company and the Hastings Impeachment; in: Kreike, Emmanuel/Chester Jordan, Wiliam (Hrsg.): *Corrupt Histories*, Rochester 2004, S. 291–336.

Peck, Linda Levy: Corruption at the Court of James I. The Undermining of Legitimacy; in: Malament, Barbara C. (Hrsg.): *After the Reformation. Essays in Honor of J. H. Hexter*, Manchester 1980, S. 75–93.

Peck, Linda Levy: *Court Patronage and Corruption in Early Stuart England*, Boston 1990.

Pellissier, Pierre: *6 février 1934. La République en flammes*, Paris 2000.

Perrot, Franz: *Der Eisenbahn-Actienschwindel. Resultate des Actiensystems im Eisenbahnwesen*, Rostock 1873.

Perrot, Franz: *Die Aera Bleichröder-Delbrück-Camphausen. Separat-Abdruck der fünf Aera-Artikel aus der Kreuz-Zeitung nebst Literatur darüber und einem Vor- und Nachwort des Verfassers*, Berlin 1876.

Persigny, Jean Gilbert Victor Fialin: *Mémoires du duc de Persigny*, Paris ²1896.

Pessen, Edward: Corruption and the Politics of Pragmatism: Reflections on the Jacksonian Era; in: Eisenstadt, Abraham S./Hoogenboom, Ari/Trefousse, Hans L. (Hrsg.): *Before Watergate. Problems of Corruption in American Society*, New York 1978, S. 79–98.

Pétain, Philippe: *Actes et écrits*, Paris 1974.

Pétain, Philippe: *Discours aux Français 12 juin 1940–20 août 1944*, Paris 1989.

Pick, Daniel: ›Roma o morte‹. Garibaldi, Nationalism and the Problem of Psychobiography; in: *History Workshop Journal* 57 (2004), S. 1–33.

Pierer, H. A. (Hrsg.): *Universal-Lexikon der Gegenwart und Vergangenheit*, Altenburg ³1849.

Pino Artacho, Juan del: Aspectos sociologico-políticos del caciquismo español; in: *Revista Española de la Opinión Pública* 15 (1969), S. 211–227.

Plumpe, Werner: Korruption. Annäherungen an ein historisches und gesellschaftliches Phänomen; in: Engels, Jens Ivo/Fahrmeir, Andreas/Nützenadel, Alexander (Hrsg.): *Geld – Geschenke – Politik. Korruption im neuzeitlichen Europa*, München 2009, S. 19–47.

Ponsonby, Arthur: *The Camel and the Needle's Eye*, London ³1910.

Portalez, Christophe: La *Revue socialiste* face à la corruption politique: du scandale de Panama à l'affaire Rochette (1892–1914); in: *Cahiers Jaurès* 209 (2013), S. 15–32.

Pozo Andrés, María del Mar/Braster, Jacques F. A.: The Rebirth of the ›Spanish Race‹: The State, Nationalism, and Education in Spain, 1875–1931; in: *European History Quarterly* 29 (1999), S. 75–108.

Prest, Wilfried: Judicial Corruption in Early Modern England; in: *Past & Present* 133 (1991), S. 67–95.

Pro Ruiz, Juan: La formación de la clase política liberal en España (1833–1868); in: *Historia Contemporánea* 23 (2001), S. 445–481.

Pro Ruiz, Juan: La culture du caciquisme espagnol à l'époque de la construction nationale (1833–1898); in: *Mélanges de l'Ecole française de Rome* 116 (2004), S. 605–635.

Prochaska, Frank: *Royal Bounty. The Making of a Welfare Monarchy*, New Haven 1995.

Proudhon, Pierre-Joseph: *Manuel du spéculateur à la bourse*, Paris ⁵1857.

Puhle, Hans-Jürgen: *Agrarische Interessenpolitik und preußischer Konservatismus im wilhelminischen Reich, 1893–1914*, Bonn-Bad Godesberg ²1975.

Ramos, Rui: Oligarquía e caciquismo em Oliveira Martins, Joaquín Costa e Gaetano Mosca (c. 1880–c. 1900); in: *Analise Social* 41 (2006), S. 31–53.

Raphael, Lutz: *Imperiale Gewalt und mobilisierte Nation. Europa 1914–1945*, München 2011.

Reinhard, Wolfgang: *Freunde und Kreaturen. »Verflechtung« als Konzept zur Erforschung frühneuzeitlicher Führungsgruppen. Römische Oligarchie um 1600*, München 1979.

Reinhard, Wolfgang: Die Nase der Kleopatra. Geschichte im Licht mikropolitischer Forschung. Ein Versuch; in: *Historische Zeitschrift* 293 (2011), S. 631–666.

Rix, Kathryn: The Elimination of Corrupt Practices in British Elections? Reassessing the Impact of the 1883 Corrupt Practices Act; in: *English Historical Review* 123 (2008), S. 65–97.

Robb, George: *White-Collar Crime in Modern England. Financial Fraud and Business Morality 1845–1929*, Cambridge 1992.

Robinet, Jean-Baptiste-René: Corruption; in: Robinet, Jean-Baptiste-René (Hrsg.): *Dictionnaire universel des sciences, morale économique, politique et diplomatique, ou Bibliothèque de l'Homme d'Etat et du Citoyen*, Londres 1777–1778, S. 202–249.

Rocca, Massimo: Fascismo e paese; in: *Critica Fascista* 1 N. 7 (1923), S. 129–131.

Rodríguez Barreira, Oscar J./Cazorla Sánchez, Antonio: Hoy Azaña, mañana ... Franco. Una microhistoria de caciquismo en democracia y dictatura. Berja (Almería), 1931–1945; in: *Hispania: Revista Española de Historia* 68 (2008), S. 471–501.

Rohrer, Christian: War Gauleiter Koch korrupt?; in: Karsten, Arne/Thiessen, Hillard v. (Hrsg.): *Nützliche Netzwerke und korrupte Seilschaften*, Göttingen 2006, S. 46–69.

Romero, Carmelo/Caballero, Margarita: Oligarquía y caciquismo durante el reinado de Isabel II (1833–1868); in: *Historia Agraria* (2006), S. 7–26.

Roodhouse, Mark: The 1948 Belcher Affair and Lynskey Tribunal; in: *Twentieth Century British History* 13 (2002), S. 384–411.

Rosa, Ornella de: *Stato e Nazione in Rocco de Zerbi. Vita, pensiero politico e impegno sociale di un protagonista del secondo Ottocento*, Bologna 2010.

Roth, Ralf: Der Sturz des Eisenbahnkönigs Bethel Henry Strousberg. Ein jüdischer Wirtschaftsbürger in den Turbulenzen der Reichsgründung; in: *Jahrbuch für Antisemitismusforschung* 10 (2001), S. 86–112.

Roth, Roland: Politische Korruption in der Bundesrepublik – Notizen zu einem verdrängten Thema; in: Fleck, Christian/Kuzmics Helmut (Hrsg.): *Korruption. Zur Soziologie nicht immer abweichenden Verhaltens*, Königstein 1985, S. 143–159.

Rotteck, Karl v./Welcker, Karl Theodor (Hrsg.): *Das Staats-Lexicon*, Leipzig 1834–1843.

Rouanet, Gustave: *Les complicités du Panama. Pages d'histoire sociale*, Paris ²1893.

Roza, Stéphanie: Temps républicain, temps de l'utopie et prévention de la corruption chez l'abbé de Mably; in: *Das Achtzehnte Jahrhundert und Österreich* 27 (2012), S. 59–68.

Rubinstein, William David: The End of »Old Corruption« in Britain, 1780–1860; in: *Past & Present* 101 (1983), S. 55–86.

Ruderer, Stephan: Crisis and Corruption. The Anglo-Argentine scandal surrounding the privatisation of the Buenos Aires sanitary works between 1888–1891; in: Monier, Frédéric/Engels, Jens Ivo/Dard, Olivier/Fahrmeir, Andreas (Hrsg.): *Scandales et corruption à l'époque contemporaine*, Paris 2014.

Rydz, D. L.: *The Parliamentary Agents: A History*, London 1979.

Sabbatucci, Giovanni: *Il trasformismo come sistema. Saggio sulla storia politica dell'Italia unita*, Roma 2003.

Saint-Just, Louis Antoine Léon de: Sur les factions de l'étranger; in: *Discours et rapports*, Paris 1988, S. 152–174.

Saunders, Robert: *Democracy and the Vote in British Politics, 1848–1867. The Making of the Second Reform Act*, Farnham 2011.

Saurbier, Felix: »The Tabernacle of Bribery.« Zur Korruptionssemantik deutsch- und englischsprachiger Bibelübersetzungen in der Frühen Neuzeit; in: Grüne, Niels/Slanička, Simona (Hrsg.): *Korruption. Historische Annäherungen*, Göttingen 2010, S. 123–142.

Sawicki, Frédéric: La faiblesse du clientélisme partisan en France; in: Briquet, Jean-Louis/Sawicki, Frédéric (Hrsg.): *Le clientélisme politique dans les sociétés contemporaines*, Paris 1998, S. 215–249.

Schaefer, Wilhelm: *Bestechung und Korruption als Machtmittel der Politik*, Hannover 1931.

Schattenberg, Susanne: Die Ehre der Beamten oder: Warum die Staatsdiener nicht korrupt waren. Patronage in der russischen Provinzverwaltung im 19. Jahrhundert; in: Engels, Jens Ivo/Fahrmeir, Andreas/Nützenadel, Alexander (Hrsg.): *Geld – Geschenke – Politik. Korruption im neuzeitlichen Europa*, München 2009, S. 203–227.

Scheuch, Erwin K.: Korruption als Teil einer freiheitlichen Gesellschaftsordnung; in: *Kriminalistik* 56 (2002), S. 79–92.

Schininà, Giovanni: Politica e amministrazione nel Mezzogiorno: Lo scioglimento dei consigli communali (1901–1914); in: *Studi Storici* 40 (1999), S. 799–843.

Schininà, Giovanni: *Stato e società in età giolittiana. L'Italia tra il 1901 e il 1914*, Acireale 2008.

Schot, Johan: Transnational Infrastructures and the Origins of European Integration; in: Badenoch, Alexander/Fickers, Andreas (Hrsg.): *Materializing Europe. Transnational Infrastructures and the Project of Europe*, Basingstoke 2010, S. 82–109.

Schubert, Jan: *Korruptionsdebatten im Deutschen Kaiserreich. Bismarcks Bankier Gerson Bleichröder im Brennpunkt der Kritik (1875–1893)*, Magisterarbeit Freiburg 2007.

Schuller, Wolfgang: Einleitung; in: Schuller, Wolfgang (Hrsg.): *Korruption im Altertum*, München 1982, S. 9–28.

Schulze, Hermann: *Die Hausgesetze der regierenden deutschen Fürstenhäuser*, Jena 1862.

Schulze, Winfried: Vom Gemeinnutz zum Eigennutz. Über den Normenwandel in der ständischen Gesellschaft der Frühen Neuzeit; in: *Historische Zeitschrift* 243 (1986), S. 591–626.

Searle, Geoffrey R.: *Corruption in British Politics 1895–1930*, Oxford 1987.

Seeley, John Robert: *The Expansion of England. Two Courses of Lectures*, London 1883.

Sellert, Wolfgang: Richterbestechung am Reichskammergericht und am Reichshofrat; in: Battenberg, Friedrich/Diestelkamp, Bernhard (Hrsg.): *Geschichte der Zentraljustiz in Mitteleuropa*, Weimar 1994, S. 329–348.

Severini, Marco: Casi di corruzione elettorale nel tramonto dell'età giolittiana; in: *Proposte e ricerche* 41 (1998), S. 158–168.

Shinner, Peter J.: Pocket Borough to County Borough. Power Relations, Elites and Politics in Nineteenth-Century Grimsby; in: *Urban History* 34 (2007), S. 481–503.

Smith, Adam: *An Inquiry into the Nature and Causes of the Wealth of Nations*, London 1776.

Smith, E. A.: Earl Fitzwilliam and Malton. A Proprietary Borough in the Early 19th Century; in: *English Historical Review* 80 (1965), S. 51–69.

Smyth, Denis: Les chevaliers de Saint-George. La Grande-Bretagne et la corruption des généraux espagnols (1940–1942); in: *Guerres Mondiales et Conflits Contemporains* 41 (1991), S. 29–54.

Sofsky, Wolfgang/Paris, Rainer: *Figurationen sozialer Macht. Autorität – Stellvertretung – Koalition*, Opladen 1991.

Spinetti, Gastone Silvano: *Parlamentarismo e burocrazia. Pubblica amministrazione sotto inchiesta 1860–1945*, Roma 1964.

Stahl, Friedrich Julius: *Das Monarchische Princip. Eine staatsrechtlich-politische Abhandlung*, Heidelberg 1845.

Stern, Fritz: *Gold und Eisen. Bismarck und sein Bankier Bleichröder*, Frankfurt am Main 1978.

Stockinger, Thomas: *Dörfer und Deputierte. Die Wahlen zu den konstituierenden Parlamenten von 1848 in Niederösterreich und im Pariser Umland (Seine-et-Oise)*, München 2012.

Sweet, Rosemary: Corrupt and Corporate Bodies: Attitudes to Corruption in Eighteenth-Century and Early Nineteenth Century Towns; in: Moore, James R./Smith, John (Hrsg.): *Corruption in Urban Politics and Society, Britain 1780–1950*, Aldershot 2007, S. 41–56.

Tänzler, Dirk/Maras, Konstadinos/Giannakopoulos, Angelos: The German Myth of a Corruption-Free Modern Country; in: Tänzler, Dirk (Hrsg.): *The social construction of corruption in Europe*, Farnham 2012, S. 87–106.

Thielmann, Max v.: *Streifzüge im Kaukasus, in Persien und in der asiatischen Türkei*, Leipzig 1875.

Thiessen, Hillard v.: Korruption und Normenkonkurrenz. Zur Funktion und Wirkung von Korruptionsvorwürfen gegen die Günstling-Minister Lerma und Buckingham in Spanien und England im frühen 17. Jahrhundert; in: Engels, Jens Ivo/Fahrmeir, Andreas/Nützenadel, Alexander (Hrsg.): *Geld – Geschenke – Politik. Korruption im neuzeitlichen Europa*, München 2009, S. 91–120.

Thiessen, Hillard v.: *Diplomatie und Patronage. Die spanisch-römischen Beziehungen 1605–1621 in akteurszentrierter Perspektive*, Epfendorf 2010.

Thiessen, Hillard v.: Vertrauen aus Vergangenheit. Anciennität in grenzüberschreitender Patronage am Beispiel der Beziehungen von Adelshäusern des Kirchenstaates zur spanischen Krone im 16. und 17. Jahrhundert; in: Bezner,

Frank/Mahlke, Kirsten (Hrsg.): *Zwischen Wissen und Politik*, Heidelberg 2011, S. 21–39.

Thiessen, Hillard v.: Das Sterbebett als normative Schwelle. Der Mensch in der Frühen Neuzeit zwischen irdischer Normenkonkurrenz und göttlichem Gericht; in: *Historische Zeitschrift* 295 (2012), S. 625–659.

Thiveaud, Jean-Marie: Crises et scandales financiers en France sous la Troisième République; in: *Revue d'économie financière* 41 (1997), S. 25–53.

Thompson, I. A. A.: The Nobility in Spain, 1600–1800; in: Scott, Hamish M. (Hrsg.): *The European Nobilities in the Seventeenth and Eighteenth Centuries*, New York/London 1995, S. 174–236.

Tocqueville, Alexis de: *De la démocratie en Amérique*, Paris 1835–1840.

Tocqueville, Alexis de: *Souvenirs*, Paris 1964.

Torraca, Michele: *Politica e morale*, Napoli 1877.

Toussenel, Alphonse: *Les juifs rois de l'époque. Histoire de la féodalité financière*, Paris 1845.

Townson, Nigel: La ruptura de un consenso: los escándalos »Straperlo« y »Tayá«; in: *Historia y Política: Ideas, Procesos y Movimientos Sociales* 4 (2000), S. 31–42.

Toy, H. S.: *The Cornish Pocket Borough*, Penzance 1968.

Ueberschär, Gerd R./Vogel, Winfried: *Dienen und verdienen. Hitlers Geschenke an seine Eliten*, Frankfurt am Main 1999.

Uría, Jorge: La taberna. Un espacio multifuncional de sociabilidad popular en la restauración española; in: *Hispania: Revista Española de Historia* 63 (2003), S. 571–604.

Van der Hallen, Thomas: Corruption et régénération du politique chez Robespierre; in: *Anabases* 6 (2007), S. 67–82.

Varela Ortega, José: *Los amigos políticos. Partidos, elecciones y caciquismo en la restauración (1875–1900)*, Madrid 2001.

Vaughan, Robert: *The Causes of the Corruption of Christianity*, London 1852.

Vaz, Céline: Entre intérêts privés et intérêt public, l'architecte municipal, vecteur d'une corruption immobilière ordinaire dans l'Espagne franquiste; in: Monier, Frédéric/Dard, Olivier/Engels, Jens Ivo (Hrsg.): *Patronage et corruption politiques dans l'Europe contemporaine*, Paris 2014, S. 205–227.

Villis, Tom: *Reaction and the Avant-Garde. The Revolt against Liberal Democracy in Early Twentieth-Century Britain*, London/New York 2006.

Vitale, Eligio (Hrsg.): *La riforma degli istituti di emissione e gli »scandali bancari« in Italia, 1892–1896*, Roma 1972.

Wade, John: *The Black Book; or, Corruption Unmasked!*, London 1820.

Wagener, Hermann (Hrsg.): *Staats- und Gesellschaftslexikon*, Berlin 1859–1867.

Wagner, Patrick: Gutsherren – Bauern – Broker. Die ostelbische Agrargesellschaft in der zweiten Hälfte des 19. Jahrhunderts; in: *Journal of Modern European History* 2 (2004), S. 254–279.

Wagner, Patrick: *Bauern, Junker und Beamte. Lokale Herrschaft und Partizipation im Ostelbien des 19. Jahrhunderts*, Göttingen 2005.

Wankel, Hermann: Die Korruption in der rednerischen Topik und in der Realität des klassischen Athen; in: Schuller, Wolfgang (Hrsg.): *Korruption im Altertum*, München 1982, S. 29–54.

Waquet, Jean-Claude: *De la corruption. Morale et pouvoir à Florence aux XVIIe et XVIIIe siècles*, Paris 1984.

Warner, Eckehard: Beamtenkorruption und Staatsmoral; in: *Monatsschrift für deutsche Beamte* 38 (1914), S. 137–139.

Weichbrodt, Felix: *Sünden des 20. Jahrhunderts oder Es lebe die Korruption. Eine moderne Kreuzzugsrede*, Werdohl 1905.

Weinstein, Benjamin: Popular Constitutionalism and the London Corresponding Society; in: *Albion* 34 (2002), S. 37–57.

Weisbrod, Bernd: *Schwerindustrie in der Weimarer Republik. Interessenpolitik zwischen Stabilisierung und Krise*, Wuppertal 1978.

Welcker, Karl Theodor: Civilliste; in: Rotteck, Karl v./Welcker, Karl Theodor (Hrsg.): *Das Staats-Lexicon*, Leipzig 1856–1866.

Wellenreuther, Hermann: Korruption und das Wesen der englischen Verfassung im 18. Jahrhundert; in: *Historische Zeitschrift* 234 (1982), S. 33–62.

Weßling, Wolfgang: Hindenburg, Neudeck und die deutsche Wirtschaft. Tatsachen und Zusammenhänge einer »Affäre«; in: *Vierteljahrschrift für Sozial- und Wirtschaftsgeschichte* 64 (1977), S. 41–73.

White, Arnold: *Efficiency and Empire*, London 1901.

White, Arnold: *The Hidden Hand*, London 1917.

Woodfine, Philip: Tempters or Tempted? The Rhetoric and Practice of Corruption in Walpolean Politics; in: Kreike, Emmanuel/Chester Jordan, Wiliam (Hrsg.): *Corrupt Histories*, Rochester 2004, S. 167–196.

Würtz, Jean Godefroy (Hrsg.): *Encyclopédie des gens du monde*, Paris 1833–1844.

Zarnow, Gottfried: *Gefesselte Justiz*, München 1931.

Zeldin, Theodore: *The Political System of Napoleon III*, London 1958.

Zurita, Rafael: La natura del potere politico nella Spagna della restaurazione (1875–1902): Un bilancio storiographico; in: *Quaderni Storici* 29 (1994), S. 805–827.

Personenregister

Aberdeen → Hamilton-Gordon
Achard, Jean 351
Adenauer, August 87, 100
Adenauer, Konrad 87f., 149f., 360
Ahlwardt, Hermann 331
Albini, Augusto 140
Alcalá-Zamora, Niceto 309, 313
Álvares, Melquíades 116
Alvisi, Giuseppe Giacomo 307
Aretin, Johann Georg von 235
Aristoteles 174
Arndt, Ernst Moritz 237f.
Asquith, Herbert 139, 315
August der Starke (Sachsen) 41, 43, 45
Azaña, Manuel 283, 339f.

Bacon, Francis 39, 71
Bagehot, Walter 257
Baïhaut, Charles 301, 314
Barmat, Julius 303f.
Barras, Paul François Jean Nicolas, Vicomte de 227, 231
Barrès, Maurice 275
Barthes, Roland 12
Batz, Jean-Pierre de 222
Baudouin (Belgien) 73
Bauer, Gustav 312
Bauman, Zygmunt 187f., 203, 371
Bedford → Russell
Belloc, Hilaire 86, 282, 288, 311, 332–336
Bentham, Jeremy 179, 243f., 277
Bernanos, Georges 332, 348
Bernsee, Robert 233
Berthelot, André 138

Bettencourt, Liliane 363
Betz, Gerardus Henri 261
Biagini, Gustavo 307
Bismarck, Otto von 93, 131, 137ff., 160f., 263, 267–271, 273, 302f., 314, 317, 321, 331
Blair, Tony 363
Bleichröder, Gerson von 93, 131, 137ff., 161, 269f., 273, 303, 317, 331
Block, Maurice 196, 320
Bo Xilai 367f.
Bolingbroke → St John
Bonfanti-Linares, Corrado 145
Bonghi, Ruggero 280, 283, 342
Borghese-Familie 57
Borromeo, Carlo 63
Böß, Gustav 316
Bratsis, Peter 188
Braun, Otto 297
Briquet, Jean-Louis 113
Brühl, Heinrich Graf von 39, 41
Buchholz, Friedrich 266
Buckingham → Temple-Grenville; → Villiers
Burgh, James 178
Burke, Edmund 200f.
Burns, Tom 31

Caetani, Antonio 56f.
Camphausen, Otto 269
Cavour, Camillo Paolo Filippo Giulio Benso di 117
Chalmin, Ronan 175
Chesterton, Cecil 86, 282, 288, 333, 335

Personenregister 425

Chesterton, Gilbert Keith 335f.
Chirac, Auguste 272
Churchill, Winston 317
Cicero, Marcus Tullius 174
Clemenceau, Georges 300f., 312, 348
Clive, Robert, 1st Baron 201
Cobbett, William 239
Colajanni, Napoleone 195, 273, 282, 286, 307f., 313
Colbert, Jean-Baptiste 79
Cölln, Friedrich von 235f.
Colonna, Ascanio 55
Combes, Émile 123
Connolly, James 91
Cormenin, Louis-Marie de Lahaye de 259f., 277
Corradini, Enrico 343
Cosel, Constantia Gräfin von 42
Costa y Martinez, Joaquín 206f., 284–287, 337f., 340
Crispi, Francesco 119, 195, 307f., 312, 314, 318, 321, 342
Croker, John Wilson 245
Crozier, Michel 31

Daladier, Édouard 125, 136
Dallolio, Alfredo 306
Danckelman, Eberhard von 79
Danton, Georges 223f.
Darwin, Charles 273
David, Louis 224
De Sanctis, Francesco 120f., 260, 279
Déat, Marcel 351
Delaval, Francis 49
Delbrück, Rudolph 269f.
Depretis, Agostino 117, 119, 281
Desmoulins, Camille 223
Despans-Cubières, Amédée 141, 193f.
Diane de Poitiers 42
Diest-Daber, Otto von 269f., 314
Dillon, John 149
Dipper, Christof 357
Dirks, Nicholas 213

Disraeli, Benjamin 139
Douglas, Mary 188
Dreyfus, Alfred 331f.
Drumont, Édouard 301, 314, 332, 334, 348
Dumas, Roland 369
Dumesnil, Alexis 208
Duvergier de Hauranne, Prosper Léon 260, 277, 296

Ebert, Friedrich 304, 312
Ebhardt, Christian 132
Eigen, Peter 365
Elisabeth I. (England) 43
Emich, Birgit 77
Enzlin, Matthäus 81f.
Erzberger, Matthias 303, 312, 314
Eßlinger, Georg 80f.
Eulenburg, Philipp Graf zu 274

Farinacci, Roberto 156
Fénelon, François de Salignac de La Mothe-Fénelon 62
Ferguson, Adam 177
Ferrero, Guglielmo 280
Ferry, Jules 25
Fijnje, Wybo 227
Flandin, Pierre-Étienne 302
Fleury, André-Hercule Cardinal de 39, 62
Flick, Friedrich Karl 362
Fortunato, Giustino 279
Fouquet, Nicolas 79f.
Fouquier-Tinville, Antoine 224
Franchetti, Leopoldo 279
Franco, Francisco 92, 151, 156f., 308f., 325, 338, 340, 362
Fremantle, Sir Thomas Francis 126, 142
Frentzel-Norutschatschen, Johann Peter 107
Friedberg, Erhard 31
Friedrich I. (Württemberg) 80f.
Friedrich II. (Preußen) 65, 236
Friedrich III. (Brandenburg) 79

Friedrich Wilhelm III. (Preußen) 235
Fronsberger, Leonhard 178

Gambetta, Léon 25
Garibaldi, Giuseppe 116, 170, 278
Gehlsen, Joachim 269
Gentile, Giovanni 342f.
Gervasio, Vincenzo 120f.
Gilbert, Bentley 311
Gioacchini, Augusto 194
Giolitti, Giovanni 100, 119, 145, 213, 280, 287, 308, 312, 315, 317f., 342ff.
Gladstone, William Ewart 259
Glagau, Otto 268f.
Glenesk, Algernon Borthwick, Lord 128
Gordon, Thomas 266
Göring, Hermann 347
Görne, Friedrich Christoph von 80
Görres, Joseph 237f.
Grävenitz, Christina Wilhelmina Gräfin von 42
Gregory, John Arthur Maundy 128
Grévy, Albert 26, 30
Grévy, Alice 25
Grévy, Jules 23–26, 30, 32–35, 91, 93, 139, 183f., 190, 203, 297, 302, 312f., 315, 317
Grey, Charles, 2nd Earl 191, 242
Gropper, Franz von 96
Guerini-Brüder 149
Guesde, Jules 275
Guinness, Arthur 128
Guizot, François 194f.
Gysi, Gregor 371

Hamilton-Gordon, George, 4th Earl of Aberdeen 194f.
Hammer, Walter 165
Hanau, Marthe 302, 350
Harbison, W.J. 148f.
Hardenberg, Karl August Freiherr von 232, 235f.
Harling, Philip 242
Harmsworth, Harold 140

Harris, George, 4th Baron 313
Harrowby-Familie 146
Hastings, Warren 200f.
Hatzfeld, Paul von 139
Heeringen, Josias von 303, 315
Heinrich von Valois 45
Heinzen, Karl 211
Held, Hans von 192f., 236, 296
Helfferich, Karl 312, 314, 316
Henry, Sir Charles Solomon 140
Herz, Cornelius 300, 308, 312
Heuss, Theodor 11
Hindenburg, Oskar von 305
Hindenburg, Paul von 304
Hirschfeld, Oltwig von 316
Hitler, Adolf 153f., 156, 320, 325, 351
Holbach, Paul Thiry d' 177
Hooley, Ernest Terah 305
Hoym, Karl Georg Graf von 234, 236
Huber, Ernst Rudolf 328
Hudson, George 108, 258, 267
Hugo, Victor 193f.

Inghilleri, Calcedonio 195
Isaacs, Godfrey 334
Isaacs, Rufus 141, 305, 334
Isidro Labrador (Isidor von Madrid) 56
Itzenplitz, Heinrich Friedrich Graf von 268

Jacini, Stefano 278
Jackson, Andrew 146
Jaclard, Victor 202f., 331
Jakob I. (England) 41, 68, 76, 78
James, Sir Henry 255f., 259
Jaurès, Jean 274f., 283, 312
Johnston, Michael 28f.
Jouvenel, Robert de 281f.

Kant, Immanuel 175
Karl I. (England) 41, 68, 266
Karl Theodor (Pfalz und Bayern) 234
Karl VII. (Altes Reich) 45
Kerkhoff, Toon 227

Kirner, Guido 143
Kohl, Helmut 67 ff., 72, 362
Krastev, Ivan 364, 367
Kronberg, Hartmut XIII. von 46
Krupp, Friedrich 274

Laffitte, Charles 108
Lasker, Eduard 263, 268, 273, 302, 314 f.
Latour, Bruno 186 ff., 190, 203, 371
Laval, Pierre 350
Lebon, André 135
Leca, Jean-François 149
Lehoc, François 85, 88
Leipziger, Wilhelm von 234
Lerma, Francisco Gómez de Sandoval y Rojas, Duque de 39, 77
Leroux, Pierre 331
Lerroux, Aurelio 309
Lesseps, Charles de 301
Lesseps, Ferdinand de 299 ff.
Liebknecht, Karl 273, 303, 313
Lloyd George, David 128 f., 139 ff., 158, 161, 305 f., 313, 315, 317, 321
Louis-Philippe (Frankreich) 24, 197 f.
Luchaire, Jean 351
Ludendorff, Erich 304
Ludwig XIV. (Frankreich) 43, 79
Ludwig XV. (Frankreich) 42
Ludwig XVI. (Frankreich) 221 ff.
Luzzatti, Luigi 208
Lynskey, Sir George 361

Mably, Abbé Gabriel Bonnot de 177
Machiavelli, Niccolò 174, 178
Magnin, Pierre 25
Maintenon, Françoise d'Aubigné, Marquise de 42
Mallada, Lucas 203, 213, 285
Mandeville, Bernard 178, 197
Maraini, Clemente 281
Marat, Jean Paul 224
March, Juan 340
Marie Antoinette (Frankreich) 63, 220 f.

Marx, Karl 272
Matteotti, Giacomo 320 f., 344
Mauss, Marcel 32
Maximilian I. Joseph (Bayern) 234
Maxse, Leopold 334
Mazarin, Jules Raymond Cardinal 39, 43, 78 f.
Mazzini, Giuseppe 249, 278
Merkel, Angela 67
Meyer, Rudolph Hermann 263, 269 ff., 297, 314
Mill, John Stuart 248, 258
Minghetti, Marco 208, 279
Mirabeau, Honoré Gabriel Comte de 222, 224
Mitterrand, François 362
Mohl, Robert von 211, 248 f., 277
Montagu (Viscount) 49
Montesquieu, Charles Louis de Secondat, Baron de 176
Montgelas, Maximilian Graf von 96, 234 f., 237
Moore, Thomas 239
Morini, Carlo 211, 280
Morley, Arnold 128
Mosca, Gaetano 287
Mosley, Oswald 334 ff.
Müller, Adam 237 f.
Müller, Jan-Werner 328
Münster, Georg Herbert zu 139
Murray of Elibank, Alexander 127, 305
Mussolini, Arnaldo 319 f.
Mussolini, Benito 119, 151, 155 f., 160, 319 f., 325, 342–345

Napoleon Bonaparte (Frankreich) 85, 99, 148, 209, 217, 225, 234 f., 237, 241
Napoleon III. (Frankreich) 24 f., 97, 148, 262, 264 f., 272
Negri, Gaetano 203, 208
Nicotera, Giovanni 307
Niendorf, Anton 269
Northumberland → Percy

O'Brien, William 87
Olivares, Gaspar de Guzmán, Duque de 39
Orlando, Vittorio Emanuele 283
Ortega y Gasset, José 285
Otto von Schwerin 39
Oustric, Albert 302
Özdemir, Cem 371

Papini, Giovanni 343
Paris, Rainer 143
Paul V. Borghese (Papst) 57
Peel, Sir Robert 142, 191
Pelouze, Marguerite 24 f.
Percy, Alan Ian, 8th Duke of Northumberland 335
Pereire-Familie 134, 140
Péret, Raoul 302
Perrot, Franz 210, 265 f., 269, 297
Persigny, Jean Gilbert Victor Fialin, Duc de 97 f., 123
Pétain, Philippe 151, 157, 325, 348, 350, 351
Philipp II. (Spanien) 43
Philipp III. (Spanien) 55 ff., 77
Philippart, Simon 134
Pidal, Alejandro, Marqués de 116
Pigeon, Victor 276
Pitt der Jüngere, William 241
Plato 174
Plettenberg, Ferdinand von 39
Polybios 174, 176
Pompadour, Jeanne-Antoinette Poisson, Marquise de 42 f.
Ponsonby, Arthur 265
Pontevès-Familie 62
Poulson, John 361
Primo de Rivera, José 340
Primo de Rivera, Miguel 113, 151, 156 f., 286, 308, 320, 325, 337 ff., 340, 342
Proudhon, Pierre-Joseph 265
Pym, John 68

Rajoy, Mariano 363
Raspail, François-Vincent 146, 195, 277
Raynal, David 274
Rehberg, August 237 f.
Reinach, Jacques de 27, 140, 300, 308, 312
Reinhard, Wolfgang 29 f., 32
Reisach-Steinberg, Karl August Graf von 237
Richelieu, Armand Jean du Plessis, Cardinal-Duc de 39, 62
Riddell, George 140
Robespierre, Maximilien de 219, 221, 223 f.
Rocca, Massimo 344
Rochette, Henri 275, 283, 318
Rodríguez García, Calixto 115
Rohan, Louis René Édouard, Cardinal de 63
Rothschild, James de 266 f., 330
Rothschild, Maurice de 109
Rothschild-Familie 134, 137–140
Rotteck, Karl von 198
Rouanet, Gustave 204 f., 272, 297
Rouet, René 212
Rousseau, Jean-Jacques 168, 176, 179, 220
Russell, Charles 108
Russell, John, 7th Duke of Bedford 203 f.
Ryder-Familie 49

Sade, Donatien-Alphonse-François, Marquis de 177
St John, Henry, 1st Viscount Bolingbroke 81, 178, 201, 248
Saint-Just, Louis Antoine Léon de 219
Salaville, Jean-Baptiste 224
Salisbury, Robert Arthur Gascoyne-Cecil, 3rd Marquess of 139
Samuel, Herbert 305, 334
Santangelo Spoto, Ippolito 192, 208
Sarkozy, Nicolas 363
Say, Léon 136, 140
Schäuble, Wolfgang 67
Schmidt, Ulla 371
Schönborn-Familie 46
Schreiber, Karlheinz 67

Schrevelius, Cornelis 59
Schulze, Hermann 200
Scorza, Carlo 345
Seeley, John Robert 212
Sklarek-Brüder (Leo, Max, Willi) 304, 317, 321
Smith, Adam 169, 177 ff., 197, 263
Soderini, Edoardo 194
Sofsky, Wolfgang 143
Sonnino, Sidney 279
Sorel, Georges 349
Späth, Lothar 371
Spinola, Orazio 64
Stahl, Friedrich Julius 248
Stanley, Sydney 361
Stavisky, Alexandre 302, 315, 317, 348 f.
Stein, Karl Freiherr vom und zum 232 f., 235, 237
Stern, Fritz 262 f.
Stern, Sydney 128
Stoecker, Adolf 331
Strauss, Daniel 308 f., 312
Strauß, Franz Josef 360
Strousberg, Bethel Henry 263, 268
Struve, Gustav 211
Süssmuth, Rita 371

Tanlongo, Bernardo 307
Tasso, Henri 149
Temple-Grenville, Richard, 1st Duke of Buckingham and Chandos 203 f.
Teresa von Ávila 56
Teste, Jean-Baptiste 141, 170, 225
Thielmann, Max von 212
Thiers, Adolphe 23 f.
Thiessen, Hillard von 54, 71
Thorbecke, Johan Rudolph 261
Tocqueville, Alexis de 225, 247 f.
Torraca, Michele 280 f.
Toussenel, Alphonse 331
Turati, Augusto 343
Turriello, Pasquale 280

Ursinus, Erhard 80

Vaillant, Édouard 275
van den Bergh, Johan 59
van der Capellen, Joan Derk 229 f.
van Klaveren, Jacob 63
van Langen, Stefanus Jacobus 227 f., 231
van Maanen, Cornelis Felix 228
Viktoria (England) 128, 139, 202
Villeneuve, Jean Guyot de 313
Villiers, George, 1st Duke of Buckingham 39, 41, 68 f., 74
Voltaire, François-Marie Arouet, gen. 222
Voß, Otto von 236
Vreede, Pieter 227 f., 231

Wade, John 193, 243 f., 250, 296
Wagener, Hermann 268
Walpole, Robert, 1st Earl of Orford 48 f., 55, 81, 240 f., 266
Waquet, Jean-Claude 64
Weber, Christian 154
Weichbrodt, Felix 171
Weishaupt, Adam 233, 235
Weizsäcker, Richard von 11
Welcker, Karl Theodor 198, 277
Westropp, Henry 257
White, Arnold 334
Wilhelm I. (Deutschland) 139, 262, 267
Wilhelm V. Batavus, Prinz von Oranien 229
Williamson, James 128
Wilson, Daniel 23–27, 30–35, 91, 93, 128, 136, 183 f., 190, 203, 297, 312 f., 315, 321
Witte, Hendrik 59
Wood, Beavis 146
Wulff, Christian 11 ff., 184, 369, 371, 374
Wygand, August 74

Zarnow, Gottfried 318
Zerbi, Rocco de 259, 307, 319
Zerboni di Sposetti, Joseph von 234, 236

Ortsregister

Afghanistan 172, 360, 366
Afrika 13, 26, 338, 362, 366
Ägypten 299
Algerien 26
Amsterdam 58, 77
Andalusien 115
Andover 49
Annual 338
Aragón 115
Argentinien 214
Asturien 116
Avignon 145

Bagdad 212
Bamberg 46
Barcelona 338
Basilicata 156
Batavische Republik 227f., 230f., 251
Bayern 144, 232–237
Beaumes de Venise 125
Beaumont (Corrèze) 98
Belgien 73
Belitung/Billiton (Insel) 277
Bellevue (Schloss) 11
Berja 157
Berlin 138f., 304, 316, 363
Billiton → Belitung
Bologna 160
Bonn 360
Brandenburg 66
Bridgwater 257
Buckingham-Palast 41
Buenos Aires 214

Calenzano 149
Cannes 140
Caserta 192
Ceuta 340
Chatham 142ff.
Chenonceau (Schloss) 24
China 138, 206f., 360, 366f.
Cremona 156

Dänemark 18, 105
Deutschland 16, 18, 39, 67, 73, 104f., 112, 151ff., 165, 169, 210f., 232, 239, 246, 248, 262–274, 282, 288, 294, 302f., 314, 317, 326f., 330, 335, 346f., 350, 359–363, 366
Dunsford 146

Edinburgh 101
Elysée-Palast 23, 25–28, 183
England/Großbritannien 16, 48f., 55f., 60ff., 68, 70, 76, 81f., 86, 91, 101–110, 112, 125–129, 132, 139f., 145f., 160, 166, 169, 175, 191, 198f., 202, 217, 225, 239ff., 246, 250, 255, 266, 272, 282, 288, 294, 305, 314, 317, 326f., 330–337, 361, 363

Ferrara 63
Finnland 105
Florenz 278
Frankreich 16ff., 23f., 26f., 40, 42, 44, 54, 61f., 65, 85, 90, 97ff., 102–109, 112, 121–124, 127, 132, 134–137, 145, 148, 175, 197f., 203, 210, 219f., 224f., 241, 246, 250–261, 266, 272, 274f., 282, 294,

297, 299, 302, 311, 314, 325 ff., 330, 332, 348 ff., 359, 361

Genua 117
Glasgow 101
Griechenland 13, 360
Großbritannien → England

Haarlem 59
Hamburg 70, 74, 79, 85, 88
Hannover 11 f.
Hérault 147
Homs 211
Hongkong 366
Hull 107

Indien 49, 201 f., 213, 223
Irak 172, 360
Irland 86 f., 106
Isle of White 109
Italien 16, 90, 97 f., 100, 103 f., 107, 110, 112, 116–122, 129, 145 f., 150, 155 f., 160, 194, 203, 208, 213, 246, 276–283, 287, 294, 306, 311, 314, 319, 325–328, 342 ff., 359, 363

Katalonien 339
Kensington Gardens 203
Kirchenstaat (Vatikanstadt) 43 f., 77, 118, 170, 278
Köln 46, 87 f.
Kongo 172
Konstanz 46
Kuba 206, 284

Leiden 59
Lombardei 249
London 86, 88, 101, 133, 138 f., 202, 257, 315, 332
Louvier 108

Madrid 53, 56 f., 116, 284
Mailand 117, 203, 208, 214

Mainz 46
Mantua 145
Marokko 207
Marseille 147 ff.
Masuren 107
Meißen 41
Melilla 340
Mezzogiorno 213
Midhurst 49
Mid-Surrey 103
Morra Irpina 120
Moskau 206

Neapel (Königreich) 53
Neapel 140, 281, 344
Newry 106
Niederlande 16, 18, 58 f., 70, 75 f., 227–231, 235, 277
Nizza 140
Nordkorea 360
Norwegen 18

Old Sarum 49
Osimo 146, 194
Österreich 151, 235, 265

Panama 27, 141, 203 f., 272, 274, 282, 297, 299–303, 307
Paris 25, 27, 98, 138, 206, 219, 222, 301, 349, 351
Péronne 221
Persien 212
Philippinen 206, 284
Piemont (Königreich) 117
Poitiers 221
Pomigliano d'Arco 344
Pommersfelden (Schloss) 46
Portugal 287
Predappio 160
Preußen 65 f., 80, 90, 97 f., 100, 107, 132, 135, 147, 192, 211, 232–235, 262, 303, 315, 319, 347
Puerto Rico 206, 284

Reading 108
Rheinprovinz 269
Rijnland 59
Rom 44, 46, 53, 57, 140, 306f.
Rouen 99
Rumänien 360
Russland/Sowjetunion 151, 211, 213, 325, 327

Sachsen 42
San Severo 120, 121
St. Albans 107
Sedan 121
Seine-et-Oise 276
Singapur 366
Somalia 172
Spanien 16, 44, 53, 56, 77, 90, 104, 107, 112–117, 129, 150, 171, 206f., 282–286, 294, 309, 314, 326, 337f., 341, 359, 361, 363
Sudan 366
Suezkanal 299
Sunderland 258
Surrey 108

Thailand 367
Tiber 170
Tiverton 49, 146
Toskana 64
Toulouse 147
Tours 24
Trier 46
Turin 117

Valladolid 116
Vaux-le-Vicomte (Schloss) 79
Venedig 47f.
Vereinigte Staaten von Amerika 90, 146, 206, 211, 240f., 246, 284, 364
Versailles 62, 262, 303, 346
Vichy 157, 348, 350f.

West Somerset 257
Wien 44, 71, 217
Winslow 126
Worms 46
Württemberg 42, 80ff.
Würzburg 46